이건희 스토리
생애와 리더십

이건희 스토리
생애와 리더십

이경식 지음

1판 1쇄 발행 | 2010. 3. 22
개정판 1쇄 발행 | 2020. 10. 28

발행처 | **Human & Books**
발행인 | 하응백
출판등록 | 2002년 6월 5일 제2002-113호
서울특별시 종로구 삼일대로 457 1409호(경운동, 수운회관)
기획 홍보부 | 02-6327-3535, 편집부 | 02-6327-3537, 팩시밀리 | 02-6327-5353
이메일 | hbooks@empas.com

ISBN 978-89-6078-085-9 03320

이건희 스토리
생애와 리더십

| 이경식 지음 |

Human & Books

✓ 일러두기
독자들의 독서 편의를 위해 인용문의 출처는 미주로,
본문 내용에 대한 저자의 부가 설명은 각주로 처리하였다.

나무를 깎아 만든 닭, 목계(木鷄)는
상대 닭이 아무리 소리를 지르고 덤벼도
동요하지 않고 덕이 충만하여, 그 모습만 보아도
상대 닭은 등을 돌리고 도망친다.
……
그런데 목계는 닭일까, 나무일까?

이 건 희 스 토 리
CONTENTS

- 프롤로그 9

1장_아버지와 아들 17

나는 가정교육을 1퍼센트도 받지 않았다 20 | 나는 개와도 대화를 한다 26 | 백곰, 그리고 레슬링과 럭비 32 | 사람에 대한 공부 42 | 영화감독을 꿈꾸던 소년 이건희 50 | 아버지 이병철 54 | 오타쿠의 세상 속에서 62 | 유학생 건희가 꾸었던 꿈 69 | 사카린 밀수 사건 78 | 부인 홍라희를 만나다 86

2장_메기와 미꾸라지 93

아버지의 꿈 99 | 아버지의 의중과 세 아들 106 | 왕자의 난 111 | 새야 울어라 116 | 아버지의 복귀와 삼성전자 123 | 이건희의 첫 사업, 한국반도체 130 | 아버지의 유언 135

3장_목계가 되어라 145

경청 149 | 재미없는 사람 152 | 유공 인수의 실패와 방랑 159 | 인생은 무거운 짐을 지고 가는 먼 길 167 | 아버지의 힘 175 | 기업가정신 179 | 전두환과 이건희 183 | 인생은 잠깐 머무는 것이고 죽음은 돌아가는 것 192 | 이건희 회장 취임 197 | 아버지의 그림자 199 | 은둔의 동굴에서 209 | 변화하는 국내외 정세 217 | 비서실을 장악하라! 225 | 아들이 아버지의 《호암자전》을 읽을 때 232

4장_이건희 시대 239

당장 나가시오! 242 | 후쿠다 보고서와 '세탁기 사건' 256 | 프랑크푸르트 선언, 마누라와 자식 빼고 다 바꿔라! 264 | 변화와 개혁으로의 총동원령, '7·4제' 275 | 이건희 신드

생애와 리더십

롬과 후속 조치 279 | 영토 확장 290 | 자동차사업 진출 293 | 불량제품 화형식 297 | 신경영의 성과 299 | 정치는 4류, 행정은 3류, 기업은 2류 303 | 어두운 과거와 검은 손들 309 | 삼성자동차와 명량대첩 316 | 아이엠에프(IMF) 325

5장_삼성 왕국 333

성(城) 앞에서 벌어진 장면 세 개 338 | 성주(城主)의 꿈 341 | 이건희의 성(城), 삼성의 성(城) 345 | 도덕성 회복과 자율성 확대 352 | 벌거벗은 임금님 359 | 인재 제일(人才第一) 363 | 일류를 위하여, 일등주의 370 | 디자인이 1등을 결정한다 374 | 홍보는 삼성의 힘 376 | 왕국의 계승자, 이재용 380

6장_가시밭길 389

불안한 계승자 392 | 고려대학교 명예철학박사 수여식과 '삼성 신화' 396 | '엑스파일'의 충격 401 | 잔인한 11월 407 | 상생의 길, "전적으로 책임은 나에게 있다" 411 | 이상한 나라의 워런 버핏과 이건희 416 | 3세 계승을 위하여 424 | 되살아난 반(反) 삼성의 불씨 428 | 미술계의 대통령 434 | 〈깔레의 시민〉과 노블레스 오블리주 437 | 13년 만의 검찰 조사 442 | 이건희, 퇴진하다 445 | 다시, 아버지와 아들 448 | 13년이라는 긴 터널의 끝 459 | 제왕의 복귀 464

- 에필로그 473
- 저자 후기—해피엔딩을 위하여 504
- 주(註) 510
- 참고문헌 및 웹사이트 530

● 프롤로그

아버지 이병철과 아들 건희[1]

흑백 사진이 한 장 있다. 소년 이건희가 중년의 아버지 이병철과 나란히 앉아서 찍은 사진이다. 아들이 아버지보다 약간 앞쪽에 앉았고, 아버지의 왼팔과 왼쪽 가슴 아래께를 아들이 가릴 정도로 두 사람은 바짝 붙어 있다. 두 사람, 특히 소년 이건희가 두 팔을 최대한 옆구리에 바짝 붙인 자세를 취하고 있는 모습으로 미루어 볼 때, 또 아버지의 오른팔과 아들의 왼팔이 사진 속에 온전하게 담기지 않은 점으로 미루어 볼 때, 다른 가족들도 함께 사진을 찍었지만 이 두 부자(父子) 부분만 오려 놓은 것 같다. 1942년생의 소년 이건희가 초등학교 저학년으로 보이는 점으로 미루어, 이 사진을 찍은 시기는 1950년이나 1951년쯤 되는 것 같다. 그렇다면 1910년생인 아버지 이병철의 나이는 마흔 살이나 마흔한 살쯤이다.

아버지는 머리카락이 한 올도 어긋나지 않게 반듯하게 빗어 넘겨 2대 8 가르마를 탔다. 금속테 안경을 쓰고 카메라를 정면으로 바라보는 아버지의 시선은 흐트러짐이 없다. 그의 눈에는 성공가도를 달리는 젊은 기업가의 패기가 넘쳐흐르고, 오뚝 솟은 콧날과 커다란 귀에서는 정상의 자리에 선 사람만이 가질 수 있는 범접하기 어려운 카리스마가 넘친다. 또 앞니가 보일락 말락 커다란 입의 왼쪽 꼬리를 살짝 들어 올린 미소에는 성공한 기업가의 여유가 넘쳐흐른다. 아울러, 이렇게 아들과 함께 사진을 찍음으로써 자신이 거둔 성공을 아들에게 확인시키고 또 이 성공을 아들에게까지 물려줄 수 있다는 가장(家長)으로서의 자부심 혹은 꼭 그렇게 하고 싶다는 욕심과, 이런 의도를 아직 어리기만 한 아들이 알아주고 또 실천하길 기대하는 바람도 읽을 수 있다. 그리고 빳빳한 흰색 와이셔츠 칼라와 단정한 체크무늬 넥타이 그리고 어깨선을 강하게 살리는 깃 넓은 매끄러운 질감의 더블재킷에서도 빈틈이라고는 찾아볼 수 없다. 옷을 입은 게 아니라 번쩍거리는 철갑을 두른 듯하다. 거래를 하든 혹은 싸움을 하든 간에, 누구든 이 아버지를 상대하는 순간, 그는 이 아버지에게 허점이 간파되어 항복을 하거나 손해를 보고 물러날 수밖에 없을 것 같다. 완강한 여유, 화려한 카리스마, 압도적인 기백…….

아들도 아버지처럼 2 대 8 가르마를 단정하게 빗어 넘겼다. 그런데 아들의 머리에는 머리카락의 작은 한 다발이 떠서 따로 논다. 사진 촬영에 앞서 어머니나 누나들 혹은 형들이 빗에 물을 묻혀서 소년 건희의 머리를 빗어 주었을 테지만 이 작은 한 다발의 머리카락까지는 신경 쓰지 못했던 모양이다. 아들이 의도하지는 않았겠지만 결과적으로 볼 때, 완벽한 가족의 모습을 증명하고 또 후세에 남기고자 했던 아버

프롤로그

지의 바람에 대한 작은 배신인 셈이다.

　아들의 배신은 따로 노는 머리카락의 작은 한 다발에 그치지 않는다. 아들도 아버지를 닮아서 콧날이 오뚝 섰지만 아들은 아버지와 달리 미소를 짓지 않는다. 입을 굳게 다물고 있다. 사진기 앞에서 긴장한 탓에 일부러 다문 입이 아니다. 무언가 불만스러운 듯 아들의 입은 쑥 나와 있다. 아버지와 함께 사진을 찍는 행위 자체가 불만스러웠을 수도 있다. (중년의 이병철과 소년 건희의 사진으로 일반에 알려진 것으로는 이 사진이 유일하다는 사실을 놓고 볼 때, 어쩌면 이 사진이 두 사람이 중년 남자와 그의 소년 아들로서는 처음으로 나란히 앉아서 찍은 사진일 가능성이 높고, 따라서 아들은 아버지가 이제야 자기와 함께 사진을 '처음으로' 찍어 준다는 사실이 불만스러웠을 수도 있다.)

　하지만 그렇다고 해서 노골적으로 불만을 드러내지는 않는다. 절제되어 있다. 또 절제된 만큼, 소년의 다문 입이 드러내는 불만은 일회성이 아니다. 불만이 쌓이고 쌓여서 입술 근육이 그렇게 발달하고 굳어진 듯, 아들의 불만스러운 표정은 매우 자연스럽고 또 일상적으로 보인다. 어머니와 아버지에 의해 박탈당한 모정과 부정에 대한 불만 때문이었을 수도 있다. 젖을 뗀 후부터 어머니와 떨어져 할머니가 어머니인 줄로 알면서 유모의 손에서 자란 뒤, 네 살이 되어서야 비로소 어머니와 함께 살게 된 이건희의 마음에 오랜 세월 쌓이고 쌓인 불만. 그래서 아들에게서는 그 나이 또래의 아이들 얼굴에서 흔히 볼 수 있는 천진난만함, 호기심, 장난기 따위의 가족으로부터 사랑을 듬뿍 받은

이건희 스토리

아이들에게서 볼 수 있는 어떤 특성들을 찾아보기 어렵다.

교복인 것 같기도 한 검은색 양복의 넓적한 흰색 칼라 위의 통통한 두 뺨은 영양 상태가 무척 좋아 보인다. 하지만, 소년의 아버지 혹은 어머니가 해준 건 여기까지였다. 자랑스러운 가장의 모습을 아들에게 증거로 남기고자 아들을 앞에 앉히고 사진을 찍은 아버지는 아들의 표정이 이런 줄 알 리가 없다. 소년은 앞만 바라보고 있고, 아버지는 소년 뒤에 있기 때문에 그렇다. 그렇게 소년은 아버지를 배신했다.

아들의 배신은 또 있다. 사진을 자세히 보면 아버지의 시선과 아들의 시선은 같은 곳을 향하고 있지 않다. 쌍꺼풀이 진 아들의 커다란 두 눈은 카메라를 향하고는 있지만 카메라에 초점이 맞춰져 있지 않다. 카메라 렌즈 너머 혹은 카메라 옆의 다른 어떤 곳을 향하고 있다. 아버지의 시선은 긍지와 자부심과 성공을 향하고 있지만, 아들은 그런 것들을 바라보지 않는다. 소년 건희는 아버지가 바라보는 그런 것들에 전혀 공감하지 않는 얼굴이다. 아니, 그런 것들을 전혀 알지 못하는 얼굴이다. 그런 것들이 보이지 않는 모양이다. 보이지 않는 그 무엇을 바라보는 아들의 시선은 무표정하다. 아니, 자세히 보면 불안하다. 완벽한 균형과 자신감을 갖춘 아버지가 뒤에서 자기를 지켜본다는 사실 때문에 어린 아들은 더욱 불안한지도 모른다. 아들은, 한 치의 흐트러짐도 없이 수직으로 고개를 곧추 세운 아버지와는 달리, 고개도 오른쪽으로 조금 기울였다. 분명 사진사로부터 지적을 받았을 테지만 끝내 교정되지 않은 이 자세는, 소년이 무의식적으로 드러내는 불안과 거기

프 롤 로 그

에 대한 자기방어적인 모습이 아닐까? 이런 소년의 모습에는, 보이지 않기에 공감할 수도 없는 대상을 공감해야만 하는 자기 존재에 대한 불안감으로 가득하다. 가족 속에서 자기가 차지하는 위치에 대한 불안감, 이런 불안한 세상에서 살아야만 하는 처지에 대한 두려움이 가득하다.

 이런 불안과 두려움 속에서 아들은 무슨 생각을 했을까? 혹시, 자기에게 부정(父情)을 나누어주지 않은, 그래서 언제나 정에 목마르게 만들었던 아버지에게 복수를 하겠다는 어떤 패륜적인 상상을 했던 것은 아닐까? 아버지를 이기리라, 그리하여 아버지의 사랑과 어머니의 사랑을 쟁취하리라. 아버지보다 키가 훌쩍 더 크면 그리고 아버지보다 훨씬 더 강건한 육체를 만들면 그리고 또 아버지보다 돈을 더 많이 벌면, 그때 나는 아버지를 이길 것이다!

 아버지와 아들은 나란히 앉아서 같은 방향을 바라본다. 하지만 두 사람의 시선이 닿는 곳은 다르다. 소년의 시선이 가닿는 대상은 무엇일까? 혹시, 불과 몇 년 뒤인 초등학교 5학년 때 '선진국을 보고 배우라'는 아버지의 지시를 받고 다시 부모와 떨어져 일본으로 유학을 가는 가련한 소년 건희의 뒷모습은 아닐까? 도쿄 뒷골목의 삼류 극장에서 아침부터 밤까지 하루 종일 죽치고 앉아서 샌드위치를 먹으며 잘 알아듣지도 못하는 영화를 보는 외로운 소년의 모습은 아닐까? 고등학교 시절 레슬링 부 활동을 하면서 귀가 찌그러지고 눈썹 주변이 찢어져 피를 철철 흘리는 모습은 아닐까? 두 형과 누나들의 틈바구니 사이에서 대권을 이어받기 위해 때로는 몸을 사리고 때로는 분투하는 청년 건희의 모습은 아닐까? 회장으로 취임했지만 실세로 인정받지 못하고 아버지가 구축했던 비서진들에게 휘둘리는 나약한 은둔자의 모습은 아닐까? '신경영'의 깃발을 높이 들고 아버지 이병철 시대와 과감하게 단절하며 온전히 삼성그룹을 장악하고 제왕으로 군림하는 모습은 아닐까? 초일류기업의 최고경영자로 국내외에서 쏟아지는 칭송을 한 몸에 받는 자랑스러운 모습은 아닐까? 악질 경제사범으로 몰려 포토라인에 서서 기자들의 쏟아지는 질문을 받는 모습은 아닐까? 푸르디푸른 청춘에 훌쩍 세상을 떠나버린 막내딸의 저항이 안겨준 고통에 오열하고, 후계자로 점찍었던 외동아들의 이혼이라는 배신에 분노하는 늙은 아버지의 모습은 아닐까? 그리고 모든 허물을 혼자 짊어지겠다는 말을 남기고 평생 일구었던 삼성 왕국의 권좌에서 물러나는 늙은 회장의 초라한 뒷모습은 아닐까? 하지만 곧 다시 위풍당당하게 복귀해서 아내와 아들을 대동한 채 두 딸의 손을 잡고서 경세치국의 지혜를 밝히는 영원한 승자의 모습은 아닐까?

아버지와 아들이 60년 전에 찍었던 이 빛바랜 흑백 사진은, 60년이라는 세월이 걸어준 마법의 힘으로 시간의 주름을 훌쩍 뛰어넘어서, 소년 건희에게 60년 뒤에 장차 그에게 일어날 모든 일들을 미리 보여주는 것 같은 착각을 불러일으킨다.

내친 김에 이 착각에서 한 발 더 나아가 보자.

사진 속에서 아버지를 배반하는 소년 이건희는, 아버지를 이기고 넘

프롤로그

어선 미래의 늙은 이건희를 마치 과거처럼 그리워한다. 이는 영화 〈시민 케인(Citizen Kane)〉에서 늙은 케인이 소년 케인을 그리워하는 것과 반대 방향이다. 수많은 신문사와 잡지사를 가진 언론 재벌인 케인은, 정치적으로도 출세하기 위해서 대통령의 질녀와 결혼하는 등의 정략도 마다하지 않고 온갖 투쟁을 하지만, 불륜과 비리가 드러나면서 몰락의 길을 걸어가다 결국 커다란 저택에서 쓸쓸하게 죽어간다. 죽음 직전에 그는 딱 한마디의 수수께끼 같은 말을 남긴다.

"로즈버드……."

기자인 톰슨은 '로즈버드'의 수수께끼를 풀어 케인의 삶을 온전하게 파악하려고 케인의 주변 인물들을 인터뷰하면서 그의 과거를 한 꺼풀씩 벗겨 나간다. 그러나 결국 케인이 삶았던 삶의 온전한 모습을 재구성하지 못한다. 하지만 관객들은 영화의 결말 부분에서 '로즈버드'가 어린 시절 케인이 아끼던 썰매의 상표명이었음을 깨닫는다. 케인은 죽어가는 마지막 순간, 순수했던 시절을 그리워하며 그 시절의 모든 것을 상징하던 썰매를 떠올렸던 것이다.

그렇다면, 불안과 불만이라는 혼돈에 가득 찬 사진 속 소년 이건희는 성인 이건희 혹은 늙은 이건희의 무엇을 그리워할까?

1장 아버지와 아들

아이는 바닷가 외딴 산기슭 밭가에서 태어났다, 라고
하는 것은 세월이 지나 아이가 자란 다음까지
가장 오랜 기억이 그 바닷가 산기슭의 밭머리 시절이었기 때문이다.

—이청준

| 1장 |　아　버　지　와　아　들

● 　　이건희는 1942년 1월 9일 대구에서 태어났다. 위로 형 맹희와 창희 그리고 누나 인희, 숙희, 순희, 덕희가 있었고, 아래로는 여동생 명희가 생겼다. 당시 아버지는 대구 서문시장 근처에서 삼성상회를 경영하고 있었고, 이 사업이 청과물과 건어물을 만주 등지로 파는 무역회사로 점차 자리를 잡아나가고 있던 터라 아버지와 어머니는 무척 바빴다. 그 바람에 어머니(박두을)는 건희가 젖을 떼자마자 이 막내아들을 의령의 친가로 보냈다. 그래서 건희는 할머니가 어머니인 줄 알고 자랐다. 다음은 이건희 회장의 회상이다.

　　그래서 그때까지 할머니가 어머니인 줄 알았죠. 45년 해방이 되고 대구로 가서 진짜 어머니도 만나고 형제들도 만났습니다. 그런데 어머니가 누군지 몰라 누구냐고 물었습니다. 둘째 누님이 저한테 "늬 엄마는 누구냐?"고 해서 "의령에 있다."고 대답하고, 누이한테 "늬 엄마는 누구냐?"고 물었을 정도죠.[1]

나는 가정교육을 1퍼센트도 받지 않았다

해방 후가 되어서야, 건희는 처음으로 부모형제와 함께하는 정상적인 가정생활을 시작했다. 그리고 1947년에 이병철이 사업을 확장하려고 서울로 이사를 했고, 2년 뒤인 1949년에 혜화초등학교에 입학했다. 또래 아이들과의 어울림이 다른 어떤 것보다 소중하고 재미있을 시기였지만, 이 시기도 건희는 박탈당하고 만다.

1950년에 한국전쟁이 발발했고, 미처 피난을 가지 못한 이병철 일가는 공산 치하에서 3개월 동안 모진 어려움을 겪는다. 이병철은 타도 대상인 '자본가'였기 때문이다. 이병철은 《호암자전》에서 당시를 다음과 같이 회상한다.

서울이 공산군에 유린된 지 이 주쯤 지난 7월 10일경의 일이라고 기억한다. 집에서 가까운 혜화동 로터리를 낯익은 승용차가 달려가고 있었다. 자세히 보니 나의 차, 미국제 신형 시보레였다. 동란 이틀 전인 6월 23일 주한미국공사로부터 사들여 등록을 갓 마친 것이었다. 뒷자리에 버젓이 타고 있던 사람은, 한때 남로당위원장을 지내다가 대한민국의 정부 수립을 전후하여 월북했다고 알려진 박헌영이었다. 그때의 나의 분한 마음은 이루 다 표현할 길이 없었다. 공산 치하에서 공산당의 온갖 약탈과 만행을 목격했고, 자유라곤 한줌도 없는 암흑의 세계를 사무치게 경험했다.[2]

| 1장 | 아   버   지   와   아   들

    이런 증오와 공포와 불안의 세월 속에서 건희가 또래 아이들이 할 수 있는 놀이를 마음껏 함께하면서 어울릴 수는 없었을 것이다. 건희에게는 '반동 자본가의 아들'이라는 꼬리표가 따라붙었을 테기 때문이다. 건희는 외톨이였다. 한창 재롱을 떨며 어머니의 사랑을 받고 가족 사이의 소중한 감정을 나누어야 했던 시기에 어머니가 누구인지도 모르고 살았었다. 그리고 또래 아이들과 놀이를 통해 때로 경쟁을 하고 때로 협력을 하면서 사회성을 길러야 했을 시기에 건희에게는 친구가 없었다.

    서울 수복 후에 이병철 일가는 마산으로 내려갔고, 거기에서 건희는 다시 초등학교에 다녔다. 하지만 금방 대구로 이사를 갔고, 건희는 또다시 전학을 해야 했다. 하지만 대구 생활도 오래 지속되지 않았다. 이병철이 부산의 동광동으로 자리를 옮겨 사업을 재개했기 때문이다. 부산에서만 두 번 전학을 했다. 이렇게 해서 초등학교 때 한국에서만 모두 다섯 번이나 전학을 한 것이다.

    설탕을 먹어 보는 게 놀라운 경험이었던 대부분의 아이들과 달리 제일제당(1953년 설립) 사장의 막내아들이자 과묵한 전학생이던 건희가 또래 아이들과 쉽게 사귈 수 있었을까? 이런 건희에게 또래 친구가 있었을까? 그 나이 또래에 가질 수 있는 고민을 함께 나누고, 그 나이 또래에 할 수 있는 모험을 함께하고, 그 나이 또래에 즐길 수 있는 놀이를 함께할 친구가 있었을까?

    다음은 부산사범부속초등학교 시절에 4학년과 5학년을 함께 다녔던

이건희 스토리

권근술 전 한겨레신문 사장이 기억하는 소년 이건희의 모습이다.

> 건희가 천장에 매달면 끈을 물고 빙빙 돌아가는 비행기, 레일 위를 달리는 모형기차 등 당시로서는 구경하기도 힘든 장난감을 가져와서 함께 놀던 생각은 나는데, 말이 없고 장난도 잘 치지 않는 아이라 다른 기억은 거의 없다.[3]

'함께 놀던'이라고 표현은 하지만 엄밀히 따지면 건희는 다른 아이들과 놀지 않았을 것이다. 쉽게 구경도 할 수 없는 비싼 장난감을 학교에 가지고 가서 친구들의 관심을 끌고 싶었을 뿐이다. 그 아이들과 친해지고 싶어서 비싼 장난감을 들고 친구들 곁을 빙빙 돌았을 뿐이다. 유아기부터 가정에서나 학교에서나 사회성 교육을 충분하게 받지 못했던 건희가 할 수 있는 거라고는 그게 다였다. 어쩌면, '너거들, 내하고 같이 놀래?'라는 말은 입 밖에 꺼내지도 못했을지 모른다. 권근술의 회상에서처럼 소년 건희는 아이들의 기억 바깥에 존재했다. 한마디로, 그 세계에서 아무런 존재감이 없었다는 의미다. 부모의 사랑을 받지 못한 데 이어, 이번에는 또래 아이들에게까지 인정을 받지 못했다. 이런 경험이 어린 마음에 상처가 되었음은 말할 것도 없다.

이 상처는 다시 더 깊어진다.

부산사범부속초등학교 5학년이던 1953년, 아버지는 건희에게 '선진국을 보고 배우라'며 일본 도쿄로 유학을 보낸다. 모진 아버지였다. 이

| 1장 | 아　버　지　와　아　들

제 겨우 열한 살인 아이를, 그렇지 않아도 애정에 목이 말라 숨이 넘어갈 것 같은 어린아이를 자기 곁에서 내쫓다니. 그 어린아이가 일본에 가서 배운다면 얼마나 많은 걸 배울 거라고······.

이건희 회장은 한 인터뷰에서 '혼자 자라서 가정교육을 1퍼센트도 받지 않았다.'4고 밝힌 적이 있다. 물론 과장이다. 와세다 대학교로 유학을 가기 전에 건희가 가족과 함께한 기간은 할머니 댁에서 돌아온 1945년부터 초등학교 5학년이던 1953년까지 8년, 그리고 중학교 2학년부터 고등학교 3학년까지 4년, 모두 12년이다. 그럼에도 불구하고 혼자 자랐다고 하며 가정교육을 1퍼센트도 받지 않았다고 말한 건 분명 과장이다.

하지만 이건희 회장이 인터뷰에서 그렇게 말을 할 때는 전혀 과장하는 어투가 아니었다. 진실로 그렇게 믿고 있다는 뜻이었다. 혼자 보내야 했던 어린 시절의 외로움이 12년 세월 동안 가족과 함께했던 시간의 기억까지 덮고 지워 버릴 만큼 컸던 것이다.

소년 건희는 외톨이였다.

당시 건희의 두 형 맹희와 창희는 이미 일본에서 유학을 하고 있었다. 맹희는 학교가 멀어서 학교 근처에서 하숙을 하던 터라, 건희는 작은형 창희와 함께 일본인 가정부의 보살핌을 받으며 지냈다. 그러나 창희는 건희보다 아홉 살이나 나이가 많았던 터라 함께 놀아주지 않았고, 결국 건희는 혼자 지내다시피 했다. 일본말을 할 줄 모르니 친구가 있을 리 없었다. 물론 어머니, 아버지도 없었다. 이런 외로움의 연속을 이건희는 담담하게 회상한다.

> 나면서부터 떨어져 사는 게 버릇이 돼서요. (…) 지금도 혼자 있고 떨어져 있고 하는 건 아무렇지도 않아요. 그게 보통인 것 같아요. (…) 그러니까 혼자 생각을 많이 하게 됐고, 생각해도 아주 깊게 생각하게 됐죠. (…) 가장 민감한 때에 배고픔, 인종차별, 분노, 객지에서의 외로움, 부모에 대한 그리움, 이런 모든 걸 다 느꼈습니다.[5]

일본말을 할 줄 모른다는 사실이 건희가 일본인 또래 친구를 사귀지 못하는 이유가 될 수는 없었다. 물론 어느 정도 장해는 될 수 있었겠지만, 언어 소통의 문제가 친구를 사귀는 데 결정적인 이유가 될 수 없음은 상식이다. 일본에는 한국인을 얕잡아 보는 정서가 팽배해 있었고, 이런 정서가 건희가 다니던 초등학교에도 당연히 있었을 것이다. 그래서 건희는 '조센징'이라고 이지메를 당했고, 또 숫기도 없고 아무리 놀려도 대들 줄도 모르는 바보라고 놀림을 당했다. 게다가 일본말을 할 줄 몰라서 한 해를 꿇어야 했다. 그러니 또래 아이들의 놀림과 괴롭힘은 더욱 모질었을 것이다. 아버지에게 그만 한국으로 돌아가겠다고 해봤지만 아버지는 요지부동이었다. 아들이 선진국에 발을 디디고 있으면서 선진국 사람들의 수준 높은 눈으로 세상을 보기를 바랐던 아버지는 고개를 저었다. 아버지로서도 아들이 힘들어 한다는 걸 모르지 않았지만, 이런 시련의 경험이 아들을 단련시켜 주길 바랐다. 아들은 절

| 1장 | 아 버 지 와 아 들

박했지만 아버지는 여전히 성공한 기업가의 여유 있는 미소를 띨 뿐이었다. 이런 경험이 다 너에게는 약이 될 테니 힘들어도 참고 견뎌라, 마치 그렇게 말하는 것 같았다.

한번은 아버지가 이런 말을 했다. 1955년 겨울이었다.

"호수마냥 맑은 물을 잔잔하게 가득 채우고, 큰 바위마냥 흔들리지 않는 준엄한 사람이 되자."

호수와 바위, 호암(湖巖). 아버지는 아들에게 자기 호가 호암이라고 일러주었다. 이병철은 1955년 11월경부터 당시 상공회의소 회장이었던 전용순 씨의 권유로 호암이라는 호를 사용하고 있었다.[6]

아들은 호수 같고 바위 같은 사람이 되려고 노력했다. 하지만 시시때때로 그 호수에 돌멩이를 던지고 바위를 쪼개 버리고 싶은 충동을 느껴야 했다. 그렇게 많이 외로웠다. 30여 년 전에 30대 후반의 카프카가 자기가 바퀴벌레가 되어 가족과 동료에게서 버림받았다는 상상을 하며 일기장에 '나 혼자 있을 동안은 괜찮은데, 다른 사람들과 함께 있을 땐 슬프다.'라고 썼을 만큼 외로움과 병마의 고통에 신음했던 사실을 알았더라면, 아마도 건희는 카프카를 위해서 또 자신을 위해서 뜨거운 눈물을 한차례 더 흘렸을지도 모른다.

나는 개와도 대화를 한다

외톨이 건희는 기댈 사람이 아무도 없었다. 그래서 중학교에 진학한 뒤부터 개를 기르기 시작했다.

> 개가 좋은 친구가 되었고 사람과 동물 간에 심적 대화가 가능하다는 것을 그때 알았다.[7]

건희에게 개는 취미의 대상이 아니었다. 절박한 환경에서 마음을 나눌 수 있는 친구였다. (그때부터 개는 건희와 한 방에서 잠을 자고, 건희가 목욕을 시켜주고 빗질을 해주는 건희의 평생 친구가 되었다. 개에 대한 이런 애정은 이건희가 회장이 된 이후에도 변하지 않고 계속되었다. 그 바람에 여름철 보양식인 보신탕은 입에도 대지 않게 되었다.) 하지만 개가 그 나이 소년이 또래 친구들에게 기대할 수 있는 것을 다 해줄 수는 없었다. 건희는 다시 아버지를 졸랐다. 한국으로 보내달라고 했다. 정말 일본에는 더 이상 못 있겠다고 했다. 이번에는 아버지가 허락했다. 하지만 조건을 달았다. 그래, 대신 1학년은 다 마치고.

> 귀국해서 중학교에 진학하게 됐는데 당시에는 반일(反日) 분위기가 팽배해 일본에서 갓 돌아온 나로서는 학교생활에 적응하기가 쉽지 않았다. 그러다 보니 개를 더욱 가까이하게 되었고……[8]

| 1장 | 아 버 지 와 아 들

   만일 그때 건희가 친구들과 잘 어울릴 수 있었다면 아마 개를 기르는 취미가 다른 걸로 바뀌었을 수도 있었다. 적어도 개에 들이는 시간과 정성은 예전 같지 않았을 것이다. 건희도 그렇게 되길 간절하게 바랐다. 하지만 바람대로 되지 않았다. 건희의 입에서는 오랜 일본 생활 때문에 일본말이 불쑥불쑥 튀어나왔을 것이고 행동이나 몸짓 또한 자기도 모르게, (자기는 그러지 않으려고 했지만) 어정쩡하게 일본인 흉내를 냈을 것이다. 그 바람에 또다시 친구들로부터 '쪽발이'라고 놀림을 받고 따돌림을 당했다.

   이건희는 자기가 유난히 개를 좋아한 이유를 '거짓말 안 하고 배신할 줄 모르는 충직함' 때문이라고 한 인터뷰에서 밝힌 바 있다. 바꾸어 말하면, 거짓말이나 배신에 심한 상처를 입은 적이 있었기 때문에 다시는 그런 상처를 받지 않으려고 사람 대신 개를 가까이했다는 말이다. 친구들과 어울려 속마음을 주고받으려 했지만 이런 그의 순수한 마음이 배신당했던 아픈 기억이 배어 있는 말이었다. 그때 어쩌면 소년 건희는 속으로 이렇게 다짐했을지도 모른다.

   '그래, 너희들은 개만도 못한 것들이다. 너희들과는 인간적인 감정의 교류를 하지 않을 것이다. 맹세한다.'

   자존감을 유지하기 위한 당연하고도 필사적인 선택이었다. 바닥에 누워 있으면 높은 데서 떨어질 염려가 없는 것처럼 혼자만 있으면 아무 일도 일어날 염려가 없었다. 혼자 있다는 건 가장 안전한 선택이었다.

   이런 상황에서 개야말로 소년 건희에게는 유일하게 소중한 친구였다. 마음에 담아둔 이야기를 나눌 수 있는 친구라고는 주변에 한 사람도 없던 건희에게 유일한 친구가 되어 주었던 존재가 바로 개였던 것이다.

또래 집단과 정상적인 인간관계를 유지하면서 개를 소중한 친구로 여기는 것과, 그런 인간관계가 치명적일 정도로 결여된 상태에서 개를 유일하게 소중한 친구로 여기고 개와 '심적 대화'를 나누며 또 그런 상태에 만족한다는 것은 전혀 별개의 것이다. 자칫 잘못될 경우 인간 사회의 사회성을 구성하는 여러 가지 규범과 행동방식의 습득을 포기할 수도 있기 때문이다. 보통 사람들이 걸어가는 길과 매우 다른 길로 걸어갈 수도 있는데, 건희는 바로 그 길로 걸어 들어갔다. 거짓이나 배신이 없는 나만의 세상, 은둔의 동굴로 향하는 그 길로. 소년 건희가 걸어 들어갔던 동굴의 생활은 장차 그를 보통 사람과 전혀 다른 인간형의 사람으로 만들어 놓는다. 이런 사실은 본인도 잘 알고 있다. 하지만 그가 진단하는 원인은 정확하지 않다. 1993년에 했던 한 인터뷰에서 이건희 회장은 다음과 같이 말했다.

만나는 친구가 거의 없습니다. 성격이 내성적이고 남 앞에 나서기를 좋아하지 않아요. 외국에서 자란 탓인지 화제도 남들과 잘 맞지 않아요.[9]

'화제가 잘 맞지 않는다'는 말은 단순히 화제의 문제가 아니라 '대화 자체가 불가능하다'는 내용의 완곡한 표현일 수 있다. 상대방의 눈을

| 1장 | 아   버   지   와   아   들

바라보고 의중을 탐색하며 소통을 하는 이른바 '대화'라는 게임의 규칙을 알지 못했기 때문에 대화 자체가 불가능한 것이다. 그래서 사람과 만나서 얼굴을 맞대고 있다는 사실 자체가 어색할 수밖에 없다. 텔레비전을 통해서 아주 가끔씩만 비춰지는 이건희 회장의 모습에서 사람들에게 너스레를 떨거나 호탕하게 웃거나 혹은 상대방과 머리를 맞대고 눈빛을 교환하면서 대화를 주고받는 모습을 찾아보기 어려웠던 것도 이런 까닭이 아닐까? 공식적인 자리에서도 이건희 회장은 아무런 억양 없이 준비된 원고를 읽는 게 보통이다. 사람들 앞에서 말을 할 때면 주로 혼자서만 이야기한다. 1993년에 신경영을 선언하면서 그룹의 임직원들을 대상으로 한 회의는 회의가 아니라 일방적인 강연회가 되기 일쑤였다. 하지만 이건희 회장은 될 수 있으면 말을 하지 않는다. 이런 모습은 가정에서도 그대로 이어졌다.

> 집에서 제 별명이 '말 없는 사람'입니다. 무재미한 사람으로 되어 있습니다. (…) 20년 동안 우리 가족끼리 외식한 게 두세 번이나 될까요. 외식이든 뭐든 가족끼리 한 것이. 저는 집에 가서 잠옷 갈아입고 제 방에 한번 앉아버리면 거의 출입을 안 합니다. 애들도 이삼 일에 한 번 와서 '아빠' 소리 한 번 하고 한 5분 정도 이야기하는 게 고작이죠.[10]

말이 없는 이 가장 앞에 가족들은 얼마나 답답했을까? (하지만 그렇다고 해서 이건희 회장이 가족적이길 포기하지는 않았다. 오히려 정반대였다. 여기에 대해서는 뒤에서 다시 살펴보겠다.) 말이 없는 이건희 회장의 이런 모습을 이어령 교수와 소설가 박경리는 각각 다음과 같이 묘사한다.

> 나는 로댕의 '생각하는 사람'처럼 고개를 숙이고 있는 그분의 옆얼굴에서 기업인이라기보다는 외롭고 깊은 침묵 속에서 끝없이 무엇인가를 창조해가는 과학자나 예술가로서의 단면을 보았다.[11]

> 깊은 곳에 가라앉아서 세상을 응시하는 듯한 눈빛이었다. (…) 이 회장은 과묵한 성품인 듯 시종 말이 없었다. 이건희 회장은 내 눈에 매우 독특하게 비쳤다. (…) 활달해 보이지 않았다. 능란하고 세련돼 있지도 않았다.[12]

가정교육을 1퍼센트도 받지 않은 외톨이, 어린 시절 친구를 애타게 원했지만 마음을 터놓을 친구 하나 사귀지 못했던 외톨이, 개와 마음의 대화를 나누었던 외톨이는 수십 년 동안 은둔의 동굴에 칩거해서 살았다.

> 부모형제와 늘 떨어져 자라서 그런지 고민이 생기면 저 혼자 고민합니다. 골방 속에 혼자 들어가서 문 딱 잠가놓고 세 시간이고 네 시간이고 두문불출이지요. 금년에도 무슨 일 때문에 48시간 방에 틀어박혀 책도

| 1장 | 아   버   지   와   아   들

보고 TV프로그램도 보고 흘러간 옛 노래도 들었습니다. 그러다 보면 70~80퍼센트 해결을 보고 나옵니다.[13]

은둔의 동굴에 익숙한 이건희는 낯선 상황이나 공식적인 자리에서는 어색함을 느끼고 긴장한다. 그래서 누군가를 만나야 할 상황이라면 자기가 가장 익숙하고 편안한 장소를 선택한다.

이 회장이 외국에 나갈 계획이 생기면 15일 전에 비서팀이 이 회장 개인 사물을 챙겨 나가 저택과 비슷한 환경을 만들어낸다. 구조본(구조조정본부) 의전 업무를 수행했던 한 관계자는 "이 회장은 취향이 까다로워 어디에 가든지 집과 비슷한 환경이어야 편안해 한다. 수행 비서팀은 수저에서부터 가재도구까지 챙겨야 하므로 이 회장이 출장 갈 때마다 엄청난 부피의 짐을 챙겨 간다."라고 말했다.[14]

누구를 만나야 할 때면 자신이 가장 편안하게 느끼는 공간인 한남동의 자택으로 불러서 만났던 것도 바로 이 때문이라고 상담심리학자 임승환은 말한다.[15] 골프 습관도 마찬가지다.

이 회장은 골프 시간의 90퍼센트를 혼자 치는 것으로 소일한다. 골프란 운동 자체를 위한 운동이라기보다 사교적인 측면이 강한 스포츠 아닌가. 그런데 그는 혼자 연습장에서 골프를 치는데, 젊을 때는 새벽에 혼자 안양 컨트리를 라운드한 경험을 갖고 있다. 주변 사람이 이유를 물으면 답은 간단하다. 골프를 보다 잘 이해하고 잘 치기 위해 혼자 친다는 것이다.[16]

이건희가 '황제'이기 때문이 아니다. 외톨이로 자랐고 또 외톨이의 생활방식을 오랜 세월 고집해 온 사회성 결핍자이기 때문이다.

백곰, 그리고 레슬링과 럭비

아버지 이병철은 무서운 사람이었다. 한참 뒤의 일이긴 하지만, 한번은 이런 일이 있었다. 삼성 계열사의 상무 한 사람이 무슨 보고를 하려고 이병철의 방으로 들어갔다. 그런데 이 사람이 다리를 달달 떨었다. 점잖지 못한 습관으로 보였는지, 보다 못한 이병철이 한마디 했다.
"김 상무, 다리 떨지 마래이. 다리 떨면 복 나간대이."
그런데 이 사람은 알겠다고 하면서도 계속 다리를 떨었다. 이병철이 한 번 더 다리 떨지 말라고 해도 소용이 없었다. 알고 보니, 이 사람은 원래 다리를 떠는 습관을 가진 것이 아니었다. 이병철이 무서워서 그렇게 떨었던 것이다.[17]
이병철의 성정을 알 수 있는 아들 맹희의 증언은 또 있다. 한국비료 사건, 일명 '사카린 밀수 사건' 때였다.•

| 1장 |　　아　버　지　와　아　들

　　박정희는 대통령 선거와 국회의원 선거를 앞두고 정치자금을 마련하기 위해서 한국비료공업 건설 상황을 이용해서 이병철에게 밀수를 지시했다. 그런데 일이 터지자 박정희가 모르쇠로 일관하고, 나중에는 이 회사를 통째로 국가에 헌납하라고 압박하고 나섰다.** 이병철은, 그 요구를 따르지 않으면 가족이 국내에서 무사히 거주하지 못할 것이라는 협박도 받았다. 그렇게 한국비료공업을 국가에 헌납한다는 약속으로 도장을 찍어주고 나올 때를 회상하면서 맹희는 다음과 같이 회상했다.

　　아버지는 참으로 특이한 성격을 지닌 경영인이었다. 그런 순간을 겪으면서도 아버지는 일상생활에서 단 한순간도 흔들림이 없었다. 아버지가 한비를 국가에 헌납했을 때와 나중에 전두환 정권 때 동양방송을 포기하면서 눈물 흘리는 것을 보았다고 마치 본 것처럼 말하는 사람이 있으나 그것은 잘못 알고 하는 소리다. 아버지는 결단의 순간에 그렇게 여린 모습을 보이지 않는다. 또한 감정 표현을 그렇게 흔하게 하는 성격도 아니다.[18]

---

* 이 사건을 바라보는 각 신문의 시각 차이는 이 사건을 일컫는 호칭의 차이로 드러났다. 중앙일보는 '사카린 원료 밀수 사건' 등의 제목으로 '한국비료'라는 기업의 이름이 드러나지 않도록 노력한 데 비해서, 조선일보와 동아일보는 '삼성'을 전면에 내세워 '삼성 재벌 밀수 사건' 또는 '삼성 밀수 사건'으로 불렀다.
** 본문 78~86쪽 참조

뿐만 아니라 일생일대의 회심작인 한국비료공업을 통째로 빼앗기고 나서도 기상시간이나 출근시간은 예전과 전혀 다르지 않았다. 억울하다고 해봐야 아무 소용 없다는 걸 잘 알고 있었기 때문이다. 안다는 것과 실천하는 것은 다르지만, 이병철은 현실적으로 가장 합리적인 길을 선택하고 밀고 나가는 참으로 지독하게 냉정한 사람이었다.

이런 아버지의 무거운 그늘에서 벗어날 수 있는 탈출구, 아버지가 강제로 밀어 넣은 유년 시절과 소년 시절의 암울한 동굴에서 벗어날 수 있는 탈출구가 건희의 눈에 보였다. 레슬링이었다. 소년 건희는 일본에서 중학교 1학년을 마치고 귀국한 뒤, 서울대 사대부중을 거쳐 사대부고에 입학했다. 그리고 레슬링부에 들어갔다.

> 제가 일본에 있을 때 한창 프로레슬링이 유행했습니다. 프로하고 아마추어하곤 전혀 다르지만 그 영향을 받았는지, 유도 할까 레슬링 할까 하다 레슬링을 하게 됐죠.[19]

당시에 프로레슬링은 일본에서 전성기의 인기를 누렸다. 특히 한국계 프로레슬러 역도산의 인기는 하늘을 찔렀다. 역도산은 처음엔 스모 선수로 좋은 성적을 냈지만 조선인이라는 이유로 부당한 대우를 받고 반발한 뒤에 스모를 그만두었다가, 나중에 프로레슬러로 변신해서 일본의 프로레슬링 붐을 일으켰고, 일본 사람들은 그를 영웅으로 떠받들었다.

| 1장 | 아 버 지 와 아 들

　레슬링부에 들어가면서 건희는 아마도 역도산을 자기의 롤모델로 삼지 않았을까? 주변의 따돌림을 투쟁으로 이겨내고 마침내 모든 사람들의 추앙을 받는 영웅으로는 역도산만큼 극적인 인물이 없었을 테니까. 친구나 가족 특히 아버지로부터 갈채와 칭찬을 받을 수도 있었다. 또래 집단이나 가족 사이에서 진정한 일원이 될 수 있었다. 정말 그렇게만 된다면, 원치 않게 등 떠밀려 들어간 은둔의 동굴에서 나올 수도 있었다. 그런 일이 있기를 간절히 바라면서 고등학생 건희는 역도산이 되기 위해서 열심히 운동을 했다. 하지만 사실 따지고 보면 이 역도산이라는 존재는 자기가 그토록 미워하고 무서워하고 이기고자 했던 아버지 이병철의 또 다른 모습이 아니었을까?
　향리에 문산정(文山亭)이라는 서원을 세울 정도로 성리학에 조예가 깊었던 할아버지의 손자답게 유교적인 가풍에 깊게 물들어 있었던 이병철에게 아들이 하는 레슬링이라는 운동은 달갑지 않았다. 특히나 외국의 선진 문물을 익히라고 유학을 보내놨던 아들이 힘들다고 투정을 부리며 한국에 돌아와서는 기껏 한다는 게 레슬링이니 마음에 들 리가 없었다. 하지만 내버려두었다. 좀 하다 말겠지, 한 것이다.
　아니었다. 건희는 열심이었다. 레슬링부에서 건희의 별명은 '백곰'이었다. 키는 이미 당시 성인 남자의 평균키이던 165센티미터보다 더 컸고, 상체가 발달해서 덩치도 더 커 보였으며, 피부가 유난히 희었기 때문이다. 건희는 방학 기간 중 3주간씩 하던 합숙훈련에도 빠지지 않았다. 이 합숙훈련에는 럭비부원들도 함께했다. 럭비에서 포워드는 상대팀 선수를 힘으로 밀어붙여야 했기 때문에 레슬링 선수처럼 상체 힘을 키우는 게 필수적인 훈련 과정이었기 때문이다. 럭비부와 함께하는 합숙훈련을 통해서 건희는 잠깐 동안이지만 럭비를 경험했다. 이 경험을 통해서 건희는 인생과 자기 존재를 바라보는 태도를 바꾸었다. 매우 소중한 경험이었다.

럭비의 어떤 특성이 고등학교 시절의 건희를 사로잡았을까?

> 럭비는 한번 시작하면 눈비가 와도 중지하지 않고 계속한다. 걷기조차 힘든 진흙탕에서도 온몸으로 부딪치고 뛴다. 오직 전진이라는 팀의 목표를 향해 격렬한 태클과 공격을 반복하면서 하나로 뭉친다. (…) 악천후를 이겨내는 불굴의 투지, 하나로 뭉치는 단결력, 태클을 뚫고 나가는 강인한 정신력, 이것이 럭비에 담긴 정신이다. 이 시점에 우리에게 가장 필요한 것은 몸을 던져서라도 난관을 돌파하는 럭비 정신으로 현재의 정신적 패배주의를 극복하는 일이다.[20]

럭비를 통해서 건희는 팀플레이라는 걸 처음으로 해보았다. 여태까지 건희가 했던 모든 활동은 혼자서만 하는 활동이었다. 개를 돌보는 것이나 영화를 보는 것, 기계류를 분해하고 조립하는 것, 책을 보는 것이 모두 다 그랬다. 레슬링도 상대방과 겨루기는 하지만 혼자서 상대와 싸우는 경기였다. 하지만 럭비는 여럿이 함께하는 단체 운동이었다. 건희는 럭비를 통해서 비로소 집단을 알았고, 공동의 목표라는 개

| 1장 | 아 버 지 와   아 들

념을 난생 처음으로 깨달았다. 그것도 격렬한 신체의 부딪힘 속에서 말이다.

하지만 이건희에게 집단이라는 개념은 기쁨과 슬픔을 함께 나누는 따뜻한 공동체 개념이 아니었다. 동일한 목표를 향해 투쟁하는 조직체 개념이었다. 그랬기 때문에 그가 집단 속에 몸을 담고 소속감을 느끼고자 하는 욕망이 강하면 강할수록, 계속 어떤 목표를 걸고 다른 집단과 싸워야 했다. 그가 삼성그룹의 회장이 되고 난 이후로 끊임없이 위기를 이야기하면서 전투를 독려했던 것도 바로 이런 이유 때문이 아닐까 싶다.

여태까지 건희가 생각했던 자기 위치는 언제나 집단 바깥이었다. 어릴 때부터 경험했던 따돌림 속에서 자신은 그저 집단 밖에 하나의 점으로만 존재했었다. 집단은 그저 멀리 떨어져서 바라보는 다른 세상일 뿐이었다. 건희가 집단을 향해서 나아갈라치면 바위처럼 크고 무거운 아버지라는 존재가 건희를 가로막았다. 바위는 아무리 밀어도 꿈쩍도 하지 않았다. 건희의 세계는 '아버지―나'라는 단선 위의 1차원으로만 존재했다. 그런데 럭비 활동을 경험하면서 건희의 세계는 3차원으로 바뀌었다. 아버지와 건희 사이의 단선적인 관계는 여전히 팽팽한 줄다리기를 하고 있었지만, 동시에 건희는 집단 속에 존재하면서 집단의 공동 목표를 추구하는 다른 구성원들과 다선적인 관계를 맺게 되었던 것이다. 럭비 활동을 통해서 비로소 전체 집단 속에서 자기의 위치를 인식하기 시작한 것이다.

공동의 목표, 그 속의 개인의 목표, 단결, 투지…….

건희는 놀랍고 새롭고 매력적인 세상에 눈을 떴다. 이 충격적일 만큼 신선한 경험은 건희에게 평생 동안 나침반으로 작용한다. 그랬기에 프랑크푸르트 선언을 하던 자리에서도 "단체 운동이면서 개인플레이도 해야 되고 자율적으로 움직여야 된다. 어떤 때는 또 명령받아야 되는 것이고, 이것도 기업 행위의 자율성과 비슷한 것"이라면서 럭비 정신을 임직원 개개인에게 불어넣으려고 노력을 했다.[21]

레슬링을 하면서 건희는 어떤 목표를 가진다는 게 중요하다는 걸 처음으로 알았다. 웰터급이던 건희는 목표를 전국대회 입상으로 잡았다. 목표를 설정하고 나니 아무리 고된 훈련이라도 힘들지 않았다. 남들보다 더 열심히 했다. 그리고 마침내 전국대회에 나가 입상을 했다. 건희는 자랑스러웠다. 아버지로부터 잘했다는 칭찬을 받을 줄 알았다. 하지만 이때도 이병철은 건희에게 칭찬을 해주지 않았다. (이건희 회장은 아버지에게서 칭찬을 받은 것은 1970년대에 딱 한 번뿐이었다고 회상했다.) 여느 아버지라면 대견한 일을 한 아들에게 당연히 해줄 법한 따뜻한 말을 건희에게 해주지 않았던 것이다.

어린 건희는 아버지의 칭찬을 애타게 바랐지만, 아버지는 아들의 이 목마름을 외면했다. 아버지는 아들이 강하게 자라기만을 바랄 뿐이었다. 건희에게 아버지는 여전히 가까이할 수 없는 존재였다. 무섭고 원망스러운 존재였다. 이 원망이 깊어질수록 건희는, 언젠가는 아버지가 아들에게 애정을 주지 않았던 자기 행동을 후회하도록 만들어주고 싶

| 1장 | 아 버 지 와   아 들

었다. 아버지의 잔잔한 호수에 수많은 파문들을 어지럽게 일으켜주고 싶었다. 언젠가는 그 모질고 무서운 아버지를 이기고 넘어서는 모습을 보여주고 싶었다.

건희는 레슬링이 좋았다. 땀이 비 오듯 쏟아지는 가운데 고통의 극한에서 자기의 육체적인 한계를 시험할 수 있어서 좋았다. 무엇보다도 동아리 활동을 통해서 친구들을 사귈 수 있어서 좋았다. 운동을 마친 뒤 친구들과 함께 우르르 대중목욕탕에 가서 샤워도 하고 여럿이 어울려 풀빵 따위의 길거리 음식을 먹는 것도 좋았다. 너무도 아름다운 시간이었다. 할 수만 있다면 그 시간을 멈추고 싶었다. 당시 을지로 5가에 교사(校舍)가 있던 서울사대부고를 건희와 함께 다녔던 동창생 오방근은 당시를 다음과 같이 회상한다.

건희는 학교 다닐 때 광목으로 된 교복을 입고 다녔는데 그때 건희가 새 교복을 일부러 빨아 낡은 것처럼 하고 입고 다녔습니다. 학교 근처의 청계천 시장에서 친구들과 어울려 선짓국이나 값싼 백반을 즐겨먹던 일도 기억납니다.[22]

또 레슬링부 활동을 함께 했던 송경희는 건희로 인한 유쾌한 경험을 다음과 같이 회상한다.

한번은 건희네서 귀한 바나나를 짐칸 가득히 싣고 왔어. 시합 전이라

체중조절을 해야 되는데도 다들 정신없이 먹었지. 너무 많이 먹어 설사를 하는 바람에 결국 저절로 체중조절이 됐지.[23]

이때 동아리 활동을 함께했던 서울사대부고 13회 졸업 동기생들이 그 뒤로도 계속 우정을 나누는 사이가 되었다는 사실을 놓고 보면, 이때 함께 운동했던 친구들 사이의 우정이 무척이나 끈끈했음을 알 수 있다. 건희는 난생 처음으로 사적인 집단의 일원이 되는 경험을 했다. 이때의 경험이 건희에게 얼마나 소중했는지는, 나중에 사대부고에서 럭비부를 지도했던 스승이 도쿄올림픽 행사 참석 차 일본에 갔을 때 당시 와세다 대학교 학생으로 일본에 머물던 건희가 스승에게 간청해 자기 집에 머물게 했던 사실에서도 확인할 수 있다.[24]

하지만 레슬링부 활동은 오래가지 못했다. 2학년 말 무렵에 건희가 연습을 하다가 눈썹 부근이 찢어지는 부상을 입었다. 그리고는 레슬링을 그만두었다. 이건희 회장은 당시를 회상하며 이렇게 말한다.

그런 일은 레슬링을 하자면 흔한 겁니다. 그런데 어머니가 그걸 보시더니 깜짝 놀라가지고 형제, 누나를 총동원해서 교장한테 찾아가 빼달라고 해서 다음 날 제가 레슬링부에서 쫓겨났습니다.[25]

건희는 레슬링을 자발적으로 그만둔 게 아니었다. 쫓겨났다. 계속하고 싶었지만 압력 때문에 어쩔 수 없이 포기해야만 했다. 다시 레슬링

| 1장 | 아 버 지 와 아 들

을 하고 싶어도 담임교사의 집에서 하숙하며 담임교사의 생활지도를 받도록 어머니가 조처한 바람에 할 수가 없었다. 거기까지였다. 아무리 빠른 손오공의 근두운을 타고 아무리 멀리까지 날아간다고 가보아도 여전히 아버지의 손바닥 안이었다. 레슬링을 그만두게 되는 과정을 회상하는 이야기 속에 아버지는 등장하지 않지만, 어머니와 형제, 누나가 사실은 아버지의 대리인이었으리라. 이들로부터 탈퇴 압력을 받은 건희가 아버지에게 레슬링을 계속하게 해달라고 부탁하지 않았을 리 없다는 점을 고려한다면, 결국 레슬링부 활동을 타의로 그만두게 된 건 아버지의 뜻이라고 볼 수 있다. 아버지는 회사에서나 가정에서나 아무도 거역할 수 없는 성역의 법이었기 때문이다. 하지만 레슬링과의 이런 인연으로 이건희 회장은 수십 년이 지난 뒤인 1982년에 아마추어레슬링협회의 회장이 된다.

탈출구는 봉쇄되었고, 건희의 탈출 시도는 좌절되었다. 아버지가 정해놓은 길 바깥으로 나갔던 짧은 외출은 끝났다. 아버지를 이길 수 있는 두 가지 길, 즉 아버지가 제시한 방향으로 나아가 아버지를 넘어서는 길과 아버지라는 존재를 무시하고 독자적인 자기 길을 개척해 나아가는 길, 이 둘 가운데 어느 것도 고등학생 건희에게는 아직 요원하기만 했다. 사실, 어느 길을 선택해서 나아가야 할지도 알 수 없었다.

이런 건희를 기다리고 있는 건 다시 일본으로 유학을 떠나라는 아버지의 엄명이었다.

사람에 대한 공부

"나는 사람에 대한 공부를 제일 열심히 한다."

고등학교 시절 홍사덕이 친구이던 당시의 건희를 회고하는 내용 가운데 한 부분이다.

당시 이병철 회장이 삼성에서 일을 하던 간부 한 사람을 내쳤는데, 고등학생이던 건희가 아버지에게 그 간부를 다시 부르라고 건의했다. 이런 모습을 지켜본 사덕이 건희에게 핀잔을 주었다.

"고등학생이 뭘 안다고 그러니?"

"모르긴 왜 몰라. 나는 사람에 대한 공부를 제일 열심히 한다."

그렇게 건희는 고집을 꺾지 않고 몇 번씩이나 아버지에게 건의했다. 처음에 아버지는 까까머리 막내아들의 말을 대수롭지 않게 여겼다. 그러나 나중에는 아들의 말에 일리가 있다고 여겼던지 그 사람을 복직시켰다. 그런데 이 사람이 나중에 삼성에 크게 기여를 했다는 내용이다.[26]

사람에 대한 공부를 제일 열심히 한다…….

무서운 말이다. 더더군다나 가장 감수성이 예민하던 시기에 가족과 또래 집단으로부터 소외되어 놀림과 괴롭힘을 당하며 외로움에 떨었던 소년의 입에서 나온 말이니, 소름이 끼치도록 무섭다.

피난지 부산에서 새로 전학을 간 학교에서 전학생 건희는 궤도를 달리는 기차 장난감을 학교에 가지고 가서 아이들의 관심을 끌려고 한다. 아이들은 장난감에만 관심을 보일 뿐 자기에게는 별로 관심을 기

| 1장 | 아 버 지 와 아 들

울이지 않는다. 건희는 이런 아이들을 관찰한다. 누가 어떤 말을 하고, 또 누구는 어떤 말을 하는지. 그리고 또 누가 자기에게 어느 정도의 관심을 기울이는지, 그리고 다음 날 이 관심은 어떻게 발전하는지 혹은 흔적도 없이 사라지는지……. 건희가 연구할 주제는 이것 말고도 많았을 것이다. 아이들과 자기 사이의 거리가 각각 어느 정도이며, 이 거리가 어떤 계기로 해서 멀어지기도 하고 가까워지기도 하는지 연구했을 것이다. 또한 각각의 아이들이 보여주는 행동의 일관성이 어느 정도인지도 연구했을 것이다. 가장 친하고 싶은 아이와 친할 수 있는 여러 가지 방법도 연구했을 것이다. 천장에 매달면 끈을 물고 빙빙 돌아가는 비행기나 궤도를 달리는 모형 기차를 보여주는 것도 이런 방법 가운데 하나였을 것이다. 또 자기를 특히 많이 놀리고 괴롭히는 아이들도 면밀하게 관찰했을 것이다. 어떻게 하면 그 놀림과 괴롭힘을 중단시킬 수 있을지 연구했을 것이고, 또 아마도 자기가 받은 놀림과 괴롭힘을 꼭 그대로 혹은 그 이상 고스란히 갚아줄 방법도 모색했을 것이다. 실제로 그 방법을 실천하기도 했을 것이다.

사람을 연구하는 소년 건희의 이런 모습은 1953년 아버지에게 이끌려 일본으로 가서도 계속되었을 것이다. 아니, 한층 심화되었을 것이다. 일본말을 할 줄도 모르는 코흘리개인 열한두 살 소년으로서 '조센징'이라고 놀려대는 또래 아이들 사이에서 이런 '사람 연구'는 그야말로 생존의 기술을 터득하는 절박한 과정이었을 것이다. 조금이나마 우호적인 친구를 찾아야 했고, 가장 적대적인 아이의 적대성을 조금이나

마 누그러뜨리려면 그 아이의 성격과 행동 원리를 이해하고 이용했어야 했다. 형 창희가 있었지만 아홉 살이나 많아서 형과는 말도 통하지 않았을 뿐더러 형은 늘 따로 돌았다.

일본인 가정부가 있었지만 말이 통하지 않았다. 가끔 와서 한두 달 머물다 가는 아버지도 힘이 되어 주지는 못했다. 아버지는 비록 장난감을 사줄 수는 있어도, 또래의 일본인 아이들을 어떻게 해줄 수는 없었다. 어른의 세상이 아니라 초등학생이라는 또래 집단 사이의 세상에서 벌어지는 일이었기 때문에 건희는 오로지 자기 힘으로만 해결하고 버텨야 했다.

그래서 건희는 혼자 골방에서 자기를 괴롭히고 놀리던 아이들을 하나씩 머리에 떠올리고 이들이 했던 말과 행동을 천천히 곱씹으면서 이 아이들의 강점과 약점, 자기와 친해질 수 있는 가능성의 정도, 이 아이들로부터 받을 공격의 피해를 최소화할 수 있는 방안 등을 연구했을 것이다. 휴일이면 영화관에 가서 하루 종일 영화를 보기도 하도 또 라디오를 분해하고 조립하며 그 힘든 현실을 잊으려 해도 결코 잊을 수 없었을 것이다. 버티고 살아남아야 하는 현실이었기 때문이다.

그런데 일본 유학 배경을 설명하면서 이건희 회장이 "휴전 후에 선대회장님이 제일제당 만드신다고 일본에 왔다 갔다 하셨는데 1년에 서너 번 가서서 한 번 가면 두 달씩 계셨으니까 그때 심심하셨던 모양입니다."[27]라고 한 말과 이맹희가 《묻어둔 이야기》에서 회고한 내용을 놓고 보자면, 이 가정부 외에도 소년 건희가 살던 집에, 이건희의 이복

| 1장 | 아 버 지 와 아 들

동생 태휘(1947년 출생)와 혜자(1962년 출생)의 어머니(이맹희가 자기 회고록에서 쓴 표현을 빌자면 '아버지와 더불어 지내는 여자' 쿠라다)가 함께 살면서 건희와 창희를 돌보았을 수 있다. 혹은, 맹희 형이 일본 유학 시절에 자기들과 함께 살지 않고 따로 '하숙'을 했다고 이건희 회장이 말하던 집이 바로 이병철이 쿠라다에게 마련해 준 집이었을 수 있다. 하지만 그렇다 하더라도 쿠라다라는 여자의 존재를 소년 건희가 몰랐을 리는 없다. 이병철이 일본에 오면 반드시 쿠라다를 찾았을 것이고 또 막내아들을 찾았을 것이기 때문이다. 소년 건희에게는 어머니가 아니면서 아버지의 여자인 이 일본 여자 역시 소년이 공부해야 할 대상이었다. 일본에 머무는 아버지에게 어머니의 자리를 대신하는 이 여자로부터 어떤 식으로든 그리고 어느 수준으로든 보호를 받을 수밖에 없었던 소년 건희는 어머니에게 미안한 마음을 가졌을 테고, 또한 동시에 이 미안한 마음을 아버지나 아버지의 여자에게는 숨겨야 했을 것이다. 이런 줄타기를 잘하려면 당연히 사람에 대한 공부가 필요했을 것이다. 어린 나이에 이국땅에서 감당해야 했던 그 모든 인간관계들은 소년 건희에게 무척이나 버거웠을 것이다. 하지만 그건 피할 수 없는 현실이었다. 그 힘든 현실 속에서 건희는 단련되어 가고 있었다.

건희가 사람에 대한 공부를 한 내용은 그 또래의 평범한 아이들이 사람에 대한 공부를 하는 것과 달랐다. 전략이나 전술이라는 개념은 알지 못했겠지만, 생존이라는 목적 아래에서 철저하게 전략과 전술을 생각했다. 또래 집단 속에서 동질감을 느끼고 그 동질감 속에서 안락함을 느끼는 과정이 아니라, 극복해야 할 '적'들을 연구하는 과정이었다. 그들과 함께하기 위한 게 아니라 그들을 통제의 대상으로 삼았던 것이다. 내가 생각하는 목적에 맞게 묶어두기 위한 것이었고 나와의 거리 및 그들 각각 사이에 존재하는 거리를 통제하기 위한 것이었다. 말하자면 건희에게 사람은 '나와 함께하는 사람'이 아니라 '내가 바라보는 대상'이었다. 장기판의 말들이었다. 넉살 좋은 고학생이던 고등학생 홍사덕이 건희를 보고 '무섭다'고 느낀 것도 건희에게서 바로 이런 모습을 보았기 때문일 것이다.

> 그는 불과 며칠 사이에 나를 압도했다. 시골 서점에 있는 책을 모조리 섭렵했던 내가, 그래서 꽤나 거들먹거렸던 내가 그처럼 순식간에 압도당한 것은 그의 독특한 '세상 보기 안목' 때문이었다.[28]

자기 말로 '시골 촌놈'이던 사덕이 건희만큼 외로움을 생존 차원에서 절박하게 느꼈을 리가 없다. 그러니 시골 촌놈 사덕이, 사람을 열심히 공부하는 건희의 모습을 보고 화들짝 놀라며 무서움을 느낀 건 당연하다. 불량스런 학생의 자세로 책가방을 한쪽 어깨에 둘러메고 건들건들 걸어가다가 배고프다며 길거리 도넛 가게에서 도넛을 함께 사먹고, 또 장충동 고갯길에서 지나가는 아이스케이크 장수를 불러 세워서 함께 아이스케이크를 하나씩 빨아먹던 친구가 혹시 자기도 장기판의 말들로 바라보았고 또 지금도 그렇게 바라보는 게 아닐까 하는 그런

| 1장 |　아　버　지　와　아　들

무서움. 건희가 일부러 새 교복을 빨아서 낡은 것처럼 하고 다닌 것도 어쩌면 치밀한 '사람 공부'에서 나온 계책일 수도 있다는 깨달음에 뒤따르는 섬뜩한 무서움.

*

　　건희에게 시련은 단련의 과정이었다. '가정교육이라고는 1퍼센트도 받지 않았고' 태어나서 청년이 될 때까지 늘 외톨이로만 살았던 환경 덕분에 장차 삼성의 핵심 전략이 될 신경영의 이른바 '인재 경영'이나 '천재 경영'의 안목을 기르고 있었던 셈이다. 이건희 회장은, 리더는 종합예술가가 되어야 한다면서 알아야 하고[知], 행동해야 하며[行], 시킬 줄 알아야 하고[用], 가르칠 수 있어야 하며[訓], 사람과 일을 평가할 줄 아는 것[評]을 리더의 덕목으로 내세운다.[29] 그런데 건희는 이 시기에 이미 사람을 대상으로 혹은 목적으로 파악하고 공부함으로써, 그 가운데 '시킬 줄 아는 것'과 '사람과 일을 평가할 줄 아는 것'을 훈련하고 있었던 것이다.
　　이렇게 건희는 단련되며 성장하고 있었다. 아버지가 바라는 대로. 실제로 아버지는 아들이 험한 환경에서 위기를 극복하며 성장하기를 바랐다. 이건희 회장이 말하는 이른바 '메기론'이다. 이건희 회장은 아버지 이병철의 가르침을 다음과 같이 회상했다.

옛날 회장님[이병철]께서 하신 이야기인데 그분이 20대에는 농사를 지으셨습니다. 그땐 논에 으레 미꾸라지를 키웠답니다. 그래서 한쪽에는 미꾸라지만 키우고 한쪽에는 미꾸라지 속에 메기를 한 마리 넣어서 키웠는데, 가을에 보니 미꾸라지만 키운 쪽은 미꾸라지들이 오그라져 있고, 메기랑 같이 키운 쪽은 살이 쪄 통통하더랍니다. 메기가 잡아먹으러 다니니까 도망 다니느라 많이 먹고 튼튼해져서 그런 거지요. 메기보다 빨라야 살아남지 않습니까? (…) 삼성이 제일이다 하는 생각을 들어서 지금도 그렇게 착각하는 사원들이 많아요. 제일이 되려면 어떻게 해야 하는지 제가 메기처럼 다니며 교육하고 있어요.[30]

이건희 회장은 이 말 바로 뒤에 "[선대 회장에게서] 경영 수업은 어떻게 받으셨습니까?"라는 인터뷰 기자의 질문을 받고는, "《논어》를 보라고 해서 본 것 외에는 없다"고 대답했다. 가장 중요한 경영 수업을 이미 어린 시절에 받았으면서도 그런 사실조차 알지 못했던 것이다. 본인이 교육을 받는지도 모르게 몸에 체득이 되도록 하는 게 가장 좋은 교육 방식이라면, 본인이 의도했던 의도하지 않았던 간에 이병철은 아들 건희에게 제대로 된 경영 수업을 해준 셈이었다. 이런 문답을 주고받던 응접실 벽에는 연필로 그린 아버지 이병철의 초상화가 걸려 있었는데, 초상화 속의 아버지는 아들을 바라보며 무슨 생각을 했을까?

| 1장 |　　아　버　지　와　아　들

*

건희는 서울사대부고를 졸업하고 1961년에 연세대학교에 입학했다. 그러나 아버지는 다시 건희를 곧장 일본으로 유학시켰다. 자기가 졸업한 와세다대학교 상학부였다. 선진국의 문물을 배워야 한다는 게 아버지의 신념이었다.

사람에 대한 공부를 제일 열심히 하는, 바로 그 자세로 주변 사람을 대하는 건희의 태도는 와세다 대학에 다닐 때에도 변함이 없었고, 사람에 대한 공부는 자연스럽게 해당 분야의 일인자에 대한 관심으로 이어졌다. 이건희 회장은 자기 성격이 여러 분야에 관심이 많아 파고드는 편이며 또 세계 일류라고 하면 특히 관심이 많다고 밝히면서, 대학교에 다니던 시절에 야쿠자 집단 사람들과도 한 1년 놀아본 경험이 있다고 털어놓았다.

> 일본에서 대학 다닐 때 골프 치면서 퍼블릭 코스에서 그런 사람들과 어울렸죠. 프로레슬링으로 유명한 역도산과도 자주 만났고요. (…) 여러 계통의 1급들을 보면서 그 사람들이 톱의 자리로 올라가기 위해서 어떻게 노력하는가를 연구했죠. (…) 철저하고, 인간미가 넘쳐흐르고, 그리고 벌줄 때는 사정없이 주고, 상 줄 때도 깜짝 놀랄 정도로 주고…….[31]

하지만 건희의 이런 일탈은 아버지의 뜻을 거스르는 게 아니었다.

이병철 역시 '인재 경영'을 사훈으로 내걸 정도로 인재의 중요성을 강조하고, 또 일단 사람을 선택하고 나면 모든 결정을 전적으로 맡길 정도로 그 사람을 신뢰했기 때문이다. 실제로 이맹희의 증언에 따르면 이병철은 '외국 유학이라는 것이 이공 계통의 특별한 기술 습득이 아니면 세계적인 조류를 보는 것쯤으로 인식'했다.[32]

영화감독을 꿈꾸던 소년 이건희

다시 일본에서 초등학교를 다니던 시절의 이건희로 돌아가 보자.

이건희 회장은 한 인터뷰에서 "외국에서 친구 없이 혼자서 무척이나 심심했겠다 싶겠지만, 내 나름대로는 꽤 바빴다."고 했다. 영화를 보느라 바빴다고 했다. 뒤집어서 말하면, 함께 놀아줄 친구가 없어서 죽어라 영화만 봤다는 뜻이 된다. 외톨이라는 환경은 소년 건희에게 피하고 싶은 끔찍한 조건이었다. 그래서 외로움을 떨쳐내려고 영화관을 찾았다. 그리고 메기에게 쫓기는 미꾸라지처럼 절박하게, 외롭다는 생각이 들지 않을 정도로 '바쁘게' 영화를 보았다. 아니, 영화에 몰입했다.

> 수요일과 토요일 오후, 일요일과 노는 날, 이런 때 노상 극장에 가서 살았죠. (…) 일본에는 특별한 영화로 100에 하나, 200에 하나 정도만 미성년자 출입불가로 돼 있지, 웬만한 영화는 어른 얼마, 학생 얼마, 어린

| 1장 | 아 버 지 와 아 들

이 얼마로 값이 매겨져 있습니다. 어린이는 어른의 반값 이하입니다. 일본 극장은 개봉관인 1류와 재개봉관인 2류부터 5류까지 있습니다. 5류로 내려오면 하루에 각각 다른 영화 여덟 편을 상영합니다. 제가 거길 아침 9시에 가서 저녁 10시까지 영화를 봤으니까요. 점심도 거기서 샌드위치 사먹고요. (…) 일본 사무라이가 나오다가 미국의 서부극 권총이 튀어나오고, 고대 영화에서 곧 제트기가 나오고 아주 복잡하지요, 하하하. 수요일 오후 두 편, 토요일 오후 두 편, 일요일은 최하 네 편 이상, 이렇게 해서 당시 일본에 들어온 영화는 거의 다 봤습니다.[33]

엄청나게 많은 영화를 보았다. 소년 건희가 일본에서 초등학교 2년과 중학교 1년, 총 3년 동안 보았던 영화를 합산하면 1,200~1,300편이 된다고 한다. 영화에 대한 애착이 얼마나 남달랐던지, 만일 다른 환경에서 태어났더라면 아마 영화사를 했거나 감독을 했을 거라고 이건희 회장은 말한다.

하지만 소년 건희가 영화를 보면서 얻은 것은 영화에 대한 사랑이나 외로움으로부터의 탈출만이 아니었다. 이때의 경험은 이건희 회장에게 소중한 훈련이었기 때문이다. 발상을 한층 입체적으로 고도화하는 훈련. 이는 앞서 살펴보았던 '사람 공부'의 연장선이기도 했다.

영화를 감상할 때는 대개 주인공에게 치중해서 보게 된다. 주인공의 처지에 흠뻑 빠지다 보면 자기가 그 사람인 양 착각하기도 하고, 그의 애환에 따라 울고 웃는다. 그런데 스스로를 조연이라 생각하면서 영화를 보면 아주 색다른 느낌을 받는다. 나아가 주연, 주연뿐 아니라 등장인물 각자의 처지에서 보면 영화에 나오는 모든 사람의 인생까지 느끼게 된다.[34]

거기에 또 감독, 카메라맨의 자리에서까지 두루 생각하면서 보면 또 다른 감동을 맛볼 수 있으며, 이것이 습관으로 굳어지면 입체적으로 보고 입체적으로 생각하는 '사고의 틀'이 만들어진다는 게 이건희 회장의 생각이다. 이 사고의 틀로 음악을 듣거나 미술 작품을 감상하거나 혹은 일을 할 경우, 전에는 볼 수 없었던 새로운 차원의 세상을 경험할 수 있다는 것이다. 이 말대로라면 이건희 회장은 회의를 주재하거나 강연할 때 혹은 계약을 할 때, 영화를 볼 때와 마찬가지로 상대방의 입장과 관점에서 생각하고 예측한다는 말이다. 그리고 영화감독이 영화 속의 배경을 중요시하듯이, 자기 스스로도 자기가 전달하고자 하는 메시지의 중요성을 부각시키고 상대방이 이 중요성을 최대한 잘 받아들일 수 있도록 하기 위해서 어떤 인위적인 설정을 할지 분명히 고민한다는 말이다.[35]

예를 들어서 1993년에 신경영의 기치를 내걸기 위해서 해외에서 주재한 회의가 그랬다. 이 자리에 임원과 경영진과 같은 고위 간부뿐 아니라 많은 중간 관리자들도 포함시킨 것은 다 철저하게 계산된 이유가 있었다. 이들을 한자리에 모아놓고 기존의 질서를 비판한다는 것은 결

| 1장 | 　아　버　지　와　아　들

국 기존의 질서를 집행하는 임원들과 경영진에 대한 비판을 대중 앞에서 하는 것이나 마찬가지였다. 이병철 체제를 탈피해서 이건희 체제를 확고하게 구축하는 장기적인 포석 속에서, 기득권 세력인 경영진과 임원들을 비판함으로써 이들을 대중 즉 중간 관리자와 일반 사원들로부터 고립시키기 위한 장치였던 것이다. (여기에 대한 자세한 이야기는 4장에서 다시 하기로 하자.)

영화를 통해 습득한 이런 다차원적이고 입체적인 발상은 또한 1990년 이후에 '복합화'라는 철학으로 나타난다. 좁은 국토를 효율적으로 이용하기 위해서라도 빌딩을 옆으로 넓히지 말고 위로 높여야 한다는 것이다. 이 빌딩에 모든 임직원이 모여 산다면 40초 만에 모일 수 있고 물류비용이 줄어들며 스피드가 높아지기 때문에 이게 바로 경쟁력이라고 이건희 회장은 주장한다.

이건희 회장의 이 복합화 개념은, 소년 건희가 영화에서 얻은 입체적인 발상을 (소년 건희가 보았던 영화에 자주 등장했을) 일본 막부(幕府, 바쿠후) 시대의 성(城)에 투영해서 얻었을 가능성이 높다. 이건희 회장이 복합화 철학을 실천하려고 하다 끝내 반쪽짜리로 끝나고 만 서울특별시 강남구 도곡동의 69층짜리 타워팰리스 건물은 애초에 102층짜리 초대형 사옥이었다. 미완의 꿈으로 끝나고 말았다고는 하지만, 2009년 12월 현재 3.3평방미터당 시가 3300만 원을 훌쩍 넘는 이 '삼성' 타워팰리스만 하더라도 철저한 보안 시스템을 자랑하는, 평민을 압도하기에 충분히 거대하고 위압적인 성(城)임에는 틀림없다. (복합화 및 타워팰리스에 대해서는 5장에 가서 다시 이야기하기로 하자.)

  메기를 피해서 필사적으로 도망을 치는 미꾸라지가 왕성한 신진대사로 빠르고 튼튼해지듯이, 현실을 피해서 어두운 영화관으로 도피한 소년 건희는 영화 속에서 '왕국'의 꿈을 조금씩 키워나가고 있었다. 자신의 힘을 차근차근 키워가고 있었던 것이다.

아버지 이병철

  삼성그룹의 창업주인 이병철은 1910년 2월 12일 경남 의령군 정곡면 중곡리에서 아버지 이찬우와 어머니 권재림 사이에서 2남 2녀 중 차남으로 태어났다. 이병철의 집안은 할아버지 대부터 아버지 대에 벌써 2천 석에서 3천 석을 추수하던 대농이었다.

  소년 병철은 16세에 서울로 유학하여 중동중학교에 입학한다. 그리고 17세에 박두을(1908년 출생)과 결혼하고, 4학년 말에는 일본으로 건너가 와세다 대학 전문부 정경과에 입학, 2학년을 수료하고 귀국했다.

  그 뒤 1936년 마산에서 두 명의 친구와 동업으로 협동정미소를 차렸고 운수업에도 손을 댔다. 그러면서 식산은행 마산 지점으로부터 융자를 받아 김해평야 200만 평을 매입해 만석꾼이 되기도 했다. 농토에서 쌀을 수확한 다음, 이를 자기가 운영하던 정미소에서 도정하고 곧 판매망을 통하여 전국으로 쌀을 판매하는 식으로 재산을 불려가던 중,

| 1장 | 아 버 지 와 아 들

1937년에 일본이 중일전쟁을 일으켰다. 일본은 군비 확충을 위해 자금 동원령을 내렸고, 은행의 대출이 동결되었다. 은행 융자에 의존해 토지를 매입했던 이병철은 은행의 대출 업무가 중지되는 바람에 큰 타격을 받았다. 결국 대출금을 갚기 위해 매입했던 토지는 물론이고 정미소와 운수회사까지 처분해야 했다.

이병철은 재기를 노리며 중국 대륙으로 여행을 떠났다. '2개월에 걸친 조사 여행의 결과 청과물과 건어물과 잡화 등의 무역이 적합하다는 것을 알게 되었다.'[36] 그리고 1938년 3월 1일, 이병철은 빚을 내어 대구 서문시장 근처인 수동(현 중구 인교동)에 있는 지상 4층, 지하 1층의 목조 건물에 자본금 3만 원으로 무역회사인 삼성상회 간판을 내걸었다. 삼성이라는 상호를 선택한 이유는 '삼성의 3은 큰 것, 많은 것, 강한 것을 나타내는 것으로서 우리 민족이 가장 좋아하는 숫자이며, 성(星, 별)은 밝고 높고 영원히 깨끗이 빛나는 것을 뜻하기' 때문이었다.[37] 삼성상회는 대구 근교에서 수집한 청과물과 포항 등지에서 들여온 건어물을 중국과 만주에 수출했으며 무역업 외에도 제분기와 제면기를 설치해서 국수 제조도 겸했다. 이맹희는 회고록인 《묻어둔 이야기》에서 24시간 가동되던 국수 뽑는 기계의 소음이 여전히 귓전에 생생하다고 당시를 회상했다.

그때의 경제적 형편으로는 우리가 집 한 칸 얻지 못할 정도는 아니었는데도 어머니와 더불어 어린 나와 인희 누이, 동생 창희, 숙희까지 이

공장의 귀퉁이 반에서 새우잠을 자야 했다. 아버지가 이익금이든 뭐든 수중에 들어오는 돈이란 돈은 전부 이 공장에 넣어버린 것이다. (…) 우리 식구는 누구 하나 예외 없이 공장 귀퉁이 방에서 새우잠을 자야 했고, 아버지 역시 공장 한 칸에 종이 상자로 칸막이를 만들고 잠을 잤던……[38]

얼마 뒤에 이병철은 집을 한 칸 마련해서 공장에서 곁방살이를 하던 식구들을 들였다. 건희가 태어난 것도 바로 이 집이었다. 하지만 부부는 공장에서 일을 해야 했고, 하루 종일 기계 돌아가는 소리로 시끄럽고 먼지와 밀가루도 펄펄 날리는 공장에서 어머니가 어린 건희를 들쳐업고 일을 할 수는 없었다. 그래서 부부는 건희가 젖을 떼자마자 의령에 살던 아이의 할머니에게 보냈던 것이다.

해방 후, 이병철은 대구에서 《대구민보》라는 신문의 경영에 잠깐 참여하기도 했는데, 이때의 경험은 나중에 《중앙일보》를 창간하는 데 도움이 된다. 그리고 이때 어린 건희는 할머니 댁에서 다시 대구로 와서 처음으로 부모 형제와 함께 생활하게 된다. 이건희 회장은 당시의 생활을 다음과 같이 회상한다.

대구에 와서도 까만 고무신을 신고 다녔어요. 어쩌다 흰 고무신을 사 받으면 아낀다고 구석에다 숨겨놓고 그랬죠. (…) 제 생일에 어머니가 김 다섯 장하고 계란 삶은 거 한 개를 다른 형제들보다 더 주시며 "네 생일이라 더 주는 거다"라고 하셨습니다. (…) [대구의 이 집은] 두 평짜리 방 세

| 1장 | 아　버　지　와　아　들

개, 세 평짜리 방 한 개, 총 방 네 개였고 여기에서 일꾼들까지 포함해서 열대여섯 명이 살았어요.[39]

이병철은 그 뒤 대구에서 하던 사업을 다른 사람에게 맡기고 서울로 가 삼성물산공사를 차렸다. 1948년이었다. 가족들은 혜화동에 새로 장만한 한옥에서 살았다. 만주, 북경, 홍콩, 마카오, 싱가포르 등으로 무역을 하던 삼성물산공사는 수출입 물량 순위가 7위가 될 정도로 큰 회사가 되었다. 이 사업으로 이병철은 엄청난 재산을 모았다.

하지만 한국전쟁이 터지면서 이병철이 지분의 75퍼센트를 가지고 있던 삼성물산공사는 하루아침에 공중분해 되었다. 당시 삼성물산공사의 유일한 자산은 전쟁 직전에 수입한 설탕을 비롯해 알루미늄과 면사, 한약재, 염료, 향료 등 수백 종의 물품이었다. 이 물품들은 용산과 인천의 보세창고 두 곳에 보관되어 있었는데, 전쟁의 포연 속에서 흔적도 없이 사라져 버렸던 것이다.[40] 이병철은 미처 피난을 떠나지 못하고 있다가 6개월 동안 인공 치하에서 숨어 지낸 뒤 1·4후퇴 직전인 1950년 12월에 가족을 이끌고 남쪽으로 피난을 갔다. 빈털터리 신세였다.

하지만 이병철에게는 인복이 있었다. 예전에 대구에 있을 때 삼성상회에서 번 돈으로 양조장 두 곳과 과수원을 인수했었다. 그런데 삼성물산공사를 차리고 무역업을 하기 위해 서울로 가면서 이병철은 이 사업을 다른 사람들에게 전적으로 맡겨둔 바 있었다. 당시의 통신 시설이나 교통 시설 수준으로 일일이 확인하기가 힘들기도 했지만 삼성물산공사 일이 워낙 비중이 크고 또 사업이 잘되었기 때문이었다. 그런데 모든 재산을 잃어버리고 다시 대구로 내려왔을 때, 조선양조장의 사장 김재소와 지배인 이창업 그리고 공장장 이재명은 그간 번 이익금이라면서 3억 원을 이병철에게 내놓았다. 전란의 혼란 속에서 이병철을 속이고 그 돈을 빼돌리려면 얼마든지 빼돌릴 수 있었지만, 그 사람들은 그렇게 하지 않았던 것이다.[41]

이병철은 이 돈으로 부산에서 새롭게 사업을 시작했다. 삼성물산주식회사를 세운 것이다. 소년 건희가 '천장에 매달면 끈을 물고 빙빙 돌아가는 비행기, 레일 위를 달리는 모형 기차'를 들고 친구들의 관심을 끌려고 애를 쓰던 바로 그 무렵이었다. 그 뒤 이병철은 무역업에 한계를 느끼고 제조업 분야에 뛰어들어 1953년에 설탕을 만드는 제일제당을 설립했다. 1954년에는 제일모직을 설립하여 대한민국 제일의 기업가이자 부자로 명망을 떨치기 시작했고, 그 뒤 손을 대는 일마다 성공을 거두며 승승장구한다.

이병철이 이렇게 승승장구할 수 있었던 데는 결벽증적인 치밀함이 중요한 성공 요인으로 작용했다. 머리카락 한 올도 흐트러져 있는 경우가 없었고 복장도 늘 단정했다. 키 167센티미터에 몸무게 60킬로그램을 넘지 않았던 호리호리한 체격은 본인의 성격을 그대로 말해주는 것 같았다.

차갑다, 매섭다, 냉정하다, 냉혹하다, 사정없다, 엄격하다, 까다롭다,

| 1장 | 아　버　지　와　아　들

깐깐하다, 예리하다, 날카롭다, 고독하다, 등등…. 호암의 성격은 이와 비슷한 단어들을 있는 대로 죄다 나열하면 어느 정도 그 윤곽이 잡힌다.[42]

아랫사람에게는 싫다, 좋다 하는 말로써 자기 의사를 분명하게 표현하지 않고 또 표정의 변화가 없었다.

> 어떤 보고를 받을 적에도 그저 조용히 듣고 있다가 가만히 고개를 끄덕이면 그것은 곧 대단히 만족한다는 표시였다. 때문에 그의 눈빛과 분위기만으로 좋은지 그렇지 않은지를 구분할 수밖에는 없었다. (…) 호암은 이렇듯 좋다, 싫다는 직설적인 표현을 거의 하지 않았다.[43]

화를 내는 모습도 좀처럼 보이지 않았다. 하지만 모든 게 철저하게 '관리'되어 있어야 할 정도로 치밀했다. 해외여행을 할 때면 공항에서 비행기에 탑승하고 내릴 때 단 1초라도 발걸음을 멈추게 되면 비서들에게 불호령을 내렸다. 그래서 비서들은 공항에서의 입출국 수속을 할 때나 고속도로에서 이동할 때 사전에 조치를 취하느라 초긴장을 해야 했다. 이건희 회장은 이런 이병철의 모습을 자신과 비교해서 어떤 인터뷰에서 다음과 같이 표현했다.

> 선대는 형식적이고 권위적이고 집착력과 의지력이 남달리 강한 반면

2세인 우리는 현실적이고 사고가 유연합니다. 선대는 출퇴근이 시계처럼 정확했지만 나는 일할 때 일하고 외부와 스케줄이 있는 것 외에는 평소에도 일을 봅니다. 선대 회장은 1년 스케줄에 화요일과 금요일엔 골프장, 수요일은 중앙일보에 틀림없이 계셨기 때문에 전화 안 걸어보고 가도 만나졌죠."

이병철이 강조했던 이런 철저함은 이른바 '돌다리도 두들겨보고 건너는' 삼성의 특성으로 자리 잡게 된다. 그리고 이런 특성을 강화하는 과정에서 삼성에서 비서실의 역할이 점차 커졌고, 이병철은 이 비서실 조직을 통해서 감히 범접할 수 없는 제왕적인 영향력을 행사했다.

제왕 이병철은 돌다리를 두들겨보는 치밀한 계획과 관리 속에서 막내아들 건희를 지켜보고 있었다. 그리고 1961년 초, 연세대학교에 합격해서 등록금도 내고 교재까지 다 사놓은 막내아들에게 일본 유학을 권유했다. 형식은 권유였지만, 거역할 수 없는 지시였다. 또 상과를 선택하라고 했다.

유학을 가기 이틀 전, 아버지는 건희를 불렀다.

"네 성격엔 기업이 안 맞는 것 같다."

아버지가 말한 '기업'이란 제조업을 뜻하는 것이었다.

"매스컴이 어떠냐?"

"좋습니다."

"그래, 경영학을 하면서 매스컴에도 신경을 써서 공부해라."

| 1장 | 아   버   지   와   아   들

부자 사이의 대화는 그게 다였다.

이건희 회장 생각으로는 이병철 회장이 그때 이미 중앙일보를 만들 생각을 하고 있었다고 한다.[45] 그리고 이때는 건희의 큰형이자 이병철의 장남인 맹희가 미국 유학을 마치고 귀국해서 첫 직장인 안국화재에 취직하기로 되어 있던 시기이며 또한 차남인 창희가 와세다 대학교 상학석사 학위를 취득한 해이기도 했다. 아버지 이병철은, 서른 살 맏아들은 불러들여 회사에 첫발을 디디게 하고 열아홉 살 막내아들은 선진국의 문물을 배우라고 외국으로 유학을 보냈던 것이다.

이때까지만 해도 아버지는 건희에게 삼성의 주력인 '기업' 즉 제조업을 맡길 생각은 없었던 듯하다. 건희에게 매스컴에 신경을 쓰라고 한 것은 삼성이라는 가업의 중심을 맡기기보다는 매스컴 관련 사업을 한두 개 맡길 생각이었다. 실제로 건희가 와세다 대학교를 거쳐서 미국의 조지워싱턴 대학교 경영대학원에서 1년을 공부하고 귀국했을 때 이병철은 1964년 5월에 이미 동양방송(TBC)을 개국해 두고 있었다.*

아버지는 이런 포석 속에서 건희를 본격적으로 관리하기 시작했다. 메기가 이제 슬슬 새끼 미꾸라지를 쫓기 시작한 것이다. 새끼 미꾸라

---

* 1964년 5월에 라디오서울(RSB)이 정규방송을 개시하고, 12월에는 동양텔레비전이 최초로 민영 텔레비전 방송을 시작했다. 1965년 8월에 라디오서울과 동양텔레비전은 각각 중앙라디오방송(JBS)과 동양텔레비전방송으로 이름을 바꾸었으며, 1966년 7월에는 중앙텔레비전방송이 동양방송(TBS)으로 이름을 바꾸었다. 그리고 이 라디오 및 텔레비전 방송국은 모두 1980년 제5공화국의 언론통폐합 특별 조치에 따라서 11월 30일에 마지막 방송을 한 뒤 한국방송공사(KBS)에 통합된다.

지가 메기에게 잡아먹히지 않으려면 보다 빨라져야 했고 보다 튼튼해져야 했다. 아버지의 바람대로 경쟁 속에서 보다 성숙해서 삼성이라는 거대한 집을 떠받치는 한 기둥이 되어줘야 했다. 이때의 건희는 이런 사실을 알고 있었을까?

오타쿠의 세상 속에서

'오타쿠'는 일본말로 무언가에 광적으로 매달리는 사람을 뜻한다. 어감으로 보자면 오타쿠는 영어의 '마니아'보다 한결 집착의 강도가 높은 것 같다. 다른 것은 아무것도 하지 않고 하루 종일 자기 공간 밖으로는 나오지도 않은 채 어떤 관심 분야에 몰두하는 사람이라는 뜻이다.

건희는 어릴 적부터 오타쿠였다. 그런데 한 가지 종류의 대상에만 몰두한 게 아니었다. 그의 몰두 대상은 숱하게 많았다. 그 가운데 하나가 기계였다.

이건희가 기계광이라는 것은 널리 알려진 사실이다. 그의 서가엔 경영학 서적보다 전자, 우주, 항공, 자동차, 엔진공학, 미래공학 등의 전문서적이 더 많은데, 1967년 이후 이병철 회장 아래에서 경영 수업을 받을 때도 퇴근을 하면 주로 기계와 씨름하며 보냈다. 전자 제품이나 각종 기계를 분해하고 조립하면서 기능과 성능을 공부했으며, 아예 기술자를 집으로 불러 직접 설명을 듣기도 했다. 그의 집을 다녀간 일본

| 1장 | 아 버 지 와 아 들

기술자만도 수백 명이 된다. 이런 노력 덕분에 그는 전자 부품의 소소한 기능까지도 두루 꿰고 있다.[46] 웬만한 전자제품은 전문 기술자보다 해체 조립을 능숙하게 더 잘한다.[47]

무엇이 재벌 가문의 막내아들 이건희를 기계광으로 만들었을까? 여기에 대한 해답의 실마리는, 세계에게 가장 부자로 늘 다섯 손가락 안에 꼽히는 버크셔 해서웨이 회장 워런 버핏에게서 찾아볼 수 있다.

미국의 경제전문지《포브스》가 2009년 11월 11일에 공개한 '세계에서 가장 영향력 있는 인물 67인' 명단에 14위로 이름을 올린 워런 버핏은 여섯 살 때부터 돈을 벌기 시작했다. 식료품점을 하던 할아버지에게서 껌을 떼다가 파는 일이었다. 껌 한 통을 팔면 2센트의 이문이 남았다. 무엇이 이 어린 소년으로 하여금 돈을 밝히게 만들었을까? 소년 워런에게 돈은 구매력이기 이전에 숫자였다. 워런은 숫자를 좋아했을 뿐이다. 이 소년은 여덟 살 때 길거리를 돌아다니면서 병뚜껑을 모으기 시작했다. 시내에 있는 술집이란 술집은 다 돌아다니면서 병뚜껑을 모았다. 돈을 벌려는 목적이 아니라 그저 취미였다. 워런은 이 취미에 집착했고, 그의 집 지하실에는 온갖 종류의 병뚜껑이 산더미처럼 쌓여갔다. 펩시, 루트 비어, 코카콜라, 진저에일…….

병뚜껑으로 쌓은 더미는 점점 커졌다. 누가 이 일을 재미있다고 생각할까? 워런 말고는 아무도 없었다. 워런에게는 이 일이 놀라울 정도로 재미있었다. 저녁을 먹은 뒤에 워런은 거실 바닥에 신문지를 깔아놓고 그 위에 그날 자기가 수집한 병뚜껑들을 펼치고는 종류별로 분류를 하고 숫자를 세고 또 세었다. 이 숫자들이 나타내는 통계치를 보고서 워런은 어떤 상품이 가장 인기가 좋은지 알 수 있었다. 하지만 그걸 알려고 이런 일을 한 게 아니었다. 단지 분류를 하고 계산을 하는 것 자체가 좋았다. 이 일을 할 때면 늘 마음이 차분해지고 기분이 좋았다. 그리고 이런 과정을 통해서 워런 버핏은 자연스럽게 통계학과 확률의 원리를 익혔다.

워런 버핏은 어린 시절부터 지독한 부끄러움에 시달렸고 또 강박증을 가지고 있었다. 이런 특성은 어른이 되어서도 사라지지 않았고, 지금까지 계속된다. 세계 최고의 부자가 오마하라는 작은 도시의 수수한 집에서 수십 년째 사는 것이나 소맷부리가 너덜너덜하게 해진 셔츠를 입는 것이나 최고급 만찬장에서 햄버거와 콜라를 찾는 것은, 그가 소박한 사람이라서가 아니라 강박증을 가지고 있기 때문이다.

하지만 놀랍게도, 어린 시절부터 그를 괴롭혔던 이런 강박증은 그에게 오히려 기회가 되었다. 숫자와 통계에 대한 집착이 투자 능력에 대한 탄탄한 기초를 마련해 주었고, 마침내 그는 세계 최고의 투자가가 될 수 있었던 것이다.

이런 점에서 보자면 가족과 또래 집단으로부터의 소외와 애정 결핍으로 인한 열등감 및 외로움에 어릴 적부터 시달렸던 이건희와 워런 버핏 사이에는 비슷한 점이 있다. 우선 워런 버핏도 어린 시절 신경질적인 어머니로부터 사랑을 받지 못했다. 그는 평생 어머니를 무서워했으며, 어른이 되어서도 어머니와 함께 식사하는 것조차 무서워하며 피

| 1장 | 아 버 지 와 아 들

했다. 애정 결핍으로 인한 강박증 때문에 소년 워런은 병뚜껑 수집에 집착했었다. 거기에 매달리면 마음이 편안해졌던 것이다. 소년 건희도 마찬가지였다. 열등감을 떨쳐내고 외로움을 털어내기 위해서 본능적으로 건희는 집착이라는 특성을 개발했다. 개와 '심적 대화'를 나누고 영화에 몰입하는 건 모두 집착의 한 형태였다. 이런 집착은 물건으로도 이어졌다. 주변에 있는 물건에 집착해서 오디오 기기나 비디오 기기를 분해하기 시작했다. 이와 관련해서 이건희 회장은 다음과 같이 말한 적이 있다.

> 나는 어려서부터 수없이 많은 물건을 구매하여 뜯어보았다. 그 속을 보고 싶었기 때문이다. 나는 이러한 일을 누구보다도 많이 하였다고 자부한다. 이러한 활동을 통하여 나는 사물의 외관이 던지는 의문에 대하여 겉모습뿐 아니라 그 이면까지도 들여다보는 훈련을 받을 수 있었다.[48]

하지만 그의 진술은 참이 아니다. 정확하게 말하면, '속을 보고 싶다'는 욕구는 애초에 그 자체가 목적이 아니었다는 말이다. 그 행위는 단지 외로움을 잊기 위한 수단일 뿐이었다. 외로움을 잊을 수 있도록 집착해서 몰두할 수 있는 대상으로, 수많은 부품들로 이루어진 전자제품을 분해하고 또 조립하는 것만큼 적당한 행위가 어디 있을까. 소년 건희에게 왜 산에 오르느냐고 물었다면 아마 산이 거기 있기 때문이라고 대답했을 것이다.

소년 워런이 자기 집 지하실에 온갖 종류의 병뚜껑을 산더미처럼 쌓아 나갔던 것처럼, 소년 건희도 분해 대상을 점차 다양하게 넓혀 나갔고 여기에 따라서 분해 대상의 덩치도 점점 커졌다. 미국에 유학을 갔을 때는 이 대상이 자동차로까지 확대되었다.

> 제가 처음 탄 차가 이집트 대사가 타던 차였어요. 새 차를 사놓고 50마일도 안 뛰었는데 아랍전쟁이 터져서 본국으로 발령이 난 겁니다. 새 차가 6,600불 할 땐데 그걸 4,200불에 샀습니다. 그걸 서너 달 타고 4,800불에 팔았습니다. 600불 남았죠. 또 미국인이 안 탄 걸 사서 깨끗하게 청소하고 왁스 먹여서 타다가 팔았죠. 이렇게 하면서 1년 반 있는 동안에 여섯 번 차를 바꿨는데, 나중에 올 때 보니까 600~700불 정도가 남았더라구요.[49]

   그가 1년 반 동안 자동차를 여섯 번이나 바꾼 이유는 재벌 2세로서의 호사 취미를 즐기기 위해서가 아니었다. 자동차의 구조가 궁금했기 때문이다. 그 궁금증을 파고들며, 어린 시절부터 자기 존재의 한 부분이 되어 버린 외로움을 달래기 위해서였다.
   해부 대상은 단순히 물건만이 아니었다. 와세다 대학교에서 공부할 때 일본의 역사를 알기 위해 45분짜리 비디오테이프 45개를 수십 번 보았으며, 유학을 마치고 돌아온 뒤 중앙일보 이사로 있을 때인 1960년대 후반에는 개에 대한 사랑을 '해부'한 끝에, 마침내 십여 년 만인

| 1장 | 아   버   지   와   아   들

1979년 일본에서 열린 세계견종종합전시회에 순종 진돗개 암수 한 마리씩을 직접 출전시켜서 진돗개의 원산지가 한국임을 입증해 세계견종협회에 등록하기도 했다.

> 등록 요건이 까다로워요. 똑같은 종류끼리 교배시켜서 몇 퍼센트 이상 같은 종류가 나와야 하고. 그 요건에 맞춰서 등록을 마치는 데 12~13년이 걸렸습니다. (…) 20여 년 전 제가 직접 진도에 가서 2박 3일 동안 30마리를 사왔습니다. 진도에 가면 다 진돗개인 줄 알았는데 그게 아니었습니다. (…) 그 30마리를 가져다가 순종을 고르느라고 150마리까지 늘렸습니다. 그중 진돗개라고 할 만한 게 30퍼센트 정도 나왔고, 순종이라고 할 만한 게 3퍼센트 정도밖에 안 나왔습니다. 지금은 많이 나아져서 애비 에미를 닮은 게 60~70퍼센트 정도 나옵니다. 셰퍼드는 80~90퍼센트 정도 나오는데…….[50]

그야말로 강박적인 집착이 아니고서는 결코 도달할 수 없는 전문가 수준이다.

또 이런 일도 있었다. 이건희 회장은 미국 로스앤젤레스의 유명한 파이프 담배 가게에 들어간 적이 있는데, 오후 두 시쯤 들어가서 오후 여덟 시쯤 나왔다고 한다. 이건희가 그 가게의 지배인을 붙잡고 파이프와 파이프 담배에 대해서 온갖 것들을 꼬치꼬치 캐묻느라고 시간이 그만큼 걸렸다는 것이다. 이 지배인은 이건희를 배웅하러 나와서, "당

신은 내가 30년 동안 배운 노하우를 하루 만에 다 빼먹었소."라고 말했다고 한다.[51]

집착과 몰두 그리고 해부 과정을 통해서 이건희는 '사물의 외관이 던지는 의문에 대하여 겉모습뿐 아니라 그 이면까지도 들여다보는 훈련'을 의도하지 않게 받았다.

그런데 놀라운 일이 벌어졌다. 이런 집착과 몰두 행위가 이건희의 사고 특성으로 자리 잡으면서, 이제는 어떤 대상을 보든 '속을 봐야' 직성이 풀리게 되었다. 결과가 목적으로 전환된 것이다.

이건희는 본인의 사고 과정이 가지고 있는 이런 특성의 장점을 인식하고, 이것을 경영에 적용했다. 집착과 몰두에 '목적'이라는 방향성이 결합하자 그것은 집념이 되었다. 그리고 이것은 나중에 삼성 개혁의 핵심적인 전략이자 철학인, 이른바 '본질주의'로 나타난다. 또 이런 유형의 인재를 찾는 '천재 경영'을 추구한다.

> 한마디로 '마니아' 형의 인재를 말합니다. 모든 분야에서 고르게 우수하지는 않을지라도 특정 분야에 남다른 재능과 흥미를 갖고 자신의 영역을 구축하는 사람이지요. (…) 특정 분야의 전문가로 성장이 기대되는 인재 유형이지요.[52]

또 이런 집착과 몰두에 따른 특정 분야의 해박한 지식은 카리스마가 넘치는 제왕의 경영 체제를 강화하는 데 결정적인 역할을 하기도 한다.

| 1장 | 아　버　지　와　아　들

신발을 많이 넣을 수 있도록 수납공간을 최대한 확보하라. 요즘은 옷 색깔에 따라 신발을 맞춰 신는 패션 시대다. 마루와 부엌 그리고 화장실의 문턱을 없애라. 노인들이 불편해 한다. 왜 아파트 내부가 다 똑같은가. 아이 한두 명 키우는 집과 두 세대 이상이 함께 사는 집의 구조가 같을 수 없다.[53]

그런데 타워팰리스 건축 당시 현장을 방문한 이건희 회장의 이런 지시가 직원의 창의성을 오히려 위축시키는 결과를 초래하기도 한다.

하지만 이건 아주 많은 세월이 흐른 뒤의 일일 뿐, 유학생 건희는 아직은 집착하고 몰두하는 자기 행위가 자기 인생에서 그리고 아버지 이병철 회장이 자기에게 부과한 경영이라는 거대한 과제 속에서 어떤 의미를 가지는지 전혀 알지 못하는 그저 오타쿠일 뿐이었다. 오타쿠의 세상에서는 건희도 얼마든지 호수가 될 수 있고 바위가 될 수 있었다.

유학생 건희가 꾸었던 꿈

이건희 회장은 한 인터뷰에서 소년 시절의 꿈이 무엇이었느냐는 질문에 이렇게 대답했다.

"꿈은 별로 없었습니다. 가정 분위기가 그래선지……."

와세다 대학교로 유학을 가기 전에 아버지 이병철 회장에게 매스컴에 신경을 써서 공부하라는 당부를 받았다고 인터뷰 기자에게 말을 한 직후에 이어진 질문이고 답변이었다.

꿈이 별로 없었다는 이건희 회장의 이 말은 거짓말이다.

소년 시절부터 이건희는 영화와 개와 기계에 깊이 빠져 있었다. 영화만 해도 그렇다. 휴일이면 극장에서 샌드위치를 먹어 가면서 아침부터 밤까지 영화를 보았다. 영화를 볼 때는 주인공뿐만 아니라 조연과 카메라맨의 시선으로도 볼 정도였다. 이런 소년이 영화가 주는 감동에 흠뻑 젖은 채 밤길을 걸어 집으로 돌아갈 때, 그것도 어머니의 따뜻한 손길도, 마음이 통하는 형제나 친구의 정다운 눈길도 기대할 수 없는 집으로 돌아갈 때 무슨 생각을 했을까? 뻔하다.

'나도 나중에 영화감독이 되어야지.'

이런 꿈을 키우면서, 영화감독의 눈으로 자기가 본 영화의 줄거리와 장면을 머릿속에서 나름대로 새로 짰을 것이다. 그때 분명 소년은 영화감독의 꿈을 꾸었다. 그리고, 1989년에 있었던 한 인터뷰에서 이건희 회장은 시간이 나면 "책 보고, 비디오 보고, 음악 듣고, 생각하고……."라고 했으며, 또 그의 침실 바닥 3분의 1을 비디오테이프가 빼곡하게 차지하고 있었음을 볼 때, 이 꿈은 그 뒤로도 계속 이어졌음이 분명하다. 아닌 게 아니라, 이건희 회장은 같은 인터뷰에서 "제가 이런 환경에 안 태어났더라면 아마 영화사를 했거나 감독을 했을 겁니다."라고 말했다.

| 1장 |　아　버　지　와　아　들

　실제로 나중에 이건희 회장은 이 꿈을 실현하려고 할리우드의 실력자 스티븐 스필버그를 만나기도 했다. 그로부터 40여 년이 지난 1995년 2월이었다. 영화감독은 아니었지만(대한민국을 대표하는 기업인 삼성의 회장이 어떻게 영화감독을 하겠는가?) 간접적으로 그 꿈을 실현할 수 있는 영화제작자가 되기 위해서였다.

　스필버그가 영화계의 다른 두 거물 카젠버그 및 게펜과 손잡고 '드림웍스'를 출범하겠다고 발표하자 전 세계의 투자자들이 돈을 대겠다며 몰려들었다. 그러나 스필버그 일행은 동업자를 물색하는 데 무척이나 까다롭게 굴어 돈 많은 (그리고 투자로 더 많은 돈을 벌려는) 갑부들의 애를 먹였다.
　그 긴 줄에는 삼성의 이건희 회장도 서 있었다. 아시아 배급사를 물색 중이던 스필버그에게는 수천 편의 영화를 수집해 온 '영화광' 이건희가 대단히 매력적인 후보였다. 물론 그가 써 들고 간 5억 불짜리 수표도 그의 매력을 높이는 데 도움이 되었다. 스필버그는 자신의 집에 이 회장을 초대해 저녁식사를 함께했다.
　칠레산 농어요리가 준비되고, 잔에는 백포도주가 담겼다. 대화가 오가는 가운데 이 회장은 투자금액을 애초 계획의 두 배에 가까운 9억 불로 올렸다. 그러나 스필버그의 얼굴은 점점 굳어 갔고, 대화는 순조롭게 풀리지 않았다. 미국의 주간지 《타임》은 스필버그의 입을 빌려 당시 상황을 이렇게 묘사했다.

이 회장 일행이 통역을 통해 자신들의 목표를 설명했을 때, 스필버그는 속이 불편해지는 것을 느꼈다. 저녁으로 먹은 농어 때문이 아니었다. 스필버그는 당시 상황을 이렇게 전한다.

"대화를 나누는 두 시간 반 정도에 그 '반도체'라는 말이 족히 스무 번은 나왔을 겁니다. 이런 생각이 들더군요. '머릿속이 온통 반도체 생각으로 꽉 찬 사람이 영화산업을 제대로 이해나 할 수 있을까?' 또 저녁 한나절을 완전히 시간낭비 한 겁니다."[54]

실패로 끝나긴 했지만 영화에 대한 소년 건희의 강렬했던 꿈은 그렇게 이건희 회장의 인생과 사업 속에서 불쑥불쑥 나타났다.

소년 건희의 꿈은 또 있었다. 개 박사가 되는 것이었다. 소년 건희가 미국에서 경영대학원에 다닐 때는 자동차에 빠져서 자동차 전문가가 되고 싶었다.

그렇다면 건희는 아버지처럼 기업가가 되고 싶다는 생각은 하지 않았을까? 그런 꿈은 한 번도 꾸지 않았을까? 그랬을 리가 없다. 아버지가 아직 초등학교도 졸업하지 않은 어린 건희를 일본으로 유학 보내려고 할 때, 건희는 당연히 싫다고 했을 것이다. 그 나이에 누가 부모형제와 떨어지고 싶었겠는가. 그렇지 않아도 학교에서는 친구들에게 따돌림을 당하고 또 갓난아기 때부터 오랜 세월 부모와 떨어져 있어서 부모의 정에 굶주려 있던 시기였는데. 소년 건희는 싫다며 울고불고 어머니의 치맛자락에 매달렸을 것이다. 이때 아버지는 뭐라고 아들을 설

| 1장 | 아   버   지   와   아   들

득했을까? 혹시 이러지 않았을까?

"일본은 선진국이다. 네가 나중에 어른이 되어 기업가로서 나라를 위해 일하려면 선진국의 장점을 일찍부터 배워 두어야 한다."

소년 건희가 싫다고 말했다면, 또 이런 말을 했을 것이다.

"너도 이 아버지처럼 힘센 사람이 되고 싶지 않니?"

아마도 소년 건희는 이 말에 최종적으로 설득되었을 것이다. 소년 건희에게 아버지는 무서운 존재였다. 그랬기에 피하고 싶은 인물이었지만 또한 동시에 선망의 대상이었다. 아버지와 같은 성공한 기업가가 된다면, 아버지처럼 막강한 힘을 휘두를 수 있을 테기 때문이었다. 적어도 남에게 자기 인생을 휘둘리지 않도록 자기를 보호할 수 있는 힘을 가질 테기 때문이었다. 친구들에게 따돌림을 당하지 않는다, 괴롭힘을 당하지 않는다! 그리고 만일 그런 녀석이 있다면 단호하게 응징할 수도 있다! 그래, 나도 아버지처럼 기업가가 될 거야! 이렇게 적어도 한동안은 아버지처럼 기업가가 되겠다는 꿈을 꾸었을 것이다.

이처럼 꿈이 많았던 게 분명한데, 왜 '꿈이 별로 없었다.'고 말했을까?

이 말은 여러 가지 차원에서 해석할 수 있다. 우선 유학을 떠나야 했던 시기에, 그리고 유학 시기 동안에 느꼈던 막막함이 투영되었다고 볼 수 있다. "네 성격엔 기업이 안 맞는 것 같다."는 아버지의 말로, 건희는 아버지가 삼형제 가운데서 자기를 그다지 큰 재목으로 분류하고 있지 않음을 알았다. 그건 자기가 창희와 맹희 두 형에게 이미 밀렸다는 판정이었다.

  동물행동학적 관점에서 보면 동물은 수컷이든 암컷이든 간에 모두가 각자의 집단에서 우두머리를 꿈꾼다. 현재의 우두머리를 꺾고 집단의 최강자로 군림하기를 꿈꾸는 것이다. 이런 꿈을 건희라고 꾸지 않았을 리 없다. 특히나 건희는 어릴 적부터 어머니에게서 강제로 떨어져 있어야 하는 '버림'을 받았었다. 그렇게 건희는 성(城) 바깥으로 내쳐졌고, 두 형 맹희와 창희는 가족과 사랑으로 따뜻한 성 안에 있었다. 이런 점 때문에 건희가 두 형에게 특별히 경쟁의식을 느꼈을 것은 당연하다. 그런데 아버지는, 유학 생활을 마친 큰형 맹희가 귀국해서 아버지 밑에서 일을 하게 되는 바로 그 시점에 자기를 다시 성 밖으로 내치려 하고 있었다. 그렇게 내팽개침을 당하면, 초등학교 시절 일본에서 겪었던 그 절박한 외로움 속에서 또다시 허우적거려야만 했다. 이건희 회장은 기자가 "소년 시절의 꿈은 무엇이었는데요?" 하고 물었을 때, 까마득하게 잊고 있었던, 무의식을 뚫고 불쑥 솟아나온 이 절박한 외로움에 흠칫 몸을 떨었을지도 모른다. 그래서 꿈이 별로 없다고 했고, 그 뒤에 "가정 분위기가 그래선지……."라는 말을 모호하게 덧붙였다. 많은 걸 함축하는 말이었다.

  또 이 인터뷰가 있었던 시기가 이건희가 이미 삼성그룹의 회장이 되고 겨우 2년밖에 되지 않은 1989년 12월이었던 점을 고려하면, 맹희와 창희 두 형을 젖히고 아버지의 후계자가 되었다는 사실과 관련해서 정치적으로 몸을 낮추는 모습도 읽을 수 있다.

| 1장 | 아 버 지 와 아 들

당시는 이건희 회장이 아직 삼성을 온전하게 장악하지 못한 시기였다. 선대 회장의 자리를 법적으로 상속받았으나 그 자리가 의미하던 권위와 리더십은 아직 온전하게 이건희의 것이 아니었기 때문이다. 그랬으니, '내가 기업가가 되어 아버지의 뒤를 잇고 싶은 꿈을 꾸었습니다.'라는 말을 드러내놓고 할 수 없었다는 말이다. 어쩌다 보니 아버지의 뜻대로 이렇게 삼성그룹의 회장이 되었네요, 라는 뜻으로 맹희와 창희 두 형, 그리고 선대 회장이 구축해놓은 삼성그룹 상층집단에게 겸손함을 보이며, 속에 품은 칼을 보이지 않게 숨겨야 했다는 말이다.

건희가 속에 품은 칼을 밖으로 드러내기에는 아직 일렀다. 1993년 신경영의 기치를 내걸며 대대적인 개혁에 나서면서 아버지 체제를 온전하게 자기 체제로 바꾸기까지는 아직도 참고 기다리며 땅을 다져야 했던 것이다.

청년 건희는 30년 뒤에 자기가 법률적으로 삼성그룹의 최고 자리에 올라서서 이제 실질적으로 최고 자리를 굳히려는 고민을 하게 될 줄은 상상도 하지 못한 채, 막막함과 패배감 속에서 또다시 아버지의 성(城) 밖으로 내쳐졌다.

비행기는 김포공항을 이륙해 도쿄로 향했다. 아래로 아버지 이병철이 30여 년 전에 일본으로 유학을 가던 비행기에서 내려다보았을 바로 그 풍경이 펼쳐졌다. 건희는 그 풍경을 내려다보면서, 커다란 눈을 끔벅거리며 무슨 생각을 했을까? 30년쯤 뒤에 나는 무엇을 하고 있을까, 하는 생각을 하지 않았을까?

*

　와세다 대학교는 게이오 대학교와 함께 일본의 양대 명문 사학으로 꼽히며 일본의 정계와 재계를 좌우하는 인물들을 배출했으며, 일본의 근대화에 앞장섰던 대학교이다. 하지만 무엇보다 중요한 점은 자기를 성 밖으로 내친 아버지 이병철이 다녔던 학교라는 사실이었다. 그래서 그랬는지 혹은 그것과 아무 관계가 없었는지는 정확하게 알 수 없지만, 학업에는 그다지 관심을 두지 않았던 모양이다. 그저 낙제를 면할 만큼만 했다.

　　공부에는 정말 취미가 없었습니다. (…) 낙제 점수에서 10퍼센트 정도 올리는 노하우가 있잖습니까. 그것도 기술이지요. 어떤 과목의 교수가 어떤 문제를 낼 거라는 탐지전을 벌였죠. 공부를 열심히 안 하면서 생존해 온 그 노하우 자체도 사업에 연결이 되고 있지 않나, 저는 생각하고 있습니다. 이런 말을 젊은 사람들한테 해서 안 되겠지만, 결국 공부도 적게 하면서 효율을 많이 내는 방법을 찾아야지요. 전 그건 정말 철저합니다. (…) A라는 과목을 먼저 수강한 학생들한테 과거 2년간 시험지 좀 내놔 봐라 해서 공부합니다. 그럼 80퍼센트 이상 들어맞죠.[55]

　일본 유학 당시의 이건희 모습을 엿볼 수 있는 또 다른 증언이 하나 있다. 건희가 서울사대부고에 다니던 시절에, 사회 과목을 가르치고

| 1장 | 아 버 지 와 아 들

럭비부 활동을 지도하면서 합숙 때면 레슬링부 활동을 함께 지도했던 교사 한우택의 증언이다.

> 문교부에서 장학관으로 재직 중 동경올림픽이 열려 일본에 간 적이 있습니다. 그때 제자였던 건희 군이 연락, 자신의 거처에 머물도록 간곡하게 청해 왔습니다. 당시 동경에 이병철 회장의 별장이 있다는 소문이 있기도 했지만 정작 가봤더니 차고 위에 방 두 개짜리 집에서 살고 있더군요. 동경에 머무는 동안 모신다고 하기에 대접이 융숭할 걸로 기대했습니다. 그런데 식사 때 보니까 큰 대접에 담아온 라면과 짠지 정도가 고작이었어요.[56]

아울러 이 교사는 이건희가 용돈 사용 내역을 일일이 메모한 뒤에 아버지에게 보고하는 모습도 목격했다고 증언했다. 건희에게 아버지는 여전히 깐깐하고 무서운 존재였다.

하지만 1965년에 와세다 대학교를 졸업하고 미국으로 가서 조지워싱턴 대학교의 경영대학원에서 공부할 때는 일본에서보다 좀 더 자유로운 생활을 했던 듯하다. 자동차에 흠뻑 빠져서 지내면서 역시 공부는 등한시했던 듯 이건희 회장의 여러 인터뷰에서 공부 관련 이야기는 나오지 않는다.

경제학을 전공하며 매스컴학을 부전공하던 건희는 1년 반 동안 공부를 한 뒤에 여름방학을 이용해서 멕시코로 여행을 떠났는데, 멕시코에서 다시 미국으로 입국하지 못했다. 비자가 만료되었던 것이다. 건희는 일단 일본 동경으로 갔다. 건희가 국내로 곧바로 들어오지 않고 일본으로 간 데는 이유가 있었다.

사카린 밀수 사건

　1963년 12월에 대통령에 당선된 박정희는 1967년에 있을 대통령 선거에 대비해서 무언가 업적을 하나 준비하고 싶어서 이병철을 불렀다. 이병철은 그동안 비료공장 건설에 줄곧 관심을 가지고 있었다. 이런 이병철에게 박정희는, 삼성이 비료공장을 지으면 적극 지원하겠다고 제안했다. 이게 1964년 말의 일이었다. 박정희는 선거 전까지 무슨 일이 있어도 공장 건설을 완료할 것을 주문했고, 이병철은 정부 차원의 전폭적인 지원을 요구했다. 이렇게 해서 1965년 9월과 10월에 각각 비료공장 건설 허가와 울산의 공장부지 작업 허가가 났고, 12월에 공사가 시작되었다.
　한편 그동안 한일 간에는 복잡한 과정을 거쳐 국교 정상화가 이루어졌다. 그리고 일본 재벌 미쯔이(三井)물산으로부터 4200만 달러의 차관을 받기로 되었다. 미쯔이는 100만 달러의 리베이트를 삼성에게 제공하기로 했고, 이 거금을 국내로 들여올 방법을 모색하던 이병철은 박정희에게 이런 사실을 알렸다. 박정희가 아이디어를 하나 냈다. 돈

| 1장 | 아 버 지 와 아 들

을 들여오는 게 힘들면 물건을 사들여 와서 국내에서 처분을 하자는 것이었다. 밀수를 해서 돈을 한 번 더 부풀리자는 말이었다. 그리고 돈을 만든 다음 3분의 1은 박정희의 정치자금으로 쓰고, 3분의 1은 부족한 공장 건설 대금으로 쓰고 나머지 3분의 1은 한국비료의 운영자금으로 쓰기로 했다.

이맹희는 '네 배 즉 400만 달러를 만들 수 있다'고 추산하며 동생 창희를 포함한 이일섭 등 삼성 사람들과 함께 밀수 실무를 담당해서 물건을 들여왔다. 양변기, 냉장고, 공작 기계와 건설용 기계 그리고 문제의 OTSA 등이었다. 이 OTSA를 울산에 내렸을 때 세관에 적발되었고, 이때가 5월이었다.

삼성에서는 이일섭 상무가 한비의 일시적인 자금난을 해결하기 위해서 자의적으로 저지른 짓이라는 변명을 내세웠고, 정치권에서도 이 일을 유야무야 덮으려 했다. 아무도 더 이상 사건이 확대되는 걸 바라지 않았다. 삼성은 벌금 2400만 원을 납부하고, 완전히 면죄부를 받았다고 여겼다.

하지만 일은 거기에서 끝나지 않았다.

1966년 9월 15일 목요일, 아침에 배달된 신문에 '재벌 밀수'라는 제목의 굵은 글자가 박혀 있었다. 중앙일보를 제외한 온 언론이 들고 일어났고 전국이 들끓었다.

부산세관은 지난 5월 24일 부산 수안동 소재 금북화학 창고에서 3000

만 원 이상으로 추산되는 OTSA 58톤(26킬로그램들이 2,258부대, 시가 부대당 550원)을 부산 제4부두 8호 보세창고에 보관, 6월 30일쯤 벌과금 등 2000여 만 원을 통고 처분함으로써 밀수 사건 처리에 개운찮은 여운을 남겼다.[57]

그리고 다음 날인 9월 16일, 국세청장은 이른바 '한비 공장 건설과 연관된 사카린 밀수 사건'의 개요를 발표했다.

"……밀수 사건의 주모자는 한비의 상무이사로 근무하던 이일섭이며 그는 주소 불명의 이창식과 공모하여 사카린의 원료인 OTSA 2,400부대를 지난 5월 5일 울산에 입항한 일본 선박 신슈우마루로, 한비를 인수인으로 하는 건설 자재와 함께 밀수입하였다. 주모자 이일섭은 5월 16일 시가 101만 원에 해당하는 141부대를 시중에 매각했으며, 뒤이어 1,430부대를 부산시 동래구 소재 금북화학공업주식회사에 정상 수입품인 것처럼 매각하려다가 5월 19일 부산 세관 감시과에 의해 적발되었다.

이일섭은 세관에 의해 밀수 행위가 적발되자 나머지 856부대를 세관에 자진 신고했으며 부산 세관은 이 856부대와 금북화학에 팔려던 1,403부대 등 도합 2,259부대(총 55톤 분량)를 압수했다.

한편 세관은 이 밀수가 사카린의 원료인 OTSA의 감정 가격을 원가에 의해 500만 원으로 감정하고 그의 4배 되는 2220만 원을 이일섭으로부터 추징했다."

| 1 장 | 아   버   지   와   아   들

정치권으로 들어가기로 한 정치자금을 놓고 권력 핵심부 내에서 갈등하던 두 집단이 서로를 견제하는 과정에서 정보가 유출되면서 결국 일이 크게 터지고 만 것이었다. 하지만 이병철은 박정희와 한 약속을 굳게 믿고 삼성을 지켜줄 것이라고 생각했다. 하지만 그게 아니었다.

9월 20일경, 이병철은 아들과 함께 타고 가던 승용차 안에서 나지막하지만 단호한 목소리로 말했다.

"맹희야, 정치한다는 사람들 말 믿지 마라."

그리고 이어서 이맹희는, 욕설이라고 해봐야 '나쁜 사람' 정도의 말밖에 할 줄 모른다고 생각했던 아버지의 입에서, 아버지가 할 수 있으리라고는 도저히 생각도 하지 못했던 욕설을 들었다. 박정희가 돌아선 것이었다. 언론은 사건의 핵심은 건드리지도 못하면서 그 뒤로 계속 삼성의 온갖 비리를 들춰냈다. 하지만 삼성으로서는 박정희가 돌아선 이상 아무런 대책도 세울 수 없었다.[58]

국회는 본회의를 열어 '특정재벌 밀수 사건에 관한 질문' 안건을 통과시키고 관계 장관들을 소환하여 이 사건에 대한 진상 규명과 책임 소재 등을 추궁했다. 대정부 질의에 나선 여야의 의원들은 한 목소리로 정부의 재벌 밀수 비호를 비난하며, 차관 자금이 어떻게 밀수품에 대한 결재에 사용될 수 있었나를 따졌고, 삼성그룹의 관련 여부를 밝히라고 요구하였다. 또한, 관련자 전원의 즉각 구속과 내각 총사퇴를 요구하였다.

9월 22일 국회 본회의장. 밀수 사건에 관한 대정부 질문이 이틀째 열리고 있었다. 마지막 질문자였던 무소속의 김두한 의원이 단상에 올랐다.

낮 12시 45분 순서에 따라 발언권을 얻은 김 의원은 마분지로 된 상자를 발언대 위에 놓고 장광설을 늘어놓기 시작했다. "나는 감옥을 별장같이 드나든 사람이며 또 들어갈 결심이 되었다." "나는 무식하기 때문에 주로 행동에 옮기기를 잘 한다."는 김 의원의 발언은 그것이 어떤 행동의 예고인지 주의를 끌지는 못했다. 1시 5분쯤 "불의와 부정을 합리화시켜준 장관들을 심판하겠다. 장관들은 피고다."라면서 마분지상자를 들고 앞으로 나왔다. 그는 마분지를 뜯고 거기에서는 사카린처럼 보이는 밀가루가 흩어져 나왔다. "이건 국민들이 주는 사카린이니 골고루 나눠 먹어라."고 고함을 지른 그는 느닷없이 상자 안에 든 물통 같은 깡통을 번쩍 들어 각료석에 퍼부었다. 사카린 아닌 시커먼 오물(인분)이 쏟아져 나왔고, 정 총리, 장 기획, 김 재무, 민 법무, 박 상공 등은 오물 세례를 받아 양복이 흠뻑 젖었다. 알려진 바로는 김 의원은 이날 상자를 들고 들어오다가 국회 경위의 제지를 받았으나 이를 뿌리치며 의사당에 들어왔었다고 한다.[59]

아수라장 속에 회의는 중단되었다. 이른바 '국회오물투척사건'이었다. 이 사건으로 김두한은 국회의원직을 잃고 국회의장 모욕과 공무집행 방해 등의 혐의로 구속·기소되었다. 박정희 대통령이 국회의장에

| 1장 | 아   버   지   와   아   들

게 특별공한을 보내 이 사건에 대한 유감의 뜻을 전했고, 전체 국무위원은 총리공관에서 임시국무회의를 열어 내각 총사퇴를 결의하였다.

희대의 사건이 벌어진 바로 이날, 국세청장 발표에서 '주소 불명의 이창식'으로 표기되었던 이병철의 차남 이창희는 검찰에 출두했고, 닷새 뒤인 27일에 구속되었다. 그리고 국회오물투척사건과 차남 창희의 구속이 있었던 날인 22일 토요일, 이병철은 중앙일보 회의실에 기자회견을 열었다.

"……이에 연일연야 고민한 끝에 저는 제가 그 대표로 되어 있는 한국비료공업주식회사를 국가에 바치기로 결심하였습니다. 한국비료는 그 사업의 성격으로 보나 그 방대한 규모에 비추어 (…) 국가가 직접 경영 주체가 되어 그 건설과 운영을 담당하는 길밖에 없다는 결론에 이르게 된 것입니다. (…) 그리고 이 기회에 제가 그 대표로 되어 있는 모든 사업 경영에서 손을 떼겠습니다……."

그리고 20일쯤 후인 10월 12일, 이병철은 한국비료공업 헌납과 관련해서 '한국비료의 주식 가운데서 내가 지배해 온 51퍼센트의 주식을 정부에 바치는 것'이라고 해명하고 이런 사실을 정부에 통고했다.

이병철이 전격적인 은퇴라는 충격적인 발표를 한 이면에는 극약 처방으로 삼성을 정치권과 국민의 압박으로부터 탈출시키고자 하는 의도가 있었음은 말할 것도 없다.

징역 5년에 벌금 1700만 원을 선고받았던 창희는 이듬해인 1967년 3월에 당시로서는 최고액인 100만 원을 내고 6개월 만에 병보석으로 석

방된 뒤 전주제지(현 한솔제지)의 이사로 취임했다.

하지만 일은 여기에서 끝나지 않는다.

1967년 5월과 6월의 대통령 선거와 국회의원 선거는 박정희와 공화당의 압승으로 끝났다. 그리고 6월 말의 어느 날, 이맹희는 사무실에서 아버지의 전화를 받았다.

"내일 말이다, 누가 날 만나자고 하는데, 맹희 니도 갈래?"

"누구 말입니까?"

"낼 이후락이 하고 김형욱이가 반도호텔 803호에서 날 만나자는데 니도 갈래?"

반도호텔은 현재의 롯데호텔 자리에 있었고, 당시 이 호텔 803호는 재계 인사들과 정치인들의 밀담 장소였다.

"그러시면 당연히 가야지요."

"아마 도장을 가지고 가야 할끼다."

그리고 다음 날 반도호텔 803호에서 이병철과 김형욱 사이에는 다음과 같은 대화가 오갔다.

"무슨 말이냐, 신문을 통해서도 내 주식의 전부인 51퍼센트를 헌납한다고 하지 않았소?"

"그게 아니라 한비 전체를 다 헌납해야 합니다."

"만일 내가 헌납하지 않으면 어떻게 되지요?"

"이사장 가족이 국내에서 무사히 거주하는 걸 보장하지 못합니다."

한참 동안 창밖을 말없이 바라보던 이병철은 무겁게 입을 뗐다.

| 1장 | 아　버　지　와　아　들

"맹희야, 도장 어데 있노? 그거 찍어줘라."

이렇게 해서 한국비료공업은 4개월 뒤인 10월에 공식적으로 헌납되기 이전에 이미 실질적으로 삼성의 손을 떠났다고 이맹희는 주장한다.[60]

이와 관련해서 삼성의 공식적인 역사서인 《삼성 60년사》는 '한국비료가 준공된 지 6개월이 지나 생산 기능이 정상화된 시점인 1967년 10월에 삼성은 한비 주식의 51퍼센트(99,166주)와 그 운영권을 정부에 헌납했다.'[61]고 설명한다. 아울러 《삼성 60년사》에서는 삼성이 의도적으로 OTSA를 밀수하지 않았다면서 다음과 같이 기술하고 있다.

> OTSA는 요소 비료 제조 공정의 하나인 탄산가스 흡수재생 과정에 쓰이는 것으로 사카린 제조에도 쓰이는 것이었다. 한국비료는 공장 시운전을 앞두고 이를 들여와 보세창고에 쌓아두고 있었는데 현장 담당 사원이 부주의로 당국의 허가 없이 6톤(당시 5만 달러어치 상당)을 처분하다 세관 당국에 적발된 것이다.[62]

하지만 이맹희는 다르게 증언한다.

> OTSA라는 화학 약품은 몇몇 기업에서 원해서 우리가 밀수했던 것이다. (…) 미리 팔릴 루트를 정한 다음 들여온 물건인 것이다. 아버지는 상세한 내막은 모르고 있었다. (…) 나중에 이 OTSA를 한비 공장 건설 후

시운전 때 사용할 화학 재료로 들여왔다고 하는 코멘트도 있었는데, 그 역시 화학을 얼마라도 알고 있는 사람들이 들으면 웃을 일이었다. (…) 그[OSTA를 사기로 한 회사] 중의 하나가 바로 문제가 된 금북화학이었다.[63]

이른바 '사카린 밀수 사건' 혹은 '한국비료 사건'은 그렇게 해서 끝이 났다. 그리고 30년 가까운 세월이 흐른 뒤인 1994년 7월에 정부는 국영기업 민영화 방침을 세웠고, 이때 삼성이 이 회사를 인수하여 회사 이름을 삼성정밀화학으로 바꾼다.

부인 홍라희를 만나다

건희가 비자 문제 때문에 멕시코에서 미국으로 들어가지 못하자 일본 동경으로 간 게 9월 중순이었다. '사카린 밀수 사건'이 다시 불거진 뒤였기 때문에 곧바로 입국하기가 부담스러웠던 것이다. 건희는 계속 공부를 할 것인지, 아니면 애초에 뜻이 없었던 학문은 이참에 접고 아예 귀국할 것인지 망설였다. 바로 이 시기에 건희는 평생의 동반자가 될 여성을 만났다. 1966년 가을이었다. 건희의 나이는 스물넷이었다.

이병철 회장 입장에서 보자면 건희의 결혼을 서두를 필요가 있었다. 삼성이 최대의 위기를 맞이한 가운데서 멕시코 여행이라는 돌출 행동을 보인 막내아들을 다잡아야 했을 것이다. 장남과 차남인 맹희와 창

| 1장 | 아　버　지　와　아　들

희가 한비 사건에 연루되어 있고 당장 누구 하나는 검찰의 수사를 받아야 했고 또 어쩌면 구속될 수도 있는 상황이었기 때문이다. 사실 이맹희가 스물다섯이던 1956년에 결혼을 했고, 창희 역시 63년에 결혼을 해서 제일모직 이사 및 한국비료 이사로 자리를 잡고 있었던 터라 막내아들의 결혼을 서두를 만도 했다.

여자의 이름은 홍라희였고, 덕수초등학교와 경기여중고를 거쳐 서울대학교 응용미술학과에 재학 중이던 대학생이었으며, 나이는 건희보다 세 살 아래였다. 라희는 선을 보러 어머니와 함께 하네다 공항에 도착했고 건희가 두 사람을 마중하러 나가 호텔까지 태워다 주었다.

라희는 해방이 되기 한 달 전인 1945년 7월에 전주에서 태어났고, 아버지는 홍진기였다. 중추원 참의를 역임한 김신석의 사위이던 홍진기가 전주에서 판사로 있을 때 태어난 맏딸이었다. 이 딸은 홍진기에게는 '전라도에서 얻은 기쁨'이었다. 그래서 이름을 '라희(羅喜)'로 지었다. 이 이름을 일본식으로 발음할 때 '락키'이고 라희의 생월이 7월이었기 때문에 '럭키 세븐'이라는 말이 저절로 연상되어 아버지는 딸의 이 이름이 썩 마음에 들었다.

홍진기는 1917년에 태어나 1937년에 경성제국대학 법과를 졸업하고 같은 해 10월 고등문관시험 사법과로 법조계에 입문해 1942년 경성지법 사법관시보, 검사대리, 1944년 전주지법 판사를 지냈다. 민족문제연구소는 홍진기가 이때 독립 운동가들에게 유죄 판결을 선고하고 사형 집행에 서명한 경력을 들어서, 2009년 11월에 발간한 《친일인명사

전》에 그의 이름과 행적을 올렸다. 그는 해방 직후인 1945년 9월에는 미 군정청 법제부 법제관으로 일했으며, 이후 자유당 정권 아래에서 1958년 2월 법무부 장관에 임명되었으며, 1960년 3·15 부정 선거 당시에 법무부 장관이었다가 4월 마산의거로 내무부 장관이 사퇴하자 후임 내무부 장관직을 맡았고, 또 이승만 대통령을 강력히 설득해 계엄령을 선포하도록 하였으며, 4·19 뒤에는 발포 명령을 내린 혐의로 재판을 받고 사형을 구형받았다. 당시 홍진기에 대한 제1차 공소장(1960년 6월)에 적시된 혐의는 다음과 같다.

> 4월 19일 낮 12시 20분경 유충렬(서울시경 국장)이 경무대 경찰서 부근에서 경비전화로 위급 상황을 보고하자 "경무대 쪽으로 데모대가 접근 못하도록 전력을 다해 막으라."고 지시하는 한편 "현재 이상 악화되면 쏘이소, 쏴." 하고 강한 어조로 명령했음.[66]

하지만 약 넉 달에 걸친 심리 끝에 10월에 1심 재판부는 발포 명령을 내린 혐의에 대해서는 '증거 없다'고 무죄를 선고했다. 홍진기는 나중에 징역 9개월 형을 받았지만, 5·16 쿠데타 이후 설치된 군사법정이 다시 법정에 세워 1심에서 사형을 구형했다. 그러나 항소심에서 무기징역형으로 감형된 뒤, 1963년 8월에 광복절 특사로 풀려났다. 이건희 회장의 증언에 따르면, 이병철 회장은 홍진기가 자유당 시절에 법무차관으로 있을 때부터 그를 삼성으로 스카우트할 마음을 먹었다고 한다.

| 1장 | 아   버   지   와   아   들

4·19 후에 홍 회장[홍진기]이 형무소에 가 계실 때 저희 선대 회장이 면회를 가셨습니다. 그 시절에 부정선거의 '원흉'으로 형무소에 가 있는 사람을 사업가가 면회를 간다는 건 보통 용기가 아니었지요. 그런데도 3년 6개월 동안 책이다 뭐다 계속 보내시며 뒷바라지를 하셨습니다.[65]

그 이유를 이건희 회장은 다음과 같이 생각했다.

그분은 참 공부 무지하게 하신 분이고 이론에도 아주 밝은 분이었습니다. 그분은 1950년대에 벌써 기업을 하자면 은행이나 보험회사 없으면 안 된다는 말씀을 하셨습니다. 결국 기업이 커지면 자금이 관건이지 다른 건 아무것도 아니라는 걸 아셨습니다. 선대 회장께서 그 말을 듣고 일본 대기업을 보니 정말 다 그러고 있거든요. 그래 깜짝 놀라신 거죠. 제가 보기엔 그 한마디에 저 양반 데려와야 되겠다, 생각하신 것 같아요.[66]

그리고 이병철은 홍진기가 석방되자 맨 먼저 그를 찾아갔고 또 곧바로 영입해서 언론 부문을 맡겼다. 홍진기는 1964년 삼성이 세운 서울중앙라디오방송 사장으로 취임해 언론 사업을 시작했다. 1966년에는 역시 삼성이 세운 중앙일보에서 이병철의 뒤를 이어 대표이사 사장이 되고 또 얼마 뒤에는 회장이 되었다.

라희가 장차 시아버지가 될 이병철 회장을 처음 본 곳은 1965년의 국전 전시장이었다. 당시 대학교 3학년이던 라희는 국전 공예 부문에

티테이블을 출품해서 입선을 했고, 아버지는 라희에게 이병철 회장을 모시고 국전을 안내하라고 일렀다. 이때까지만 해도 라희는 이병철 회장이 자기를 셋째 며느릿감으로 생각하고 일부러 보러 왔다고는 생각도 하지 못했다.

하네다 공항에서 처음 만난 건희와 라희는 그저 얼굴을 쳐다보고 인사만 한 정도로 헤어진 뒤, 그 다음 날 둘이서만 다시 만나서 영화 〈닥터 지바고〉를 함께 관람하며 데이트를 했다. 건희의 어머니는 처음 라희를 보고 걱정이 많았다. 다른 조건은 다 좋은데 신부의 키가 너무 크다는 것이었다. 건희가 168센티미터인데 라희가 165센티미터였기 때문이다. 당시 여자의 평균키는(한국 통계가 없어서 일본 통계를 놓고 유추하자면) 155센티미터였고, 165센티미터면 당시 남자의 평균키였다. 어머니의 말에 건희는 이렇게 말했다.

"2세를 위해서 큰 여자가 괜찮지 않습니까?"

그제야 어머니도 안심했다고 한다.[67]

그리고 그 다음 해인 1967년 1월에 두 사람은 약혼을 하고, 라희가 대학교를 졸업한 뒤인 4월 30일에 결혼했다. 한국비료 사건으로 골치 아픈 일만 잔뜩 이어졌던 이병철 일가에게 이날은 오랜만에 웃음꽃을 활짝 피운 즐거운 날이었다. 하지만 이병철과 홍진기가 사돈 관계를 맺은 두 사람의 결혼이 훗날 이병철의 가족 특히 아버지와 세 아들 사이에 얼마나 큰 회오리바람을 몰고 올지는 아무도 알지 못했다. 아니, 어쩌면 누군가는 예상하고 또 준비했을지도 모른다.

| 1장 | 아 버 지 와 아 들

한편 거리에서는 사흘 앞으로 다가온 제6대 대통령 선거의 열기로 후끈 달아올라 있었다.

공화당은 1967년 2월 2일 장충체육관에서 제4차 전당대회를 열어 박정희 대통령을 차기 대통령 후보로 지명했다. 전국 대의원 2,698명과 7천여 명의 내빈이 참석한, 우리나라 정당 사상 최대 규모의 전당대회에서 박정희는 영광의 승리를 위해서 분발하자며 열변을 토했었다. 담벼락에는 대통령 선거 포스터들이 나붙었고, 그 앞에서는 사람들이 박정희가 낫네, 윤보선이 낫네, 입씨름을 하고 끝내 삿대질을 하며 싸움을 하기도 했다. 코흘리개 아이들까지 무슨 신이 그렇게 났는지 어른들의 흉내를 내며 서로 공화당과 민주당의 선거 공약을 내용도 모른 채 외쳐댔다.

"틀림없다 공화당! 황소 힘이 제일이다!"

"빈익빈이 근대화냐 썩은 정치 갈아치자!"

"박대통령 다시 뽑아 경제건설 계속하자!"

"지난 농사 망친 황소 올봄에는 갈아치자!"

"중단하면 후회하고 전진하면 자립한다!"

"박정해서 못 살겠다 윤택하게 살길 찾자!"

2장 메기와 미꾸라지

나를 가장 미워하는 사람들 가운데서 나는 칭송을 받으니
비록 어떤 사람들이 내가 쓴 책들을 비난할지라도,
여전히 사람들은 내 책을 읽고, 그리하여 마침내 교황의 자리에 이르노니.

―마키아벨리

| 2장 | 메 기 와 미 꾸 라 지

● **1966년이 되었다. 시간은 지나가는 게 아니다.**
매 순간 고정되어 있는 시간을 사람이 지나갈 뿐이다.

그렇게 외롭게 또 힘겹게 유학생의 시간을 지나온 이건희는 1966년에 귀국해서 삼성빌딩의 비서실에 출근했다. 아직은 견습사원이었다. 아침마다 신문 기사를 읽고 삼성과 관련된 내용을 찾아서 붉은색 밑줄을 긋는 게 일이었다. 아버지인 이병철 회장이 한눈에 기사 내용을 쉽게 파악할 수 있도록 하기 위한 것이었다.

> 이때는 24시간 모시고 다녔습니다. 골프장까지 모시고 갔습니다. 골프도 친구 분과 치시면 저는 뒤에서 프로하고 또는 혼자서 치면서 따라갔습니다.[1]

하지만 이때 이병철 회장은 이미 경영 일선에서 은퇴한다고 선언한 뒤였고 일을 점차 장남인 맹희에게 넘기고 있던 중이었다. 그리고 이건희는 이런 생활을 그다지 오래하지 않고 미국으로 떠났다.

이병철이 은퇴 선언을 한 지 8개월 넘게 지난 1967년 7월 첫 월요일, 6월 말에 이병철과 이맹희 부자가 반도호텔 803호에 갔다 온 뒤 처음 맞는 월요일이었다. 삼성빌딩 내 이병철의 사장 집무실 옆방 회의실. 정기적으로 열리던 사장단회의 자리였다. 이 자리에서 이병철은 이맹희를 처음으로 삼성의 총수로 정하고, 삼성을 이끌어 갈 권리를 부여한다고 선언했다. 그리고 사장단에게 다음과 같은 내용의 요지로 당부를 했다.

"앞으로 맹희한테 삼성의 일을 모두 맡깁니다. 아직 나이가 어리니 여러분들이 잘 도와주십시오. 나는 당분간 기업 경영 일선에서 떠나 있으려 합니다. 물론 늘 마음은 삼성에 있겠지요. 하지만 실제적인 모든 일은 맹희와 더불어 하시고 만약 정당한 일인데 맹희 부사장이 거부하면 세 번 이야기해 보고 그래도 듣지 않으면 나에게 이야기해 주십시오. 나도 출근은 하겠지만 예전처럼 일을 챙기는 것은 모두 맹희 부사장이 할 겁니다."

그 뒤로도 이런 당부는 사장단회의 및 임원급회의에서 여러 차례 반복되었다.

그리고 1968년 2월 주주총회에서 이맹희는 삼성물산 및 미풍 부사장으로 공식적으로 얼굴을 내밀었고, 같은 해 4월에는 중앙일보 부사장 자리를 가지게 되고, 5월에는 삼성의 운영 및 지휘 체계를 자기 체제로 짜기 시작하면서 그룹 총수 승계 작업은 거의 마무리되는 것처럼

| 2장 | 메기와 미꾸라지

보였다. 하지만 아버지는 아직 후계자를 최종적으로 결정한 게 아니었다. 이런 사실은 나중에야 드러난다. 아버지의 후계자 지명은 여전히 진행형이었던 것이다. 단지 이때는 맹희를 후계자로 삼아야겠다는 쪽으로 조금 더 기울어져 있을 뿐이었다.

삼성이라는 거대한 조직의 지휘를 맏아들에게 맡긴 이병철은 아침에 출근한 후 11시 30분에 중앙일보로 건너가서 그곳에서 지내다가 퇴근했는데, 1주일에 한 번은 삼성 본관으로 가서 그동안 진행된 개략적인 상황을 보고받고 회사 안팎의 사람들을 만나며 하루 일과를 보내곤 했다. 그러다가 맹희가 외국으로 나가면 1주일에 꼭 사흘을 삼성 본관에서 보냈다. 맹희에게 모든 걸 다 맡겨두기가 불안했던 모양이었다. 하지만 아버지는 아들에게 다른 말은 하지 않았고, 대신 이런 질문을 가끔 던지곤 했다.

"맹희야, 니는 내가 죽기 전에 삼성을 100배로 늘릴 자신이 있나?"

"맹희야, 니, 삼성을 세계의 삼성으로 만들 자신이 있나?"[2]

뜨거운 피가 끓던 서른여섯 살의 청년 황제 이맹희는 우선 한국비료 사건으로 나락에 빠진 삼성을 살리려고 정력적으로 뛰었다.

무서울 것도 두려울 것도 없었다. 돈을 벌기 위해서 일을 하는 것이 아니라 최고의 조직을 두 손에 쥐고 큰 기업을 만드는 것만이 나에게 주어진 의무였고, 나 스스로 정한 목표였다. 그리고 내 젊은 피가 나를 무섭게 뛰도록 만들었다. 참으로 원도 한도 없이 열심히 살았던 기간이었다.[3]

이맹희를 정점으로 한 그룹 사령탑은 반도호텔과 삼성 본관을 오가며 조직을 재점검하는 한편, '뭔가 해야겠다.' '한비의 오명을 씻자.'는 등 재기의 몸부림을 보였다. 67년 11월 초에는 삼성재건위원회가 설치되었고, 본관 505호 회장실에선 연일 5인특별위원회가 열렸다. 삼성물산 부사장 이맹희를 비롯해서 한비 부사장 이창희, 제일모직 사장 이은택, 한비 상무 이일섭, 한비 이사 김뇌성 등 급진파들이었다. 재건위 핵심 멤버들이 중심이 되어서 미국, 유럽, 일본 등 선진공업국을 돌면서 기업 정보, 신제품, 카탈로그 등을 마구잡이로 수집했다. 이때 해외에 다녀온 사람은 연 인원 1만여 명에 이르고 이들이 가져온 샘플만도 창고 하나를 가득 채울 정도였다.[4]

그러나 탄탄했던 조직은 되살아나지 않았고 어수선하기만 했다. 이병철이 없는 재벌 군단은 무중력 상태라는 것을 발견하는 중역들이 많았다. 이병철이 이 같은 사실을 정식으로 보고받은 것은 1968년 새해 아침이었다.

창밖에는 진눈깨비가 내리고 있었다.

이병철 회장이 30년 가까이 가꾸어 온 삼성이라는 조직은 30대 청년의 의욕만으로는 쉽게 움직여지지 않았다. 창업 공신들이 반발을 했고 여기저기에서 불평이 터져 나왔다. 이러다가는 삼성이 망하겠다는 말들도 나왔다. 경험도 없는 '젊은 부사장'이 회사를 망친다는 말도 많았다. 그리고 이런 말들은 누군가의 의도에 따라서 혹은 우연히 이병철의 귀에 들어갔다. 하지만 이병철은 일단 아들을 믿고 맡긴 이상 아들

| 2장 | 메 기 와   미 꾸 라 지

에게 힘을 실어주기로 마음을 먹었다. 그러나 한편으로는 이런 생각도 했다.

'메기를 풀어서 미꾸라지를 긴장하게 만들어야겠군!'

아버지의 꿈

1968년 말, 아버지는 미국에 나가 있던 막내 건희를 불렀다. 비서실에서 견습 생활을 하다 미국으로 간 지 1년 만이었다. 아버지는 이 막내아들을 중앙매스컴(나중의 동양방송과 중앙일보) 이사로 임명했다. 이건희가 공식적으로 처음 삼성이라는 조직에 발을 들여놓은 것이다. 그것도 홍진기가 이끌고 있는 바로 그 중앙매스컴이었다.

이병철에게 중앙매스컴은 아주 특별한 의미가 있는 회사였다. 정치가가 되려는 결심을 접고 대신 새롭게 개척한 분야가 언론이었고 바로 그 결정체가 중앙매스컴이었다.

나는 생애에 단 한 번 정치가가 되려고 생각한 적이 있다. 4·19와 5·16혁명을 거치면서 우리나라 경제가 혼미를 거듭하고 있을 무렵이었다. 오로지 사업을 통하여 경제와 사회를 번영시킴으로써 국가나 민족에 공헌하려는 일념밖에 없었다. (…) 그러나 양차의 변혁으로 중첩된 정치·사회의 혼미는, 경제에 파국적이라고 할 만한 영향을 미쳤고 기업 활동

을 위축시켰다. 그것은 국가와 민족의 백년대계에 치명적인 손실이 아닐 수 없다.[5]

부정축재자라는 죄인의 오명은 지긋지긋했다. 4·19 때는 혼란을 피해 일본으로 갔어야 했고 5·16 때는 부정축재자로 낙인이 찍혀서 온갖 수모를 당해야 했던 터라, 억울하고 분한 마음을 억누를 길이 없었다. 하지만 이병철은 1년 가까운 기간 동안 고민을 한 끝에 정치가의 길을 걷는 걸 단념했다.

그러나 애초의 문제의식까지 모두 포기한 건 아니었다. 대안을 모색했다. '국민을 잘살게 하는 올바른 정치를 권장하고 나쁜 정치를 못하도록 하며, 정치보다 더 강한 힘으로 사회의 조화와 안정에 기여할 수 있는 방법'을 찾았고, 마침내 해답을 얻었다. 그건 바로 '종합 매스컴'을 창설하는 것이었다.

정치가가 되어서 정치 전면에 나서는 것은 위험했다. 까딱하다간 그간 쌓아온 삼성이 한꺼번에 무너질 수도 있었다. 대신 종합 언론사를 운영하면, 한편으로는 '총검보다 강한 펜'[6]으로 정치가와 국민을 이끌 수 있을 뿐 아니라, 그 자체로 수익을 낼 수 있기 때문에 훨씬 안정적이었다. 당시 신문사는 수익성이 제조회사보다 낫다고 할 수 없었다. "수익성은 아예 생각도 하지 말아야 한다는 게 일반적인 통념이었지만 (…) 나는 그렇게 생각하지 않았다. 건전한 언론은 건전하고 합리적인 운영 위에서만 성립된다고 생각하였다."고 이병철은 당시의 판단을 회

| 2장 | 메   기   와   미   꾸   라   지

상했다.

 이렇게 해서 1964년에 5월 9일과 11월 7일에 라디오 방송국인 라디오서울과 텔레비전 방송국인 동양텔레비전방송이 개국했고, 홍진기가 경영을 맡았다. 그리고 또 다음 해인 1965년 9월에 《중앙일보》를 창간했다. 중앙일보의 경영 역시 홍진기가 맡았다.*

 홍진기는 4·19 뒤에 체포되어 사형 선고를 받았고, 또 박정희가 쿠데타로 정권을 잡은 뒤에 다시 사형 선고를 받았다가 특별사면을 받고 풀려났지만 정치계로 복귀하는 건 불가능했다. 자유당 정권의 원흉이라는 꼬리표가 달려 있었기 때문이다. 그랬기 때문에 '총검보다 강한 펜'으로 정치를 제어할 수 있다는 점에서 언론은 매력적인 분야였다. 그리고 이병철에게 홍진기는 누구보다도 해박한 지식과 통찰력을 가지고 있던 든든한 파트너였다.

> 홍 사장[홍진기]은 나의 사돈이면서 고락을 같이 한 동지라고 생각하고 있다. 중앙매스컴의 운영에 있어서 나는 기존 방침만을 정하는 데 그치고 일체를 홍 사장에게 일임했다. 신문과 방송의 운영 전체를 책임지고 그는 성심성의 심혈을 기울여왔다. 홍 사장만큼 나를 이해해주고 협력해주는 사람도 드물다.[7]

---

* 중앙매스컴은 이어서 60년대와 70년대에 《주간중앙》(1968.8), 《월간중앙》(1968.4), 《소년중앙》(1969.1), 《여성중앙》(1970.1), 《학생중앙》(1973.4), 《계간미술》(1976.11), 《문예중앙》(1978.3) 등의 자매지를 계속 창간하여 다양한 종류의 매체를 확보했다.

이병철 회장이 언론계에 진출한 것은 대통령 선거에 나서는 것만큼이나 중요한 일이었다. 삼성그룹의 사운을 건 일이었을 뿐만 아니라 신념과 인생을 건 모험이었다. 그랬기 때문에 중앙매스컴의 창설은 단순히 또 하나의 계열회사를 만드는 차원이 아니었다.

우선 신문사로서는 초유의 호화사옥을 건립하고, 최신예의 시설과 기재를 갖추었다. 지상 10층, 연건평 4,300평의 건물은 당시 서울에서는 처음 보는 굴지의 빌딩이었다. 전관에 냉난방 시설을 한 것도 신문사로서는 국내 처음이었고, 고속윤전기나 모노타이프 등도 최신예의 것이었다. 대우 면에서는 기자를 중심으로 동업 타사보다 급여를 두세 배 더 주는 수준으로 했다. (…) 요컨대 기업 경영의 신조인 '최고의 상품을 생산하기 위한 최고의 시설과 대우 및 인재.' 이 네 가지 최고를 갖춘 신문사로 중앙일보를 키우고 싶었다.[8]

이런 비장한 각오와 투지에 다른 신문사들이 화들짝 놀랐음은 말할 것도 없다. 게다가 홍진기는 또 신문 발행인들과 함께 모인 자리에서 다음과 같은 요지로 말했다.

"신문도 어차피 상품이다. 그러므로 자율 경쟁에 맡겨야 한다. 앞으로 중앙일보는 가격을 자유롭게 결정할 것이다. 비싸게 팔 수도 있지만 공짜로 돌릴 수도 있다. 부수는 무한정 늘려갈 것이다."[9]

선전포고인 셈이었다.

| 2장 | 메 기 와 미 꾸 라 지

중앙일보를 통한 삼성의 언론계 진입은 언론계에 그야말로 핵폭탄과 같은 충격이었다. 방우영 조선일보 명예회장은 2008년에 펴낸 자서전에서 삼성이 1965년 《중앙일보》를 창간할 당시에 이병철과 홍진기가 조선일보사를 찾았던 에피소드를 다음과 같이 소개한다.

> 1965년 9월 22일 중앙일보가 창간했다. 삼성을 등에 업은 종합일간지의 출현에 언론계는 초긴장했다. 한 해 전 동양방송(TBC)을 개국해 삼성이 신문 사업에까지 손을 뻗치려 한다는 소문은 진작부터 돌고 있었다. 중앙일보 창간에 앞서 이병철 씨가 홍진기 씨와 함께 언론사 순방 인사차 우리 신문사를 찾아왔다. 그 자리에서 내가 작정하고 입바른 소리를 했다. "재벌이 어떻게 신문을 만듭니까. 나랏돈 갖고 돈 번 사람이 정부를 비판할 수 있겠습니까. 신문 사업이란 것이 돈벌이와는 거리가 멀어 우리도 겨우 먹고 살기 바쁩니다. 재벌이 왜 신문에까지 손을 대려고 합니까. 그럴 돈 있으면 신문에 광고나 많이 내 신문사들을 도우십시오." [10]

중앙일보 창간은 우선 판매부수 면에서 성공적이었다. 이병철이 회고하는 내용에 따르면, 당시 전국의 일간지는 서울의 전국지 8개지를 포함해서 모두 40여 개였고, 최고로 많은 발행부수를 기록하던 신문사가 26만 부를 발행했는데, 중앙일보는 창간 38일 만에 17만 부를 돌파하고 창간 1년 뒤에는 28만 부를 돌파했으며, 경영도 삼성의 자금 지원

에 의존하지 않을 정도로 탄탄해졌다.[11]

하지만 창간 1주년인 1966년 9월 22일을 목전에 두고 이른바 '사카린 밀수 사건'이 터졌다. 이 사건과 관련해서 다른 신문들과 국민들이 중앙일보가 은폐 보도와 축소 보도를 한다고 비난하고 나섰고, 중앙일보는 상당한 타격을 입었다. 그런데 다음 해인 1967년 6월에 있은 국회의원 선거에서 중앙매스컴은 그 사건 때 국회에서 한국비료와 삼성을 심하게 공격한 후보 다섯 명을 선정하고 이들의 낙선 운동에 나섰다. 그리고 이만섭을 제외한 나머지 네 명을 떨어뜨리는 데 성공했다. 당시 이 일은 중앙일보 부사장이던 이맹희가 진두지휘를 했는데,[12] 그는 당시 아버지 이병철이 자기에게 다음과 같이 말했다고 회상한다.

"맹희야, 니 말이다, 요번 선거에는 중립을 지켜라이! (…) 중앙일보는 한쪽 편들지 말고 중립을 지키란 말이다."

누구나 다 아는 이야기지만 당시 대부분의 매스컴은 정부 여당 편에서 기사를 썼었다. 그런 마당에 중립을 기키라는 것은 바로 야당 편을 들라는 말이었다.

한편 이병철은 당시를 다음과 같이 회상한다.

[한비사건과 관련해서] 몇몇 국회의원이 유난히 중앙매스컴을 혹독하게 비난했다. 그 후 선거 때 그들의 선거법위반행위가 두드러져 중앙매

| 2장 | 메기와 미꾸라지

스컴은 그 사람들의 선거구에 방송중계차를 배치하여 주시했었다. 아니나 다를까. 무선을 이용한 부정선거의 모의 내용을 캐치하게 되었다. 200명을 동원하여 대리투표를 한다는 내용이었다. 이 생생한 사실이 매스컴을 타고 보도되자 그 선거구는 발칵 뒤집어졌다. 그 사람들은 모조리 낙선되고 말았다.[13]

이 승리를 경험하면서 이병철 회장은 아마도 언론의 위력을 새삼 깨달았을 것이며, 또한 언론 분야에 진출하기를 잘했다고 생각했을 것이다. 비록 국가를 경영하는 일에 영향력을 행사한 것은 아니지만 적어도 '올바른 정치를 권장하고 나쁜 정치를 못하도록 하는' 짜릿한 경험을 했을 것이다.

인생을 건 도박에 짜릿한 첫 승리를 거둔 시기이자, 장남의 그룹 경영에 일말의 불안감을 느낀 바로 이 시기에 이병철은 건희를 불러 중앙매스컴의 이사로 앉힌 것이다. 그렇다면 1961년에 스무 살의 건희를 일본으로 유학 보내면서 매스컴에 신경을 써서 공부하라고 당부하고, 또 조지워싱턴 대학교에서 매스컴을 부전공하게 한 것도 이미 자신의 일생일대 모험을 대비한 포석이었던 셈이다. 이 포석은 제대로 맞아떨어졌다. 중앙일보의 부사장을 맡고 있던 이맹희에게 이병철은 이건희라는 메기 한 마리를 풀어놓은 셈이었다. 아니면, 이건희라는 미꾸라지를 이맹희라는 메기 앞에 던져놓은 것일 수도 있다.

언론에 대한 이병철의 생각을 놓고 본다면, 《호암자전》에서 '삼남

건희에게는 고생스러운 기업 경영을 맡기는 것보다는 매스컴을 생각했던 것이다.'[14]라는 그의 언급은, 사적인 개인인 아버지 이병철로서는 진심이었겠지만 기업계의 냉정한 승부사 이병철로서는 진심이 아니었을 가능성이 높다.

아버지의 의중과 세 아들

1966년 9월 22일에 은퇴를 선언한 뒤로 이병철은 후계자로 이맹희를 일단 선택했다. 아버지는 자기 뒤를 이을 후계자 선정 문제를 이미 오래전부터 생각했을 것이다. 하지만 후계자를 결정해야 하는 시기가 너무도 급박하게 다가왔다. '사카린 밀수 사건'과 삼성에 대한 비난을 서둘러 잠재워야 했고 또 구속된 차남 창희도 걱정스러웠다. 그래서 서둘러 은퇴를 선언했다. 여기에는 '사카린 밀수 사건'이 터지면서 믿었던 한국비료의 성상영 사장과 비서실의 몇몇 인물들이 자기 잇속을 차리려고 배신을 한 데 대한 심리적인 타격도 컸다. 여태까지 사업을 해오면서 자기가 선택한 아랫사람에게 배신을 당한 적이 없었기에 이 충격은 더욱 컸다.

당시 재계는 맹희 씨의 총수 등극에 다소 의외라는 반응을 보였는데, 이는 평소 이 회장의 기업인관이 냉철하고 이재에 밝아야 한다는 점에

| 2장 | 메   기   와   미   꾸   라   지

비추어서였다고 한다. 그 무렵 재계에서는 이 회장이 한비 사건과 함께 밑의 사람들의 배신에 큰 충격을 받았으며, 이 충격이 결정적으로 심경의 변화를 일으키게 해 서둘러 장남에게 대권을 넘겨주었으리라는 풍문이 파다했었다고 한다.[15]

그런데 시간이 지나고 충격이 진정되자 이병철은 예전의 냉철함을 되찾았고, 후계자 문제를 원점에 놓고 다시 생각하기 시작한 것이다.

하지만 맹희는 아버지의 뒤를 이을 사람이 장남인 자기라는 사실을 기정사실로 생각하고 있었다. 그런데 언제부터인가 아버지의 태도가 조금씩 바뀌기 시작하는 걸 감지했다.

'하지만 아버지는 이미 은퇴 선언을 하고 물러나셨는데 뭘.'

맹희는 아버지가 다시 일선으로 복귀할 수도 있다는 생각을 전혀 하지 않았다. 그게 맹희의 착오였다. 어느새 아버지는 예전의 그 냉철한 회장으로 돌아와 있었다. 당시의 의중을 이병철 회장은 다음과 같이 기록했다.

> 삼성을 누구에게 승계시켜야 할지, 오래도록 생각해 왔다. (…) 처음에는 주위의 권고도 있고 본인의 희망도 있어, 장남 맹희에게 그룹 일부의 경영을 맡겨 보았다. 그러나 6개월도 채 못 되어 맡겼던 기업체는 물론 그룹 전체가 혼란에 빠지고 말았다. 본인이 자청하여 물러났다.
> 이남 창희는 그룹 산하의 많은 사람을 통솔하고 복잡한 대조직을 관

리하는 것보다는 알맞은 회사를 건전하게 경영하고 싶다고 희망했으므로, 본인의 그 희망을 들어주기로 했다. (…)

그러나 삼남 건희는 (…) 삼성그룹의 전체 경영을 이어받을 사람이 없음을 보고 그룹 경영의 일선에 차츰 참여하게 되었다. 본인의 취미와 지향이 기업 경영에 있어 열심히 참여하여 공부하는 것이 보였다.[16]

그러나 위의 글에서 '6개월도 채 못 되어 맡겼던 기업체는 물론 그룹 전체가 혼란에 빠지고 말았다. 본인이 자청하여 물러났다.'는 진술은 사실과 다른 것 같다. 맹희와 창희 그리고 건희 사이, 특히 맹희와 건희 사이의 후계자 경쟁은 1973년 여름까지 계속 이어졌기 때문이다. 이병철이 회고록에 그렇게 기술한 것은 후계자로 선정한 건희가 안정적인 자기 체제를 마련할 수 있도록 해주려는 배려일 뿐이었다. 말하자면 삼남 건희를 위해서 장남 맹희를 '지우기 위한 작업'의 하나였다.

사실 《호암자전》을 집필하던 이병철에게는, 평생을 걸쳐 일군 삼성이라는 거대한 기업을 두고 세상을 뜨기까지 채 두 해도 남지 않았다. 언제 죽을지는 알지 못해도 여든을 바라보는 나이였던 터라 앞으로 남은 날이 많지 않다는 건 분명하게 인식했을 것이다. 이런 상황에서 자기 후계자로 정한 건희가 무사하게 삼성그룹을 이어갈 수 있도록 하기 위해서 그가 마지막으로 할 수 있는 일이 《호암자전》 집필이었다. 그랬기에 그는 이 책에서 삼남 건희가 후계자가 되는 데 가장 위협적인 존재일 수밖에 없었던 장남 맹희를 철저하게 지웠다.

| 2 장 | 메 기 와 미 꾸 라 지

맹희로서는, 20년쯤 뒤에 아버지가 자서전을 쓰면서 자기를 또 동생 건희를 어떻게 평가할지 전혀 알 수 없었을 것이다. 그러나 건희가 자기 장인이 사장으로 있으면서 경영의 전권을 휘두르던 중앙매스컴에 들어왔다는 사실만으로도 맹희는 충분히 긴장할 수밖에 없었다. 맹희는 1961년부터 아버지를 가장 가까운 거리에서 모셔왔기에 아버지가 중앙매스컴에 어떤 의미를 두고 있는지 잘 알았을 뿐만 아니라, 그동안 아버지의 수족이 되어서 삼성을 일구어 온 창업공신들이 알게 모르게 자기의 개혁적인 조치에 반발을 하고 있던 상황이었으니까 더욱 그럴 수밖에 없었다. 게다가 아버지 이병철이 '고락을 함께 한 동지'라고 여기던 홍진기는 사위에게 집중적으로 경영수업을 시키고 있었다. 다음은 이건희 회장이 당시를 회상하면서 한 말이다.

> 그분[홍진기]은 자상하셨어요. 상법으로 대학논문을 쓰셨는데 헌법, 상법, 주식회사법, 판례, 역사, 불어, 정치, 상식 등을 제가 18년 동안 매일 저녁 강의를 받았습니다. 시청각 교육을 받았지요. (시청각 교육이 뭐죠?) 매스컴 분야에 계셨으니까 현재의 상황과 과거를 비교해주셨지요.[17]

이런 상황에서, 맹희보다는 오히려 차남인 창희가 더 큰 위기의식을 느꼈다.

밀수사건으로 구속되었다가 1967년 3월에 병보석으로 풀려나온 창희는 사건 전만 하더라도 자신에게 애정과 신뢰를 쏟던 아버지의 마음이 차츰 동생 건희에게로 옮겨가는 걸 알아차렸다. 그리고 홍진기가 사위인 건희를 앞세워 역성혁명을 꾀한다고 보았다. 한편 이건희 회장은 한 인터뷰에서, 두 형을 젖히고 후계자가 되었던 데는 장인의 힘이 크지 않았느냐는 질문에 다음과 같이 대답했다.

> 외부에서는 그렇게 오해를 많이 했죠. 홍 회장이 자유당 말아먹고 삼성 말아먹으려고 사위 앞세운다고 했었죠. 그런데 홍 회장한테 넘어갈 회장님[이병철]이 아니었죠. 그분을 끝까지 모신 분이 위대식 씨하고 홍 회장 두 분밖에 없었어요. 사심이 있는 사람은 가차 없었어요.[18]

위대식은 삼성물산공사 시절부터 이병철 회장의 승용차를 운전했던 사람이다. 인공 치하의 서울에서, 시키지 않았음에도 불구하고 자전거를 타고 인천까지 가서 사형을 당할지도 모르는 위험을 무릅써 가면서, 인민군의 수중에 떨어진 인천 보세 창고에서 삼성물산공사의 수입 물품을 뇌물을 주고 빼낸 다음, 그걸 돈으로 바꿔서 이병철에게 전해 줬을 정도로 충성심이 남달랐던 사람으로,[19] 그 뒤 평생 이병철의 운전기사로 일했다.

그리고 또 이어서 이건희 회장은, 그럼 어떻게 삼성이라는 큰살림을 맡게 되었다고 생각하느냐는 질문에는 이렇게 대답했다.

> 제가 하고 싶다고 해서 되는 자리는 아니니까 운인 것 같아요. 큰형님

| 2장 | 메   기   와   미   꾸   라   지

은 큰형님대로 개성이 있었는데, 저 양반[이병철]은 내 후계자는 이런 스타일이어야 한다고 정해 놓은 분이었거든요. 자식이라도 가차 없어요. 물론 제가 자식이라서 회장이 된 게 50퍼센트는 된다고 봅니다. 그러나 제가 아버님 기준에 안 맞고 자격이 없었다면 우리 가족이 아닌 다른 사람이 회장이 됐을 겁니다.[20]

이병철 회장은 자기 후계자를 정하는 문제와 관련해서 '자식이라도 가차 없는' 모습을 73년 여름 이후 죽는 순간까지 계속 자식들에게 보여주는데, 창희는 이런 사실을 제대로 알지 못했던 모양이다.

왕자의 난

조선을 개국한 태조 이성계에게는 여덟 왕자가 있었다. 여섯 왕자는 전비(前妃) 한씨(韓氏) 소생이고, 두 왕자는 계비(繼妃) 강씨(康氏) 소생이었다. 태조 즉위 후 세자 책봉 문제가 일어나자, 태조는 계비 강씨의 뜻에 따라 여덟 번째 왕자인 방석(芳碩)을 세자로 삼았고, 이 같은 조처를 정도전과 남은 등이 지지하였다. 그러자 다섯 번째 왕자인 방원(芳遠)은 크게 분개하였다. 전비 한씨의 소생이 세자 책봉에서 무시당하였다는 점과 창업공신으로서의 자신의 공로를 인정해 주지 않은 데 대한 불만 때문이었다. 방원 일파와 정도전 일파 사이의 알력은 점차 심각해졌다. 마침내 1398년, 방원은 정도전 등이 태조의 병세가 위독하다고 속이고 여러 왕자를 궁중으로 불러들인 뒤 일거에 그들을 죽이려 했다고 트집을 잡아, 사병(私兵)을 동원하여 정도전 등을 불의에 습격해 모두 죽이고, 세자 방석을 폐출하여 귀양 보내는 도중에 죽이고, 방석과 동복(同腹)인 방번(芳蕃)까지도 살해하였다. 그 뒤, 정세 판단이 빠른 방원은 세자의 자리가 당연히 자기에게로 돌아올 것이었으나, 이를 굳이 사양하고 태조의 두 번째 왕자인 방과(芳果)에게 양보하였다. 두 아들과 사위까지를 잃어 크게 상심한 태조는 1398년 9월에 왕위를 세자인 방과에게 물려주었다. 이후 네 번째 왕자인 방간(芳幹)이 왕위 계승의 야심을 품고 반란을 일으켰지만 방원에게 패해 유배되었다. 이 난이 평정되자 정종은 방원을 세제(世弟)로 삼았고, 같은 해 11월에 드디어 방원에게 양위하였다. 이틀 후, 방원은 즉위하여 태종이 되었다.

이른바 왕자의 난이다.

역사에서 흔히 일어나는 일이다. 조선 이전에도 있었고, 중국이나 일본에도 있었고, 또 서양에서도 있었던 일이다. 숱하게 많은 역사와 고전에 등장하는 일이다. 그리고 이 일은 1969년 말에서 1970년에 걸쳐 삼성에서도 일어났다.

창희는 건희를 앞세운 홍진기의 역성혁명을 막아야 한다고 주변 사람들을 설득하기 시작했다. 하지만 맹희는 물론이고 맹희와 창희를 따르던 삼성의 간부들도 인륜을 어기는 일이라면서 이 일에 가담하지 않았다.[21] 그러나 창희는 끝내, 이병철이 부정한 짓을 저질렀으니 기업에

| 2장 | 메 기 와 미 꾸 라 지

서 영원히 손을 떼게 만들어야 한다는 내용의 탄원서를 박정희 대통령 앞으로 보냈다. 이 탄원서의 자세한 내용은 맹희의 회고록인《묻어둔 이야기》에서 확인할 수 있다.

창희가 탄원서에 적은 이병철의 비리 사실은, 해외로 100만 달러를 밀반출하였다는 것, 현충사를 지을 때 삼성에서 조경을 진행했는데 경비를 부풀렸다는 것, 제일모직과 제일제당이 탈세를 했다는 것 등이었다. 현충사 조경 건은 창희가 정확히 알지 못해서 잘못 안 것이었지만, 제일모직과 제일제당 건은 창희가 평소 정리했던 것인 만큼 상당히 정확한 내용이었다. 박 대통령은 이 문서를 살펴보곤 다른 것은 문제 삼지 않고 외화 도피 건은 알아보고 조치를 취하라고 했다.

한국비료 사건에서 받은 배신과 투서의 뼈아픈 상처가 채 아물기도 전에 이병철은 다시 한 번 등에 칼을 맞았다. 그것도 자식에게. 이병철은 창희를 불러 당장 한국을 떠나라고 했다.

"내가 살아 있는 동안에는 다시는 한국 땅을 밟지 마라!"

아버지의 호령은 단호했다. 하지만 창희는 강하게 반발했다. 그리고 곧바로 맹희를 찾아가서 맹희를 설득하려고 했다.

"내가 뭘 잘못했다고 미국으로 갑니까? 나는 삼성을 살리려고 그렇게 했습니다. 형님이 아시다시피 아버님이 삼성에 개입해 계시는 동안엔 삼성은 절대 살아남을 수 없습니다. 그렇지 않으면 삼성은 앞으로 3년 내에 쓰러집니다."

하지만 맹희는 고개를 저었다. 아버지가 얼마나 무서운 사람인지 누구보다 잘 알았기 때문이다. 그런데 점차 밝혀지는 사실들은 맹희로서는 놀라운 일들의 연속이었다.

당시 창희는 아버지와 건희뿐만 아니라 맹희까지 몰아낼 생각을 했다. 창희 입장에서는 삼성의 총수가 되는 데 방해가 되는 사람은 누구든 몰아내야만 했다. 맹희는 이런 동생이 한편으로는 밉기도 하고 또 한편으로는 측은하기도 했다.

"창희야, 너는 이놈아 와 그렇게 바보 같노? 니는 아직도 아부지가 어떤 사람인지 모르나? 다른 사람들이 니를 이용할라 카는 거 모리겠나? 이 바보야!"

맹희가 섭섭하게 생각한 사람들은 또 있었다. 청와대에서 창희의 문건을 맨 먼저 손에 넣었던 사람은 중학교 시절부터 줄곧 맹희와 친하게 지냈던 수도경비사령부의 전두환 중령이었고, 또 이어서 이 문서가 삼성과 가깝게 지내던 박종규 경호실장의 손에 들어갔는데, 두 사람 모두 맹희와 절친한 사이였음에도, 문서를 이용해서 삼성을 조종하고 주무를 생각만 했지 맹희에게 알려서 문제를 조기에 수습할 생각은 조금도 하지 않았던 것이다.

결국 창희는 한국을 떠나라는 아버지의 말이 떨어지고 한 주가 채 지나기도 전에 짐을 싸서 출국했다. 공항에는 어머니와 맹희 두 사람만 배웅을 나갔다. 어머니는 마지막이 될지도 모르는 둘째 아들의 뒷모습을 바라보면서 하염없이 눈물을 흘렸다. 서둘러 떠나느라 미처 챙기지 못한 짐은 나중에 맹희가 미국으로 부쳐주었다.

| 2장 | 메   기   와   미   꾸   라   지

　한편 아버지는, 맹희가 아무리 창희가 꾸민 일에 관련이 없다고 말했지만 그리고 맹희가 실제로 관련이 있다는 증거가 아무것도 없었지만, 그래도 맹희에게서 의심의 눈길을 완전히 거두지 않았다. 문제의 탄원서를 맨 처음 손에 넣은 청와대 쪽 사람인 전두환이나 박종규 모두 맹희와 가깝게 지내던 사람들이었고, 그 무렵엔 삼성과 청와대 쪽과의 관계가 어느 정도 개선되고 있었기 때문에, 맹희가 적극적으로 가담하지는 않았다 하더라도 적어도 묵인은 했으리라고 얼마든지 추정할 수 있었다.[22]

　이맹희의 회상에 동생 건희는 등장하지 않는다. 회고록을 집필할 당시 동생은 이미 삼성의 회장이 된 지 5년 가까이 되었기 때문에, 동생에 대한 어떤 언급도 동생 건희, 그리고 나아가 삼성에 보탬이 되지 않는다는 판단에서 맹희가 그런 내용을 일부러 뺐을 수도 있다. 아니면 실제로 건희는 그런 일이 일어날 당시에 죽은 듯 납작 엎드려 있어서 맹희의 시야에 보이지 않았을 수도 있다. 건희는 그 소동이 자기 때문에 일어난 분란임을 누구보다 잘 알았기 때문이다.

　건희는 창희가 아버지를 경영에서 완전히 손을 떼게 하려다 쫓겨나는 모습을 보고 무슨 생각을 했을까? 아버지의 후계자가 되어 삼성그룹을 떠맡아 경영하던 맹희가 각 계열사의 임원들에게 저항을 받는 모습을 보고, 또 아버지가 그런 맹희에게 신뢰를 조금씩 거둬들이는 모습을 보고 무슨 생각을 했을까? 그리고 또 그 혼란의 와중에 자기를 밀어 넣은 아버지의 의중을 생각하며 무슨 생각을 했을까?

아마도, 어린 시절 일본 극장에서 보았던 영화의 온갖 장면들을 떠올렸을 것이다. 특히 전국시대의 일본을 배경으로 한 영화의 장면들, 전쟁과 승리, 난무하는 음모와 배신, 그 속에서 일어났다 스러져갔던 숱한 영웅들. 1993년 7월 중순에 있었던 오사카 회의 때 '나는 일본에 있을 때 일본의 역사를 알기 위해서 45분짜리 비디오테이프 45개를 수십 번 보았다. 도쿠가와 이에야스 30회 이상, 도요토미 히데요시 10회 이상, 오다 노부나가 5~6회 보았다.'[23]라며 누구보다 일본 역사를 잘 안다고 공언했을 정도였으니까.

아마도 이건희 중앙일보 이사의 책상에는 일본 역사책이 놓여 있었을 것이다. 그리고 그 책이 펼쳐진 부분은 필경 전국시대였을 것이다.

새야 울어라

1467년에 터진 '오닌의 난'으로 일본에는 100년 가까이 이어질 대혼란의 전국시대가 막을 열었다. 제8대 쇼군인 아시카가 요시마사에게는 쇼군 자리를 물려줄 아들이 없었기 때문에 동생인 요시미에게 쇼군 자리를 물려주겠다고 약속한다. 그런데 요시마사에게 뒤늦게 아들이 생기자, 형제 사이에 분쟁이 일어나고 마침내 전국의 다이묘들은 동군과 서군으로 갈라져 11년 동안이나 치열한 전투를 벌인다. 비록 쇼군 가문의 상속 문제가 발단이 되긴 했지만 실제로는 쇼군의 권위가 사라

| 2장 | 메   기   와   미   꾸   라   지

진 세상에서 무사 가문들끼리 주도권을 잡기 위한 전쟁이었다. 이 전쟁으로 교토는 완전히 잿더미로 변했고 쇼군은 권력에서 멀어졌다. 그리고 이제 일본은 권위보다 실력이 지배하는 전국시대가 되었다.

각 지역에서는 독자적인 지방 권력, 이른바 '센코쿠 다이묘'가 나타나기 시작했다. 그런데 이들 가운데 지역을 초월해서 일본을 통일하려는 야망을 가진 센코쿠 다이묘가 있었다. 오다 노부나가였다. 오다 노부나가는 탁월한 전술로써 유력한 다이묘들을 차례로 굴복시키고 수도 교토에 입성해서 1573년 쇼군을 폐위했다. 그러나 일본 통일을 눈앞에 둔 1582년, 부하 장수인 아케치 미츠히데에게 기습을 당한 뒤 자결했다.

그러자 오다 노부나가의 부관 출신이던 도요토미 히데요시가 주군의 복수라는 명분을 내세워서 아케치 미츠히데를 죽이고, 이어서 노부나가의 경쟁 세력을 차례로 굴복시킨 후, 오다 노부나가가 누리던 권력을 이어받았다.

도요토미 히데요시는 최대의 경쟁자이던 도쿠가와 이에야스와 담판을 지었다.

"나와 싸울 것인가, 아니면 평화를 택할 것인가?"

도쿠가와 이에야스는 도요토미 히데요시에게 굴복하고 그가 제안한 대로 한지인 에도의 다이묘로 떠났다. 도쿠가와 이에야스는 성주였던 아버지가 전쟁에 진 뒤 여섯 살의 나이에 이마가와 가(家)의 인질로 가던 도중에 오다 노부나가의 군대에 잡혀 끌려갔다. 그런데 오다 노부나가는 이마가와 가에서 인질로 잡고 있던 이복형 오다 노부히로를 도쿠가와 이에야스와 교환했고, 그는 이제 이마가와 가의 인질이 되었다. 그러다 열아홉 살 때 이마가와 가의 성주가 오다 노부나가와 벌인 전투에서 죽자, 오다 노부나가가 대세임을 파악하고 자기가 인질로 잡혀 있던 성의 구조를 오다 노부나가에게 제공하면서 이마가와 가를 멸망시켰다. 그리고 오다 노부나가에게는 20년 동안 신의를 지켰다. 한번 맺은 신의의 약속은 끝까지 지킨다는 면을 보여준 것이다. 그리도 또 도요토미 히데요시 아래에서도 죽은 듯이 엎드려서 15년을 기다린다.

　1590년에 일본을 통일한 도요토미 히데요시는 실질적으로 일본의 최고 통치자가 되었다. 그리고 그는 2년 뒤에 조선을 침략했다. 일본 통일의 공을 세운 다이묘들에게 땅을 나누어 주어야 했는데 나누어 줄 땅이 부족했기 때문이다. 터무니없는 야망에 부풀어 조선과 중국까지 정복하겠다는 꿈을 꾸며 조선으로 침공했지만 결국 그 꿈을 이루지 못한 채 도요토미 히데요시는 1598년에 병사했고, 일본군은 퇴각했다.

　도요토미 히데요시가 죽자, 그가 56세에 낳은 다섯 살짜리 아들 도요토미 히데요리는 아무런 힘을 쓸 수 없었다. 조선 침략에 군대를 파견하지 않고 군사력을 착실하게 키운 도쿠가와 이에야스는 그야말로 일본의 새로운 주인처럼 보였다. 하지만 그는, 당장 자기가 나서면 나머지 세력들이 집중적으로 덤벼들 테고 그러면 다시 제2의 전국시대가 펼쳐질 것이라 판단해, 다 익은 과일이 저절로 나무에서 떨어질 때

| 2장 | 메 기 와 미 꾸 라 지

까지 기다리겠다는 마음으로, 앞으로 나서지 않고 기다리기만 했다.
  아니나 다를까, 도쿠가와 이에야스가 침묵을 지키자 이시다 미즈나리를 중심으로 한 문신파와 가토 기요마사를 중심으로 한 무신파 사이에 권력 다툼이 벌어졌다. 하지만 그 와중에도 도쿠가와 이에야스는 중립을 지키며 도요토미 가문과 혼인을 맺는 실질적인 성과를 거두었다. 마침내 이시다 미즈나리는 도요토미 히데요리를 보호한다는 명분으로 들고 일어났고, 도쿠가와 이에야스는 역적을 토벌한다는 명분으로 맞섰다. 1600년 세키가하라 전투였다. 도쿠가와 이에야스의 군대는 8만, 이시다 미즈나리의 군대는 9만이었다. 게다가 이시다의 군대는 높은 곳에 있어서 한층 유리했다. 하지만 도쿠가와는 이시다의 부하 장수 고바야카와를 포섭했다. 고바야카와는 도쿠가와가 절대로 배반을 하지 않을 사람이었기에 그의 편에 섰다. 고바야카와의 반란으로 도쿠가와 이에야스는 승리를 거두었고 마침내 일본을 차지했다. 볼모로 13년, 오다 노부나가 아래에서 20년, 도요토미 히데요시 아래에서 15년, 도합 48년을 온갖 굴욕을 참으며 기다린 끝에 얻은 천하였다. 천하를 얻었을 뿐만 아니라 도요토미 히데요리의 보호자로 자처하면서 명분까지 얻었다.
  도쿠가와 이에야스는 1603년에 에도에 막부(幕府, 바쿠후)를 세웠다. 그리고 그로부터 10여 년이 지난 1614년에는 후환을 없애기 위해서 오사카 성에 다이묘로 살고 있던 도요토미 히데요리도 함정에 빠트려 꼬투리를 잡고 제거했다. 에도는 그 뒤 1868년 메이지 유신 때 정식으로 일본의 수도가 될 때까지 실질적인 수도가 되었다. 이 265년 동안의 시기를 에도 시대라고 부른다.

　일본 역사에서 전국시대를 뒤흔들었던 세 명의 영웅 오다 노부나가와 도요토미 히데요시 그리고 도쿠가와 이에야스는 지금도 일본인들에게 가장 인기가 많은 역사 속의 인물들이다. 불같은 성격의 풍운아 오다 노부나가는 파괴의 영웅으로 통일 일본의 터전을 마련한 뛰어난 군인이자 전략가였고, 지략에 능한 도요토미 히데요시는 통일 일본이라는 집을 지을 터를 닦은 전시(戰時)의 지도자였다면, 기다릴 줄 아는 도쿠가와 이에야스는 그 터 위에 통일 일본이라는 집을 완성한 인물로 평화시의 지도자에 비유된다. 이 세 사람의 성격을 비유한 이야기가 있다. 새가 울지 않는다면 이 세 사람은 어떻게 할까? 오다 노부나가는 곧바로 새를 죽여 버리고, 도요토미 히데요시는 어떻게든 새가 울게 만들고, 도쿠가와 이에야스는 새가 울 때까지 기다린다는 이야기이다. 일본을 통일하는 과정에서 이 세 사람의 행동을 묘사한 유명한 시도 있다.

　　오다가 쌀을 찧어
　　하시바˙가 반죽한
　　천하라는 떡
　　힘 하나 들이지 않고
　　먹은 사람은 도쿠가와더라.

| 2장 | 메   기   와   미   꾸   라   지

풍운가 오다 노부나가는 49세에 죽었고, 지략가 토요토미 히데요시는 62세에 죽었으며, 인내의 달인 도쿠가와 이에야스는 75세에 죽었다.

이 세 사람의 영웅 가운데 좋아하는 사람을 꼽으라면 사람마다 제각각이다. 이건희는 누구를 좋아했을까? 누구를 자신의 역할 모델로 삼았을까? 도쿠가와 이에야스가 아니었을까? 젖을 떼자마자 부모와 헤어져서 할머니집에서 3년 동안 볼모로 잡혀 있다가 또다시 초등학교 5학년을 마친 뒤 한 해를 꿇어 가면서 중학교 1학년 때까지 일본에서 3년 동안 볼모로 잡혀 있었고, 대학교 시절을 일본과 미국에서 보내며 때가 되길 기다렸으며, 결혼을 한 뒤에 또다시 1년을 미국에서 때가 오길 기다렸고, 귀국해서는 두 형이 비록 아버지의 그늘 아래에서이긴 하지만 그룹의 선두에서 지휘를 하는 모습을 지켜보면서 또 한 번 기다렸다. 그렇게 과일이 익어 저절로 떨어지길 기다리고 또 기다리는 자신의 모습이, 48년 동안 기다리고 기다렸던 도쿠가와 이에야스와 닮았다고 생각하지 않았을까?

*

중국의 주나라 선왕은 닭싸움을 좋아했다. 그 나라에는 닭을 잘 훈

---

* 도요토미의 옛 성(姓)

런시키기로 소문이 난 기성자라는 사람이 있었다. 선왕은 기성자를 불러서 싸움닭 한 마리를 내주며 싸움을 잘하는 닭으로 훈련시키라고 명했다. 열흘이 지난 뒤에 왕은 기성자를 불러서 물었다.

"어떠냐? 좀 되었는가?"

그러자 기성자는 이렇게 대답했다.

"아직 멀었습니다. 허장성세(虛張聲勢)가 심한 걸로 봐서는 아직 싸움을 할 준비가 안 되었습니다."

다시 열흘이 지난 뒤에 왕은 다시 기성자를 불렀다.

"이제는 좀 되었는가?"

"상대 닭을 보기만 하면 싸우려 하는 걸로 봐서는 아직 훈련이 덜 되었습니다."

다시 열흘이 지나도 기성자는 훈련이 덜 되었다고 대답했다.

"아직도 상대 닭을 보면 살기를 번득입니다."

또다시 열흘이 지난 뒤에야 기성자는 훈련이 거의 다 되었다고 말했다.

"이제는 상대 닭이 아무리 소리를 지르고 덤벼도 동요하지 않습니다. 마치 나무를 깎아서 만든 닭과 같습니다. 덕이 충만하여 그 모습만 보아도 상대 닭은 등을 돌리고 도망을 칩니다."

《장자》의 '달생편(達生篇)'에 수록된 우화이다.

이 우화에 등장하는 나무를 깎아서 만든 닭, 즉 목계(木鷄)를 아버지 이병철은 거실에 걸어놓고 늘 자신을 경계했다. 그리고 어린 건희에게

| 2장 | 메 기 와 미 꾸 라 지

이 우화를 들려주며 이런 말을 했다.

"말을 많이 하지 마라. 말을 많이 하면 허점이 저절로 드러난다. 표정을 바깥으로 드러내 보이지 마라. 표정을 드러내면 무게가 없어진다."

이건희 이사는 역사책을 덮으며 아버지의 이 가르침을 다시 한 번 마음에 새기지 않았을까?

아버지의 복귀와 삼성전자

1960년대 중반부터 풍부한 노동력과 저렴한 임금, 정부의 외자 유치 정책 덕분에 외국 기업들이 우리나라에 진출하기 시작했다. 이 가운데 특히 전자업체가 많았지만, 대부분 한국을 조립 생산 기지로만 이용했고, 국내의 독자적인 전자 산업은 아직 걸음마 수준에도 진입하지 못한 단계였다.

이런 환경에서 이병철은 1966년 9월의 은퇴 선언 이후 일선에서 물러났지만, 위기를 맞은 삼성이 재도약할 수 있는 방안을 전자산업에서 찾았다. 장남인 맹희와 함께 자동차산업과 전자산업을 놓고 고심하다가 전자산업을 택한 것이다.

나는 당시 전자산업과 자동차산업이 미래에 큰 인기를 끌 것이라고 생각하고 있었는데 아버지는 전자를 먼저 시작하자는 의견을 내놓았다.

내가 강력하게 자동차와 전자를 동시에 시작하자고 주장했지만 아버지는 끝까지 전자를 먼저 하자고 주장했다.[24]

한편 이병철은 은퇴 선언 이후 줄곧 국내외 재계 인사들로부터 일선 복귀를 해야 한다는 종용을 강력히 받아왔다. 이런 사정을 1982년의 경향신문 기획기사는 다음과 같이 묘사한다.

1967년 8월 박정희 대통령 취임 경축사절로 험프리 미국 부통령이 내한했을 때 동행한 미국 재계 원로들은 '한국을 위해서라도 당신이 사업을 해야 한다.' '한창 일할 나이에 이게 뭐냐.'고 충동했고 일본 재계 거물들은 동경서 만날 때마다 '지금이 삼성의 위기'라고 경고를 해주었다. 이들의 기업가적 판단이 정확하다고 보았기에 이병철은 고심할 수밖에 없었다. 장남의 능력을 기대하는 부정과의 갈등이 바로 그것이었다. 이병철은 1968년 2월 돌연 삼성물산 안에 개발부를 신설하고 정부가 임명한 초대 한비 사장 박숙희와 인수인계 작업을 막 끝내고 돌아온 신훈철에게 신규 사업 추진 업무를 맡으라고 전격적으로 명령했다. 그룹 총사령탑을 떠난 지 1년 반 만이었다. 일단 일선 복귀를 결정하자 그는 민첩하게 움직였다.[25]

1968년 초여름인 6월 12일, 이병철은 일본 《아사히신문》과의 인터뷰를 통해 경영 일선 복귀와 전자산업 진출을 선언했다.

| 2장 | 메 기 와 미 꾸 라 지

"한국 재벌의 공통점은 소비재 산업에 기반을 두고 있다. 따라서 중화학공업화에 어떻게 적응해 나가느냐가 큰 과제이다. 전자공업은 앞으로의 성장 분야이다. 지금 미국이 최첨단을 가고 있지만 삼성도 여기에 나서고 싶다."

물론 아직은 이병철이 아들 맹희를 완전히 밀어낸 것은 아니었다. 하지만 이 같은 폭탄선언을 본인이 직접 나서서 했다는 것은 실질적으로는 이미 경영 일선에 복귀했다는 뜻이었다. 아무튼 이병철의 이 발언으로 한국의 재계는 발칵 뒤집어졌다.

6월 26일, 금성사, 대한전선, 동남전기 등 기존 59개 업체들로 똘똘 뭉친 한국전자공업협동조합은 대정부 건의서를 내며 '삼성이 외국 자본과 결속해 전자업계에 진출하려는 것은 기존 민족자본을 타파하려는 매판적 행위'라고 맹렬히 공격했다. 다음은 그 건의서 내용의 한 부분이다.

> 삼성그룹이 추진하고 있는 합작 투자 사업은 일본 부품을 도입해 단순 조립하는 것에 지나지 않는다. 우리가 지금까지 애써 국산 기술을 여기까지 끌어올려 놓았는데 지금 와서 일본 기술과 일본 자본을 도입한다면 국내 기술은 설 땅을 잃게 되므로 삼성의 합작 투자를 절대 허용해서는 안 된다.[26]

국내 전자업계를 독점하다시피 해온 럭키그룹 구인회에겐 특히 충격이었다. 구인회와 이병철은 경남 진양 지수국민학교에 함께 다녔고 구인회의 3남 자학과 이병철의 차녀 숙희가 1957년에 결혼, 둘은 사돈 사이이기도 했기 때문이었다.

　한비 밀수 파문이 채 가시기도 전에 매판 회오리까지 몰아쳐 이병철과 삼성은 코너에 몰렸다. 끝내 이병철은 대중 앞에 잘 나타나지 않는 관례를 깨고 중앙일보에 "한국전자공업의 오늘과 내일"이라는 글을 3회에 걸쳐 게재했다. "전자산업은 부가가치가 높아 우리나라에서 꼭 해야 할 사업입니다. 현재 삼성이 계획하고 있는 사업이 순조롭게 진행되면 2년 후에는 연간생산고 7000만 달러, 원화로는 210억 원에 달하게 되며 이중 90퍼센트를 수출하게 될 것입니다."[27]

이병철은 삼성이 수출을 겨냥하고 전자산업에 진출한다는 명분을 정확히 밝혔다. 그러나 럭키는 산하 《국제신보》를 통해 삼성의 태도를 신랄히 비판하고 나섰으며 삼성 계열사인 중앙개발 사장이던 구인회의 아들 구자학은 본가로 복귀, 양가의 불화는 깊어갔다.
　하지만 이병철은 경쟁에 투철한 승부사답게, 개인적인 관계와 사업을 철저하게 구분했다. 한국비료 사건 이후 삼성의 명예를 원상회복할 수 있는 대전환의 발판으로 전자산업 진출을 결정한 이상 조금도 물러서지 않았다.

| 2장 | 　메　 기　 와　 미　 꾸　 라　 지

　사업성을 검토해 본 결과, 전자산업이야말로 기술과 노동력, 부가가치, 내수와 수출 전망 등 어느 모로 보나 우리나라의 경제 단계에 꼭 알맞은 산업이라는 결론을 얻었다. 삼성이 이 산업에 진출하여 국내에서 전자제품의 대중화를 촉진시키고, 아울러 수출전략상품으로 육성하는 선도적인 역할을 맡아보자고 결심하였다.[28]

　수출을 전제로 한 그의 포석은 정부의 수출 드라이브 정책과 맞아떨어졌다. 정치권에서까지 삼성의 전자산업 진입을 반대하고 나서자 이병철은 박정희를 만나서 전자산업을 국가기간산업으로 발전시켜야 한다고 역설했다. 정부는 6월 19일 전자부품을 수출전략산업으로 개발한다는 요지의 전자공업진행 8개년 기본계획을 발표했고, 삼성의 전자산업 진출 길이 열리게 되었다.[29]

　이렇게 해서 1969년에 삼성전자가 설립되었다.

　그리고 1973년, 1월부터 기분 좋은 소식이 날아들었다. 삼성전자에서 만든 텔레비전의 미국과 캐나다 처녀수출이 1월 21일에 무사히 이루어졌다는 내용이었다.

　그즈음 이병철은 총수 자리로의 복귀 수순을 차근차근 밟아나갔다. 그가 은퇴를 선언했던 1966년에 그의 나이는 쉰여섯 살이었고, 1973년에는 예순세 살이었다. 아직 한창 일할 나이였다. 그 나이에 경영 일선에서 물러나 있자니 많이 답답했을 것이다. 어쩌면 은퇴 선언도, 국민과 언론으로부터 집중포화를 맞고 박정희 정권으로부터도 단단히 밉

보였던 상황이라 삼성이 한꺼번에 무너질지도 모른다는 두려움 속에서, 그야말로 필사즉생의 심정으로 꺼내들었던 카드였을지도 모른다.

하지만 이제 상황은 달라졌다. 승부수로 띄운 삼성전자가 무사히 뿌리를 내렸다. 이제 도약을 시켜야 했다. 그러려면 일사불란하고 강력한 지도력이 필요했다. 자기가 한 말을 맹희가 뒤집거나, 사람들이 자기가 내린 지시와 맹희가 내린 지시 사이에서 우왕좌왕하게 둘 수 없었다. 한국비료 사건 때문에 빚어졌던 박정희 정권과의 껄끄럽던 감정도 많이 누그러졌다. 박정희 정권 역시 1972년 유신을 통해서 장기 집권의 기반을 탄탄하게 다진 뒤에는 한결 부드러운 태도로 삼성을 대하기 시작했다는 점도 그의 복귀에 유리한 조건으로 작용했다.

하지만 맹희는 아버지의 의도를 전혀 눈치 채지 못했다. 결국 1973년 여름에 아버지는 맹희를 불렀다.

> 아버지는 나를 부르더니 나에게 '니 직함이 몇 개나 가지고 있노?'라고 물었다. 내가 정확히는 모르지만 열댓 개 되는 것 같다고 했더니 '니가 다 할 수 있나?'라고 되물었다. 아버지의 얼굴이 밝질 않았다. 그 이전부터 뭔가 낌새를 채고 있었기에 '다 잘할 수는 없심더.'라고 했더니 '그라모 할 수 있는 것만 해라.' 하고 말을 잘랐다.[30]

그래도 맹희는 아버지의 복귀 의사를 몰랐고, 다시 며칠 뒤 아버지는 아들에게 아들이 가지고 있는 직함을 모두 종이에 써오라고 했다.

| 2장 | 메기와 미꾸라지

삼성전자, 중앙일보, 삼성물산, 제일제당, 신세계, 동방생명, 안국화재, 제일모직 등 모두 17개 회사에 부사장이나 전무, 이사 등의 직책이 빼곡하게 적힌 종이가 아버지 앞에 놓였고, 아버지는 그것들에 하나씩 줄을 그어나갔다.

"이건 하기 힘들제?"

"예."

"이것도 못하겠제?"

그제야 맹희는 깨달았다.

'아, 아버지가 나보고 물러나라고 하시는구나.'

말로 분명하게 표현하지 않고 에두르는 것, 그것이 이병철의 스타일이었다. 아버지는 복귀 의사를 강력하게 내보인 것이었다. 사실 아버지는 이미 여론의 따가운 시선을 최대한 줄이면서 복귀를 진행해 왔었고, 그게 최종적인 통고인 셈이었다.[31]

맹희는 총수의 역할을 아버지에게 돌려주고 뒤로 물러났다. 그리고 6개월 동안 별로 하는 일도 없이 보내다가 일본으로 갔다. 할 일이 있어서 간 게 아니라 '쉬러' 갔다. 하지만 이 휴가가 영원한 휴가가 될지 맹희는 알지 못했다. 그때까지만 해도 아버지의 후계자는 자기일 것이라고 생각했다. 누구보다도 아버지를 잘 안다고 생각했지만 그게 아니었다. 아버지의 호수가 얼마나 넓은지 그리고 아버지의 바위가 얼마나 단단하게 흔들리지 않는지 미처 몰랐던 것이다.

이건희의 첫 사업, 한국반도체

아버지 이병철과 아들 맹희가 자동차산업과 전자산업을 두고 선택을 고민할 때, 이병철이 내세운 논리가 부가가치의 크기였다.

"봐라, 전자는 생산품 1그램당 부가가치가 17원인 반면에 자동차는 1그램당 3원 몇십 전밖에 더 되나?"[32]

그런데 이 부가가치로만 따지자면 전자제품 가운데서도 반도체가 단연 으뜸이었다.

50년대와 60년대를 거쳐 70년대에 진입한 뒤로 집적회로(IC) 개발을 계기로 반도체 산업은 본격적인 성장 궤도에 진입했다. 전자 기기는 물론이고 통신장비, 산업용 기기, 군사 장비 등으로 사용 범위가 확대되면서 반도체의 수요는 폭발적으로 증가했다.

이에 따라 미국과 일본 등 반도체 선진국들에서는 고부가가치의 기술집약적인 웨이퍼* 가공 산업에 집중하며 노동집약적인 단순조립 생산은 값싼 노동력이 풍부한 개발도상국으로 이전했다. 우리나라도 이런 대상 가운데 하나였다. 하지만 70년대에 들어서면서 국내에서도 노동력 수준이 높아지고 임금 상승이 가속화되면서 단순한 조립 생산의 한계가 드러나기 시작했다.

---

* 반도체 칩을 만드는 재료. 모래에서 규소 성분만을 뽑아서 원기둥 형태의 규소 덩어리를 만든 다음 이것을 얇게 잘라서 만들며, 이 웨이퍼를 잘라서 반도체를 만든다.

| 2장 | 메 기 와 미 꾸 라 지

　이런 상황에서 국내 유수의 오퍼상인 켐코(KEMCO)가 기술집약적인 웨이퍼 가공 생산을 하려고 1974년 1월에 한국반도체를 설립했다. 이 회사가 이건희의 눈에 띄었다.

　　특히 1973년에 닥친 오일 쇼크에 큰 충격을 받은 이후, 그동안 내[이건희] 나름대로 한국은 부가가치가 높은 첨단 하이테크산업으로 진출해야 한다는 확신을 다졌다. 1974년 마침 한국반도체라는 회사가 파산에 직면했다는 소식을 들었다. 무엇보다도 반도체라는 이름에 끌렸다. 산업을 물색하면서 반도체사업을 염두에 두고 있던 중이었다.³³

　한국반도체는 부천에 공장을 두고서 초기 단계의 집적회로를 사용해서 숫자로 표시하는 전자 손목시계를 만들고 있었다. 이 제품은 박정희 대통령이 청와대를 방문하는 외국인들에게 한국의 기술을 과시하는 선물 목록에 오르기도 했다. 하지만 이 회사는 곧 자금 부족으로 경영난에 허덕였다.
　삼십 대 초반의 청년 이건희는 아버지에게 한국반도체를 인수하자고 건의했다. 그러나 이병철 회장은 고개를 저었다. 반도체산업의 사업 전망을 제대로 인식하지 못했을 수도 있고, 아니면 한국반도체라는 회사가 반도체산업의 교두보로 삼기에 적당한 회사가 아니라고 판단했을 수도 있다.
　하지만 이건희는 물러서지 않았다. 결국, 아버지의 도움을 받지 않고 오로지 자기 앞으로 된 돈만으로 한국반도체의 한국 측 지분 50퍼센트를 인수했다. 1974년 12월 6일, 이건희가 서른두 살 때였다. 이때 이건희는 아마 이런 생각을 했을지도 모른다.

'삼성이 여기까지 성장한 초석은 삼성상회에 있었다. 삼성상회를 성공적으로 경영해서 모은 돈을 종자돈으로 삼아서 삼성물산주식회사를 설립했고, 이어서 제일제당과 제일모직을 연이어 설립하고 한국 최고의 기업가가 되었다. 현재 삼성의 초석인 삼성상회를 아버지는 스물여덟 살 때 세웠다. 내 나이 벌써 서른둘. 스물여덟 살 때 나는 뭘 했지?'

스물여덟 살이면 1970년이었다. 동양방송에서 어떻게 하면 시청률을 올릴 수 있을까 고민하던 모습들이 떠올랐다. 청과물과 건어물을 팔러 중국과 만주를 드나들던 아버지에 비하면 터무니없이 왜소한 모습이었다.

'그로부터 4년이 지나 서른두 살인 지금, 아직도 나는 스물여덟 살 때의 아버지에 비하면 발꿈치도 따라가지 못한다.

아버지를 넘어서고 싶다. 아버지를 넘어서는 당당한 모습을 아버지에게 보여주고 싶다. 그래서 아버지를 이기고 싶다. 아버지에게 인정을 받고 싶다. 아버지를 넘어서려면 아버지를 그냥 따라가서는 안 된다. 반도체산업은 시대의 대세이다. 아버지가 전란 직후의 황폐한 산업 구조 속에서 제일제당을 만들어서 경공업의 수입대체산업이라는 대세를 좇으며 그 흐름을 주도했듯이, 나도 반도체산업으로 세계적인

| 2장 | 메   기   와   미   꾸   라   지

흐름을 좇을 것이다. 꼭 성공해서 아버지에게 인정받을 것이다.

하지만 만일 일이 잘못되면? 자기 말에 거역하는 사람이 있으면 누구든 가차 없이 내치는 아버지이다. 부자의 인연을 끊겠다면서 둘째아들을 외국으로 내쫓은 아버지이다. 일을 처리할 때 돌다리도 두들겨보는 준비성이 부족하고, 또 중요한 일을 처리할 때 당신과 상의를 하지 않았으며, 당신이 수십 년에 걸쳐 다듬어놓은 경영과 조직의 원칙에 소홀했다는 이유로 후계자로 삼은 첫째 아들을 내쳐 외국을 떠돌게 만든 아버지이다. 이런 아버지가 나를 가만둘까?'

1977년 12월에 삼성은 미국 ICII 사(社)가 가지고 있던 한국반도체의 나머지 지분 50퍼센트를 인수했으며, 1978년 3월에는 삼성반도체주식회사로 상호를 변경했다.[34]

한국반도체 공장은 말이 반도체 공장이지 트랜지스터 웨이퍼를 생산하는 조악한 수준의 시설을 가지고 있었다. 기술 장벽을 뛰어넘기란 너무도 어려웠다. 이건희는 미국 실리콘밸리를 무려 50여 차례나 드나들며 미친 듯이 반도체에 매달려 인력을 확보하고 최선의 노력을 기울였지만, 적자가 계속되었다. 미국 페어차일드 사(社)를 여러 차례 방문해서 기술 이전을 요청한 끝에 삼성반도체의 지분 30퍼센트를 내놓는 조건으로 승낙을 받아냈다. 하지만 문제는 거기서 끝나지 않았다. 미국 현지에 파견된 실무진들이 당황스러운 결론을 내놓았다. 삼성의 기술 수준으로는 페어차일드의 64k D램 개발 신기술에 도전할 수 없다는 것이었다.

이건희는 참담했다.

'이런 것인가? 사업이란 이렇게 어려운 것인가?'

결국 아버지 이병철이 나섰다. 반도체사업을 더는 방치할 수 없다고 판단한 것이다. 삼성전자의 가전 및 텔레비전 생산 담당이었던 김광호 이사를 불렀다.

"삼성반도체로 가서 사업을 정상화하게."

김광호 이사는 대방동과 부천으로 나눠져 있던 공장을 부천으로 통합했다. 그리고 1980년 말에는 삼성반도체를 삼성전자에 합병시키는 한편, 시계칩 시장을 집중 공략해 전 세계 시계칩 시장의 점유율을 60퍼센트로 끌어올리며 흑자 회사로 변신시켰다.[35]

이 과정에서 김광호 이사는 삼성반도체의 사장이던 강진구를 젖히고 일선에서 지휘를 했다. 강진구를 젖힌다는 건 이건희를 젖힌다는 뜻이었다.* 그럴 수 있었던 건 김광호 뒤에 아버지 이병철이 있었기 때문이다. 이미 부회장의 자리에 올라 있었던 이건희였지만 어쩔 수 없었다. 일생일대의 야심적인 사업이었지만 결국 아버지가 마무리를 했다. 아들은 다시 아버지에게 졌다. 이건희 회장이 쓴 다음 글에서 당시의 실패를 되돌아보는 그의 심정의 한 부분을 엿볼 수 있다.

---

* 이건희가 이사로 있었던 중앙매스컴 출신의 강진구는 이병철 회장 말년에 한직으로 밀려났다가, 나중에 이건희 회장 시절에 다시 부름을 받고 중용된다.

| 2장 | 메　기　와　미　꾸　라　지

　선친은 경영 일선에 항상 나를 동반하셨고, 많은 일을 내게 직접 해보라고 주문하셨다. 하지만 어떤 일에 대해서도 자세하게 설명해 주지는 않으셨다. 이럴 땐 이렇게 하고, 저런 경우에는 저렇게 처리하라고 구체적으로 가르치는 식이 아니었던 것이다. 선친의 이런 경영 전수 방법이 처음에는 답답하기도 하고 이해되지 않을 때도 있었다. 그러나 선친은 내 속마음은 아랑곳하지 않고, 현장에서 부딪치며 스스로 익히도록 하는 방식을 묵묵히 지켜나가셨다.[36]

아버지의 유언

　어머니는 위험에 빠진 자식을 구하기 위해서는 무슨 일이든 다 한다. 그렇다면 아버지는 어떨까? 범위를 좀 더 좁혀보자. 이병철은 어떨까? 대답은 이렇다. 이병철은 한 아들에게 닥칠지 모르는 위험을 예방하려고 다른 아들에게는 무슨 일이든 다 했다.
　1973년 여름 이후 총수 자리를 다시 아버지에게 넘겨준 맹희는 일본으로 갔다. 그런데 거기에서도 아버지를 거스르는 행위, 아버지 이병철 회장으로서는 도저히 묵과할 수 없는 무례한 짓을 연이어 저질렀다. 아버지가 외국에 가면 그곳에 머무는 아들이나 집안 식구들이 공항으로 마중 나가는 것은 당연한 '율법'이었다. 그런데 맹희는 아버지가 일본에 갔을 때 당연히 해야 했던 이 일을 하지 않았다. 아버지에게 공공연하게 반기를 드는 행위였다. 또 아버지가 동경 지점 사람들을 모아놓은 자리에서 맹희가 동경 지점에 출근하는 줄 알고 이야기를 하자, 맹희가 그 말에 제동을 걸었다. 그 누구도 이병철 회장에게 대꾸하는 게 허용되지 않았는데 대꾸 정도가 아니라 아예 제동을 걸었던 것이다.

"지가 동경에 쉬러 왔는데 뭐 하러 지점에 나갑니까? 저, 지점에 나갈 필요 없심더."

맹희는, 자기가 당분간 일선에서 물러서 있는 처지에서 영원히 삼성을 떠나게 되는 결정적인 계기가 바로 이것이었다고 회상한다.[37]

그리고 1975년 봄, 맹희는 일본에서 돌아와 다시 회사에 나가기 시작했지만 그가 할 일은 없었다. 일과 관련된 사항은 일체 맹희의 귀에 들어가지 않았다.

> 아버지의 의도를 알 것 같았다. 누구와 의견 충돌이라도 생기면 성격이 불같이 변하는 나를 휘어잡고자 함이었다. 마찰이 있으면 심지어는 내가 세상에서 제일 무서워했던 아버지에게까지 반항할 수 있는 나의 기를 꺾고자 함이었다.[38]

맹희가 조용히 근신했다면 상황이 달라졌을지도 모른다. 하지만 그는 오히려 반발심에 아버지의 의도에 정면으로 반항하는 길을 택해 총을 메고 사냥터를 찾아다니기 시작했다. 그러면서도 언젠가 아버지가

| 2장 | 메   기   와   미   꾸   라   지

먼저 손을 내밀고 '맹희야, 와서 일 좀 도와라.'라고 말할 것이라 믿었지만 삼사 년의 세월이 속절없이 훌쩍 지나갔다.

한편 그 사이 창희는 미국에서 귀국했다. 귀국하자마자 제일 먼저 아버지를 찾아가서, 아버지의 귀국 금지 명령에 대한 반항이 아니라 개인적인 사업 때문에 한국에 왔다고 말하며, 예전의 행동에 용서를 구했다. 창희는 그동안 마그네틱 미디어 코리아(나중에 새한미디어로 개명)라는 오디오테이프 및 비디오테이프 회사를 혼자 힘으로 만들어서 운영하고 있었다. 그리고 그 뒤 월요일 아침이면 빠트리지 않고 아버지의 사무실로 찾아가 인사를 했다. 그렇게 3년이 지난 뒤에 아버지는 창희에게 지나가는 투로 물었다.

"창희 니, 각 사장들에게 잘못했다고 빌 수 있겠나?"

느닷없는 말이었지만, 창희가 저지른 잘못을 용서해 줄 수도 있다는 뜻이었다. 창희는 삼성그룹의 각 계열사 사장실을 돌면서 잘못했다고 빌었고, 영문도 모르는 사장들은 멀뚱하게 창희를 바라보았다. 아버지는 이렇게 창희의 기를 꺾은 다음에야 창희를 받아들이고 그의 새한미디어를 여러 가지 방면으로 지원했다. 비서실 직원을 새한미디어로 보내기도 하고 비서실에서 은행이 새한미디어에 융자를 잘 해주도록 부탁을 하게 하기도 했다. 그리고 자기가 가지고 있던 제일합섬의 주식 전량을 창희에게 넘겨주기도 했다.[39]

창희에 대한 아버지의 이런 제스처는 맹희를 향한 것이었다.

'이놈아, 고집 부리지 말고 창희처럼 얼른 고개 숙이고 들어와 용서

를 빌어라.'

하지만 맹희는 끝까지 고집을 부리며 아버지와 등을 진 상태로 해운대에서 외부와 일체의 연락을 끊고 살았다.

*

이건희 회장은 아버지가 자기를 후계자로 정한 과정과 관련해서, 이른바 '프랑크푸르트 선언'을 하고 석 달 뒤인 1993년 9월의 어느 인터뷰에서 다음과 같이 말한 바 있다.

73년인가 후계 구도가 내막적으로 정해질 때 선대 회장께서 "맹희도 안 되겠고 창희도 안 되겠다. 건희 니가 해야 되겠다."고 하셨어요. 그 전까지만 해도 중앙일보와 동방생명, 중앙개발 3개사가 내 앞으로 되어 있었거든요. 집안에서도 나는 성격이 고분고분하고 사교적이지 못해서 기업가로선 잘 안 맞는다고 되어 있었고, 선대 회장도 "골치 아픈 건 니가 할 것 뭐 있노." 했었어요. 동방생명의 자금에다 중앙매스컴, 그때 TBC도 있을 때죠. 부동산회사 있겠다, 남부러울 거 없었죠 뭐. 그러다가 아버지의 집념에 몰렸어요. 어물어물하다가 하게끔 몰린 것이죠. 그래서 74년쯤인가는 세 개 해서 골치 아프나 열 개 해서 골치 아프나 같은 거 아니냐고 생각했죠. 나도 한다고 하니까, 78년인가 79년에 후계자가 됐다고 발표를 했죠.[40]

| 2장 |　　메　기　와　미　꾸　라　지

　정확하게는 1979년 2월 27일이었다. 그날 이건희는 삼성그룹 부회장으로 승진했다. 하지만 이병철 회장은 이미 훨씬 전에 후계자를 정해 두고 있었다.

　1971년에 1월, 삼성 본관의 이병철 회장 집무실. 집무실은 그의 성격만큼이나 티끌 하나 없이 깔끔했다. 하지만 무엇보다 품위가 있었다. 처음 이 방에 발을 들여놓는 사람이면 누구나 압도당하는 그런 기품이 흘렀다. 널찍한 공간의 벽 쪽에는 흑단으로 만든 장이 쭉 둘러서 있고, 그 한쪽 복판에는 상당히 큰 책상이 놓여 있었다. 적당히 배치된 동양화 두세 작품과 도자기가 그 널찍한 공간을 더욱 짜임새 있고 인상 깊게 만들었다. 벽에는 주로 이당(以堂) 김은호 화백의 작품이 걸렸으며, 계절이 바뀔 때마다 그림과 도자기는 다른 것으로 교체되었다. 그리고 월요일 아침이면 싱싱한 새 화분을 실어오고 토요일 오후면 다시금 실어나갔기 때문에 집무실에 있는 식물들은 언제나 푸르고 싱싱했다.[41] 이 집무실에서 이병철 회장은 한 자 한 자 또박또박 유언장을 적어나갔다.

　장남 맹희는 경영에 뜻이 없고, 차남 창희는 많은 기업을 하기 싫어한다. 이러한 뜻을 무시할 수도 없는 일이다. 삼남 건희도 당초에는 본인이 사양했으나 마지막에는 '역량은 부족하나 맡아보겠다'는 뜻을 가져두었다. 이러한 경위로 삼성그룹의 후계자는 건희로 정한 만큼, 건희를 중심으로 삼성을 이끌어 갈 것이며 홍진기 중앙일보 회장이 뒷받침해서 승계

해주기 바란다.⁴²

'홍진기 중앙일보 회장이 뒷받침해서 승계해주기 바란다.'라고 당부한 점은, 홍 회장에 대한 두터운 신뢰와 함께 건희를 후계자로 선택한 배경을 짐작하게 해준다.⁴³

이병철 회장은 고문변호사의 공증을 받은 후 금고 속에 유언장을 보관했다. 이어서 2월 18일 사장단 간담회에서 중대한 발표를 한다. 본인 명의로 되어 있는 주식과 부동산 등 전 재산 150억 원 가운데 50억 원은 삼성문화재단에 추가로 내놓고, 50억 원은 직계 자녀와 유공사원에게 상속할 것이며, 그해 나머지 50억 원 가운데서 10억 원은 사원공제조합기금으로 내어놓고 40억 원은 일단 자기 소유로 됐다가 나중에 유익한 사용 방도를 찾겠다고 한 것이다. 물론 이것은 후계 구도를 강화하기 위한 포석이었다.

(…) 우선 삼성문화재단의 임원진을 보면 이병철 이사장은 물론 13명의 이사와 감사 중 7명이 직계자녀와 인척이며 3명이 삼성그룹 간부고 외부인사는 3명뿐이다. 이같이 인적 구성을 한 것은 초창기에 있어서 재단의 안정성을 유지하려는 일면도 있겠지만 개인의 재산을 안전한 재단 이름으로 옮긴 것밖에 없지 않느냐는 평도 오래부터 있었다. 이병철 씨는 재산 처분의 결과 삼성그룹의 대주주는 삼성문화재단 및 유공자, 사원공제조합이 될 것이고, 기업 운영은 통괄적인 그룹 운영보다는 각 사

| 2장 | 메   기   와   미   꾸   라   지

별 독립책임 운영 형식이 될 것임을 밝히고 있다. 이런 운영 방식이 사실에 있어서는 잡음만 내는 불신임족들을 제거하고 '신임 받는 직계자녀'와 '신임 받는 유능한 경영자'만으로 축소, 종래의 다소 산만한 체제를 집약화시키는 과정을 밟을지도 모른다는 추측을 내게 하고 있다.'[44]

물론 금고 속에 넣어둔 유언장의 내용 즉 삼성의 차기 회장에 대해서는 아무에게도 말하지 않았다. 드디어 이병철이 금고 안에 그리고 자기 마음에 깊이 담아 두었던 그 말을 자식들에게 할 때가 왔다.

이병철 회장은 1976년 9월에 위암 판정을 받았다. 그리고 도쿄의 암 연구소 부속병원에서 수술을 받기로 결정했다. 건희 부부는 아버지의 수술 준비를 현지에서 지휘하고 있었고, 이병철은 수술을 받으러 떠나기 전에 가족들을 용인에 있는 별장으로 불렀다. 이 자리에는 박두을 여사와 이맹희 부부, 그리고 딸들도 함께했다. 혹시라도 수술이 잘못되어 가족이 마지막으로 보는 자리가 될 수도 있다는 사실을 다들 가슴에 무겁게 담은 채 이병철의 말을 기다렸다. 드디어 그가 입을 열었다. 중요한 이야기가 나올 것이라고 예상은 했었지만, 예상보다 훨씬 더 충격적인 발언이었다.

"앞으로 삼성은 건희가 이끌어 가도록 하겠다."

당시의 충격을 이맹희는 다음과 같이 회상한다.

그 말을 듣는 순간의 충격을 나는 잊지 못한다. 그 무렵엔 벌써 아버지와의 사이에 상당한 틈새가 있었지만 그래도 나는 언젠가는 나에게 삼성의 대권이 주어질 것이라고 믿고 있었다.[45]

맹희는 여전히 후계자의 꿈을 완전히 버리지 않고 있었다. 하지만 삼성의 돈줄인 동방생명 그리고 정치가로 나서서 치세를 하려던 생각과 맞바꿔서 일군 중앙일보의 대주주 지위에 건희를 올려놓을 때 이미 이병철은 건희 쪽으로 기울어 있었다. 물론 세상을 떠나기 전까지는 아직 최종적인 결론이 아니었다. 여태까지 세 아들을 지켜보면서 끊임없이 그랬듯이, 죽는 날까지 저울질은 계속될 터였다. 다만, 현재 시점에서 그렇다는 뜻일 뿐이었다.

위 절제 수술은 성공적으로 끝났다. 바뀐 건 아무것도 없었다. 이병철 회장은 다시 삼성그룹의 총수로 일선에서 지휘를 했다. 뿐만 아니라 1977년에 삼성종합건설, 삼성조선, 삼성정밀, 삼성해외건설, 삼성GTE통신을 설립하고 대성중공업과 한국반도체를 인수한 데 이어 코리아엔지니어링(1978년), 한국전자통신(1980년), 한국안전시스템(1981년), 삼성 라이온즈 프로야구와 호암미술관(1982년), 삼성시계와 조선호텔(1983년), 삼성의료기기와 삼성휴렛패커트(1984년), 삼성유나이티드항공과 삼성데이타시스템(1985년), 삼성경제연구소(1986년) 등을 설립하거나 인수하는 등 여전히 승승장구, 제국의 영토를 의욕적으로 넓혀나갔다. 또 1986년에는 자서전《호암자전》을 발간했다.[46]

한편 후계 구도와 유산 분배에서 철저하게 배제된 장남 맹희는 여전

| 2장 | 메   기   와   미   꾸   라   지

히 아버지에게 머리를 숙이지 않고 겉돌았다.

  1977년 8월, 이병철 회장은 《닛케이 비즈니스》와 가진 인터뷰에서 삼남 이건희가 삼성의 후계자임을 공식적으로 밝혔다. 그리고 다시 1년 6개월쯤 뒤인 1979년 2월 28일자 신문들은 전날에 있었던 삼성그룹의 인사 내용을 짤막하게 소개했다.

> 삼성그룹(회장 이병철)은 27일 그룹 부회장제를 신설, 이건희 중앙매스컴 이사(37)를 부회장으로 선임했다. 이로써 지난해 해외사업추진위원장으로 취임했던 이 회장의 3남 이건희 씨는 삼성그룹의 실질적인 후계자로 등장했다.[47]

이건희의 부회장 승진 보도는 이게 다였다. 이 짤막한 보도가 당시 이건희가 삼성에서 차지하고 있던 비중을 단적으로 보여준다. 이건희는 그저 신임을 받는 존재였고 또 그저 '등장'했을 뿐이었다. 아버지에 비하면 아직은 아무것도 아니었다. 아버지는 평생 동안 늘 그랬듯이 단단하고 날렵하고 빈틈없이 삼성이라는 거대한 조직을 지휘하면서, 누가 최종적으로 자기 후계자가 될 것인지 아들들을 지켜보고 있을 뿐이었다. 호수처럼 잔잔하게, 그리고 바위처럼 굳건하게…….

3장
목계가 되어라

인생은 무거운 짐을 지고 가는 먼 길과 같으니
절대로 서두르지 마라.

―도쿠가와 이에야스

| 3장 | 목 계 가 되 어 라

●
　　　1979년 2월 28일 아침, 삼성 본관 28층 부회장 집무실. 아버지 이병철 회장 집무실과 나란히 붙어 있는 방이었다. 이건희는 부회장으로서 아버지를 모시고 첫 출근을 한 다음 자기 자리에 앉았다. 책상에는 조간신문들이 가지런히 놓여 있었다. 몇몇 군데에는 비서실에서 빨간 표시를 해둔 게 보였다. 10여 년 전 견습사원으로 비서실에서 일할 때 아버지 이병철 회장을 위해 아침마다 자기가 하던 일이었다. 신문을 뒤적이던 부회장의 눈에, 한 신문의 1면에 박힌 도표가 눈길을 끌었다. "국내 100대 민간기업 랭킹"이라는 제목이 눈에 띄었고, 매일경제신문이었다. 1978년의 매출액으로 순위를 따져서, 순위대로 매출액과 순익을 표시한 도표였다.
　부회장은 먼저 '삼성'을 찾았다. 삼성물산이 1977년에 4위였지만 한 계단 주저앉아 5위였다. 그런데 순익 증가율은 마이너스 28.6퍼센트였다. 눈살이 저절로 찌푸려졌다. 1위가 현대건설이고, 2위가 호남정유, 3위가 현대중공업, 4위가 대우실업이었다. 6위부터는 대한항공과 동아건설, 대림산업, 현대자동차 순이었다.

'자동차라……'

부회장은 현대자동차의 매출액 증가율을 보았다. 무려 132.0퍼센트로 작년 19위에서 9위로 뛰어올랐다. 순익 증가율도 127.2퍼센트였다.

'맹희 형님 말대로 자동차를 먼저 했었어야 했나?'

삼성전자는 16위에 랭크되어 있었다. 지난해의 34위에서 껑충 뛰어올랐고 매출액 증가율은 125.0퍼센트였다. 나쁘지 않았다. 그런데 순익 증가율은 53.2퍼센트였다. 부회장의 시선은 다시 도표를 위로 훑으면서 금성사를 찾았다. 금성사는 13위였다. 매출액은 1706.74억 원이었다. 삼성전자의 1590.50억 원과 비교해 그다지 큰 차이가 나지 않았다. 금성사의 매출액 증가율 64.8퍼센트는 삼성전자의 얼추 반밖에 되지 않는다는 사실을 확인하고는 흐뭇했다. 하지만 순익 증가율이 무려 621.9퍼센트나 되었다. 작년 수익이 매출액에 비해서 워낙 적었기 때문이었다.

'금성사와 삼성전자의 싸움이 볼 만하겠지만, 이런 추세라면 뭐……'

새한자동차[*]가 눈에 띄었다. 삼성전자보다 두 계단 아래였다. 매출액은 작년에 비해 47.3퍼센트나 늘어났지만 순익은 오히려 줄어들어 수익 증가율이 마이너스 37.1퍼센트였다. 부회장은 특히 자동차 회사

---

* 1978년에 대우그룹이 산업은행 보유 지분을 전량 인수하며, 1983년에는 회사 명칭이 대우자동차로 바뀐다.

| 3 장 | 목   계   가   되   어   라

에 대해서는 훤하게 꿰뚫고 있었다. 1955년에 설립된 승합차 제조회사 신진공업사가 1965년 부실화된 새나라자동차의 인천 부평공장을 인수하며 신진자동차공업으로 회사 명칭을 바꾸어 종합 자동차회사가 되었고, 이 회사는 일본 도요타 자동차와 합작해 버스, 트럭은 물론 퍼블리카, 코로나, 크라운 등의 승용차를 생산, 판매해 사세를 키웠다. 그리고 1971년 도요타가 철수하면서 미국 제너럴모터스(GM)를 새로운 파트너로 삼아 50:50 비율로 지분을 출자한 GM 코리아를 설립했다. 그러나 1973년 석유파동 이후 판매부진으로 경영이 부실화되어 신진자동차공업이 부도를 맞자 신진 보유지분을 산업은행이 인수하고 회사 명칭을 새한자동차로 바꾸었다.[1]

다시 자동차사업에 대한 미련이 머릿속을 맴돌았다.

이때 노크 소리가 났다. 회장님이 부르신다고 했다.*

경청

이병철은 붓을 들고 한 획씩 그어나갔다. 숙연한 얼굴이었다.

傾聽.

경청, 아버지가 후계자로 내정한 아들에게 맨 처음 준 교훈이었다.

---

* 이상의 내용은 1979년 2월 28일자 매일경제신문 1면에 실린 표를 근거로 필자가 상상해서 구성한 내용이다.

"이게 무슨 뜻인지는 알제?"

잘 알았다. 남의 말을 잘 들으라는 뜻이었다. 총수 자리를 물려줘도 되겠다고 자기가 인정하기 전까지는 잠자코 듣기만 하지 나서지 말라는 말이었다. 자기를 넘어서는 능력을 갖추기 전까지는 입을 굳게 다물고 자기가 하는 말이나 잘 들으라는 뜻이었다. 되지도 않게 나서다가는 맹희와 창희를 내칠 때처럼 가차 없이 내치고 말 테니, 그리 알라는 의미였다.

모진 아버지였다. 하지만 새삼스러운 것도 아니었다. 자기뿐 아니라 형제들에게도 그랬다. 여태까지 부하 직원 누구에게든 그렇게 살아온 아버지였고, 또 이건희 부회장 역시 그런 아버지를 자신의 한 부분으로 인정하고 살아왔었다. 그리고 이런 아버지로부터 인정을 받으려고 애를 쓰며 살아왔었다. 그래서 거기까지 간 것이었다. 그만큼 갔지만 아버지는 여전히 멀었고 또 여전히 거인이었다.

아버지는 부회장인 아들에게 그룹 경영의 의사 결정과 관련해서는 일체 개입하지 않도록 했다. 혹시라도 누가 자기에게 결재를 받으러 오다가 아들의 방에 먼저 들러서 보고를 한 임원이 있으면 혼쭐을 냈다.[2] 아들이 그저 자기가 하는 걸 지켜보기만 하게 했다. 뭐라고 이야기해 주는 것도 없었다. 그래도 한 가지 위안이 있다면, 밑에 여동생 하나를 빼고는 막내라는 사실이었다.

제가 남자로서는 막내고 제 밑에 여동생이 하나 있는데 그 덕이랄까

| 3장 | 목 계 가 되 어 라

요. 위에 두 형이 아버지한테 야단맞는 걸 보고 야단맞을 짓을 안 하면 되니까요. 잘한 거는 따라가고요.³

또 하나 더 위안이 있다면, 자연의 순리대로라면 자기가 아버지보다 더 오래 산다는 사실이었다.

나무를 깎아서 만든 닭, 목계.

아버지는 아들에게 목계의 교훈을 가혹하게 가르치고 있었다. 물론 아들은 아버지의 의도를 잘 알고 있었다. 그리고 도쿠가와 이에야스에게서 배운 교훈도 잘 알고 있었다. 도쿠가와 이에야스가 그랬듯이, 이제 '나와 싸울 것인가, 아니면 평화를 택할 것인가?' 하고 윽박지르는 도요토미에 히데요시 앞에 무릎을 꿇고 변방인 에도에서 죽은 듯이 엎드려 기다려야 한다는 걸 잘 알았다. 하지만 시시때때로 떠오르는 의문과 불안은 막을 수가 없었다.

기다리기만 하면 아버지를 넘어설 수 있을까?

확실하지 않았다. 확실하다면 기다림도 즐거움일 테지만, 모든 게 불확실했고 기한도 없었다. 그저 듣고 보기만 하며 기다려야 했다. 그러면서 목계를 닮아가는 일, 그게 이건희 부회장이 할 일이었다.

재미없는 사람

아들 재용은 1968년에 태어났다. 그리고 1970년에 장녀 부진이 태어 났고, 3년 뒤에는 차녀 서현이 그리고 79년에는 막내인 윤형이 태어났 다. 막내는 셋째와 여섯 살 터울이었다. 아내 라희가 막내를 임신했을 때 건희는 정관수술을 했다.[4]

이건희 회장은, 집에서 아내에게 '당신을 사랑합니다.'라는 말을 한 번도 해본 적이 없다고 어느 인터뷰에서 본인 입으로 털어놓았다. 결 혼한 지 22년이나 지난 뒤인 1989년에 이건희 회장은 이런 자기 모습 을 두고 같은 인터뷰에서 다음과 같이 말했다.

> [결혼한 뒤] 처음 3년간은 [아내가] 불만투성이였죠. 5년 지나고 제 성격 을 좀 안 것 같고, 저라는 인간의 실체를 완전히 안 게 최근 같아요. (…) 집에서 부부 사이의 대화가 하루 평균 5분도 안 될 겁니다.[5]

이건희의 계산을 따르더라도 라희가 이제 막 부회장이 된 남편의 '실체'를 온전히 알려면 아직 10년이나 더 남았다. "우리 비서실에서 저의 본체를 가장 많이 알고 있는 양반이 [아는 정도는 전체의] 20퍼센트 정도 될 겁니다."라고 본인 스스로 말할 정도로, 이건희는 자기가 봐도 수수께끼 같은 인물이었다. 도대체 이건희의 실체가 무엇이기에 그토 록 파악하기 힘든 것일까?

| 3 장 | 목   계   가   되   어   라

심리학 용어로 '애착'이라는 개념이 있다. 특정 대상과 가까이 있으려 하고 그 사람과 함께 있을 때 심리적인 안정감을 갖게 되는 유아들의 성향이다. 그런데 정신과 전문의 정혜신은 이건희가 어린 시절에 이런 애착 관계를 적절하게 형성하지 못했다고 진단한다.

> 사람이 초기 발달 과정에서 부모와의 따뜻한 애착 관계에 결핍이 생기면 성장 과정에서 대인공포증이나 불안 장애 등의 여러 가지 정서적 문제가 생기게 되는데, 이건희는 인생 초기의 기본적인 애착 관계에서 치명적인 결함이 있었고…….[6]

젖을 떼자마자 부모형제와 떨어져 할머니와 살아야 했고 또 초등학교 때는 말도 통하지 않는 일본으로 유학을 떠나야 했던 경험 때문에 어린 건희가 외로움에 떨었다는 사실은, 그 자신이 어린 시절을 회고하면서 했던 여러 발언들에서 충분히 알 수 있는 만큼, 위의 진단이 크게 빗나가진 않았을 것이다. 그랬기 때문에 소년 건희는 영화와 기계, 그리고 일본의 역사 등에 강박적으로 매달렸다. 강박적 성향의 소유자는, 무의식의 권위에 대한 공포가 내재화되어 있고, 동시에 자기 잠재의식 속에 있는 강한 분노와 적개심이 혹시라도 튀어나오면 어쩌나 하고 불안해하기 때문에, 다른 사람과 감정적 및 정서적으로 접촉하기를 꺼린다고 한다.[7] 한 여자의 남편이자 네 아이의 아버지인 건희는 바로 이런 감정적인 불안 상태에 놓여 있었을 것이다.

언제나 무서운 아버지, 숨이 막힐 정도로 끊임없이 압박을 가하는 공포의 대상.

'언젠가는 이기고 말 거야, 넘어서고 말거야. 꼭 이기고 말 거야. 깨 버릴 거야! 아냐, 내가 왜 이러지? 아버지에게 내가 왜 이러지?'

건희는 이런 속마음을 아내 라희에게 들키고 싶지 않았을 것이다. 결코 들키고 싶은 않은 비밀, 어릴 적부터 간직하면서 키워온 비밀이 었다. 라희를 사랑하는 마음이 크면 클수록 더욱 이 비밀을 숨기고 싶었을 것이다. 아내가 자신의 내밀한 비밀을 알아차리지 못하도록 자기 감정의 문을 겹겹이 잠갔을 것이다. 한편 라희는 이 문을 열라고 두들기고 고함을 질렀을 것이다. 어쩌면 매달리기도 했을 것이다.

라희는 어릴 적부터 특히 미술 분야에 탁월한 재능을 발휘했다. 대학교 3학년 때는 국전에도 입상했다. 그 정도로 감정이 섬세하고 민감했다. 비록 열예닐곱 살 시절에, 자기를 그토록 사랑해주던 아버지가 3년이 넘도록 감옥에 갇히는 슬픔을 겪기도 했지만, 기본적으로 라희는 어릴 적부터 부모로부터(적어도 아버지로부터), '라희'라는 이름에서 알 수 있듯이[*] 따뜻한 사랑을 받고 자랐다. 라희가 어릴 때, 아버지는 라희를 목욕시켜 준 다음에야 출근을 했으며 또 사춘기 무렵에는 독서지도까지 직접 해주었다.[8] 이건희 회장도 장인인 홍진기에 대해서는 '자상하다'고 했었다.[9]

---

[*] 본문 87쪽 참조

| 3장 | 목 계 가 되 어 라

이런 여러 가지 정황으로 보자면 라희의 애착 관계는 아무 문제가 없었던 것으로 추정할 수 있다. '형무소'에 갇힌 아버지를 바라보아야만 했던 열여섯 살 소녀 라희의 경험은 오히려 가족에 대한 소중함을 느끼게 하는 계기가 되었을 것이다. 그러니 이런 라희에게 남편 건희는 난생 처음 보는 인간 유형이었다. 도무지 이해할 수 없는 사람일 수밖에 없었다.

게다가 건희는 늘 아버지의 그늘에서 벗어나려고 했지만 자기도 모르게 아버지를 따라가고 있었다. 새끼 수컷이 아버지 수컷을 무서워하면서도 아버지의 행동을 보고 배우며 어른으로 성장하는 것처럼. 건희가 바라본 가정에서의 아버지는 '자식이든 마누라든 집안 일만 철저히 하고 회사 일은 절대 간섭도 하지 말고 걱정도 하지 마라. 이건 전부 내 책임이다.'[10]라는 태도로 일관했는데, 이런 아버지 때문에 유년기의 애착 관계에 문제가 있었을 것임에도 불구하고 건희는 '회사 일은 될 수 있는 대로 집에 가져가지 않는다. 집사람은 집안일에 전념하는 게 좋다.'[11]고 생각하며 살았다.

남편 건희는 이해할 수 없는 사람인 동시에 '재미없는 사람'이었다. '집에서 [건희와 나누는] 부부 사이의 대화가 하루 평균 5분도 안 되었던' 라희는 그야말로 집안일에만 매여야 했다. 라희도 남편이 자기를 얼마나 아끼고 사랑하는지 잘 알았다. 하지만 그것만으로는 부족했다.

'속마음으로만 나를 아끼고 사랑하면 무슨 소용이 있는가. 적어도 부부 사이면 정서적으로 서로 교류하고 힘든 일이 있으면 서로 의지하

고 또 그런 표현을 해야 하는 것 아닌가? 그게 부부 아닌가?'

부부로 함께 사는 사람의 '실체'를 알지 못한다면 그건 불행한 일이었다. 하지만 남편 건희는 그렇게 생각하지 않았다. 아내가 불만은 좀 가지고 있었지만, 자기가 아내를 불행하게 만든다는 생각은 하지 않았던 것이다. 만일 이게 아니었다면, 적어도 아내와의 관계를 드러내는 위의 발언은 하지 않았을 것이다. 이런 남편의 태도 때문에 라희는 더욱 답답하고 힘들었을 것이다. 건희와 결혼하면서 화가가 되겠다는 꿈까지 접었었는데…….

라희는 2003년 10월에 '자랑스러운 서울대인상'을 수상했다. 호암미술관 관장으로 있으면서 '국내외 각종 문화사업 발전과 한불문화교류에 크게 기여하였고, 국내 최초의 대학교 미술관인 서울대학교 미술관 건립에 크게 공헌'한 공을 인정받은 것이다.* 수상 소감을 말하면서 홍라희 관장은 미술에 대한 관심과 애정을 다음과 같이 밝혔다.

어릴 때부터 미술품을 가까이 접할 수 있는 집안 환경에서 성장한 덕에 자연스럽게 미술에 대한 마인드가 형성됐습니다. 여기다 뭐든지 직접 만들어 꾸미는 일에 관심이 많았던 성격도 한몫을 해 미대에 진학했습니다. 실은 불문과에 진학해 작가가 되고 싶다는 생각을 가져보기도 했습니다. 대학에 진학할 당시, 가까운 선배의 권유로 생각을 바꿔 응용미술

---

* 이때 이 상을 수여한 사람은 당시 서울대학교 총장이던 정운찬이었다.

| 3장 | 목   계   가   되   어   라

과를 택하게 되었는데, 그림을 그리는 것보다 만드는 것을 좋아했기 때문에 전공 공부를 계속했더라면 지금쯤 대학 강단에 서 있거나 공예가, 디자이너로 활동하고 있을지도 모르겠습니다.[12]

화가 혹은 공예가 혹은 디자이너의 꿈을 접고 살아야 했던 라희에게 시아버지 이병철은 따뜻한 사람이었다. 적어도 남편 건희보다는 그랬다. 라희가 무얼 답답해하는지 알았다. 그리고 무엇을 바라는지도 알았다. 그래서 며느리에게 필요한 모든 걸 다 해줄 수는 없어도 적어도 한 가지만은 해주고 싶었다. 미술에 대한 라희의 꿈을 다시 펼칠 수 있게 해주는 것이었다. 화가의 꿈을 키우게 할 수도 있었지만, 그것보다 더 큰 게 있었다.

이병철은 1965년에 삼성문화재단을 설립하면서 이미 문화 쪽에 상당한 관심과 재산을 쏟아 넣고 있었다. 다음은 이병철 회장이 "삼성문화재단 설립에 즈음한 인사 말씀" 가운데 한 부분이다.

> 본인은 이번에 본인 소유 재산을 던져 다년간의 숙원이었던 육영과 문화·복지사업을 위하여 삼성문화재단을 창설키로 하였다. (…) 이 결정으로 영구히 본인의 소유를 떠나 다시는 본인에게 환원할 수 없이 재산이 새로운 공익재단 사업 활동의 근원이 되어 재단이 목적하는 바 각 분야의 사회 공익에 다대(多大)한 기여가 있도록 국민 제의의 절대하신 성원을 거듭 기대하야 마지않는다.[13]

이 사업을 추진하는 데 며느리 라희가 큰 힘이 될 것 같았다. 그리고 무엇보다 며느리가 좋아할 것 같았다. 처음 라희를 보았던 장소도 국전 행사장이었다. 당시 대학생이던 라희는 국전 입상작 전시회를 안내해 주었다. 이런저런 설명을 하는 게 그렇게 똑똑해 보일 수 없었다. 1970년대 중반의 어느 날, 이병철 회장은 막내며느리 라희를 불렀다.

"너 내일부터 인사동에 좀 다녀라."

"네?"

"내가 돈을 줄 테니까 골동품 좀 사오너라."

"네……."

"하루 10만 원 한도*에서, 마음에 드는 골동품이 있으면 뭐든 사와 봐라."

시아버지의 심중을 짐작할 길 없던 라희는 그저 묵묵히 민화나 토기, 자기 같은 소품들을 사서 모으기 시작했다. 집 안에는 점점 온갖 잡동사니들로 들어차기 시작했다. 석 달쯤 지나자 집 안은 온통 잡동사니 천지가 되고 말았다.

그제야 시아버지는 이제 됐다고 했다. 미술관을 세울 계획을 심중에 감추고 있던 이병철은 미술품을 보는 라희의 안목을 테스트해 보는 한편 미술품을 사는 요령 등을 훈련시킨 셈이었다. 라희는 그렇게 장차

---

* 참고로, 1975년 1월 6일자 경향신문에 따르면 1975년도 국립대학교 학생이 낼 등록금은 문과일 경우 전년도에 비해 41퍼센트 인상된 54,200원이었다.

| 3장 | 목 계 가 되 어 라

호암미술관 관장(1995년)으로, 그리고 리움미술관 관장(2004년)으로 또 삼성문화재단 이사로 있으면서 '미술계의 대통령'으로 불릴 자기 시대를 준비했다.

유공 인수의 실패와 방랑

어떤 회사든 자기 책임으로 운영해 본 경험 없이 바로 그룹 부회장이 된 이건희가 마침내 역량을 발휘할 기회가 왔다. 이건희는 부회장이 되기 한 해 전인 1978년 8월 21일에 삼성에 해외사업추진위원회가 발족되면서 이 위원회의 위원장 직함을 받았다. 어디에서나 늘 그랬듯이 회의 주재는 이병철이 했고 이건희는 그저 이름만 올리고 있을 뿐이었다. 하지만, 마침내 이건희에게 기회가 왔다. 능력이 검증되지 않은 후계자라는 삼성그룹 안팎의 곱지 않은 시선을 씻어낼 수 있는 기회가 온 것이었다. 그 기회를 가져다준 건 바로 석유파동이었다.

1970년대 말로 접어들면서 국내외 정세는 급변하기 시작했다. 1978년 10월 이란에서 발생한 정치적 소요 사태는 폭동으로 발전했고, 이듬해 1월16일에는 결국 팔레비 왕정이 무너졌다. 그리고 국내에서는 1979년 10월 26일에 박정희 대통령이 시해되었고, 이 혼란을 틈타서 전두환을 중심으로 한 군부 집단이 12월 12일에 쿠데타를 일으켜 권력을 잡았다. 그리고 전두환은 국가보위비상대책위원회(일명 '국보위')를 앞세워 8월에 통일주체국민회의의 간접선거를 통해 제11대 대통령이 되었다. 한편 이란의 석유 수출 중단과 함께 국제 석유 가격이 급등하면서 세계 경제는 다시 마비되었다. 제2차 석유파동의 시작이었다. 호메이니 주도로 이슬람혁명을 일으킨 이란이 전면적인 석유 수출 중단에 나서면서 배럴당 13달러대였던 유가는 20달러를 돌파했다. 그리고 이어서 장차 1980년 9월 이란-이라크 전쟁으로 30달러 벽이 깨지고, 사우디아라비아가 석유 무기화를 천명한 1981년 1월에 두바이유 가격이 39달러의 정점에 도달하는 힘든 여정이 기다리고 있었다.

신군부가 새로 권력을 잡으면서 재계는 긴장했다. 신군부는 쿠데타의 정당성을 확보하기 위해서 희생양을 필요로 했고, 이런 사실을 다른 어떤 집단보다 재계가 빠르게 간파했다. 그건 본능이었다. 부정축재자 꼬리표가 붙는 순간, 끝이었다. 정권에 조금이라도 꼬투리를 잡혀서는 안 되었다. 부도덕하다는 꼬투리든 무능하다는 꼬투리든 어떤 꼬투리도 잡혀서는 안 되었다. 그런데 다시 석유파동이 불어 닥친 것이다. 석유를 구하지 못하면 도태될 수밖에 없는 절박한 상황이었다. 1973년의 이른바 제1차 석유파동의 학습 효과에 따른 인식이었다.

1973년 10월, 제4차 중동전쟁 발발 이후 페르시아 만(灣)의 6개 산유국들이 가격 인상과 감산에 돌입하면서 배럴당 2.9달러였던 원유(두바이유) 고시 가격은 4달러를 돌파했다. 74년 1월엔 11.6달러까지 올라 2~3개월 만에 무려 네 배나 폭등했다. 이 파동으로 한국에서는 1973년 3.5퍼센트였던 물가상승률이 1974년 24.8퍼센트로 수직상승했고, 성

| 3장 |　　　목　계　가　되　어　라

장률은 12.3퍼센트에서 7.4퍼센트로 떨어졌다. 무역수지 적자폭도 24억 달러에서 10억 달러로 줄어들었다. 산업구조가 경공업에서 에너지 수요가 많은 중화학공업으로 전환되는 시점이었기 때문에 충격은 더 컸다. 1975년 성장률은 6.5퍼센트로 더 떨어졌고, 물가는 24.7퍼센트의 고공비행을 이어갔다. 후폭풍은 그 뒤 2년 동안 이어졌고, 1976년에서야 비로소 경제는 정상을 되찾았다.

이런 경험이 생생한 가운데 다시 석유파동이 터지자, 애초에 해외시장 개척을 목표로 삼았던 해위사업추진위원회는 당면 목표를 원유 확보로 재설정했다. 당시, 에너지 확보는 기업으로서는 사활이 걸린 문제였다. 에너지 확보가 안 되면 공장을 가동할 수 없었고, 또 에너지를 보다 싼 값에 구입하지 못하면 가격 경쟁에서 뒤처지기 때문이었다. 당시의 이런 절박한 상황을 엿볼 수 있는 기사가 하나 있다. (물론, 이루 헤아릴 수 없을 정도로 많은 기사들 가운데 하나이다.)

한 방울의 기름이라도 아끼자는 구두쇠 작전이 기업체에서 메아리치고 있다. (…) 부산시 북구 괘법동 국제상사 공장 안 남쪽 유류저장소 옆에 '기름 따름틀'이라는 것이 설치됐다. 가로 3미터, 세로 2미터, 높이 1미터의 나무로 만들어진 따름틀 위에는 빈 드럼통 두 개가 올려지고 그 아래 설치된 모음통으로 한 방울씩의 귀중한 기름이 떨어진다. 따름틀 옆에는 한 명의 근로자가 고정 배치되어 1시간마다 빈 드럼통을 교환해준다.

이 회사에 이 같은 구두쇠 작전이 펼쳐진 것은 지난 4월 첫 석유파동이 몰아닥쳤을 때부터. 이 공장 근로자들은 스스로 고안해낸 따름틀을 만들어놓고 고무 배합용 기름인 프로세스유를 짜내기 시작, 지난 10일까지 모두 891리터의 프로세스유를 받아내는 데 성공했다.[14]

  이런 절박한 상황에서 정부와 국내 기업들은 에너지 자원 확보에 총력을 기울였고, 삼성에서는 해외사업추진위원회가 이 업무를 관장했다.
  1979년 가을, 이건희는 멕시코에서 열린 '한국-멕시코 경제협력위원회'에 참석하고 멕시코의 포르티요 대통령을 만나서 원유 공급 협조를 요청했다. 이어서 멕시코 국영 석유회사인 페멕스의 세라뇨 총재를 한국에 초청하고 지원을 구하는 한편 원유를 확보하려고 백방으로 뛰었다. 이런 노력으로 1년 만에 멕시코 원유를 한국으로 들여올 수 있었다. 그리고는 말레이시아로 날아가서 원유 협상에 들어가, 결국 석 달 만에 말레이시아의 원유도 확보했다.[15]
  하지만 사실 이건희와 해외사업추진위원회에 떨어진 이병철의 회장의 특명은 대한석유공사(유공)를 인수하는 것이었다. 당시 유공은 국영 기업이었고, 외국 기업인 걸프 사(社)로부터 원유를 공급받아서 국내에 팔고 있었다. 그런데 이 유공을 민영화한다는 정보를 이미 파악하고서 그 준비 작업으로 원유 확보에 나섰던 것이다.
  걸프는 1963년 유공 주식의 25퍼센트를 인수하고 그리고 다시 1970

| 3장 | 목   계   가   되   어   라

년에 유공 주식을 50퍼센트까지 인수하면서 유공 경영에 참여했었는데, 이런 걸프가 유공에서 손을 떼게 된 데에는 몇 가지 이유가 있었다. 걸프 입장에서는 유공이 이익 창출을 위한 일개 사업 단위였지만, 한국 정부로서는 유공이 국가경제의 핵심적인 기간산업이었기 때문에 유공의 경영을 통제할 수밖에 없었다. 당연히 양자의 입장은 자주 부딪쳤다. 그래서 석유류 제품 가격 인상에도 불구하고 석유파동 이후의 원유 가격 상승 요인이 충분히 반영되지 못해 4차년도에 걸친 결손으로 경영 성과가 점차 악화되어 갔다. 이와 같은 경영여건 속에서 걸프는 2차 석유파동으로 1980년 3월 이후로는 원유 공급을 계속하지 못해 더 이상 원유 공급권 및 운송권을 통한 이익을 실현할 수 없게 되었다. 게다가 걸프는 유공 주식 2차 인수 계약에 명시된 주식 이양 조건을 이행해야 할 시기를 맞고 있었다. 애초에 1974년 이후의 주식배당금과 유보이익이 걸프의 2차 투자액 2천 500만 달러의 150퍼센트에 도달할 때까지만 유공 주식 50퍼센트와 경영권을 가지며, 그 이후에는 지분 주식 25퍼센트를 다시 한국 정부에 이양한다는 조건이었기 때문에, 이미 투자액의 170퍼센트를 회수한 걸프로서는 어차피 지분주식 50퍼센트 가운데 25퍼센트를 한국 정부에 이양해야 할 입장이었다.

　이런 사정 때문에 걸프는 차라리 지분 주식 50퍼센트에 대한 평가액 9300만 달러를 챙겨서 전면 철수하기로 결정한 것이었다. 이에 정부는 유공 운영 방안을 검토한 뒤에 민영화를 결정했다.

　그게 1980년 10월이었다. 정부는 민영화 방침을 발표하며 유공이 국가 기간산업인 동시에 정유산업이라는 업종의 특수성을 감안하여, 유공을 인수할 민간기업의 인수 자격 기준 여섯 가지를 제시했다.*

1980년 11월 28일, 박봉환 동력자원부 장관이 기자회견장에 나타났다. 유공 인수업체를 최종적으로 발표하는 자리였다.

"국영기업의 비능률을 배제하고 책임경영을 확립하기 위해 유공을 민영화하기로 결정, 인수를 희망한 3개 기업을 자격 기준별로 평가한 결과 원유 확보 능력과 산유국의 석유 달러 유치 능력이 가장 양호한 선경에 인수시키기로 했습니다."[16]

선경이, 함께 인수전에 뛰어들었던 삼성과 남방개발을 따돌린 것이었다. 다윗이 골리앗을 이긴 셈이었다. 재계 특히 이병철은 충격에 빠졌다. 하지만 이건희의 충격은 아버지에 비할 수 없을 만큼 더 컸다. 이건희는 1979년 일본에서 열린 세계견종종합전시회에 순종 진돗개 암수 한 마리씩을 직접 출전시켜 진돗개의 원산지가 한국임을 입증해서 세계견종협회에 등록하는 데 성공하며 나름대로 '사업'의 성과를 쌓기도 했지만, 이번 건은 그런 것과 비교가 되지 않는 것이었다. 아버지 이병철 회장이 '기업'이라고 표현하는 제조업, 그것도 중화학공업 나아가 그룹 전체에 영향을 미칠 수 있는 어마어마하게 큰 사업이었다. 그

---

* 이 여섯 가지 조건은 다음과 같다. ① 소요 원유의 장기적이고 안정적 확보 능력, ② 증설 및 비축사업을 계획기간 안에 완공시킬 수 있는 자금 조달 능력, ③ 산유국에 대한 투자 유치 능력, ④ 정유회사의 관리 능력, ⑤ 국가 기간산업으로서 사회적 책임을 다할 수 있는 기업의 성실성, ⑥ 산유국과의 교섭 능력과 실적. 이상의 자료는 다음 웹페이지에서 발췌. http://www.skms.or.kr/ceo/hispath/leadingman/?page=2

| 3 장 | 목   계   가   되   어   라

것도 그룹 부회장 신분으로서 처음으로 맡은 대규모 사업이었다. 그룹 부회장으로서의 위상을 확고히 하려는 듯 유공 인수를 위해 일선에서 현장 지휘를 하며 의욕적으로 뛰었지만 결국 유공 인수에 실패하고 말았던 것이다. 이건희가 받았을 충격과 타격이 얼마나 컸을지 짐작할 수 있다.

한편 전직 삼성 간부 출신은 선경이 유공을 인수한 데에 어떤 정치적인 흑막이 있었다고 말한다. 이른바 최종현-노태우 커넥션을 말하는 것이다.

> 선경이 유공을 인수한 데는 사우디아라비아로부터 하루 50,000배럴의 원유를 확보하고 있었던 것이 가장 큰 강점으로 작용했지만 그것도 따지고 보면 일본 이노추 상사의 힘을 빌린 것이었습니다. 그러나 삼성도 말레이시아로부터 하루 15,000배럴을 확보했으며 자금력이나 조직력 등 종합적인 인수 조건으로 볼 때 삼성을 능가할 기업은 없었습니다. 또 산유국은 유공을 인수하는 기업에게 원유를 줄 수밖에 없었습니다. 따라서 사전 원유 확보 여부는 유공 인수의 결정적인 요인은 되지 못했습니다. 우리[삼성]가 보기로는 신군부에 대한 로비가 결정적 요인이었으며, 나름대로의 확신도 있습니다.[17]

하지만 패배는 패배일 뿐이었다. 어떤 기업이든 다 마찬가지였겠지만 삼성 역시 그런 류의 커넥션을 동원하지 않았던 게 아니기 때문이다.

그 뒤 이건희는 다시 해외 자원 개발로 눈을 돌려서 말레이시아의 석유회사 레트로나스와 삼성물산 등 4개 회사가 컨소시엄을 형성해서 원유를 공동으로 개발하기로 합의하고, 또 알래스카의 베링리버 탄광 개발 사업에도 착수했다. 하지만 2차 석유파동이 그리 오래가지 않아 원유가는 곧 안정을 되찾았고, 이건희 부회장이 집념을 가지고 추진했던 사업들은 원유가의 하락으로 빛을 잃었다.[18]

처음으로 직접 맡은 대사를 그르친 이건희는 그 뒤 어떻게 되었을까?

이후 자기[이건희 부회장]가 직접 결정을 내려야 할 업무는 맡지 않았다.[19] 물론 이건 이병철이 후계자를 보호하기 위한 장치일 수도 있었고 또한 동시에 아직 후계자를 믿지 못한다는 신호일 수도 있었다. 이어서 이건희의 시련과 방황이 이어진다.

메기가 미꾸라지를 빠르고 튼튼하게 만들어주듯, 시련은 이건희를 더욱 강하게 단련시킨다. 하지만 그건 결과론일 뿐, 시련은 가혹하다.

언제쯤이면 이 시련이 끝날까? 언제쯤이면 내가 미꾸라지의 탈을 벗고 메기가 될 수 있을까? 메기가 되어 미꾸라지들을 쫓는 기분은 어떤 것일까?

| 3장 | 목 계 가 되 어 라

인생은 무거운 짐을 지고 가는 먼 길

1981년 6월 26일, 인도네시아 자카르타. 이건희 부회장은 여기에서 열리던 국제박람회 한국관에서 구자경 럭키그룹 회장, 김석원 쌍용그룹 회장 등과 함께, 인도네시아를 방문해서 정상회담을 한 뒤에 이곳을 들린 전두환 대통령을 영접하고 악수를 나눈다.

1981년 12월 1일 오후, 청와대. 전두환 대통령이 베푼 재해의연금 기탁자들을 위한 다과회에 참석해서 대통령의 치하와 격려를 받았다. 이 자리에는 언론계 대표 10명과 재해의연금 3억 원 이상을 기탁한 기업 대표 3명, 2억 원 이상 기탁 기업 대표 6명, 1억 원 이상 기탁 기업 대표 14명 등 모두 33명이 참석했으며 천명기 보사부 장관이 배석했다. 3억 원 이상을 기탁한 기업 대표로 나온 사람은 이건희(삼성그룹 부회장)와 이홍희(대우그룹 부회장), 정주영(현대그룹 회장)이었다.

1982년 1월 20일 오후, 청와대. 프로 야구단인 삼성 라이온즈의 구단주 자격으로 다른 구단주들 및 프로야구위원회의 서종철 총재와 이용일 사무총장과 함께 전두환 대통령을 만나서 '환담'을 나누었다. 삼성 라이온즈는 다음 달인 1982년 2월 3일에 이수빈을 단장으로 해서 설립되었다.

이　건　희　스　토　리

*

　　이건희 부회장은 바쁘게 다니면서 삼성그룹을 대표했다. 하지만 껍데기로만 대표할 뿐이었다. 겉으로는 그룹 부회장으로서 아버지 이병철 회장 대신 삼성그룹을 대표하는 자리에 참석하기는 했지만 속빈 강정이었다. 1982년에 아마추어레슬링협회 회장이 되고, 1984년의 올림픽과 1986년의 아시안게임에서 레슬링 선수들이 좋은 성적을 거둔 덕분에 각각 맹호장과 청룡장을 받았지만, 이것도 역시 껍데기일 뿐이었다.

　　유공 인수 실패 후, 이건희는 자기가 직접 결정을 내려야 할 업무는 맡지 않았다. 물론 실패를 만회할 기회를 찾고 싶었다. 하지만 아버지는 그런 기회를 주지 않았다. 이건희는 여전히 메기에게 쫓기는 미꾸라지 신세였다.

　　부회장으로 취임한 뒤에 이건희는 각 분야의 실력과 전문가들을 강단 및 타 기업에서 스카우트했지만, 삼성 순혈주의자 '성골'들은 배타적인 태도로 이들을 모함하고 따돌렸다. 결국 이렇게 영입한 인물들 가운데 상당수가 삼성을 떠나고 말았다.[20]

　　한번은 이런 적도 있었다. 삼성전자의 광고 컨셉과 관련해서 젊은 광고기획자들은 '기술의 삼성'이라는 타이틀을 제시하면서, 삼성전자의 모든 제품은 항상 우수하다는 이미지를 고객들이 무의식중에 깨닫게 해야 한다는 안을 내놓았고, 이건희 부회장은 이들의 의견을 전적

| 3장 | 목   계   가   되   어   라

으로 받아들였다. 하지만 이병철 회장이 제품을 구체적으로 설명하는 종래의 광고 컨셉을 고집함에 따라서 새로운 기획안은 폐기되었다.[21]

  1982년 8월 15일, 이건희 부회장은 또 그룹 임원들의 특별세미나에서 다음과 같은 내용으로 격려의 말을 했지만 그의 말에 귀를 기울이는 사람은 많지 않았다.

> 입체 사고와 기술 개발만이 살아남는 길입니다. (…) 앞으로 80년대는 과거 수백 년보다 더욱 큰 변화가 올 것이므로, 여기서 살아남기 위해서는 적극적인 기술 개발이 이루어져야 할 것입니다. (…) 앞으로 대기업의 중추 역할을 할 인재의 역량은 단순한 평면 사고를 탈피해 어떤 일이나 사물에 대해서도 다각적으로 볼 수 있는 '입체 사고'가 절실히 요청됩니다. (…) 로보트화에 의한 자동화, 성력화가 이루어질수록 인간의 정신은 더욱 강해져야 할 것이며, 기업의 중역이 되면 1인 5역쯤의 역할을 해야 할 것입니다.[22]

  그가 주장한 '입체 사고' 및 '이미지 중심의 홍보'에 삼성의 임직원이 귀를 기울이려면 아직 11년을 더 기다려야 했다. 아버지 이병철 회장이 자기 후계자를 이건희로 한다는 유언장을 최초로 쓰고 재산 상속 계획을 밝힘으로써 후계 구도를 정했던 1971년*부터 지금까지 기다린

---

* 본문 139쪽 참조

세월 꼭 그만큼을 앞으로 더 기다려야 한다는 뜻이었다. 1971년부터 그때까지의 세월은 돌아봐도 아득했다. 앞으로 또 그 아득한 세월을 어떻게 더 기다려야 하나?

막막했다.

의기소침한 나날들이 이어졌다.

다행히 공부가 위안이 되었다. 집에 들어오면 문을 닫고 책을 읽었다. 때로는 밤을 새기도 했다. 그렇게 어떤 대상에 몰두하는 게 좋았다. 남보다 훨씬 깊고 구체적인 지식을 얻을 수 있다는 것도 좋았지만 우선 마음이 편안해졌다. 건희에게 책 읽기 혹은 공부는 지식을 넓히거나 통찰력을 예리하게 다듬는다는 측면도 소중했지만, 무엇보다 어떤 것에 매달리고 집중할 수 있어서 좋았다. 이런 대상은 책 읽기 말고 또 있었다. 자동차였다. 틈 나는 대로 아끼는 자동차들을 한 대씩 꺼내서 거리를 질주하곤 했다. 온몸으로 전해지는 엔진의 소음과 진동 그리고 이런 것들의 미세한 변화에 집중하고 있으면, 이상하게 마음이 차분하게 가라앉았다.

1982년 10월 말의 그날도 그랬다. 양재대로를 달리고 있었다. 온몸으로 전해지는 엔진의 떨림이 상쾌했다. 그런데 그 순간 왜 갑자기 그 말이 떠올랐을까?

"인생은 무거운 짐을 지고 가는 먼 길과 같으니 절대로 서두르지 마라."

도쿠가와 이에야스가 삶의 좌우명으로 삼았다는 말이었다. 오다 노

| 3장 | 목   계   가   되   어   라

부나가는 1534년에 태어나 48세이던 1582년에 죽었고, 도요토미 히데요시는 1537년에 태어나 61세이던 1598년에 죽었으며, 도쿠가와 이에야스는 1543년에 태어나 73세이던 1616년에 죽지 않았던가. 도쿠가와 이야에스는 맨 나중에 태어났고 또 경쟁자였던 두 사람보다 더 오래 살지 않았던가. 그래, 그러면 된다. 설마, 아버지가 나보다 더 오래 사시지는 않겠지. 자동차는 횡단보도를 지나고 있었고, 이어서 언덕길이었다. 가속페달을 밟으며 언덕길을 올라가는 순간, 정면으로 덤프트럭의 운전석이 보였다. 이어서 거대한 그릴과 바퀴가 눈앞으로 달려들었다. 브레이크를 밟았지만 너무 늦었다. 차체는 박살이 나고 이건희의 몸뚱이는 자동차 밖으로 튕겨 나왔다.

이건희 부회장은 특히 이 사고 이후 오랫동안 공개석상에 모습을 드러내지 않았다. 그러자 온갖 소문들이 또다시 활개를 치며 돌아다니기 시작했다. 후계자 문제와 관련해서 삼성그룹이나 가족 사이에 어떤 민감한 분위기가 형성되기만 하면 어김없이 괴상한 소문들이 돌곤 했다.

소문은 주로 여자 문제와 관련된 것들이었다. 로스앤젤레스에 첩이 있다는 이야기도 있었고, 엘리베이터걸과 좋아 지낸다는 이야기도 있었다. 1986년에 장인인 홍진기가 사망했을 때는 이건희가 바람을 하도 많이 피워서 홍진기가 자기 딸을 걱정하는 마음에 화병으로 죽었다는 이야기도 있었다. 또 이건희에게는 자식이 90명이나 된다는 풍문도 있었다. 교통사고 후유증으로 식물인간이 되었느니, 마약중독자가 되었느니 하는 이야기도 있었다. 그가 회장이 된 뒤에도 계속 따라다닌 이런 황당한 소문들에 대해서 이건희 회장은 1993년에 가진 어떤 인터뷰에서 다음과 같이 회상했다.

> 82년엔가 푸조를 타고 양재대로를 달리다 덤프트럭이 정면에서 덮쳐 차체는 박살이 나고 몸만 튕겨 나왔어요. 외상은 별것이 아니었는데 속골병이 심했어요. 견딜 수 없는 고통 때문에 진통제를 수없이 맞았어요. 어찌 보면 그런 소문이 전혀 근거 없는 것이랄 순 없지요.[23]

그러면서 좋지 않은 소문이 꼬리를 문 것은 어떤 목적이 개재된 중상모략 때문이었다고 이건희 회장은 말했다. '어떤 목적'이란 물론 후계자로서의 자기 입지를 뒤흔드는 것이라면서, 같은 인터뷰에서 다음과 같이 말했다.

> 저와 가장 접촉이 많았던 비서실의 팀장들조차 내가 어떤 사람인지 절반도 모르니 소문이 꼬리를 문 건 어쩌면 당연할지도 모르죠. (…) 재산 문제 때문인데, 나는 누가 그런 소문을 냈는지 알고 있었습니다. 선대 회장이 두 번 수술을 하셨는데 소문은 항상 선대 회장 힘이 약해졌을 때 많아지더군요. (…) 마누라와 나만 빼놓고 집안은 물론 99퍼센트의 사람이 유언비어를 믿고 있었어요. 자기 회장이 어떤 사람인지도 모르는 회사가 제대로 될 리가 있겠습니까?[24]

| 3장 | 목   계   가   되   어   라

이건희는 분통이 터져서 사장단 회의에서 안경까지 집어던졌다. 하지만 사람들은 그가 왜 안경을 집어던졌는지 알려고 하지 않았다. 그저 안경을 집어던진 사실만 부풀려져 사람들의 입에서 입으로 퍼져나갔다.

"이건희가 그렇게 괴팍하다며?"

"말이 안 통한다던데, 뭘."

"교통사고 당한 뒤로 정신병자가 다 됐다면서?"

"아무튼, 삼성그룹을 이끌어 나갈 능력은 없는 사람이야."

그룹의 후계 구도에 뿌리가 닿아 있는 이런 중상모략의 수군거림은 이건희의 귀에까지 들렸다.

"일에 관한 추진력이라면 제일 큰형인 이맹희지. 성격도 화끈하고."

"그럼, 명예 회복을 해야 할 텐데……."

"솔직히, 섬세하고 치밀한 걸로 치자면 둘째 형인 이창희잖아."

"그건 그렇지. 머리도 제일 좋잖아."

"그런데 이건희는?"

"아무래도 형들보다 떨어지지 않나?"

"그래도 회장님이 밀고 계시니……."

"회장님이 어떤 생각을 가지고 계시긴 하겠지만…… 삼남이잖아."

"그래도 장남이 뒤를 이어야 하는 거 아냐?"

이런 따위의 말들이 퍼진다는 것은 이병철 회장이 설정해 놓은 후계 구도가 흔들린다는 뜻이었다.

사실, 1982년 11월 18일자 《매일경제신문》이 '지난달 말 교통사고로 치료를 받은 이건희 삼성그룹 부회장이 완쾌되어 17일 첨단기술 도입 업무 협의차 일본으로 출국'했으며 일본과 미국에 각각 1주일과 2주일 동안 머물 예정이라고 짤막하게 보도하도록 비서실에서 보도 자료를 돌린 것도, 교통사고와 관련되어서 퍼지는 이건희에 대한 나쁜 소문을 '완쾌'와 '업무 협의'라는 지극히 일상적인 단어를 동원해서 차단하기 위한 조치였다. 이렇듯 이건희가 대권을 승계하는 과정은 결코 순탄하지 않았다. 온갖 음모와 중상이 난무하는 치열한 싸움의 연속이었다.

이 과정이 이건희에게 얼마나 힘들었는지는 어떤 인터뷰에서 했던 다음의 고백에서 엿볼 수 있다.

속아도 많이 속았어요. 한비 사건이 터졌을 때 아버지는 사업 의욕을 잃고 일을 지겨워 하셨어요. 75년에는 위암 선고를 받고 수술을 했죠. 그리고 82년에 뇌막 사이에 물이 생겨 또 수술을 하셨어요. 계속되는 수술에 마음이 약해지셨는지 흔들리셨어요. [본인이 경영을 하지 않고 경영권을 물려주는 쪽으로 마음이 쏠렸다는 뜻이다.] [그런데] 경영권의 95퍼센트 이상을 줘놓고는 회사가 나도 모르게 하나 둘 떨어져 나가요. 82년에는 공교롭게도 나 자신도 교통사고를 당해 심하게 고통을 당할 땐데 중상모략이 들어가고……. 누이들 동생들에게 주식 2~3퍼센트, 절대액으로 몇 십억 원, 요새 돈으로 몇 백억 원 주기로 되어 있었는데 선대 회

| 3장 | 목계가 되어라

장께서 흔들리시나 보다 하고 그냥 내버려뒀어요. 가족 간의 분규도 심했죠. 집안마다 딸이 문제예요.

그리고 같은 인터뷰에서 "얼마 전 맏형 이맹희 씨가 책을 두 권 펴냈던데요."라는 말에는 퉁명스럽게 다음과 같이 말했다.

관심 없어요. (…) 한 5년 전에 10여 분 만난 것 외에는 지금까지 만난 적도 없어요. 누가 책에 대해 얘기하면 나는 고개 돌리고 가버립니다.[25]

또 1980년대 초에는 미국의 한 호텔에서 손병두 전경련 부회장을 만난 적이 있었는데, 이때 이건희 부회장은 밤을 새워 얘기하던 중에 자기가 얼마나 참고 있는지 세상 사람들은 모를 것이라고 말했다.[26]
그러자 이병철이 노구를 이끌고 몸소 이 치열한 싸움의 일선에 나섰다. 자기 후계자인 삼남 이건희를 지키기 위해서였다. 이병철이 겨누는 칼끝은 장남인 이맹희를 향했다.

아버지의 힘

아버지는 맹희가 자기에게 머리를 굽히지 않고 버티는 것을, 건희를 후계자로 지목한 데 대한 반항이라고 여겼다. 그리고 건희를 둘러싼 온갖 나쁜 소문들이 맹희 때문에 비롯된다고 생각했다. 물론 아버지는 맹희가 직접 그런 소문을 내고 다닌다고는 생각하지 않았다. 비서실 사람들을 통해서 보고받기로는 분명 맹희는 골프와 사냥으로 세월을 보내고 있었다. 하지만 창희처럼 맹희도 자기 앞에 무릎을 꿇고 머리를 조아리며 용서를 빌었어야 하는데 그러지 않았기 때문에, 사람들이 맹희 앞에 줄을 대며 건희에 대한 나쁜 소문을 지어낸다고 보았던 것이다. 맹희가 '나는 전적으로 아버지의 뜻을 따를 것이며, 후계자가 되어 삼성그룹을 이끌 생각은 전혀 가지고 있지 않다.'라고만 분명히 해주면, 그룹 내의 다른 사람들도 헛갈리는 일 없이 일사불란하게 건희 앞에 줄을 설 테고 그러면 건희가 후계자로 실질적인 권한을 행사하도록 하는 과정이 순조롭게 이어질 텐데, 맹희가 그렇게 하지 않는다는 데 문제가 있었다. 맹희가 장남이니까 아무래도 결국에는 대권이 맹희에게 가지 않을까, 하고 생각하며 사람들이 갈피를 잡지 못하는 것이라고 아버지는 생각했다.

1979년, 건희가 부회장이 된 지도 벌써 반 년 이상 지난 때였다. 부산에 있던 맹희는 서울의 치안본부에 있던 친구로부터 급한 전화를 받았다.

"맹희 너한테 꼭 할 말이 있는데 내가 부산까지 가기는 어렵고 대전쯤으로 올래?"

이렇게 해서 대전에서 만난 친구는 맹희에게 놀라운 이야기를 했다.

"삼성에서 누가 나한테 와서 네가 성광증(性狂症)이 심해서 서울대병원에 입원시키려고 하는데 아무래도 맹희 네가 말을 안 들을 것 같

| 3장 | 목 계 가 되 어 라

아서 그런지 형사 두 명만 보내달라고 하더라."

맹희는 자기를 정신적으로 문제가 있는 섹스중독증 환자로 몰아간다는 사실을 처음으로 알았다. 그리고는 보디가드를 고용하라는 친구의 조언을 따르는 대신, 평소에 자기가 앉는 거실 의자 아래에 휘발유 통 세 개를 준비해 뒀다.

어느 날, 맹희가 염려하던 일이 일어났다. 맹희가 거실에 있을 때 건장한 청년 두 명이 거실로 쑥 들어왔다.

……의자 밑에서 휘발유 통을 집어내서 그들에게 확 뿌린 다음 왼손엔 가스라이터를 치켜들었다. (…) 라이터만 켜면 곧장 불길에 휩싸일 판이었다. 순간 흠칫하던 두 녀석 중 한 녀석은 대뜸 거실에서 정원이 보이는 유리창을 머리로 깨고 바깥으로 뛰쳐나갔다. 그리고 내가 '서라!'고 고함을 지르고 그 쪽을 쳐다보는 순간 나머지 한 녀석도 현관으로 줄행랑을 쳤다.[27]

이 일이 있은 지 얼마 뒤에는 맹희가 거주하던 집을 비운 사이, 괴한들이 들이닥쳐 맹희의 물건을 몽땅 트럭에 싣고 가버렸다. 그 집에 더 이상 머물 수 없게 된 맹희는 대구로 가 셋집을 하나 구했다. 그러다 한 번은 서울에 가서 중학교 후배이자 삼성그룹 계열의 고려병원 의사를 만나서 놀라운 말을 들었다. 집안 식구 중 한 사람이 와서 맹희가 정신병 환자라는 증명서를 만들어 달라고 했다는 것이었다.

실제로 집안에서는 (…) 부산의 어느 양심 없는 의사를 찾아가 당시 돈으로 300만 원인가를 주고 내가 정신병자라는 의사 소견서를 받아냈다고 한다. (…) 서울에서는 나를 서울로 데려와서 기흥의 별장 지대에 있는 집에 둘 생각을 하고 각자가 일을 분담해서 진행하고 있었는데 나와 아내만 모르고 있었던 것이다. 용인의 가족회의 석상에서 공개적으로 이야기를 진행했던 바 집안 식구들끼리 일을 분담했다.[28]

물론 모두 이병철이 지시한 사항이었을 것이다. 그 누구도 아버지 이병철의 지시를 거역할 수 없었다. 어머니 박두을 여사도 마찬가지였을 것이다.

그 뒤 맹희는 강제로 감금을 당하는 일은 피했지만 백령도와 마라도, 영덕 등지로 전전해야 했다. 영덕에서는 집을 지으려고 은행에 융자를 하려고 했지만, 아버지는 은행들마다 연락해서 맹희가 융자를 받지 못하도록 했다.[29]

무엇이 아버지가 자식을 이토록 모질게 내몰게끔 만들었을까?

아버지 이병철의 냉혹한 집념은 자식에 대한 사랑이 아니었다. 자식이라면 건희뿐 아니라 맹희도 자식이었다. 자식에 대한 사랑 때문이었다면 타협점을 찾으려고 했을 것이다. 하지만 이병철은 마지막 순간까지 맹희가 자기 후계자인 건희 곁에 얼씬도 하지 못하게 했다. 이 세상에서 맹희를 철저하게 지워 버리려고 했다. 1985년 1월부터 집필을 시작해서 1986년에 탈고한 자서전 《호암자전》의 본문에서도 맹희가 경

| 3장 | 목 계 가 되 어 라

영에 관심이 없으며 무능하다고만 언급할 뿐이며, 연보에도 맹희가 언급되는 내용은 언제 태어나서 언제 누구와 결혼했다는 것뿐이었다. 그리고 이 의도는 성공했다. 2010년에 있었던 이병철 탄생 100주년 기념식에도 맹희는 얼씬하지 않았다. 살아 있었지만 유령처럼 떠돌 뿐이었다. 그는 맹희를 유령으로 만들어 버렸던 것이다.

 무엇이 이병철을 무자비할 정도로 냉혹한 아버지로 만들었을까? 회사를 얼마나 더 키우고 싶었으며 또 얼마나 돈을 더 벌고 싶었을까? 이미 1960년대에 '돈병철'이라는 별명을 얻었을 만큼 평생 어마어마한 부자로 살았으면 만족할 만도 하지 않았을까? 삼성그룹을 지키고 키우는 게 자식 하나를 버리고 인연을 끊어도 상관없을 정도로 그렇게 소중했을까?

기업가정신

《호암자전》에서 이병철은 다음과 같이 썼다.

 우리 사회의 일각에는 기업가를 색다른 시각으로 바라보려는 사람들이 있다. 기업가가 큰 뜻을 세워 사업보국의 사명감을 가지고 새 일을 착수해도 한쪽에선 사시(斜視)의 눈으로 바라본다. 기업가들은 탐욕에 빠져 부도덕한 일을 한다고 헐뜯으며 비판하려 드는 것이다.[30]

이병철이 '사시의 눈으로 바라보는 사람'이라고 지칭한 대상은, 삼성이 부동산 투기나 세금 탈루 따위의 부정한 방식으로 돈을 벌려고 하는 게 아닌가 하고 삼성이 벌이는 여러 사업들을 의심하는 이들을 말한다. 예를 들면 기흥의 반도체 공장부지 매입이 부동산 투기 목적이라거나 삼성문화재단 설립이 탈세의 방편이라는 식으로 바라보는 정부 및 국민을 뜻하는 것이다. 이런 분위기 속에서 미처 드러나지 않는 기업가의 존재 이유를 이병철은 다음과 같이 설명한다.

> 인간이 '무한탐구', '무한정진'을 추구하는 데는 기업가도 예술가도 다를 바가 없다. 무한한 정진은 문명의 원동력이다. (…) 인간에게 정진이라는 높은 의지가 없었다면 예술이나 기업은 물론 문명 자체가 소멸되고 말았을 것이다.[31]

돈보다는 정진 그 자체가 중요하다는 것이다. 돈 자체를 추구하는 것은 추한 행위일 뿐이다. 정진이라는 높은 의지의 행위야말로 문명의 원동력이다. 이 정진의 결과가 예술가에게는 예술작품이고 기업가에게는 돈이다. 이것이 이병철이 생각하는 기업가정신이었다. 그런데 이것은 슘페터가 말했던 기업가정신과 통한다.

> 기업가의 역할은 습관적이고 판에 박힌 경제적 삶의 틀을 깨고 나오는 것이며, 이는 흔치 않고 매우 예외적인 정신적 창의성과 열정을 필요

| 3장 | 목   계   가   되   어   라

로 한다. (…) 기업가의 동기는 보다 전형적으로 '개인적 왕국을 건설하려는 꿈', 종종 세대를 초월하는 왕국을 세우려는 꿈이며, (…) 남들보다 자신이 우월하다는 것을 입증하려는 의지이며, 창조와 성취의 기쁨, 혹은 그저 자신의 열정과 천재성을 발휘하는 기쁨이다.[32]

슘페터에 따르면, 기업가의 이런 동기가 자본주의를 발전시켰다. 기업가는 '무한정진'으로 창의성을 발휘해 '창조적인 파괴'를 통해 문명을 발전시켜 왔다. 그랬기 때문에 이병철은 (아무리 열등한 다수가 자기 즉 월등한 소수에 대해서 반감을 가지고 분개하며 자기들의 업적을 애써 폄하한다 하더라도) 다음과 같이 당당하게 말할 수 있었다.

사람이 기업을 하는 동기에는 여러 가지가 있다. 그중에는 금전욕을 뛰어넘는 창조적 의욕에 의한 것이 가장 바람직하다. 이러한 의욕과 사회적 책임감이 잘 화합될 때 진정한 의미의 기업가정신이 우러나오는 것이다. (…) 만약에 삼성의 경영이 잘못되어 공장이 몇 개만이라도 조업을 단축하거나 중단하게 된다면 그만큼 많은 사람들로부터 취업의 기회를 빼앗고 그들의 생계를 위협하는 것이나 다름없다. (…) 경영을 잘못한다는 것은 바로 범죄행위나 다름없다고 해도 과언은 아닐 것이다.[33]

아버지는 맹희를 사랑하지 않은 게 아니었다. 다만 맹희보다 기업을 훨씬 더 사랑했을 뿐이다. 금전욕과 창조적 의욕에 더 깊이 빠져 있었을 뿐이다.

*

《호암자전》 발간 이후 17년쯤 뒤에 이건희는 "마누라와 자식 빼고 다 바꾸라!"고 외치며 변화와 개혁을 주장하고 또 몇 년 뒤에는 "한 명의 천재가 만 명을 먹여 살린다."며 이른바 '천재 경영'을 주장한다.

그런데 사실 이건희의 이 전략적인 방향은 이미 아버지 이병철에게 있었다. 아버지는 이 삶의 철학, 기업가정신, 경영전략을 평생을 살아온 모습을 통해서 통째로 아들에게 보여주었고 또 고스란히 물려주었다. 아들이 의식하지도 못하는 사이에.

아들은 자기가 이런 점을 의식도 하지 못했다는 사실을 깨닫고 다시 딜레마에 빠진다.

아버지를 넘어서기 위해서는 아버지의 틀을 깨고 온전히 자기만의 왕국을 건설해야 하는데, 이미 그 과정 또한 아버지가 예비해 둔 과정이었기 때문이다. 손오공이 아무리 빠른 근두운을 타고 아무리 멀리 날아가도 부처의 손바닥을 벗어나지 못했던 것처럼, 끝내 아버지의 세상에서 벗어나지 못할 이 비극적인 운명의 딜레마에 사로잡힐 줄, 이건희는 과연 예감이나 했을까?

| 3장 | 목 계 가 되 어 라

전두환과 이건희

    1987년 1월 8일, 이건희 부회장은 이날 회사에 출근하지 않았다. 아버지 이병철 회장이 1986년 5월에 암이 재발해서 투병 생활을 하던 중이었기 때문에 이건희가 직접 나서서 확인하고 처리해야 할 일들이 많았다. 하지만 어쩐 일인지 그는 이날 회사로 나가지 않았다. 물론 이병철이 한동안 자리를 비운다고 해도, 그리고 이건희가 확인을 하지 않는다 하더라도 잘못될 일은 없었다. 회장이 해야 하는 거의 대부분의 일들을 비서실에서 잘 처리했다. 이병철은 경영과 관련된 거의 대부분의 판단을 비서실 특히 소병해 실장에게 맡겨두고 있었고, 또 늘 그렇게 해왔기 때문이다. 하지만 그럼에도 불구하고 대권 승계가 임박한 그 시점에 특별한 사유도 없이 회사에 출근하지 않는다는 것은 또 다른 소문을 낳게 되고, 이는 대권 승계에 결코 바람직하지 않게 작용할 터였다.

    이런 사실을 모를 리 없었던 이건희가 회사에 출근하지 않은 이유가 무엇이었을까?

    그날은 장남인 재용이 서울대학교에 입학원서를 내는 날이었다. 이건희는 아내와 함께 입학원서를 내러 서울대학교로 가느라 출근을 하지 못했다.[34] 그도 이날만은 전국의 수십만 수험생의 학부모 가운데 한 사람이었던 것이다.

    아이들 교육 문제를 포함해서 집안일은 모두 아내에게 맡기는 게 당연하다고 생각하고 또 그렇게 살아왔지만, 어쩐지 자기가 아버지에게서 받지 못한 사랑을 아들에게는 베풀어야 하는데 그렇게 해주지 못했다는 생각이 늘 빚처럼 마음 한구석에 무겁게 자리 잡고 있었다. 어린 시절에는 늘 부모의 사랑을 목말라 했었다. 그래서 아이들에게는 그런 마음이 들지 않도록 해줘야지 하고 늘 생각했지만, 행동은 그 생각을 따라가지 못했다. 셋째인 서현이는 중학교 1학년 때까지만 해도 결혼이 뭔지 모르고 자기는 아빠하고 결혼한다고 할 정도로 아버지를 좋아했다. 그렇기 때문에 불만도 제일 많았다. 다른 집 아이들처럼 왜 식구들끼리 외식도 안 하느냐는 것이었다.[35] 그런 말을 들으면 미안했다. 마음이 아팠다.

자식들에게 미안하다는 감정을 보다 강하게 느끼기 시작한 게 아버지가 두 번째로 위암 판정을 받고 난 뒤부터였던 것 같았다. 이번에는 털고 일어날 수 없을 것 같다는 생각이 들자, 자연스럽게 뒤를 돌아보게 되었다. 이제 자기가 상대해야 할 사람은 선대가 아니라 후대였다. 그러고 보니 아이들이 더욱 사랑스럽고 애틋했다. 그 애틋한 마음에, 재용이가 가슴을 졸이는 그 심정을 함께 나누고 싶어서 회사에 나가지 않고, 입학원서를 접수하러 서울대학교로 갔던 것이다. 그리고 서울대학교 학생이 된 아들의 모습을 머릿속으로 흐뭇하게 상상하기도 했다. 그렇게 사랑스럽고 애틋하고 자랑스러운 아들 재용이었다.

그로부터 닷새 뒤인 1월 13일 자정 무렵, 서울대학교 학생 하나가 애꿎은 죽음을 당했다. 언어학과 3학년 박종철이었다. 그는 참고인 조사

| 3장 | 목 계 가 되 어 라

를 받던 중에 물고문과 전기고문에 희생되어 차디찬 주검으로 변하였다. 이틀 뒤인 1월 15일, 강민창 치안본부장은 이 사건과 관련해서 기자회견을 하며 다음과 같이 말했다.

"1월 14일 오전 8시 10분경 서울 관악구 신림동 하숙방에서 치안본부 대공분실로 연행되어 10시 51분경부터 심문을 시작한 서울대 언어학과 박종철 군은 민추위 관련자 박종운 군 소재를 묻자 갑자기 '억' 소리를 내며 쓰러져 병원으로 옮기던 중 사망했다. (…) 내가 아는 한 가혹행위는 없었다."

수사관이 책상을 '탁' 치니까 '억'하고 죽더라는 것이었다.

자식을 가진 어버이가 다 그랬듯이 이건희 역시 가슴이 덜컥 내려앉을 만큼 놀랐다. 그럴 확률이야 천만 분의 일도 되지 않겠지만, 전국의 어버이들이 다 그랬던 것처럼 그 가여운 대학생이 앉았던 자리에 자기 아들이 앉아 있었다면 어떻게 되었을까 하는 상상에 몸서리를 쳤다.

이건희는 전두환을 무식하고 천박한 사람이라고 생각했다. 그리고 또 그런 말을 직접적으로는 아니지만 간접적으로 했고, 이 말은 월간지에 실렸다. 물론 전두환이 대통령 자리에서 물러난 뒤였다. 1989년 12월호 《월간조선》에 실린 인터뷰 내용 가운데 다음과 같은 부분이 있다.

> (18번은 무엇입니까?) 전 노래를 못 해요. 전에 전두환 대통령이 안가에서 악단 불러놓고 노래를 하라고 할 때도 못해서 분위기 깬다고 핀잔을 받은 적도 있어요.[36]

이 상황을 상상력을 동원해서 구성하면 다음과 같이 된다.

이건희를 비롯해서 국내 각 그룹의 수장들이 한자리에 모였고 이 자리의 좌장은 전두환 대통령이다. (이 자리에 시중을 드는 젊은 여자들이 있을 수도 있고 없을 수도 있지만, 있었을 가능성이 훨씬 더 많다.) 폭탄주가 여러 순배 돌아가고 다들 거나하게 취기가 올라 있다. 전두환은 마시라고 권하지만, 맥주 반 컵만 넘겨도 몸에 두드러기가 날 정도로 체질적으로 술을 하지 못하는 이건희[37]는 술을 마시는 척만 하고 마시지 않는다. 전두환의 눈에 이런 모습이 곱게 보일 리 없다. 전두환은 이건희에게 핀잔을 준다. "이 부회장, 그래 가지고 아버님 뒤를 이어 대 삼성그룹의 총수가 될 수 있겠어요?" 삼성그룹의 후계자 자리를 놓고 형제들 사이에 다툼이 있다는 사실을 전두환이 모를 리 없다. 아픈 곳을 찔린 이건희는 뭐라고 대답을 하지 못하고 그저 애매하게 웃기만 한다. 재계의 다른 총수들도 마시라고 눈짓을 한다. 이건희는 어쩔 수 없이 다른 사람들과 함께 잔을 높이 든다. "위하여!" 하지만 이번에도 마시는 척만 하고 그냥 잔을 내려놓는다. 이걸 본 전두환이 다시 핀잔을 준다. "에이, 이 부회장, 그래 가지고 안 되겠네요. 이런 자리에는 아예 **빠지셔야겠어**." 입가에는 미소를 띠고 있지만 눈빛만은 싸늘하다. 이런 상황이 어째 낯설지 않다. 어린 시절 일본에서 그리고 한국에서 따돌림을 당하던 바로 그 상황과 비슷하다. 술판이 무르익자 전두환이 악단을 부른다. 전두환이 맨 먼저 노래를 부르고, 사람들은 박수를 아끼지 않는다. 노래 실력이 기가 막힌다며 칭송한다. 가식이다. 누가 봐

| 3장 | 목 계 가 되 어 라

도 뻔한 가식이다. 하지만 아무도 임금님이 벌거벗고 있다는 말은 하지 않는다. 이어서 재계의 총수들이 노래를 부르기 시작한다. 노래를 부르는 순서는 전두환이 정한다. 이건희는 이런 분위기가 싫다. 하지만 싫다고 자리를 박차고 나갈 수도 없다. 그랬다간 당장 괘씸죄로 걸어 먼지를 털려고 달려들 게 뻔하다. 마침내 이건희 차례다. "자, 이번엔 이 부회장 노래 한번 들어봅시다." 이건희는 사양한다. "아, 저 노래를 할 줄 몰라서……." "그래요? 가수는 누구를 좋아합니까?" "주현미 노래를 많이 듣습니다. 만든 목소리가 아니라서."[38] "주현미 좋지요. 한번 들어봅시다." "정말 노래는 잘 못해서……." 이건희는 다시 사양한다. "'거참, 분위기 깨네.' 전두환은 취기로 붉어진 얼굴을 더욱 붉히며 미간을 잔뜩 찌푸린 채 다시 재촉한다. "뭐 해요, 하라면 하지. 하세요!" 이건희는 그렇게 수모를 당한다.

이건희는 유난히 자존심이 강하다. 재벌 2세로 성장했기 때문이 아니다. 어린 시절에 겪었던 외로움과 따돌림은 건희에게 열등감을 심어주었고, 건희는 이 열등감을 이기기 위해서 그만큼 많은 자존심을 키웠다. 자기가 좋아하는 분야에 대해서만큼은 누구보다도 공부를 많이 또 깊이 했다. 만년필이든 옷이든 혹은 가구든 언제나 일류만을 고집하던 아버지의 막강한 그늘 아래에서 자란 탓에 미적인 감각도 누구보다 뛰어났다. 또 '무한정진'을 주문하던 아버지에게서 배운 절제는 어느 사이엔가 몸에 배어 있었다.

이런 건희에게 전두환은, 비록 철권의 통치자이긴 하지만 그저 무식하고 천박한 인간일 뿐이었다. 이런 사람에게서 노래를 하지 못한다고 '핀잔'을 듣는다는 것은 참을 수 없는 모욕이었다. 하지만 참고 견딜 수밖에 없었다. 삼성이 국제그룹이나 명성그룹처럼 공중분해 되어 날아가는 일을 당하지 않으려면 참아야 했다. 이건희는 어릴 적부터 참는 데는 이력이 나 있었다. 또 그런 만큼, 즉 모욕적인 핀잔을 받으면서도 정부 시책에 꼬박꼬박 협조해서 돈을 내라면 내고 얼굴 보자면 얼굴을 내밀어야 했던 자기 모습을 거울에 비춰 보면 볼수록, 전두환 나아가 군사독재에 대한 이건희의 감정적인 차원의 반감은 깊어갔다.

전두환에 대한 나쁜 감정의 기억은 좀 더 거슬러 올라간다. 전두환은 어린 시절부터 이맹희와 친했고, 장교 시절에는 이맹희로부터 정기적으로 돈을 받아서 동기들끼리 벌이는 회식의 비용으로 썼었다. 그렇게 두 사람은 친한 사이였다.[39] 그런데 이창희가 문제의 청와대 진정서 사건을 터뜨렸을 때 이 문건을 손을 넣고도 이맹희에게 먼저 알리지 않고, 그 문건을 이용해서 삼성의 약점을 잡으려고 했던 인물이었다. 만일 그때 진정서가 박정희 대통령에게까지 올라가지 않고 전두환에게서 친구 사이이던 이맹희에게로 넘겨져서 그 사건이 일어나지 않았더라면 형제 사이가 그토록 벌어지지 않았을지도 몰랐다. 하지만 이건희가 겪은 보다 직접적인 사건은 동양방송국(TBC)을 빼앗긴 일이었다. 다음은 당시를 회상하는 이건희 회장의 말이다.

두 분[이병철과 홍진기]이 보안처장실에 가서 각서를 쓰고 오셨어요.

| 3장 | 목계가 되어라

처음에는 홍 회장만 가셨는데 '내가 어떻게 결정하느냐. 이회장이 와야 한다.' 해서 아버님이 냉온탕 하시고 머리 기름도 바르기 전에 가셨어요. 그 일이 끝나고 신라호텔 22층 아까 그 방에 모여 그때 상황을 설명들 하시는데, 설쳐대는 군인들을 보고 홍 회장이 '조렇게 무식하게 하니 더 버티었다가는 창피만 당하겠습니다. 도저히 안 되겠습니다.' 해서 10분인가 15분 만에 각서를 쓰고 나오셨대요. 그래서 한 달 후에 TBC가 넘어갔습니다.[40]

이건희에게 동양방송국은 각별한 회사였다. 자기가 삼성그룹의 후계자가 될 가능성이 두 형들에 비해서 상대적으로 매우 낮았을 때, 그래도 중앙일보와 동양방송국만은 자기가 경영할 것이라 생각했다. 그랬기에 이건희가 이 두 회사에 쏟은 애정과 노력은 남달랐다.

그땐 정말 열심히 했습니다. 제가 그때 이사로 있었는데 아침 8시에 출근해서 밤 10시까지 일했습니다. 드라마는 유능한 조역들이 살리는 겁니다. 주연은 이쁜 애 뽑아서 시키면 되는 거지만……. 그런데 조역들이 연기력이 있으니까 고분고분하지 않아요. 그래서 PD들이 거만하다고 안 쓰려고 해서, 제가 강부자, 여운계, 이순재 이런 조연들의 수입 조사를 매달 시켰습니다. 누가 수입이 떨어지면 그 원인을 체크하고 꼭 시정시켰어요. 이렇게 하니 잘될 수밖에요. 그러다가 하루아침에 뺏기고 나니 맥이 탁 풀렸지요.[41]

1980년 11월 30일, 신군부가 '대본 내용 그대로, 비장하지 않게, 우는 사람이 없도록 할 것'이라고 주문한 가운데[42] TBC는 고별 방송을 했다.

좌절이 컸다. 어린 시절 영화감독을 꿈꾸었던 청년이 마침내 방송사 드라마의 제작자가 되어, 시청률을 올리기 위해 애를 쓰고 또 그렇게 노력해서 목표했던 성과를 달성해 뿌듯한 성취감에 젖을 때, 그건 행복이었다. 그 행복을 송두리째 빼앗긴 것이었다.

이건희가 싫어한 건 전두환이고 군사독재였지만, 근본적으로 따지면 군사문화였다. 이건 단지 피해 의식에서 비롯된 감정적인 차원의 문제가 아니었다.

> 군사 문화로 인해 우리는 함께 생각하고 해결책을 찾는 것보다 명령을 받는 데 익숙해졌다.[43]

자율성이 없다는 것은 창조적인 열정이 없다는 것이었다. 또한 일방적인 지시의 획일화는 어릴 적부터 영화를 보며 키워왔던 입체적인 사고에 비추어 볼 때 갑갑하기 짝이 없는 것이었다. 체질적으로 맞지 않았다. 그랬기 때문에 개인의 의사를 무시하고 획일성만 강요하는 군사문화를 강하게 비판하기도 했다.

> 내가 회의장에 들어선다고 무조건 박수치지 마라. 군사문화의 잔재

| 3장 | 목   계   가   되   어   라

다. 내 강연을 듣고 잘한다고 생각할 때 박수를 쳐라."

물론 삼성을 비롯한 재벌이 바로 그 군사문화의 그늘에서 성장한 건 사실이었다. 박정희가 시장을 열어 외국 자본을 받아들여서 경제를 발전시키는 전략을 채택하지 않고 미국과 일본에서 차관과 원조를 들여와 경제 개발에 필요한 자본을 조달하는 전략을 채택함으로써 경제 개발에 필요한 모든 자금을 정부가 독점한 다음, 자금에 목마른 기업들을 정부 정책에 순응하도록 길들이며 '기업별 주력 사업'이라는 개념을 도입해 경제 규모를 키워 왔었다. 삼성도 여기에 순응했기 때문에 삼성그룹이라는 거대한 조직으로 살아남을 수 있었다. 그렇지 않고 만일 박정희가 해외 자본의 직접 투자를 받는 전략을 채택했다면, 현재의 삼성그룹도 존재하지 않았을 터였다.

그 점은 부인할 수 없었다. 박정희 군사독재가 있었기에 삼성이 성장할 수 있었다. 이병철은 박정희와 이런 공생 관계가 있었기에, 박정희를 '일본인이 세운 만주 사관학교를 나온 천박한 군인'이나 '좌익으로 잡혔을 때 동지들을 배신한 신의 없는 사람'으로 보면서도,⁴⁵ 두 말하지 않고 한국비료도 바쳤고, 대구대학도 바쳤으며,˙ 온갖 '큰 봉투와 (큰 봉투를 배달하는 사람에게 주는) 작은 봉투'를 바쳤다.⁴⁶

하지만 세계 경제는 빠르게 변하고 있었다. 각국의 경제 단위가 권

˙ 대구대학은 나중에 청구대학과 합쳐져서 오늘날의 영남대학교가 되었다.

역별로 그리고 전 세계적으로 빠르게 하나의 경제 단위로 묶여가고 있었다. 이런 흐름 속에서, 쿠데타와 수천 명의 민간인 학살로 정권을 잡고 또 불법 사찰과 고문 등의 무자비한 탄압으로 정권을 이어가기에 정신이 없던, (그리고 틈틈이, 끊임없이 기업에 손을 벌려 돈을 뜯어가던) 정통성이 없는 무식하고 천박한 권력자와 그의 정부가 강제하는 지도 내용은 이제 도덕적인 효력은 말할 것도 없고, 실용적인 효력도 잃어가고 있었다.

이들에게서는 아버지 이병철이 《호암자전》에서 언급했던 '문명의 원동력' 창조에 대한 관심 따위는 아예 찾아볼 수도 없었다. 이런 정부로부터 그리고 이런 권력자로부터 노래를 하지 못한다고 편잔을 들었으니, 이건희가 얼마나 큰 모욕감을 느꼈을지 짐작이 간다. 이건희의 이 기억은 10년쯤 뒤인 1995년 김영삼 정부 때, 슘페터가 말했던 '습관적이고 판에 박힌 경제적 삶의 틀을 깨는 기업가의 역할'을 강조한 이른바 '베이징 발언'으로 폭발한다. 정치는 4류이고, 관료는 3류이며, 기업은 2류라는 발언이었다.

인생은 잠깐 머무는 것이고 죽음은 돌아가는 것

1986년 5월, 이병철의 몸에 이상 징후가 나타났다. 미열을 동반한 감기 기운이 계속되는 가운데 왼쪽 폐에 이상 징후가 나타났다. 검사 결

| 3 장 | 목   계   가   되   어   라

과 암으로 판명되었다. 건강은 계속 악화되었다. 뇌로까지 전이된 병변으로 이병철의 의식은 흐려졌다. 1년 6개월 동안의 투병 생활을 마감해야 하는 순간이 점점 다가왔다.

1987년 9월, 맹희는 아버지가 위중하다는 소식을 듣고서야 아버지가 누워 있는 병상으로 찾아갔다. 아버지는 의식은 있었지만 말은 하지 못했다. 아들은 뼈만 앙상하게 남은 아버지 앞에 무릎을 꿇었다.

> 내 나이 어언 쉰여섯, 아버지는 일흔일곱이었다. (…) 내가 첫날 인사를 드릴 때, 말씀이 없으셔도 얼굴 가득히 밝은 표정을 짓던 아버지의 모습을 잊지 못한다. 그 후 일주일 동안 계속 나를 보면 미소 짓던 얼굴도 잊지 못할 것이다. (…) 무려 15년 만에 보는 아버지의 따뜻한 미소였다. (…) 긴 세월을 돌아서 아버지와 나는 그렇게 화해를 했다.[47]

그로부터 두 달 뒤인 1987년 11월 19일 목요일 0시, 이병철은 영면을 하기 위해서 병원에서 이태원동의 한옥 자택으로 돌아왔다. 다섯 시간 뒤, 가족들이 지켜보는 가운데 '空手來空手去(공수래공수거)'라는 액자가 걸린 방에서 숨을 거두었다.[48]

사람은 누구나 빈손으로 왔다가 빈손으로 떠난다. 하지만 누구나 다 죽어서 성대한 장례식을 치르는 건 아니다. 호암 이병철 회장의 장례식은 성대했다.

11월 23일 오전 8시 10분 이태원 자택에서 불교의식으로 발인을 마친 고인의 유해는 노란색과 흰색의 국화송이에 덮여 영결식장인 호암아트홀로 향했다. 장손 이재현이 받쳐 든 영정을 선두로 삼성 관계사 사장단에 의해 유해가 식장으로 운구되자 1,000여 조문객이 고인을 맞았고, 경찰주악대가 연주한 그리그의 조곡이 울려 퍼졌다.

조계종 전 총무원장 녹원 스님의 법어로 시작된 영결식은 고인에 대한 1분간의 묵념에 이어 삼성물산 이필곤 대표이사가 약력보고를 했다. 이어 장례위원장인 신현확 삼성물산 회장, 재계 우인(友人) 대표인 정주영 전경련 명예회장, 해외 우인 대표인 세지마 류조 일본상공회의소 특별고문이 차례로 조사를 읽어 내려가는 동안 장내에서는 무거운 침묵을 깨뜨리는 흐느낌이 곳곳에서 흘러나왔다. 또 미당 서정주 시인의 조시(弔詩) "호암 이병철 대인 영전에"를 KBS 탤런트 임동진이 애틋한 음성으로 낭송했으며, 고인의 육성과 단아하고도 활기찼던 모습이 6분 동안 스크린에 재현되었다.

극락왕생을 기원하는 독경과 조객들의 분향·헌화를 마지막으로 '크고 강하고 영원하다'라는 뜻이 담긴 대형 삼성 사기(社旗)가 덮인 고인의 유해는 삼성 본관으로 향했다. 3,000여 임직원이 도열한 가운데 영정이 고인의 체취가 남은 28층 집무실을 돌아 고별식을 가진 뒤 유해는 장지인 용인자연농원으로 떠났다.[49]

이병철 회장이 죽어서 묻힌 자리는 용인자연농원 안 호암미술관 뜰

| 3장 | 목   계   가   되   어   라

안이었다. 20여 년 전 장남 맹희가 용인자연농원 부지를 한창 정리하던 무렵, 아버지가 격려차 들렀다가 정한 바로 그 자리였다.

"저기 자리가 좋다. 앞에는 물이 흐르고, 뒷산도 아늑하다. 저만하면 여름엔 시원하고 겨울에는 따뜻하겠다."[50]

《호암자전》에서 '生은 奇이고 死는 歸이다.'[51]라고 썼듯이 호암 이병철은 이 세상에 잠시 머물다 원래 자리로 돌아갔지만, 그가 세상에 남긴 건 적지 않았다.

*

이병철 회장이 마지막 숨을 거두고 5분 뒤, 회장 자택에 모여 임종을 기다리던 사장단은 이건희 부회장을 차기 삼성그룹 회장으로 추대했다.[52] 그러나 공식적인 추대는 그날 오후에 있었다. 1987년 11월 19일, 이병철 회장이 숨을 거둔 지 열두 시간 남짓 지난 시각인 오후 다섯 시 삼십 분, 삼성 본관 28층 대회의실, 삼성그룹의 긴급 사장단 회의가 열렸다.

다들 입을 굳게 다물고 있을 때, 신현확 삼성물산 회장이 먼저 입을 열었다.

"이 회장의 서거로 인한 우리들의 충격과 애석함은 말로 표현할 수 없으나 경영에 잠시라도 공백이 있어서는 안 됩니다."

'잠시의 공백'이라도 이건희가 선대 회장의 뒤를 잇는 과정에 잡음을 일으킬 수 있었다. 이병철 회장이 숨을 거두자마자 5분 만에 사장단들이 이건희 회장 추대를 결의한 것은 아주 작은 잡음도 용납하지 않겠다는 의미였다. 물론 이것이 고인의 뜻이었음은 말할 것도 없다.

제일제당(401,000여 주, 16.7퍼센트), 삼성반도체통신(981,000여 주, 6.17퍼센트), 삼성물산, 삼성전자, 제일모직, 중앙일보, 동방생명 등 주력 기업의 주식 소유에서 이건희 부회장이 다른 형제자매들에 비해서 상대적 우위를 확보할 수 있도록 이병철 회장이 이미 안배를 해놓았다는 사실[53]을 참석자들은 잘 알고 있었다. 이런 상황이라면 일반적인 사회 통념인 장자 상속의 틀이 깨진다 하더라도 어떤 문제가 발생할 가능성은 지극히 적었다.

"이건희 부회장을 새 회장으로 추대합시다. 부회장의 회장 승계는 고인의 뜻일 뿐 아니라, 이 부회장은 고인의 유지를 올바로 이해하고 실천할 수 있는 최적임자라고 우리 모두 생각합니다."

그러면서 일치단결해서 후계 회장을 모시고 경영에 차질이 일어나지 않도록 하자고 신현확은 제의했다. 이 제의에 참석자들은 모두 동의했다.[54] 이렇게 해서 마침내 삼남 이건희는 삼성그룹의 회장이 되었다. 취임식은 그로부터 열흘쯤 지난 뒤에 열렸다.

| 3장 | 목 계 가 되 어 라

이건희 회장 취임

중앙일보 사옥 한쪽에 호암아트홀이 자리 잡고 있다.

호암아트홀은 1985년 5월에 개관한 예술 공연장으로, 이병철 회장을 기리기 위해 그의 호인 '호암'을 이름에 넣었다. 호암아트홀은 국제 수준의 최첨단 음향 및 조명 시설과 200명의 공연자가 동시에 출연할 수 있는 무대를 갖추었는데, 특히 126개의 스피커로 객석 어디에서도 똑같은 음향과 음압을 느낄 수 있게 했으며, 특수음향 효과용 스피커가 있어서 음향의 원근감과 입체감을 높였다. 어떤 종류의 공연이든 최적의 상태로 관람할 수 있게 배려했다. 개관 기념공연은 〈햄릿〉이었지만 호암아트홀 최고의 공연은 개관 후 2년 7개월 뒤인 1987년 12월 1일 화요일에 화려하게 무대에 올랐다.

그날 오전 열 시, 이건희는 아버지 호암을 위해서 최고의 공연을 펼쳤다. 그 공연은 바로 자기가 삼성그룹 신임 회장으로 취임하는 행사였다. 삼성 사장단 및 임원 전원과 사원 대표 등 1,000여 명이 참석한 이날 취임식에서 이건희 회장은, 신현확 삼성물산 회장과 그룹 사장단 전원이 배석한 가운데, 떨리는 목소리로 취임사를 읽었다.

존경하는 원로 회장님과 고문 여러분! 친애하는 삼성 가족 여러분! 본인은 오늘 지난 반세기 동안 삼성을 일으키고 키워 오셨던 창업주를 졸지에 여의고 이 자리에 서게 되니 영광에 앞서 그 책임감이 너무 크고 무거움을 느낍니다. (…) 미래지향적이고 도전적인 경영을 통해 90년대까지는 삼성을 세계적인 초일류기업으로 성장시킬 것입니다. (…) 오늘 이 자리에서 우리 다 같이 헌신과 봉사, 그리고 가일층의 분발을 다짐함으로써 새로이 출범하는 삼성의 제2창업에 찬란한 영광이 돌아오도록 힘차게 전진합시다. 감사합니다.[55]

이어서, 삼성에 가장 먼저 입사한 최관식 삼성중공업 사장으로부터 삼성그룹의 사기(社旗)를 건네받는 상징적인 행위를 통해서 이건희는 공식적으로 삼성그룹의 회장이 되었다.

취임식을 마친 뒤 이건희는 사장단을 이끌고 고인이 된 아버지의 집을 찾아 아버지의 영정 앞에 섰다.[56] 영정 사진 속의 아버지는 엄격함 속에 미소를 숨기고서, 스스로를 자랑스러워하는 아들을 흐뭇하게 바라보고 있었다.

아버지는 아들에게 목계의 교훈을 가혹하게 가르치면서 때가 오기를 기다리라고 했다. 그래서 기다렸다. 확실한 건 아무것도 없었지만 기다렸다. 도쿠가와 이에야스가 도요토미 히데요시가 죽을 때를 기다렸듯이 그렇게 기다렸고, 마침내 아버지 도요토미 히데요시가 세상을 떠났다. 이제 천하 제1인자는 도쿠가와 이에야스 즉 이건희 자신이었다. 영정 속의 아버지가 빙긋 웃었다.

'내 말대로 하이까네 되제? 인자부터는 니가 회장이다.'

지나간 일들이 주마등처럼 스치고 지나갔다. 초등학교 5학년 때 일

| 3 장 | 목계가 되어라

본으로 공부를 하러 가라는 아버지 말을 듣고 싫다고 떼를 썼던 일, 일본 아이들에게 조센징이라고 놀림을 받고 따돌림을 받던 일, 허름한 삼류 극장에서 막 영화 한 편을 본 뒤에 빵으로 허기를 때우며 다음 영화가 상영되기를 기다리던 일, 고등학교 때 레슬링부 친구들과 풀빵을 사먹던 일, 그리고 유학 시절의 일들, 아내를 처음 만났던 하네다 공항도 떠올랐고, 온 가족이 함께 모였던 결혼식 날의 풍경, 유공 인수에 실패했을 때 아버지의 냉랭하던 시선, 초췌한 모습으로 병상의 아버지를 찾아서 목 놓아 울면서 용서를 빌던 맹희 형의 모습도 떠올랐다. 그리고 이 모든 모습들을 영정 사진 속의 아버지가 지켜보고 있었다. 평생 건희에게 칭찬이라고는 딱 한 번, "변하지는 말고 딱 요대로만 해라."라고 했던 아버지.[57] 어디선가 아버지의 목소리가 들리는 듯 했다.

'거니야, 단디 해래이(건희야, 야무지고 튼튼하게 해라, 응?).'

아버지의 그림자

이건희 회장은 취임한 지 한 달 만에 1988년을 맞았다. 1988년은 삼성상회가 설립된 지 50년이 되는 해, 즉 삼성이 50번째 생일을 맞는 해였다.

한편 전해 12월 16일에 치러진 대통령 선거에서 노태우 후보가 김영삼 후보와 김대중 후보를 누르고 대통령에 당선되었고, 1988년 2월 25

일에 노태우 당선자는 제13대 대통령에 취임했다.

그로부터 약 한 달 뒤인 1988년 3월 22일 화요일, 서울 올림픽 체조경기장에서 이건희 회장과 계열사 사장단 및 임직원과 가족, 퇴임 임원, 협력업체 대표 등 모두 13,000여 명이 참석한 가운데 삼성 50주년 기념식이 치러졌다. 이 자리에서 이건희 회장은 기념사를 통해서 제2창업을 한 번 더 강조하며, '세계적인 초일류기업'이라는 과제를 좀 더 구체적으로 제시했다.

> 지금부터 본인은 거대한 생명체의 '위대한 내일'을 약속하는 제2창업을 엄숙히 선언합니다. 그것은 삼성의 체질을 더욱 굳세게 다져 세계 초일류기업으로 키워 나가고 국민의 사랑을 받으며 국민에게 더욱 봉사하는 삼성을 만들어 나가자는 뜻입니다. (…) 제2창업 수행의 구체적인 지표를 여러분에게 밝히고자 합니다. 첫째로는 90년대까지 삼성을 세계적인 초일류기업으로 발전시켜 나가는 일입니다. (…) 날로 치열해져가는 국제경쟁 속에서 우리가 살아남는 길은 우리의 인재들이, 그리고 인재들이 모인 기업이 세계 초일류기업으로 성장하여 5대양 6대주로 활동무대를 넓혀야 된다는 사실을 우리 모두가 깊이 명심해야 할 것입니다.[58]

하지만 이런 선언은 그저 선언에 그쳤을 뿐이다. '초일류기업'이라는 화두를 꺼내들었지만 달라지는 건 아무것도 없었다. '50년 동안 굳어진 체질은 너무도 단단했다.' 삼성은 아직 이건희 회장의 것이 아니

| 3 장 | 목   계   가   되   어   라

라 여전히 죽은 이병철 회장의 것이었다.

이건희는 아버지 이병철로부터 삼성그룹을 물려받았다. 이제 법률적으로 삼성의 오너가 되었다. 하지만 삼성은 그가 만든 조직이 아니었다. 위에서부터 아래까지 철저하게 이병철이 만든 조직이었다. 9년 동안 부회장으로 있었지만 실질적으로 최고경영자로서 지휘를 해본 적은 한 번도 없었다. 이병철이 유일적 경영 체계를 한 치의 빈틈도 없이 구축해 놓았기 때문에, 법률적인 상속자라는 당위성 하나만으로는 삼성이라는 거대한 조직을 장악할 수 없었다. 이건희는 아버지 이병철로부터 삼성그룹의 오너십(ownership)을 상속받았지만 유일적 경영 체계까지 상속받지는 못했던 것이다.[59]

아버지가 아들에게 상속한 삼성그룹이라는 선물 꾸러미에는 자물쇠가 채워져 있었다. 그 자물쇠를 열려면 아버지를 넘어서야 했다. 조건부 상속인 셈이었다. 그 과제를 해결하지 못하면 삼성그룹은 자기 것이 될 수 없었다.

이건희가 취임 직후인 1988년 5월과 10월에 삼성전자로 하여금 각각 마이크로파이브 사(社)를 인수하게 하고, 프랑스 빠이오 사(社)와 합작회사를 설립하게 하는 등 의욕적으로 나섰지만, 이로 인해 눈에 띌 만한 가시적인 성과를 거두지는 못했다. 그러자 조직 안팎에서는 우려와 의심의 시선으로 이건희를 바라보았다. 이런 시선이 이건희에게 압박이 되었음은 물론이다.

이건희 회장은 답답했다. 어디서 어떻게 구체적으로 풀어나가야 할

지 막막했다. 당시의 심정을 1997년에 발간한 수필집 《이건희 에세이》
에서 다음과 같이 회고했다.

> 87년 회장에 취임하고 나니 막막하기만 했다. (…) 세계 경제는 저성장
> 의 기미가 보이고 있었고 국내경제는 3저 호황 뒤의 그늘이 짙게 드리우
> 고 있었다. (…) 이듬해[1988년] 제2창업을 선언하고 변화와 개혁을 강조
> 했다. (…) 그러나 몇 년이 지나도 달라지는 것이 없었다. 50년 동안 굳어
> 진 체질은 너무도 단단했다. (…) 1992년 여름부터 겨울까지 나는 불면증
> 에 시달렸다. 이대로 가다가는 사업 한두 개를 잃는 게 아니라 삼성 전체
> 가 사그라질 것 같은 절박한 심정이었다. 그때는 하루 네 시간 넘게 자본
> 적이 없다. 불고기를 3인분은 먹어야 직성이 풀리는 대식가인 내가 식욕
> 이 떨어져서 하루 한 끼를 간신히 먹었을 정도이다. 그 해에 체중이 10킬
> 로그램 이상 줄었다.[60]

아버지 이병철이 세상을 떠난 뒤에도 아버지의 그림자는 여전히 아
들 이건희 회장을 덮고 있었다. 삼성그룹의 회장으로 취임한 지 4개월
뒤에 한 월간지 기자와 가진 인터뷰에서 이런 모습을 엿볼 수 있다. 기
자가 '2세 경영자'라는 단어로 자기를 통칭하려고 하자 이건희 회장은
발끈한다.

아까 다른 대기업 2세 얘기를 하셨지만 그분들과 저는 기본적으로 다

| 3장 | 목 계 가 되 어 라

른 점이 있다고 생각해요. 회장이나 총수가 되는 절차가 달랐다는 것입니다. 저는 공식적인 후계자 지명을 받고 회장 곁에서 늘 결재하는 과정을 지켜보는 경영자 수업을 받은 반면, 그분들은 그런 공식적 절차를 거치지 않았다는 생각입니다. 물론 [그분들이] 후계자 준비를 하지 않았다는 것은 아닙니다만.[61]

자기는 사람들이 일반적으로 얕잡아보는 그런 '2세 경영자'가 아니라는 것이다. 또 기자의 "부회장을 10년 넘게 하셨다."라는 언급에 대해서는 부회장을 한 건 10년이지만 실제 후계자로 지명을 받은 건 14~15년이라고 강조했다.

공식 발표가 10년이고 실제는 14~15년 전에 이미 내정이 되었어요. 선대 회장 옆에서 저는 마음속 결재를 하곤 했지요. 마치 정식 회장인 기분으로 말입니다. 솔직히 말씀 드려서 어느 정도 무난히 할 수 있겠다 싶은 때 아버님이 돌아가신 게 다행이라 할까…… 그러나 실제 책임자가 돼 보니 그 일이 얼마나 어려운가를 차츰 느끼고 있습니다.[62]

15년이라는 긴 세월 동안 실질적인 회장으로서 결재를 하면서 준비를 해왔다는 것이다. 그게 사실이라 하더라도 굳이 그 말을 보태야 했을까? 그렇게나 자기를 내세워야 할 만큼 조급했을까? 이런 조급함을 내보인다는 사실은, 그가 말하는 이른바 '비서실 사람, 사장단들'의 힘이 그로서는 버거울 정도로 컸다는 반증이다.

또 이건희는, 2인자로서의 고민은 없었느냐는 물음에는 이렇게 대답한다.

> 저보다는 밑의 사람들이 더 고생했지요. 목소리가 두 개니까 어느 쪽에 더 비중을 둘지 고민이 많았을 겁니다. (웃음). 특히 비서실 사람, 사장단들이 그런 고생을 많이 했을 테지요. 회장 명령은 절대적이고, 부회장은 또 그냥 부회장이 아니니 [후계자이니까] 뻔하지 않습니까?[63]

사실이 아니다. '밑의 사람들'이 이건희 부회장 때문에 고생한 일은 별로 없었다. 절대적이던 이병철 회장이 시키는 대로만 하면 되었기 때문이다. 이런 사실은 다음에서도 확인할 수 있다.

> 이건희는 (…) 후계자 시절에는 회사의 경영 참여가 배제됐었다. 이병철 생전, 당시 서울 태평로 삼성 본관 28층에 회장실과 부회장실이 나란히 있었다. 삼성 고위 임원 출신인 한 인사에 따르면 이병철 회장은 자신에게 결재 받으러 오다가, 아들[이건희] 방에 들른 임원이 있으면 혼쭐을 냈다며 "이건희 부회장은 공식 후계자였지만, 의사 결정에 전혀 관여하지 못했고 아무런 힘이 없었다."고 회고한다.[64]

그럼에도 불구하고 '목소리가 두 개' 운운한 것은 허장성세(虛張聲

| 3 장 | 목 계 가 되 어 라

勢)였다. 아버지 이병철이 목계를 거실에 두고 경계하라고 했던 바로 그 모습이다. 인터뷰를 하던 기자는 이 허장성세에 속아서, '이 회장의 4개월은 아직까지 크게 어려운 모습은 아니다.'라고 맞장구를 치는데, 바로 이건희가 바라던 것이었다. '비서실 사람, 사장단들'도 기자처럼 그렇게 생각하길 바랐다. 하지만 그들은 이건희의 허장성세에 속지 않았다. 오히려, 이건희는 아직도 어리고 철없는 황태자에 지나지 않군, 하고 생각했다.

또 아니면, 이랬을 수도 있다. 이건희가 그 모든 상황을 다 알고 있으면서 허장성세로 위장했을 수도 있다. 어차피 화를 내고 조급해 한다고 해서 될 문제가 아님을 알고 있었기 때문에, 어차피 장기적인 차원에서 해결을 해야 했기 때문에, 일부러 비서실이나 주변 사람들에게 유화적인 제스처를 보였던 것일 수도 있다. 예컨대 취임 4개월 뒤에 있었던 같은 인터뷰에 나오는 다음과 같은 대목은 이런 추정을 뒷받침한다.

(선대께 중용되던 사람들이 계속 기업을 이끌어 갈 겁니까?) 기업과 정치는 달라요. 정치는 정권이 바뀌면 사람이 많이 바뀌지요. 조선 500년사가 얼마나 낭비적이었는가를 반추해 볼 필요가 있습니다. (…) 회장 이하 임직원들이 일정 수준의 생활을 절대 보장받되 이 회사가 개인을 떠나 국가 회사라는 사명감으로 일해 준다면 어떤 사람이고 적소에 쓰일 수 있습니다.[65]

새로운 회장이 취임하면서 사장단과 임원진들이 불안감 속에 동요했을 가능성은 충분히 있다. 세력 균형이 새롭게 형성되는 과정에서 퇴출될지도 모른다는 불안감이었다. 이런 불안감은 변화에 대해서 기득권 집단이 본능적으로 가질 수밖에 없는 것이었다. 그런 이건희가 이런 불안감을 잠재우려고 일부러 이들에게 유화적인 제스처를 보였을 수 있다는 말이다. 세력 균형이 급격하게 흔들리는 것은, 아직 주력 기업들의 대주주로서 법률적으로는 그룹 회장의 자격을 갖추었지만 실질적으로는 자기 사람들을 요직에 확보하지 못한 이건희로서도 바라지 않는 상황이었을 테기 때문이다.

변화를 둘러싼 이건희 회장과 비서실 및 사장단 사이의 불협화음은 '해외 지역전문가 제도'라는 제도의 시행을 둘러싸고도 불거졌다. 현재 이 제도는 입사 3년차 정도의 30세 전후의 사원을 해외 각 지역으로 파견하여 다양한 문화 체험 등을 통해서 그 지역의 전문가로 성장할 수 있도록 유도해서 각자가 글로벌 감각을 익히고 해외 정보망과 인맥을 넓히도록 하는 걸 목적으로 하는 일종의 자유방임형 해외 연수 프로그램이다.[66] 이 제도는 초기에 독신자를 대상으로 했기 때문에 '독신자 파견 제도'라고도 했다.

이 제도는 1991년에 그룹 차원에서 처음 실시되었지만, 이미 1989년부터 삼성물산과 삼성전자를 중심으로 시범적으로 운영되었다. 당시에는 파견 기간이 6개월에서 1년이었는데, 이 제도에 대해서 반발이 적지 않았다. 업무와 관련해서 구체적인 성과가 없는 데다 비용은 많

| 3장 | 목 계 가 되 어 라

이 들고, 또 기회가 주어지지 않은 사원들이 불만을 가질 것이라는 게 이유였다. 하지만 이 제도를 제안하고 추진한 사람이 이건희 회장이었다는 점을 염두에 둔다면, 이 제도에 대한 반발이 궁극적으로 무엇을 의미했을지 쉽게 추측할 수 있다.

나중에 자신의 유일적 경영체제를 전투적으로 확립해나가던 시기인 1993년에 있었던 한 임원회의에서 이건희는 이 제도에 대한 비서실과 사장단의 미온적인 태도를 다음과 같이 질타했는데, 이 발언 속에서 이건희 회장의 목소리가 취임 초 몇 년 동안 얼마나 쉽게 무시되었는지 짐작할 수 있다.

> 내가 부회장 시절인 15년 전부터 삼성맨의 국제화를 위해 사원 해외 파견을 지시했으나 이루어지지 않았다. 내가 회장이 되고 나서도 계속 말했는데도 이행되지 않다가 화를 내니까 그때서야 실시할 정도로 회장의 말이 먹혀들어 가지 않았다. 사원 해외 파견 제도가 10년 전에만 실시됐어도 삼성의 모습은 오늘날과는 크게 달라졌을 것이다.[67]

아버지가 드리운 그림자, 아버지와 함께 삼성을 키워온 주력 인사들 즉 '비서실 사람, 사장단들'이 문제였다. 아버지의 그림자는 저절로 없어지는 게 아니었다. 이 그림자를 떼어내려고 (모르고 그랬든 아니면 일부러 그랬든 간에) 무턱대고 몸부림을 치면 칠수록, 모양만 우스꽝스러워질 뿐이었다.

이건희 회장은 벌거벗은 임금님이었다. 벌거벗은 임금님을 바라보는 신하들은 웃음을 참느라 혼이 났을 것이다. 그리고 벌거벗은 임금님은, 신하들이 자기 앞에서는 애써 웃음을 참지만 자기가 없는 곳에서는 자기들끼리 배꼽을 잡고 웃는다는 사실을 잘 알고 있었다. 이 모든 것이 다 갓 대관식을 치른 황태자에게는 굴욕이었다.

5년 뒤 이건희 회장은 프랑크푸르트 회의에서 당시의 상처를 다음과 같이 회상하면서 임직원들을 몰아세웠다.

"5년 전에 여러분 뭐라고 그랬느냐? '저 사람 이상주의자다. 실무를 모르니 저런 소리를 한다. 현실을 모르니 저런다. 부잣집에서 자랐으니 월급쟁이 고충을 알겠느냐.' 그러면서 내 말을 밑으로 전달도 안 했어요. 그럼 그렇게 말하는 자신은 현실을 알았는가? 더 몰랐어요. 이런 것이 뒷다리 잡는 짓입니다."[68]•

하지만 이건 5년 뒤의 일일 뿐, 아직은 그럴 준비가 되어 있지 않았다. 그저 상처를 끌어안고 어금니를 깨물며 준비를 하고 있을 수밖에 없었다.

• 인용한 책에서 이건희의 어록을 정리한 부분은 경어가 들어가는 일상적인 대화체가 아니지만, 필요에 따라서 필자가 내용의 훼손 없이 경어를 넣어 대화체로 만들었다.

| 3장 | 목 계 가 되 어 라

은둔의 동굴에서

이건희 회장은 취임 후에 출근 시간이 일정하지 않았고, 아예 회사에 나오지 않는 날이 훨씬 더 많았다. 그러자 일부 임직원들 사이에서는 '다른 재벌 총수들은 분주하게 활동하는 데 비해 이 회장은 해외로만 돌아다니고 정부에 대한 역할도 제대로 하지 못한다.'며 이건희 회장에 대해서 비판적인 발언을 했다.[69] 또한 온갖 나쁜 소문들이 돌았다. '식물인간이니 엘리베이터 걸이 어떠니, 자동차 사고 때 연예인과 함께 있었다느니, 세 살에서 여섯 살짜리 자식이 90명이라는 등등의 소문'[70]이었다. 또 건강이 나빠져서 경영에서 손을 뗄 것이라는 소문도 나왔고, 정부의 사정 대상으로 지목되었다는 소문도 나왔다. 실제로 한 번은 이건희의 해외 출장 중 수행비서가 미국 로스앤젤레스 공항 세관에서 33만 달러의 외화 밀반입을 시도한 혐의로 체포되기도 했다.[71] 이러니 그런 소문은 더욱 무성할 수밖에 없었고, 언제부터인가 사람들은 이건희를 '은둔의 황제'라고 불렀다.

그렇다면 이건희는 은둔의 동굴에서 무엇을 했을까?

그 해답의 단서를 찾을 수 있는 이건희 본인의 발언이 있다. 1993년 중순에 있었던 이른바 오사카 회의 때 한 발언이다.

나는 일본에 있을 때 일본의 역사를 알기 위해서 45분짜리 비디오테이프 45개를 수십 번 보았다. 도쿠가와 이에야스 30회 이상, 도요토미 히데요시 10회 이상, 오다 노부나가 5~6회 보았다. 상상해봐라. 시간과 정신 집중을 얼마나 해야 하는지. 나는 과거 10년간 그렇게 살아왔다.[72]

그랬다. 자신의 체제를 구축할 준비를 하면서 이건희는 다시 한 번 더 도쿠가와 이에야스를 연구하며, 어떤 전략과 전술로 삼성그룹의 실질적인 회장이 될 수 있을 것인지 준비했던 것이다.

아버지는 아들에게 때가 오기를 기다리라고 했고, 그래서 기다렸다. 그리고 삼성그룹의 총수가 되었다. 하지만, 아직 세상은 그의 것이 아니었다. 1600년, 도쿠가와 이에야스는 세키가하라 전투에서 이시다 미즈나리를 격파하고 마침내 전국시대에 마침표를 찍긴 했지만, 아직도 천하는 온전하게 그의 것이 아니었다. 도요토미 히데요시의 아들 히데요리가 남아 있었기 때문에 아직 끝이 난 게 아니었다. 도요토미 가문에 충성하는 다이묘들이 언제 도요토미 히데요리를 중심으로 결집해서 자기에게 대항을 할지 모를 일이었다. 도요토미 히데요리를 제거하지 않는 한 그는 자기 아버지가 남긴 막대한 재산으로 언제든 세력을 결집할 수 있었다. 도요토미 가문의 씨를 말리지 않는 한 안심할 수 없었다.

하지만 명분은 잃지 않아야 했다. 그러니 먼저 도요토미 히데요리를 칠 수 없었다. 도요토미 히데요리가 먼저 자기를 치도록 유도해야만 했다. 하지만 또 일이 잘못되면 전국이 다시 전쟁의 소용돌이에 빠질 수도 있었다. 우선 도요토미 가문이 가지고 있는 엄청난 재산부터 소

| 3 장 | 목   계   가   되   어   라

모시킬 필요가 있었다. 그래서 도쿠가와 이에야스는 꾀를 하나 생각해 냈다.

호고지(方廣寺)라는 절이 있었다. 도요토미 히데요시가 1589년에 지은 절로 도요토미 가문의 상징이었다. 이 절이 지진으로 허물어졌는데, 도요토미 히데요리에게 이 절을 재건하라고 권고한 것이었다. 그렇잖아도 그러고 싶었지만 도쿠가와 이에야스의 눈치를 보느라 선뜻 나서지 못했던 도요토미 히데요리는 얼씨구나 하며 좋아했다. 호고지를 다시 짓는다는 소문이 전국으로 퍼지면 도요토미 가문을 지지하는 다이묘들이 다시 결집할 것이라는 기대에 잔뜩 부푼 히데요리. 이렇게 해서 공사는 시작되었다.

하지만 그건 도쿠가와 이에야스가 파놓은 함정이었다. 도쿠가와 이에야스는 호고지에 걸릴 거대한 쇠종에 새겨진 문구 중 일부 구절을 '도요토미 히데요리가 도쿠가와 이에야스를 반으로 토막을 내고 도요토미 가문을 다시 일으켜 자손을 번창하게 하려 한다'라고 자의적으로 해석하면서, 도요토미 가문이 도쿠가와 가문을 공격할 준비를 진행하는 것이라고 꼬투리를 잡았다.

도요토미 히데요리는 분통을 터뜨렸지만 이미 때는 늦었다. 명분도 잃었고, 또 공사를 진행하느라 재산도 많이 소비했다. 도쿠가와 이에야스는 1614년에 도쿠가와 가문의 오사카 성을 공격했다. 도요토미 히데요리의 저항이 상당히 거셌다. 성 주변에 두 겹의 해자˙가 둘러쳐져 있어서 오사카 성을 공략하기가 어려웠다. 그러자 도쿠가와 이에야스는 부하 장수를 보내서 화해를 청했다. 그러면서 화해의 증거로 두 개의 해자 가운데 바깥에 있는 해자를 메워 달라고 부탁했다. 그래야만 자기 체면이 산다고 했다. 이 말을 곧이곧대로 들은 도요토미 히데요리는 그렇게 했다. 하지만 이건 도쿠가와 이에야스의 술책이었고, 곧 오사카 성은 함락되었다. 마지막까지 속임을 당한 도요토미 히데요리는 분통을 터트리며 스스로 목숨을 끊었다.

이렇게 해서 도쿠가와 이에야스가 세운 에도 막부에 대한 잠재적인 저항 세력은 모두 사라졌다. 마침내 일본에는 에도 시대라는 질서가 자리를 잡았다. 메이지 유신이 시작되는 1868년까지 장차 250년 동안 이어질 새로운 질서의 시작이었다.

*

이건희가 기존의 체제에 구멍을 내고 자기 자리를 마련하고 나아가서 그것을 자기 체제로 바꾼다는 것은 기존의 인사들이 기존의 체제에서 누리던 기득권을 빼앗는다는 의미였다. 임원들이 이런 불이익을 감수하며 순순히 물러날 리가 없었다. 삼성 및 이병철 일가에 대한 수많은 비밀 및 비리를 알고 있는 사람들이기 때문이었다. 이들이 어떤 협박과 공갈을 해올지 알 수 없었다. 분명한 건, 어쨌거나 순순히 물러나

• 성을 효과적으로 수비할 목적으로 성 바깥 부분을 인공적으로 파서 만든 호수

| 3장 | 목 계 가 되 어 라

지는 않을 거라는 사실이었다.

 하지만 이건희는 이들이 자기 체제에 순응하거나 아니며 소리 없이 물러나게 만들어야 했다. 그렇지 않고서는 늙은 가신들에게 이리저리 휘둘리는 힘없는 회장, 혹은 이들이 소문을 퍼트리는 대로 '식물인간, 마약 중독자, 정신병자, 카사노바'로 살 수밖에 없었다. 맹희 형의 처지만 보더라도 그건 충분히 알 수 있었다. 다정다감한 형이었지만 어느새 난폭한 변태성욕자이자 정신병자가 되어 손발이 잘린 채 거리에 내팽개쳐지지 않았던가. 자기라고 그렇게 되지 말라는 법이 없었다. 그럴 가능성은 얼마든지 있었다. 결코 만만한 싸움이 아니었다.

 전투를 장기전으로 설정해야 할까, 아니면 단기전으로 설정해야 할까?

 어떻게 해야 이 싸움에서 명분과 실리를 동시에 얻을 수 있을까?

 어떤 계책을 써야 할까?

 어디를 집중적인 타격 대상으로 삼아야 할까?

 무엇으로 타격을 해야 할까?

 누구를 선봉에 설 장수로 삼아야 할까?

 적진의 장수들 가운데 누구와 밀통을 해야 최대의 파급 효과를 거둘 수 있을까?

 아군 진영의 적군 내통자들을 어떻게 솎아낼 수 있을까, 또 이들을 거꾸로 이용할 수 있는 방법은 없을까?

 전투가 끝난 뒤, 항복한 사람들은 어떻게 처리해야 할까? 도요토미 히데요리가 그랬던 것처럼 자결하게 해야 하나? 아니면, 손발만 자른 채 살려둬야 하나?

　만에 하나 잘못될 경우에 사용할 퇴로는 어떻게 마련해야 할까?

　또…….

　그리고 또…….

　하지만 무엇보다 중요한 것은 깃발이었다. 깃발에 담을 슬로건이었다. 간단명료한 슬로건이어야 했다. 본질을 쉽게 파악할 수 있는 슬로건이어야 했다. 아군의 가슴을 뛰게 만들고, 적군의 간담을 서늘하게 만들어 싸울 기력조차 잃어버리게 만들 강력한 슬로건이어야 했다. 삼성 식구들뿐만 아니라 재계의 다른 기업들 그리고 정부와 국민의 지지까지 이끌어낼 수 있는 그런 슬로건이어야 했다.

　이건희 회장은 긴 사색에 들어갔다.

*

　이건희는 강박적인 집착과 몰두 그리고 온갖 기계류의 분해 및 해부 과정을 통해서 '사물의 외관이 던지는 의문에 대하여 겉모습뿐 아니라 그 이면까지도 들여다보는 훈련'을 했었다.* 이런 훈련의 결과 이건희는 사물의 본질을 누구보다 잘 꿰뚫어보는 통찰력을 가지게 되었다.

---

* 본문 68쪽 참조

| 3장 |　목　계　가　　되　어　라

그리고 이런 통찰력의 중요성을 늘 강조했다.

> 원점 사고는 획기적인 개선과 대안 제시에 좋은 출발점이 될 수 있다. (…) 일상생활에서부터 모든 것을 뒤집어보는 원점 사고가 필요한 시점이다.[73]

이런 통찰력은 특정 산업의 본질 즉 '업(業)의 특성'을 파악하는 데로 이어졌다. 1990년대 초 신세계백화점 사장에게 백화점이라는 산업의 특성이 뭐라고 생각하느냐고 묻자 질문을 받은 사람뿐만 아니라 다른 사람들까지 당황했다. 이때 이건희는 명쾌한 정리를 내놓았다. 백화점은 부동산업, 호텔은 서비스업이라기보다는 장치산업, 반도체는 시간산업, 시계는 패션업, 가전은 조립양산업이라고 규정했다.[74]
　이런 이건희였기에 자기가 처한 상황의 본질을 어렵지 않게 파악했을 것이다.
　그 상황은 바로 과도기였다. 과도기의 본질은 미완의 변화이다. 변화가 완료되면 더 이상 과도기가 아니다. 변화가 완료된다는 것은 이건희가 실질적인 삼성의 총수가 되는 것이었다. 이에 비해서 변화를 잠재우고자 하는 시도는 이건희를 허수아비로 만들어 경영에서 손을 떼게 만드는 것이었다. 변화를 불편해 할 이유는 전혀 없었다. 초조해 할 필요가 없었다. 실질적으로 삼성그룹의 회장이 되려면 변화는 당연히 통과해야 하는 과정이었다. 변화의 폭이 크면 클수록 반발은 크겠지만, 변화가 완료된 뒤 자기 체제는 더욱 확고해진다.

결론은 나왔다. 변화를 자기편으로 만들어야 했다. 판을 더 크게 키우고 또 이 판을 더 세게 흔들어야 했다. 변화라는 파도에 올라타고 호령해야 했다.

이건희가 처한 변화의 핵심은 아버지 이병철을 넘어서는 것이었다.

그러려면 아버지의 회사를 나의 회사로 바꾸어야 한다. 아버지의 회사, 아버지가 정교하게 쌓은 조직을 나의 조직으로 바꾸지 않으면 언제까지고 '철없는 황태자'이자 허수아비 회장으로 남을 수밖에 없다. 아버지를 철저하게 부수고 깨야 한다. 그럴 때 비로소 나의 정체성이 드러난다. 그래야만 이병철의 아들이 아니라 이건희가 될 수 있다. 미꾸라지가 아니라 메기가 될 수 있고, '수줍은 황제'가 아닌 진정한 위엄과 권위를 지닌 황제가 될 수 있다.

회장 취임사에 '제2의 창업을 가꾸는 선봉으로서 혼신의 힘을 다하여 그 소임을 수행하겠다.'거나 '미래지향적이고 도전적인 경영을 통해 90년대까지는 삼성을 세계적인 초일류기업으로 성장시키겠다.'거나 하는 표현을 썼었지만, 이런 표현은 겉으로는 그럴듯해 보이지만 알맹이가 없었다. 현재 판의 특성을 헛짚은 것이었다. 고위 간부에서부터 말단 직원에 이르기까지 그 구호들은 그저 열심히 잘해 보자는 정도로밖에 받아들여지지 않았다. 하기 좋고 듣기 좋은 말일 뿐이었다. 이런 구호로는 현재 상황의 본질이 변화의 과도기임을 사람들에게 각인시키기에 부족했다. 우선 현재의 판이 변화라는 판임을 분명하게

| 3장 | 목 계 가 되 어 라

인식시켜야 했다. 변화라는 판을 더 크게 키우는 건 그다음의 문제였다.

그렇다면 현재의 판이 변화라는 판임을 가장 강력하게 드러낼 수 있는 방법은 무엇일까?

이건희 회장이 선택한 방법은 정공법이었다.[75] 삼성그룹 권력의 핵심이자 삼성의 도요토미 히데요리인 비서실에 칼을 들이대는 것이었다.

마침, 급변하는 국내외의 정세도 이건희의 편이었다.

변화하는 국내외 정세

비효율성으로 경직될 대로 경직된 사회주의 체제의 국가들은 1980년대에 들어서면서 자본주의 체제의 국가들에 밀려 뒤처지기 시작했다. 사실 사회주의 체제에서의 자유화는 1960년대부터 진행되었다. 스탈린주의는 여전히 강력했지만, 마침내 1985년 3월에 미하일 고르바초프가 서기장으로 취임해 소련 권력을 장악함으로써 글라스노스트와 페레스트로이카로 알려진 소련의 급격한 개혁·개방정책이 시작되었다. 이후 1987년 12월 8일에는 미국과 소련 사이에 중거리 핵미사일을 폐기한다는 협정이 체결되었다.

고르바초프의 개혁은 원래 사회주의 체제를 유지하면서 문제점을 고치겠다는 것이었지만, 결과는 애초에 의도한 것과 달랐다. 무서운 속도로 발전하는 자본주의를 사회주의 안으로 불러들인 셈이었다. 그리고 자본주의 시장경제의 갑작스러운 유입은 공산주의 체제를 뿌리째 흔들었다.

1989년에 7월 17일에는 폴란드가 동유럽 최초로 40년 만에 교황청과 수교를 하였고, 8월 19일에는 헝가리 공산당이 탈공산주의 선언을 했다. 9월 8일에는 폴란드가 서구식 시장경제를 실현하겠다고 선언했고, 12월 3일에는 미소 정상회담에서 '세계가 냉전 체제에서 벗어나 새로운 시대로 접어들고 있다.'고 선언했다. 다음 해인 1990년 3월에는 소련에서 생산 수단의 사유화와 임금노동자의 고용을 허용하는 법안이 통과되었으며, 6월에는 소련 최고회의에서 시장경제 체제 전환을 위한 경제개혁안을 승인했다. 10월 3일에는 동서독이 통합해 통일 독일이 출범했다.

이런 흐름을 거스르려는 움직임이 소련 내에 없지 않았다. 1991년에 군부 쿠데타가 일어나서 고르바초프를 밀어내려 했지만 역사의 거대한 물줄기를 돌려놓을 수는 없었다. 결국 고르바초프의 개혁·개방 정책은 1991년 12월 15일 소련의 해체로 이어졌다. 고르바초프는 소련 붕괴를 주도한 공을 인정받아서 1990년에 노벨평화상을 수상했다.

소련이 해체됨으로써, 미국과 소련이 세계를 분할하여 지배하며 영향력을 행사하던 냉전의 판은 깨지고, 미국 홀로 세계의 정치와 경제를 좌우하게 되었다. 이렇게 해서 국경을 초월해 초과수익을 노리는 금융 자본과 상품 시장 및 생산 기지를 찾는 초국적 기업 중심의 산업 자본

| 3 장 | 목   계   가   되   어   라

의 세계화가 본격적으로 전개되기 시작했다. 세계화란 곧 자본과 상품의 흐름을 가로막는 각 국가의 장벽을 허물어 이 흐름이 보다 빠르고 또 보다 대량으로 진행되도록 제도적인 장치를 마련하는 것이었다.

한국 역시 이런 도도한 흐름에서 비켜날 수 없었다. 특히 금융 시장 개방은 1990년대에 들어서면서 본격화되었다.

1981년 1월에 발표한 증권 시장 국제화 장기계획에 따라 시장 개방을 점진적으로 추진하였으나 외국인전용수익증권, 컨트리펀드와 같은 간접적인 형태의 투자만 허용하였다. 그러나 1988년 12월에는 증권 시장 국제화를 단계적으로 확대해서 추진하겠다는 계획이 나왔고, 1992년 1월, 외국인에 대하여 일정 한도의 범위(외국인 전체로는 개별종목 발행주식 총수의 10퍼센트, 외국인 1인당으로는 3퍼센트) 안에서 국내 상장 주식에 직접 투자할 수 있게 했다. 이후 외국 국적의 개인, 외국 법인 등으로 제한하던 외국인 투자자의 범위를 1992년 1월 및 3월 두 차례에 걸쳐 외국 정부 및 연기금 등으로 확대하였다. 또한 1992년 7월부터는 국내에 진출한 외국 금융기관에 대해 내국인 자격의 주식 투자를 허용하였다.*

한국의 군사독재 정부는 30년이 넘는 세월 동안 시장을 적극적으로 (사회주의 계획경제를 연상케 하는 직접적인 개입을 통해서) 조작해 왔다. 하지만 이런 모습은 해외의 자유시장주의자들의 눈에, '정부의 개입은, 효율적인 시장 규율은 부족하고 비효율적인 금융 체계와 부채 비율은 이상적으로 높은 기업 풍토를 낳았다.'[76]는 식으로 비춰졌다. 즉,

이들의 눈에는 군사독재가 세계화를 가로막는 사회적, 경제적, 문화적 구조였다. 경제의 민주화를 이루기 위해서는 우선 정치의 민주화가 필요했다. 냉전의 중요한 한 전선이었던 한국에서 이제 '반공―정치군사동맹'이라는 정치적인 논리보다는 '세계화―시장 개방'이라는 경제적인 논리가 앞서기 시작한 것이다.

> 한 사회에서 자원이 극단적으로 불공정하게 분배될 때 미래 계획에 대한 사회적인 동의는 가능하지 않다. (…) 불평등은 야망의 좌절로 인한 분노와 절망을 조장한다. 소득의 격차가 능력이나 합리성과 아무런 상관없이 발생할 때 도덕의 해체와 절망은 피할 수 없다. (…) 야망이 좌절될 때 범죄가 발생하고 궁극적으로 테러와 폭동이 발생한다.[77]

이 '테러와 폭동'에 기업과 노동자가 한편이 되었다. 정부 주도의 경제 성장이라는 패러다임이 기업과 노동자로부터 동시에 압박을 받는 상황을 맞은 것이다. 한편에서 국민과 노동자가 인권과 민주주의를 주

---

* 이후의 개방 상황은 다음과 같이 전개된다. 1993년 이후에는 제3단계 금융 자유화 및 시장 개방 계획과 OECD 가입 시 제시한 자본 자유화 계획에 따라 외국인의 주식 투자 한도를 더욱 확대한다. 특히 금융·외환 위기 이후에는 1997년 12월 종목별 전체 한도를 55퍼센트, 1인당 한도를 50퍼센트까지 대폭 확대한 데 이어 1998년 5월에는 공공법인에 대한 투자를 제외하고는 한도 규제를 완전히 폐지한다. 이상의 내용은 국가기록원의 다음 웹페이지에서 인용. http://contents.archives.go.kr/next/content/listSubjectDescription.do?id=003552. 하지만 이렇게 물밀듯이 들어오는 자본이 몇 년 뒤에 외환 및 금융 시장을 마비시키는 치명적인 독이 될 줄은 아직은 아무도 몰랐다.

| 3장 | 목 계 가 되 어 라

장하며 독재 타도를 외쳤고, 또 다른 한편에서는 그동안 정부의 계획과 주도 아래에서 성장해온 재벌들이, 국내외의 다른 기업들의 진입을 막아주며 자기들이 배타적으로 성장할 수 있도록 튼튼한 바리케이드로 기능했던 온갖 규제들을 이제는 거추장스럽다고 불평하기 시작한 것이다.

외국의 자본과 상품이 한국 시장에 유입되기 시작했지만, 뒤집어서 보면 한국의 자본과 상품 역시 전 세계로 진출할 기회를 잡은 셈이었다. 정부의 보호 아래 독과점 상태에서 호시절을 노래했지만 이제 자기 능력만으로 시장에서 살아남아야 했다. 《삼성 60년사》는 당시의 상황을 다음과 같이 규정했다.

> 1985년 구소련의 고르바초프 대통령[당시에는, 공산당 서기장]이 페레스트로이카를 선언한 후 냉전이 종식됐다고는 하나 냉전보다 더 무서운 경제 전쟁이 본격화되고 있었다. (…) 이제 변화하지 않으면 안 되고 20세기가 7년밖에 안 남은 마지막 기회에 일류가 되지 않으면 살아남지 못한다.[78]

이런 변화의 상황은 위기이자 기회였다. 삼성은 국내의 다른 대기업들과 마찬가지로 이런 세계적인 흐름 속에서 이미 발 빠르게 움직이고 있었다. 예를 들어서 1988년 5월에 이미 삼성물산이 국내 최초로 공산권 지점인 부다페스트 지점을 개설했고, 6월에는 삼성전자가 중국에 현지 공장을 건설했으며, 9월에는 역시 삼성전자가 헝가리에 컬러TV를 생산하는 합작회사 공장을 건설하기로 합의서를 교환했고, 소련이 해체되기 열흘 전이던 1991년 12월 5일에는 삼성전자 가전 부문이 체코와 현지 공장 합작 건립 계약을 맺는 등 변화하는 세계 환경에 적응해서 사회주의 국가들에 전진 기지를 건설하면서 시장을 넓혀가고 있었다. 이런 배경을 이해할 수 있는 단서는, 1993년 7월 24일 후쿠오카에서의 임직원 회의에서 나온 이건희 회장의 다음 발언에서 찾아볼 수 있다.

삼성이나 우리나라는 수출을 안 하면 살 수 없습니다. 수출은 국제화입니다. 일방적인 수출은 못합니다. 우리도 외국제품을 받아들여야 합니다. 국내의 국제화도 필요합니다. 이것은 생존문제입니다. 군사독재의 획일주의로…… 업종과 상품을 [정부 차원에서] 허가해 주었습니다. 국내 수준과 비교해서 안 됩니다. 주력 기업이라는 것은 한국에만 있는 제도고…… 싸고 좋은 제품 빨리 만드는 게 제일 좋은 기업이다. 이외에 뭐가 필요합니까?[79]

이건희 회장이 1993년에 어떤 월간지와 인터뷰를 하면서 했던 다음과 같은 발언에서도 바로 정부 주도의 경제 성장이라는 거추장스러운 옷을 강요하지 말라고 강한 어조로 불평한다.

| 3장 | 목   계   가   되   어   라

[기업의 규모를 따지면] 우리나라 전체로는 항공, 조선, 전기전자, 자동차 매출을 모두 합친 것이 일본의 미츠비시 정도예요. (…) 주력 기업이다, 경제력 집중이다, 하는 말은 기업이나 재계를 한 이삼십 년 뒤로 밀어내 놓는 용어가 아닌가 생각해요. 수리나라는 수출을 해야 살 수 있는 나랍니다. 수출하려면 개방 않고는 이제 못 배깁니다. 완전히 개방하든지 북한처럼 하든지 양자택일밖에 없어요. (…) 기업은 가만히 놔두면 알아서 잘합니다. 되는 기업은 되고 안 되는 기업은 은행에서 처리가 됩니다.[80]

이제는 상황이 바뀌었으니 정치가 경제를 가르치고 지도할 생각은 제발 그만두라는 말이다. 알아서 잘할 것이고, 못 되어도 시장이 알아서 죽이거나 살릴 테니까 '정치인 당신들'은 제발 좀 빠져 달라는 말이다.

1987년의 6월 항쟁 및 그 이후 7월과 8월에 집중적으로 분출된 노동자들의 투쟁으로 민주화에 대한 국민의 강한 요구는 정치권을 압박했고, 마침내 전두환 대통령이 후계자로 지목한 노태우는 대통령 직선제라는 국민의 민주주의적 열망을 받아들였다.

그러나 야당의 분열로 다시 노태우 후보가 대통령이 되면서 군사독재 정권의 수명은 계속 이어졌고, 민주화와 군사독재 청산에 대한 요구 역시 계속 이어졌다. 그 결과 1988년 제13대 국회의원 총선거에서 여당인 민주정의당이 과반수 의석 확보에 실패하자, 노태우 정권은 여

소야대 정국을 타개하기 위해 이른바 '보수대연합'을 추진하여 1990년 1월 22일에 민주자유당(약칭 민자당)이라는 거대여당을 탄생시켰다. 당시 집권여당이었던 민주정의당(약칭 민정당)이 제2야당 통일민주당(약칭 민주당), 제3야당 신민주공화당(약칭 공화당)과 합당한 이른바 '3당 합당'을 한 것이었다.*

  1992년 12월 17일, 미국과 캐나다와 멕시코가 북미자유무역협정(NAFTA)을 맺어서 서로 간의 무역 장벽을 없애면서 세계화의 거대한 한 획이 그어졌고, 그다음 날 한국에서는 제14대 대통령 선거가 치러졌다. 이 선거에서 민자당 후보 김영삼은 민주당의 김대중, 통일국민당의 정주영, 신정당의 박찬종, 정의당의 이병호, 무소속의 백기완과 김옥선 등 야권의 후보들을 누르고 대통령에 당선되었다.**

  5·16 세력과 12·12 세력과 민주 진영의 일부가 한 몸이 된 '보수대연합'이라는 기묘한 정체성의 민자당이 민간인 출신의 김영삼을 후보로 내세워 대통령에 당선시킴으로써, 이른바 '문민정부'가 출범했다. 그러나 이 변화는 시대를 앞서가는 변화가 아니었고 여전히 시대의 꽁무니를 따라가는 변화일 뿐이었다. 그랬기 때문에 재벌 중심의 재계에서는 여전히 정부에 대해서 불만을 가질 수밖에 없었다. 이건희 회장이 1995년에 베이징에서 '정치는 4류, 행정은 3류, 기업은 2류'라

---

* 민주자유당은 나중에 한나라당으로 이름을 바꾼다.
** 투표율은 81.9퍼센트였으며, 득표율은 김영삼 후보가 42퍼센트, 김대중 후보가 33.8퍼센트, 정주영 후보가 16퍼센트, 박찬종 후보가 6퍼센트였다.

| 3장 | 목   계   가   되   어   라

며 정부에 대해 가지고 있던 불만을 터트린 것도 바로 이런 까닭이 있었기 때문이다.

1992년 12월 18일, 민간인 출신 정치인이 대통령에 당선되었다. 이제 그가 1993년에 취임을 하면, 이건희가 혐오해 마지않던 군사독재도 끝날 터였다.

바야흐로 변화는 시대의 대세였고, 또한 화두였다.

변화를 아는 자, 변화의 도도한 물결을 타는 자, 승리하리라.

미리 말을 해두자면, 이건희는 이른바 '신경영'을 선언한 1993년 6월의 프랑크푸르트 회의에서 이렇게 말을 한다.

"나의 개혁 정책은 3공화국에서부터 6공화국에서라면 불가능했다. 마침 새 정권이 개혁을 추진하고 있다. 나는 여기에 편승하자는 것이다."[81]

비서실을 장악하라!

현재의 판이 변화라는 판임을 가장 강력하게 드러낼 수 있는 방법, 그것은 바로 삼성그룹 권력의 핵심인 비서실에 칼을 들이대는 것이었다.

취임 초에 이건희는 '제2창업'과 '세계적인 초일류기업'을 말하면서 변화와 개혁이 절실하게 필요하다고 강조하였다. 그러나 변화와 개혁의 구체적인 내용은 이야기하지 않았다. 그때는 아직 개혁 대상과 전면전을 치를 역량이 갖추어져 있지 않았기 때문이다. 하지만 회장에 취임하고 2년이 지난 시점인 1989년 11월에 가졌던 한 월간지와의 인터뷰 내용을 보면, 그의 개혁이 어떤 식으로 전개될지 가늠할 수 있는 대목이 있다.

> 과거 선대 회장은 경영권의 80퍼센트를 쥐고 비서실은 10퍼센트, 각 계열사 사장이 10퍼센트를 나눠 행사하도록 했다. 그러나 앞으로는 회장이 20퍼센트, 비서실이 40퍼센트, 각 사장이 40퍼센트를 행사하는 식으로 바꾸겠다.[82]

그런데 이병철은 자기가 가지고 있던 80퍼센트의 경영권을 실제로 비서실에 위임했기 때문에 비서실이 가지고 있던 건 10퍼센트가 아니라 90퍼센트인 셈이었다. 그러니, 이건희가 한 말은 이 90퍼센트를 40퍼센트로 줄이겠다는 뜻이었다.[83] 아울러 비서실이 좌우하던 각 계열사의 경영권을 사장단에게 대폭 위임하겠다는 뜻이었다. 이른바 자율경영 강화였다. 한마디로 비서실을 사장단과 분리해서 고립시키겠다는 의도였다. 이런 의도는 1993년 일련의 해외 회의에서 비서실에 대해 이건희가 밝혔던 시각에서도 분명하게 드러난다.

> 비서실은 조선 500년과 같다. 회장과의 [회장과 사장단 및 임원과의] 사

| 3 장 | 목 계 가 되 어 라

이에 담장이나 쌓고. 비서실은 중앙집권적 조직의 폐해를 보여주었다.[84]

> 과거 비서실은 권위에 싸여 있었다. 게슈타포, KGB라고 불릴 정도로. 나도 그렇게 느꼈다. (…) 내가 공장이라도 방문할라치면 비서실은 이렇게 지시했다. '회장 얼굴 보지 말고 열심히 일하는 체해라. 부동자세 취하라.'는 등. 내 앞에서는 좋은 소리만 했다. 안 되는 것 갖고 오라 해도 안 됐다. (…) 비서실은 '체' 병에 걸려 있었다. 과거 5년간 그랬다.[85]

비서실을 고립시키겠다는 이 의도는 다음 해인 1990년에 들어서면서부터 구체화되기 시작했다. 이건희 회장은 회의석상에서 제 목소리를 내기 시작해 '경영 자질이 없다.'거나 '쓸 만한 사람이 적다.' 등의 모진 소리를 서슴지 않았다. 1990년 가을에는 비서실 임원들을 신라호텔로 여러 차례 불러서 자율 경영 체제에 대한 자기 의지가 제대로 관철되지 않는다고 심하게 질타함으로써, 비서실이 자율 경영에 장애 요인이 되고 있음을 간접적으로 시사했다.[86]

그리고 마침내 1990년 12월, 아버지의 삼년상이 끝나는 시점에 이건희 회장은 칼을 빼들었다. 비서실의 수장 소병해를 삼성생명 부회장으로 전격적으로 전출시켰다. 이때 이건희는 소병해에게 다음과 같은 공치사를 잊지 않았을 것이다.

"소 실장님은 그룹 최고의 공로자이십니다."

소병해는 1942년에 태어나 이건희와 동갑이었으며 대구상고와 성균

관대학교를 졸업한 뒤에 삼성에 입사했으며, 1978년부터 비서실장으로 이병철 회장을 모시고 수족처럼 일하던 사람이었다. 이병철의 지시를 받고 이맹희가 성광증 혹은 정신병에 걸렸다고 서류를 조작하고 납치하려고 시도를 했던 사람도 바로 소병해였다.[87] 소병해는 이병철 회장의 분신이라고 일컬어지며 삼성 내에서 막강한 권한을 휘둘러 왔다. 이병철이 일본에서 생활하는 기간이 1년에 3분의 1은 되었다는 점을 고려한다면, 소병해가 일상적인 경영권을 얼마나 많이 위임받아서 행사했는지 짐작할 수 있다. 실제로 소병해 실장의 파워가 하늘을 찌른다는 소문을 들은 이병철 회장이 소병해를 불러서 '소 군, 자네 직책이 이사 맞제?'라고 넌지시 경고를 했을 정도였다.[88]

이건희 회장은 1993년 오사카 회의 때는 소병해 비서실장이 이병철 회장을 등에 업고 호가호위하던 모습을 증언하면서 이렇게 말했다.

> 삼성의 사장단 회의는 어전회의였다. 선대 회장을 비판하려는 게 아니다. 비서실장이 [회의] 전날 PD 노릇을 했다. "A 사장 이것 준비하고, B 상무는 이것을 물을 거야. C 이사, 당신에게는 이것을 물을지 몰라." 등등……. 이게 과거 우리 그룹의 사장단 회의 모습이었다.[89]

삼성 비서실의 역사는 1959년으로 거슬러 올라간다. 당시 이병철 회장의 지시로 만들어진 비서실은 처음 직원 20여 명으로 삼성물산의 일개 '과'로 시작했지만, 1970년대에 삼성의 조직 규모가 커지면서 급성

| 3 장 | 목 계 가 되 어 라

장했다. 특히 1967년에는 비서실 안에 그룹 감사실이 생기면서 비서실의 그룹 내 위상과 권한은 크게 확대됐다. 하지만 삼성 비서실을 그룹의 명실상부한 전략사령탑으로 만든 인물은 소병해였다. 그는 지난 1978년 8월에 비서실장이 된 뒤 기존의 정보 수집, 기획, 재무, 감사, 비서, 연수의 6개 팀에 정보시스템, 경영관리, 인사, 국제금융, 홍보, 전산 등의 팀을 더하여 15개 팀 250여 명으로 조직을 확충하며 막강 비서실의 위용을 갖췄다.

비서실의 가장 중요한 역할과 임무는 이병철이 제시한 사업 방향성과 가이드라인을 전체 계열사에 전파하고 각 계열사의 활동이 유기적으로 이어질 수 있도록 지휘 감독하며 또 각 계열사 및 국내외 관련 정보를 수집해서 분석한 뒤에 이를 이병철 회장에게 보고하는 것이었다.[90] 그리고 이병철은 이 비서실을 통해서 자신의 유일적 경영체계를 강화하면서 삼성그룹을 유기적인 하나의 조직으로 관리할 수 있었다. 말하자면, 이병철에게 비서실은 삼성그룹 그 자체였고 소병해가 비서실 그 자체였으므로 소병해가 이병철의 분신이라는 표현은 결코 과장이 아니었다. 그리고 소병해는 이병철 회장이 사망하고 이건희 회장이 은둔한 3년 동안에는 실질적으로 삼성그룹의 총수 역할을 했다.

이런 소병해를 비서실에서 축출함으로써 그룹 경영에서 손을 떼게 만든 것이었다.

이건희는 1990년 초에 비서실의 15개 팀을 10개 팀으로 축소하고 비서실장의 권한을 대폭 축소했다. 이런 과정에서 소병해 비서실장의 축출은 이미 예고되어 있었다. 삼성그룹을 실질적으로 장악하기 위한 첫 번째 단계로 삼성그룹 권력의 핵심인 비서실 장악에 나선 것이다. (어쩌면 이건희 회장은 삼년상을 치르는 심정으로, 혹은 삼년상이라는 상징적인 의미를 극대화하기 위해서, 인사권을 적극적으로 행사하지 않고 납작 엎드려 그룹 경영의 거의 대부분을 소병해 비서실장에게 위임한 채, 태평로의 삼성 본관으로 출근하는 대신 주로 신라호텔에 머물면서 회사 경영에 필요한 최소한의 지시를 비서실에 내렸을지도 모른다.)

기존의 비서실 권한을 축소한다는 것은 비서실이 핵심 권한인 계열사에 대한 비서실의 감사 권한을 제한한다는 뜻이었다. 이것으로 이건희 회장이 노린 효과는 두 가지였다. 우선 하나는 '이병철 체제의 비서실'을 축소하는 것이었고, 또 하나는 각 계열사가 실패에 대한 부담을 조금이라도 더 적게 가지고 새로운 사업에 도전할 수 있도록 하는 것, 다시 말해서 자율 경영의 폭을 강화하는 것이었다. 이것이 이건희 회장이 생각한 변화의 첫 단계였다. 물론 이건희 회장이 이렇게 할 수 있었던 데는 삼성그룹을 자기 체제로 굳히는 과정이 궤도에 올랐다고 판단을 했기 때문일 것이다.

소병해의 후임 비서실장은 이수완이었다. 이수완은 소병해와 마찬가지로 경북 칠곡에서 태어났으며 역시 대구상고를 졸업한 소병해의 심복이었다. 그러나 한 달 뒤인 1991년 1월에, 이수완을 내보내고 사대부고 4년 선배인 이수빈을 임명하면서 비서실 조직을 개편했다. (이때의 정기인사에서는 20명의 비서실 임원 대부분을 새 사람으로 바꾸었다. 비

| 3 장 | 목 계 가 되 어 라

서실이 생긴 이래 최대 규모의 물갈이를 단행했던 것이다.) 이수빈은 제일제당과 제일합성 그리고 삼성생명의 사장을 역임한 인물이었다. 이수완을 잠시 소병해 후임으로 임명했다가 곧 내친 행동은, 이건희의 철저한 준비성으로 볼 때 단순한 시행착오가 아니었다. 철저하게 계산된 수순이었다. 어쩌면, 도쿠가와 이에야스가 오사카 성을 공격할 때 성을 공략하는 일이 쉽지 않자, 거짓으로 화해를 청한 다음 화해의 증표로 성 바깥의 해자를 메우게 한 뒤에 성을 함락시켰던 바로 그 전술이었을지도 모른다.

하지만 소병해 회장은 도요토미 히데요리처럼 자결하지 않았고, 삼성생명 부회장직을 받아들였다. 그리고 1993년에는 삼성전자 미주본부 부회장 직책으로 프랑크푸르트 회의에 참석했고, 2005년에 사망했는데 이때 그의 직함은 삼성화재 고문이었다. 삼성에서 소병해를 끝내 내치지 않은 이유는 쉽게 짐작할 수 있다.

> 삼성 안팎에서는 이에 대해 소병해 부회장이 이별철 회장의 개인 신상뿐 아니라 삼성과 정부와의 관계 등 삼성 내부의 은밀한 일을 너무 많이 알고 있어 그를 삼성에서 내보내 평지풍파를 일으키기보다는 삼성에 품고 있는 것이 바람직하다고 판단했기 때문이라는 분석이 나오고 있다.[91]

이건희 회장은 이수빈 외에도 구 세력에 밀려 삼성을 떠났던 경주현을 영입하고, 또 이병철 회장 말년에 한직으로 밀려났던 강진구 등 중앙매스컴 출신들을 우대해서 등용했다. 변화라는 파도를 적극적으로 타는 과정이었다.

아들이 아버지의 《호암자전》을 읽을 때

이건희 회장이 자기 체제를 굳히는 데 가장 큰 걸림돌은 형제간의 재산 싸움이었다. 여러 형제가 힘을 합해서 지분의 크기를 키워 이건희와 대적할 경우, 이병철이 의도했고 또 이건희가 지향하는 삼성그룹의 실질적이고 온전한 후계자 위상이 흔들릴 수 있었기 때문에, 재산 싸움 자체가 삼성그룹 내의 권력다툼인 셈이었다.

이 싸움이 진행되던 와중에 둘째 형 창희가 1991년 7월에 로스앤젤레스에서 백혈병으로 사망했다. 이 일을 계기로 형제간의 재산 분할 협의가 신속하게 진행되었다. 그해 11월에 누나인 이인희에게는 전주제지와 고려병원, 여동생인 이명희에게는 신세계백화점을 떼어주며 일단 여자 형제에 관해서는 재산 분할 작업을 마쳤다.[92] 삼성그룹에서 이건희의 체제가 실질적으로 착착 진행되고 있다는 뜻이었다.

삼성 분할이 최종적으로 마무리되는 건 그로부터 3년여 세월이 지난 뒤인 95년 2월이었다. 로스앤젤레스에서 이건희 회장과 장녀인 이인희 한솔제지 고문, 막내인 이명희 신세계백화점 상무, 그리고 이맹희의 아들이자 장손인 이재현 제일제당 상무 등이 모임을 가졌고, 이날

| 3장 | 목   계   가   되   어   라

열린 가족회의에서 제일제당과 안국화재는 장남인 이맹희 집안으로 넘어가서 오늘날의 제일제당그룹이 되었고, 제일합섬은 새한미디어에 편입되어 이창희의 부인 이영자와 아들 이재관에게 넘어갔다. 하지만 현금 동원 능력으로 알토란 같은 기업이던 삼성생명은 이건희가 차지했다. 그리고 다른 가족들이 가지고 있던 지분도 매입했다. 물론 삼성생명이 비상장기업이었던 터라 주식 가격 평가를 어떻게 해서 매매가 이루어졌는지는 가족들만 아는 비밀로 남아 있다. 이 이른바 '최후의 대협상'으로 비로소 삼성은 실질적인 이건희 시대로 접어든다. 하지만 아직은 먼 미래의 일이었다.

누이들과의 재산 분할이 이루어지고 넉 달 뒤인 1992년 1월에 신현확 삼성물산 사장이 조우동 삼성중공업 회장, 박태원 삼성생명 고문과 함께 삼성을 떠났다. 신현확은 이건희의 장인이자 스승이었던 홍진기가 사망하자 삼성 지도부의 공백을 메우려고 이병철 회장이 영입한 대구경북(TK) 인맥의 이건희 후원자 집단 가운데 한 명이었다. 1920년 경북 칠곡에서 태어난 신현확은 일제시대에 고등문과시험 행정과에 합격한 뒤 당시 한국인으로는 이례적으로 도쿄의 일본 상무성에서 근무했으며, 이승만 정권 시절이던 1959년에 부흥부 장관을 역임했고, 1969~1973년 쌍용산업 사장, 1973년에 공화당 국회의원으로 당선, 1978년~1979년 경제기획원 장관, 1979~1980년 국무총리 등을 거쳐 1980년에는 헌법개정심의위원회 위원장을 맡아 제5공화국 헌법을 주도하였으며, 1986년에 삼성물산 회장으로 취임했었다. 말하자면 신현확 역시 아버지의 그림자였던 것이다.

　그리고 이건희 회장은 누이들과의 재산 분배를 일단락하고, 또 대표이사 부사장 제도를 도입하고 100명의 새 임원을 발탁하는 등 모두 217명의 임원 승진 인사를 단행했다. 바야흐로 머지않은 이건희 회장 체제를 준비하는 인사 개편이었다.

　뿐만 아니라 그는 아버지 이병철 체제, 즉 구체제 인물들에게 결정타를 날리며 단숨에 삼성그룹을 장악하기 위한 친위 쿠데타의 여러 가지 준비들에 대한 사전 작업을 세밀하게 해나갔다.

　그리고 1992년 삼성이 거둔 성과도 괜찮았다.

　3월에 삼성물산이 국내 최초로 매출 10조 원을 돌파했고 또 삼정전자는 10.4인치 TFT-LCD를 개발하는 데 성공했다. 4월에는 삼성전기의 포르투갈 공장이 생산을 시작했고, 5월에는 삼성전자 제품 가운데 컬러텔레비전 등 4개 제품이 세계 명품으로 선정되었다. 7월에는 삼성전자가 영국 빌링엄에 컬러텔레비전 공장을 건설하고 8월에는 세계 최초로 64메가 D램을 개발했다. 11월에는 삼성전자가 중국에 생산 법인을 설립했으며, 11월 30일에는 삼성전자가 제조업체 최초로 수출 40억 달러를 돌파했다.

　그리고 회장으로 취임한 이후 거둔 경영 성과도 괜찮았다.

　취임해서 본격적으로 회장 업무를 보았던 첫해인 1988년에는 삼성그룹의 총매출이 20조 1000억 원, 총 세후이익은 3411억 원이었다. 전년도에 비해 매출은 2조 7000억 원이 늘어났고 이익은 1200억 원이 늘

| 3장 | 목 계 가 되 어 라

어났다. 그런데 1992년의 총매출액은 38조 2100억 원으로 두 배 가까이 늘어났고 수출액도 1987년의 11.25억 달러에서 1990년에 17.3억 달러 그리고 1992년에 18.6억 달러로 꾸준하게 늘어났다.[93]

이만하면 이제 자기가 회장으로서 목소리를 높여도 국민이나 다른 기업들 그리고 정부가 보기에도 괜찮겠다고 이건희 회장은 판단했을 것이다.

*

그즈음 이건희 회장은 《호암자전》을 자주 펼쳐보았다. 《호암자전》의 자주색 하드커버에는 '湖巖自傳'이라는 금박의 글자가 위엄 있게 세로로 박혀 있다. 그가 《호암자전》을 자주 펼쳤던 이유는 아버지가 살았던 삶을 아버지의 목소리로 이야기하는 내용에 귀를 기울이고 싶어서였을까? 아니다. 아버지의 뜻을 되새기며 아버지를 배우겠다는 게 아니었다. 그 반대였다. 아버지를 깨고 또 부수는 게 목적이었다. 그래서 아버지를 넘어서기 위해서였다. 아버지의 세상 밖으로 나갈 방법을 찾기 위해서였다.

이건희 회장은 《호암자전》의 마지막 책장을 덮으면서 혹시 이런 생각을 하지 않았을까?

'아버지, 이제 아버지가 주셨던 교훈인 경청과 목계는 잠시 잊어버리겠습니다.'

이　　건　　희　　스　　토　　리

경청이 아니라 천둥 같고 폭포수 같은 질타가 필요한 순간이었다. 아들은 이제 목계가 아니라 싸움닭이 되어야 했다.

1993년이 목전으로 다가오고 있었다.

*

문득, 고등학교 때 갔던 수학여행이 생각났다. 기차간이었다. 남녀공학이었지만 수학여행지로 떠나는 기차에서는 남학생들이 타는 칸과 여학생들이 타는 칸이 분리되어 있었다. 건희는 여학생이 탄 기차간에 들어가려다가 여학생들에게 쫓겨났다. 건희는 밤이 오기를 기다렸다. 밤이 오고 여학생들이 곯아떨어지자 건희는 주머니 속에 땅콩을 불룩하게 넣고 몰래 여학생 기차간으로 숨어들었다. 그리고 들키지 않고 살그머니 선반 위에 올라가 몸을 납작하게 엎드렸다. 그리고 여학생들의 머리를 겨냥해 땅콩을 하나씩 퉁겼다. 여학생이 화들짝 놀라 잠에서 깨서는 주변을 두리번거리다가 다시 잠들었다. 건희가 이번에는 다른 쪽 좌석에 앉은 여학생의 머리를 겨누고 땅콩을 퉁겼다. 이 여학생도 놀라서 벌떡 깼지만 역시 두리번거리다가는 그냥 다시 눈을 감았다. 나중에 여학생들은 건희를 두고 이런 말을 했다.

"건희 걔가 워낙 머리가 좋잖니. 일부러 시간 간격을 두고 여기저기 한 알씩만 던진 거야. 그러니 뭐가 따끔해서 눈을 떴다가도 모기가 무는가 보다 하고 다시 눈을 감고 잠을 청했잖아. 결국 건희 때문에 밤새

| 3 장 | 목   계   가   되   어   라

시달렸지 뭐니."⁹⁴

 문득 떠오른 옛날 생각에 건희의 얼굴에 미소가 피어올랐다. 인생에서 중요한 시간은 때로 전혀 계획되지 않았던 시간이다. 여학생 기차간의 선반에서 보냈던 그 밤이 어쩌면 이건희에게 정말 소중한 시간이었을 수도 있다.

4장 이건희 시대

나는 단지 나의 시대를 이해하고, 동시대 사람들이
지닌 허영과 어리석음, 욕망으로부터 모든 것을 끄집어낸
한낱 어릿광대일 뿐이다.

─피카소

| 4 장 | 이   건   희   시   대

● 　　대망의 1993년이 밝았다. 1998년 3월에 발간된
《삼성 60년사》가 '삼성에 있어서 매우 중요한 분기점'[1]이라고 규정하는 바로 그 1993년이었다.

이건희 회장은 1987년 12월 1일에 삼성그룹 회장에 취임한 뒤로 그때까지 5년 동안 국내 재벌그룹 회장 가운데 가장 조용하게 보냈다. 그룹 사장단 회의는 대부분 강진구 삼성전자 회장이 주재했고, 전경련 회장단 회의에도 최관식과 강진구가 대리 참석했다.[2] 그를 둘러싸고 다시 온갖 소문들이 퍼졌다. 물론 이런 현상은 삼성그룹 내의 권력 투쟁이 그만큼 치열하게 전개된다는 사실의 반증이었다.

하지만 1993년에 들어서자 이건희 회장은 그동안 준비한 조직적 성과와 이론적인 방향성을 들고 경영 일선에 전면적으로 나섰다. 바야흐로 삼성 호(號)의 대권을 온전하고도 확실하게 장악하기 위한 결전이 시작되었다.

1월 11일 삼성 본관 27층 대회의실, 계열사 사장단을 4개 부문으로

나누어서 경영 전략을 토의하는 회의 가운데 첫 번째 회의가 열렸다. 전자 계열사 사장들을 앞에 두고 앉은 이건희 회장은 무겁게 입을 열었다.

"21세기를 대비하기 위한 마지막 기회를 맞고 있다는 각오로 새로운 출발을 합시다."[3]

예년과 다름없는 회의였지만, 이 회의는 장차 '이건희 신드롬'이라는 신조어를 낳으며 삼성그룹은 물론이고 재계 전반에 개혁의 강풍이 휘몰아치게 만들 전주곡이었다.

당장 나가시오!

이건희 회장은 1월 31일에 LA로 떠났다. 삼성전자가 8mm VTR을 세계 최초로 개발했다는 유쾌한 소식이 보도되던 2월 1일에 LA에 도착한 그는 통상 관련 현안을 논의하며, 한 달 동안 시장 조사 및 반도체 덤핑 문제 등을 협의하는 일정에 들어갔다.

우선 그는 전자 관련사 임원들과 함께 LA의 가전제품 매장을 방문했다. 삼성 제품이 매장과 소비자들에게서 어떤 평가를 받는지 보기 위해서였다. 매장에는 GE, 월풀, 필립스, 소니, 도시바 등 세계 일류 제품들이 디자인과 성능을 뽐내고 있었다. 그런데 삼성 제품은 구석에서 먼지를 뽀얗게 뒤집어쓰고 있었다. 이건희 회장을 비롯해서 전자 관련

| 4 장 | 이건희 시대

사 임원들은 큰 충격을 받았다. 국내에서 일류라고 자랑스러워했던 삼성 제품이 세계 시장에서는 눈길조차 받지 못하고 있었던 것이다.

이건희는 2월 18일부터 나흘 일정으로 LA 센추리플라자호텔에서 세계의 주요 전자 제품과 삼성 제품을 나란히 놓고 디자인과 품질을 비교 평가하는 회의를 하겠다고 지시했다. 이른바 'LA 회의'였다. 200여 평의 홀에 세계 유명 메이커에서 만든 캠코더, 텔레비전, 냉장고, 세탁기, VTR, 전자레인지 등 78가지에 이르는 전자제품이 전시되었고, 메이커별로 디자인과 성능 및 재질이 한눈에 비교되었다. 삼성 제품은 한눈에 보아도 싸구려였다. 당시 삼성 제품은 할인점에서 저가로 팔리고 있었으며, 최고급 백화점에서는 아예 취급도 하지 않았다.

이건희는 임원들이 지켜보는 가운데 직접 삼성 제품과 경쟁사의 제품을 하나하나 분해하면서 제품의 기능과 부품들의 차이점을 지적해 나갔고, 임원들의 고개는 점점 수그러들었다.[4]

삼성전자 미국 현지법인인 삼성미주전자의 이사 한 사람이 전반적인 상황 보고를 하면서 1992년 수출 부진의 원인이 다른 계열사에 있다고 보고했다. 그러자 갑자기 이건희 회장이 버럭 고함을 질렀다.

"당장 집어치우고 나가시오!"

평소에 별로 말이 많지 않던 회장이 고함을 지르자 이사는 어쩔 줄 몰랐다. 이건희는 재차 고함을 지르며 그따위 보고는 들을 필요도 없다고 호통을 쳤다. 기어코 그 이사는 회의장에서 쫓겨났다. 그 이사가 방에서 나간 다음에도 이건희는 굳은 표정을 풀지 않았다.

"어떻게 이런 중역이 아직도 삼성에 있는가? 지금 우리 제품이 세계 각국의 제품과 피 말리는 싸움을 벌이고 있는데, 계열사와 협력을 해도 모자랄 판에 어떻게 책임을 전가할 수 있는가?"⁵

촉망받던 엘리트로 손꼽히던 그 이사는 대기발령 명령을 받았고, 삼성그룹 안에서는 이 회장의 진의를 둘러싸고 '순수한 분노'에서 비롯된 행동이라는 것에서부터 '의도적인 쇼'라는 것에 이르기까지 구구한 해석이 나왔다. 진의가 무엇이었는지 정확하게 알았던 사람은 아마 이건희 회장뿐이었을 것이다. 하지만 오랜 시간이 지난 뒤인 지금의 눈으로 과거를 바라보면, 그 진의가 무엇이었는지 충분히 짐작할 수 있을 것 같다.

그날 이건희는 또 이렇게 임원들을 질타했다.

> 삼성 TV, VCR이 싸구려의 대명사 같습니다. (…) 이번에 LA에 온 삼성전자 사장과 임원들은 미국의 전자제품 매장을 직접 둘러보고 그들이 우리 제품을 진열해놓은 꼴을 보고 우리 상품이 얼마나 천덕꾸러기가 되어 있는지 또 한쪽 귀퉁이에 얼마나 많은 먼지가 쌓여 있는지 똑똑히 보고 왔을 겁니다. (…) 2등은 현상 유지밖에 안 되고 못 큽니다. 2등과 3등은 맨날 바쁩니다. 맨날 그 모양 그 꼴이지요.⁶

삼성은 지난 1986년도에 망한 회사입니다. 나는 이미 15년 전부터 위기를 느껴왔습니다. 지금은 잘해 보자고 할 때가 아니라 죽느냐 사느냐

| 4장 | 이 건 희 시 대

의 기로에 서 있는 때입니다. (…) 세계 제일이 아니면 살아남을 수 없습니다.[7]

그리고 '정말 이런 종류의 회의는 오늘로 마지막'이라면서 결연한 의지를 밝혔다.[8] 구체제를 향한 이건희의 마지막 라운드의 공격은 그렇게 시작되었다.

나중에 이 LA 회의의 의미를 이건희 회장은 다음과 같이 밝혔다.

> LA 회의는 현 위치를 바로 알자는 것이었다. 과거 10년간 삼성은 너무 놀았다. 방향도 엉망이었다. 바로 가자, 힘을 합치자, 우리의 위치를 알자, 실력에 비해 너무 억울한 것 아니냐는 안타까움에서 마련된 게 LA 회의였다.[9]

이건희 회장의 출장은 도쿄로 이어졌다. 3월 2일과 3일 이틀 동안 이건희는 LA에서와 마찬가지로 삼성그룹의 임원들과 아키하바라의 전자제품 매장을 방문해서 삼성 제품이 얼마나 천덕꾸러기 대접을 받고 있는지 둘러보았다. 아니나 다를까, 삼성 제품들은 구석 자리의 판매대에 놓여 있었다. 마치 '이렇게 싼 제품도 있다'고 보이기 위한 구색 맞추기 전시 같았다. 스키치 재래시장과 라라포트 재래시장도 방문했지만, 역시 마찬가지였다.

그리고 이어서 3월 4일, 삼성그룹의 사장단 46명과 함께 그룹 경쟁력 제고를 위한 전략을 논의하는 자리에서 다음과 같이 위기의식을 강조했다.

"우리나라 경제의 앞날에 엄청난 위기가 닥쳐오고 있으며, 이러한 존망의 기로에서 국가 경쟁력을 높이기 위해 기업은 항상 위기의식으로 무장해 기업 본연의 자세에 충실해야 합니다."[10]

이건희 회장은 위기 상황임을 강조하며 본격적으로 싸움을 전개해 나갔다.

*

1993년 3월 22일 월요일, 서울 올림픽공원 체조경기장.

만 명이 넘는 삼성 임직원들로 가득 들어찬 식장에는 열기가 넘쳤다. 삼성그룹 창립 55주년 기념식이 열리고 있었다.

이건희 회장이 박수와 함성을 받으며 연단에 올랐다. 그리고 장차 역사책에 '제2창업 5주년 기념사'라는 이름으로 남게 되는 명연설을 했다.

친애하는 20만 삼성가족 여러분!
그리고 자리를 함께해 주신 협력업체 임직원 여러분!
오늘은 내가 '제2창업'을 선언한 지 5주년이 되는 날입니다. 나는 5년 전 바로 이 자리에서 '21세기 초일류기업'이라는 원대한 비전을 제시하

| 4장 | 이 건 희 시 대

였으며, 여러분들은 '위대한 내일'을 실현하기 위해 새롭게 태어날 것을 굳게 다짐한 바 있습니다.

제2창업은 우리 모두가 21세기를 자랑스럽게 맞이하기 위한 '영광의 선언'이요, 격변의 시대를 이겨내는 절대 절명의 '생존선언'인 동시에 국내 정상에서 세계 속의 일류로 도약하기 위한 '새 출발의 신호'였습니다. 앞서 경과보고도 있었지만 지난 5년 동안 우리는 실로 많은 일들을 해왔습니다. 외형적으로 두 배 반의 성장을 이룩한 위에 국민으로부터 사랑받고 국가 사회에 봉사하는 '국민기업으로서의 삼성'의 모습을 한층 새롭게 하였습니다. 그러나 우리 모두가 기대했던 만족할 만한 성과는 결코 아니었다고 생각합니다. 세계가 급변하는 가운데 우리의 갈 길은 멀고 도전은 계속되고 있기 때문입니다.

21세기를 앞두고 남은 7년은 우리가 세계 초일류기업으로 살아남느냐 또는 주저앉고 말 것인가를 결정하는 마지막 결단의 시기가 될 것입니다.

삼성 가족 여러분, 나는 오늘을 기하여 '제2창업 제2기'가 새로이 시작됨을 엄숙히 선언합니다. 제2기의 과제는 실천과 성과를 위한 '혁신과 창조'입니다. '준비와 수련'의 5년 동안 싹튼 씨앗이 '혁신과 창조'의 과정을 통해 더욱 알찬 열매를 맺을 수 있도록 해야 합니다.

새로운 경제전쟁의 시대를 맞아 물리적인 국경의 개념은 이미 사라졌고, 국가 경쟁력 강화라는 이름 아래 경제 블록화와 기술경쟁이 더욱 가속화되고 있습니다. 그런데도 우리의 산업 경쟁력은 꺼져 가는 불씨처럼 안타까운 모습을 보이고 있습니다.

근면의 표상으로 우리 근로자들이 지켜 왔던 산업현장이 점차 외국인 노동자들로 대체되어 가고 있고, 우리의 땀이 밴 수출상품은 세계시장의 진열대 위에서 먼지에 쌓여가고 있는 모습을 볼 때 나는 기업인의 한 사람으로서 참을 수 없는 분노에 앞서 서글픈 생각마저 듭니다. 이 부끄러운 현실을 더 이상 방치할 수는 없습니다.

우리는 분명히 다시 시작해야 합니다. 때마침 국가적으로도 '변화와 혁신'의 새바람이 불고 있습니다.

그러나 신한국 창조는 몇몇 사람의 노력이나 정부의 힘만으로는 되는 것이 아닙니다. 정부는 정부의 할 일, 기업은 기업의 할 일, 국민 각자는 모두가 제 할 일을 성실히 하는 삼위일체가 될 때 비로소 신한국 창조의 싹은 아름답게 피어날 것입니다.

국가경쟁력은 정부와 기업, 그리고 국민이 한데 뭉친 총체적 에너지의 결정체이며 기업은 모든 생산의 주체입니다. 지난 2월 LA 회의가 우리 자신의 현주소를 재확인한 모임이었다면, 3월 초의 동경 회의는 '이대로는 안 된다'는 위기의식으로 새 출발의 결의를 다지는 자리였습니다.

친애하는 삼성 가족 여러분, 이 세기말적 변화의 시기에 삼성이 해야 할 일은 너무나 분명합니다. 제2창업 제2기는 다음 세 가지를 실천하는 데서부터 출발해야 합니다.

첫째는 역사적 소명의식으로 재무장하는 일입니다.

둘째는 기술우위를 확보하는 일입니다.

셋째는 낡은 관행과 제도를 과감히 청산하는 일입니다.

| 4장 | 이 건 희 시 대

모든 삼성인은 희생과 봉사의 자세로 정체된 국가경제를 살려 선진 한국 건설에 앞장서겠다는 각오를 새롭게 해야 합니다. 이것은 곧 오늘에 사는 우리 모두에게 주어진 역사적 사명인 동시에 그룹을 위하여, 나아가 국가와 국민을 위하며, 제2창업의 비전을 성취하는 길이기 때문입니다. 우리는 지난 반세기 동안 오직 '사업보국'의 일념으로 국가경제 발전에 앞장서 왔습니다.

우리에게 주어진 역사적 소명과 의무를 다하기 위해서는 우리의 마음가짐과 우리의 사고가 다시 한 번 새로워져야 합니다. 그리고 우리의 현 위치를 올바로 파악해야 하겠습니다. 우리의 강점과 약점이 무엇이며, 우리의 생존을 위협하는 것이 무엇인가를 분명히 알아차렸을 때, 우리는 이미 절반의 성취를 이루게 되는 것입니다. 다음으로 우리가 서둘러야 할 일차적 과제는 '기술우위의 확보'입니다.

기술개발은 경쟁의 시대에 기업이 성공할 수 있는 최고의 가치이며 수단입니다. 반도체 칩 개발이 한 달 늦어짐으로써 수백억 원의 기회손실이 발생할 수 있는 시대, 컴퓨터의 하드웨어를 만드는 회사는 현상유지밖에 못하지만 소프트웨어를 만드는 회사는 엄청난 부를 쌓아올릴 수 있는 시대, 기술과 지식과 정보야말로 진정한 경쟁력의 원천이 되는 시대입니다.

내가 회장으로 취임하면서 '기술 중시의 경영'을 경영방침으로 천명하고, 기회 있을 때마다 기술의 중요성을 강조해 왔던 이유도 바로 여기에 있습니다. 우리는 선진 기업과의 기술격차를 단시일 내에 만회할 수 있는 모든 수단과 방법을 강구하는 동시에, 기술개발 투자에 총력을 경주해 나가야 합니다.

기술개발을 통한 새로움의 창조 없이는 세계 초일류기업은커녕 이류기업군으로 전락하고 말 것입니다. 나는 또한 우리 조직의 풍토가 전면적으로 쇄신되지 않으면 안 된다는 점을 강조하고자 합니다.

아직도 구시대의 인식과 발상에서 탈피하지 못하고 낡은 제도나 관습을 고집하고 있는 임직원이 있다면 안타까운 일이 아닐 수 없습니다. 나는 선의의 실수는 용납할 수 있지만 부정과 변명은 용서할 수 없다고 누차 말해 왔습니다. 규율과 질서는 지키되 개인의 자율과 창의는 최대한 존중되어야 한다고 강조해 왔습니다.

그러나 우리 조직 내에는 아직도 실수를 두려워하고 권위를 앞세우는 보신주의가 사라지지 않고 있으며, 자율과 창의가 피어나지 못하고 있습니다. 단합과 시너지가 중요하다는 것을 잘 알고 있으면서도 개인과 부서의 이익만을 내세우는 집단 이기주의가 여전히 도사리고 있습니다.

무엇이 우리를 가로막고 있습니까. 제도에 문제가 있다면 제도를 고쳐 나가야 합니다. 우리의 의식에 문제가 있다면 의식을 바로잡아야 합니다.

오늘부터 나는 우리의 조직풍토 전체를 쇄신할 수 있는 '총체적인 의식과 행동의 혁신'이 있기를 강력히 희망하며, 이를 가로막는 어떠한 상황도 더 이상 존재할 수 없음을 분명히 밝혀두는 바입니다.

삼성 가족 여러분!

| 4 장 | 이   건   희   시   대

    삼성은 어느 특정인의 소유가 아닙니다. 우리 모두가 바로 주인이며, 국민의 기업인 동시에 세계를 지향하는 기업입니다. 그러나 기업은 우리들의 힘만으로 발전할 수는 없습니다.

    국민과 사회의 따뜻한 격려와 지원이 있어야 합니다. 그렇게 하기 위해서는 우리가 먼저 국민적 기업으로서의 위상을 튼튼히 다져 나가야 합니다. 정부와 기업 그리고 국민은 더 이상 대립하고 반복하는 관계가 아니라, 신한국 창조의 진정한 협조자요, 동반자라는 것을 확실히 보여 주어야 합니다.

    이를 위해 나는 솔선하여, '경영자로서의 책임'과 '기업인으로서의 명예'를 지켜 나가는 데 혼신의 힘을 다할 것입니다. 또한 우리 삼성도 '국가의 대표 기업'이라는 각오로 그에 따르는 모든 책임과 고통을 감내할 것입니다. 나는 이러한 다짐의 징표로, 지금까지 시행해 온 공익사업의 양과 질을 더욱 확대하여 기업이윤의 사회 환원 극대화에 힘쓸 것을 약속합니다.

    여러분들도 이 같은 나의 충정을 깊이 이해하고 위대한 내일의 삼성을 창조해 나가는 데에 한 사람의 낙오자도 없이 동참해 주기를 바랍니다.

    임직원 여러분! 그리고 협력업체 대표자 여러분!

    이제 첨단 기업을 향한 대장정의 제2막이 올랐습니다.

    우리 모두 꿈과 희망을 안고 새롭게 출발합시다. 우리는 단순한 이상주의자가 아니라 가장 위대한 실천가임을 행동으로 보여줍시다. 삼성이 초일류기업이 되는 날 모든 열매와 보람은 함께 땀 흘린 임직원들과 협력업체가 골고루 나누어 가지게 될 것임을 다시 한 번 약속합니다.

먼 훗날 삼성의 역사에서 여러분과 내가 함께 이 시대를 빛낸 주인공으로 기록될 수 있기를 간절히 기대합니다. 감사합니다.[11]

두 달 전인 1993년 1월 4일 '이제 우리 모두 한마음 한뜻이 되어 한국의 기업사를 새롭게 장식할 삼성의 새 역사를 자신 있게 써 내려 갑시다. 그리고 내일의 영광된 삼성을 전개해 나가는 이 역사적 대장정에 20만 삼성인 모두가 흔쾌히 참여하여 창조의 기쁨과 열매를 골고루 나누어 가질 수 있도록 합시다.'[12]라고 연설을 맺었던 신년사와 비교하면 놀라울 정도로 전투적이다. 1987년 12월의 취임사[13]나 1988년 3월의 삼성 50주년 기념사[14]에 비해서 훨씬 힘이 넘친다.

왜 그럴까?

이 연설문에 '분노'니 '충정'이니 '낙오자'니 '역사'니 하는 선동적인 단어들이 구사되었기 때문일까? 그럴지도 모른다. 하지만 그것 때문만은 아니다.

이 연설문의 힘은, 최근에 이건희 회장이 이병철의 분신이라고 일컬어지던 소병해 비서실장을 경질하는 등 비서실을 상대로 대수술을 단행했으며, 중앙매스컴 출신의 자기 쪽 인사들을 대거 등용하고, 또 다른 형제들과의 재산 분할을 착착 진행하고 있으며, 아울러 LA 회의와 도쿄 회의에서 위기를 강조하며 투지를 보이지 않는 임원들에게는 "당장 나가시오!"라는 말을 서슴지 않는 모습에서 비롯된 것이고 그의 연

| 4장 | 이   건   희   시   대

설을 듣는 삼성의 임직원 및 협력업체 사람들은 그가 하는 말이 빈말이 아님을 잘 알고 있었기 때문에, 그리고 삼성의 운명 나아가 자기들의 운명을 좌우할 거대한 싸움이 조직 안에서 무섭게 전개될 것임을 알고 있었기 때문에, 그의 연설에서 뿜어져 나오는 에너지에 전율할 수밖에 없었다.

먼 훗날 삼성의 역사에서 자기와 함께 이 시대를 빛낸 주인공으로 기억될 자신이 있는가 묻는 이건희 앞에서 어떤 이는 두려움에 떨었고 또 어떤 이는 희열에 떨었다. 연설문 가운데서 '그렇게 되기를 간절히 기대한다.'는 말은, 어느 편에 설지 확실히 판단하고 결정하라는 강력한 압박이자 자기 행동에 동참하지 않는 사람은 가차 없이 목을 치겠다는 서슬 퍼런 선언이었다.

그의 연설은 구체제를 향한 선전포고였다.

또한 아버지에게 던지는 출사표이기도 했다.

'아버지, 제 말이 들리십니까? 이제 아버지의 아들은 아버지의 성을 부수려고 합니다. 아버지가 지난 50년 세월 동안 애틋한 부정(父情) 한 번 보이지 않으시면서 저를 낭떠러지 끝까지 밀어붙이셨던 게 바로 이 순간의 저를 만들기 위해서가 아니었습니까? 저에게 경청을 가르치신 것도 천둥 같고 폭포수 같은 질타를 준비하라는 뜻이 아니었습니까? 목계가 되라고 가르치신 것도 최고의 싸움닭이 되라고 가르치신 것이 아니었습니까? 아버지의 바람대로 저는 이렇게 강하게 성장해, 이제 이렇게 아버지를 넘어서는 마지막 싸움을 치르려 합니다. 아버지, 저

에게 박수를 쳐주십시오, 장하다고 칭찬을 해주십시오!'

*

　이건희 회장은 제2창업 제2기를 선포하고 그룹의 경영 이념과 정신, 그룹 마크, 사가 등을 바꾸고 대대적인 개혁 작업에 나섰다. 삼성 측의 설명에 따르자면, 특히 삼성의 워드마크는 타원이 비스듬하게 처리돼 있어 동적이고 혁신적인 느낌을 주도록 했으며, 아울러 영문 로고의 디자인을 정교하게 처리하여 기술주의를 표방하며 전반적으로 누구나 부담 없이 대하는 평범한 인상을 주도록 함으로써 고객 중시의 핵심 가치를 나타내도록 했다.[15]

　이건희는 비장한 마음으로 배수진을 치고 앞으로 나섰다. 다른 그룹의 회장들에게서는 찾아볼 수 없는 모습이었다.

　그는 4월에 대구성서공단에 소형 승용차 공장을 건설하는 문제를 놓고 대구시장과 협의를 했으며, 5월에 들어서는 대중을 상대하는 접촉 면적을 활발하게 넓혀나갔다. 5월 12일에 "국가 경쟁력 강화를 위한 대기업과 중소기업의 역할"이라는 주제로 중소기업인들을 대상으로 특별 강연을 했으며, 5월 15일에는 "삼성의 제2창업과 한국 기업"이라는 주제로 고려대학교 강당에서 한국경영학회가 주는 경영자 대상 수상 기념 강연을 했다. 또 5월 17일부터 20일까지는 KBS 라디오의 〈경제 전망대〉에 출연했으며, 5월 26일에는 충남 대전 대덕에 있는 한국

| 4장 | 이   건   희   시   대

과학기술원 강당에서 초중고 과학교사 및 교수들을 상대로 해서 "과학 한국의 오늘과 내일"을 주제로 강연을 하면서 변신의 의지를 확고히 다졌다.[16]

이처럼 그가 '은둔의 황태자'로 불리던 예전과 달리 대중 앞에 자주 모습을 드러낸 이유는 분명하다. 그것은 자기가 추진하는 개혁의 정당성을 국민에게 홍보함으로써 구체제를 무너뜨리고 자기 체제를 확립하려는 일종의 선전전이었다. 그해 초에 발표한 신년사에서 '첨단 경영 시대의 승리자가 되기 위해서는 남보다 앞서는 정보력과 기업 안보 차원의 홍보력 강화가 필수 요건입니다.'라고 말했고[17], 또 홍보는 투자임을 강조하며 '선제(先制) 홍보' 혹은 '선견(先見) 홍보'를 강조하던[18] 이건희 회장으로서는 이 모든 행보가 삼성 임직원, 나아가 국민을 상대로 펼치는 싸움의 잘 짜인 각본이었다.

한편 5월 3일자 미국의 격주간 종합경제지인 《포춘(Fortune)》은 한국의 대표적인 기업인으로 이건희를 선정하고 표지에 그의 얼굴을 실었으며 특집 표지 기사로 삼성그룹을 다루었다. 그의 행보에 날개를 달아주는 셈이었다. 이렇게 시기가 잘 들어맞은 게 우연이었을까? 아니면 철저한 각본에 따른 결과였을까?

이 건 희 스 토 리

후쿠다 보고서와 '세탁기 사건'

도쿄 중심부에 있는 오쿠라호텔.

객실 818개, 레스토랑 9개, 연회장 31개 및 비즈니스센터와 헬스클럽, 장기클럽, 옥외수영장 등을 갖추고 있으며 일본을 대표하는 호텔 가운데 하나로 꼽힌다. 1962년에 문을 연 이 호텔은 건물의 외관이나 인테리어뿐만 아니라 예술품과 작은 집기까지 철저하게 일본 문화의 모티브가 스며들어 있으며, 경영 모토는 일본의 전통인 '화(和)'의 개념을 도입했다.[19] 특히 호텔 본관 건물 바로 앞에 있는 박물관인 오쿠라 슈코칸(大倉集古館)은 이 호텔의 자랑이다. 방대한 규모의 동양 예술품과 유물은 놀라울 정도이다. 전시품 가운데는 유난히 한국의 문화재가 많이 있다. 달리 말하면 한국 근대사의 아픔이 전시되어 있다는 뜻이기도 하다.

이 아픔은 일제 총독 데라우치가 경복궁 내에 침략의 본산 조선총독부를 세우기로 결정했던 1910년대로 거슬러 올라간다.

경복궁에는 자선당(資善堂)이라는 건축물이 있었다. 세종대왕 9년(1427년)에 건립된 자선당은 동궁의 내전이자 침전이며 서재와 같은 곳으로서, 경복궁의 여러 전각 중에서도 역사가 가장 오래된 건축물이었다. 정면 7칸과 측면 4칸의 39평짜리 단아한 이 목조 건물은 가운데 대청을 중심으로 좌우에 각각 방을 두었고, 그 주위를 툇마루와 협실로 둘러싸는 모습이다. 그런데 1915년에 조선총독부가 이른바 '시정 5주

| 4장 | 이   건   희   시   대

년 기념'으로 조선물산공진회라는 만국박람회를 개최하는 장소로 경복궁을 사용하면서 동궁 일대를 완전히 철거했는데, 이때 동궁의 중심 전각이던 자선당도 헐리는 운명을 맞아서 한 칸에 15~27원에 팔려나갔다. 당시 자선당을 강제 철거하면서 조선총독부가 댄 근거는 '박람회를 개최하는데 궁전의 누각들이 거추장스러워서'였다고 한다. 황현은 《매천야록》에서 1910년의 경복궁 파괴에 대해 다음과 같이 울분에 차 기록했다.

> 경복궁을 헐어 매도했다. 경복궁은 모두 4천여 칸으로 매 칸의 가격은 15원에서 27원이었다. 이때 한국인과 일본인의 원매자는 80여 명이었으며, 3분의 1은 일본인 기타이에게 매도하기 위해 계약서를 작성했다. 그곳에 장차 대공원을 조성하기 위한 것이다.[20]

그런데 오쿠라호텔의 설립자인 오쿠라 기시치로의 아버지 오쿠라 기하치로가 이 자선당을 통째로 샀다. 그리고 1916년에 자선당을 도쿄 자신의 집으로 통째로 옮긴 뒤 이듬해에 복원을 하고 '조선관'이라는 현판을 달아 사설미술관 형태로 개관했다. 그러나 안타깝게도 1923년 관동대지진 때 이 자선당은 불에 타서 소실되고, 단지 기단과 계단 그리고 주초 등은 손상되지 않고 표면만 불에 그슬렸다.

그런데 1993년에 일본 도쿄대학교에서 객원연구원으로 있던 김정동이 오쿠라호텔에 방치되어 있던 자선당의 유구를 확인했고, 이 일이 계기가 되어 자선당 유구 반환 운동이 일어났다. 삼성문화재단이 오쿠라호텔 측에 적극적으로 다리를 놓았고, 오쿠라호텔 측이 반환을 약속했다. 삼성문화재단의 이사장이던 이건희는 이런 공로를 인정받아서 1994년 2월 17일에 문화체육부장관으로부터 감사패를 받았다. 그리고 2년이 지난 뒤인 1996년에 마침내 자선당은 비록 유구뿐이긴 했지만 한국으로 돌아왔다. 무려 80년 만의 귀향이었다.

오쿠라슈코칸 정원에 있는 두 탑 역시 조선에서 가져간 것으로서 평양 율리사지 팔각오층석탑과 이천 향교방석탑이다. 석가탑과 같이 소박한 모양의 이천 향교방석탑은 조선물산공진회에 장식물로 쓰인 뒤, 평양정거장 앞의 육각칠층석탑을 달라는 오쿠라 기하찌로에게 조선총독부가 대체품 삼아 입막음용으로 주었다고 한다.[21] 이 두 석탑의 반환 운동도 현재 민간 차원에서 진행되고 있다.

오쿠라호텔은 이미 오래전부터 삼성 및 이건희와는 매우 인연이 깊은 장소였다. 이건희와 이병철은 도쿄에 갈 때면 늘 오쿠라호텔을 이용했다. 이건희가 총각 시절에 선을 보러 온 홍라희와 그녀의 어머니를 맞을 때도 오쿠라호텔에 머물 때였고, 그 두 사람 역시 일본에 있는 동안 오쿠라호텔에 묵었다. 1983년 2월 8일, 신년 사업 구상을 위해 도쿄에 머물던 이병철 회장이, 장차 삼성의 역사를 바꾸게 될 대규모 반도체 투자에 나서기로 결심한 것도 바로 이 오쿠라호텔에서였다. (그리고 3월 15일에 이 내용을 홍진기 중앙일보 회장에게 전화로 통보하고, 이를 내외에 공식적으로 공표했다.)

| 4 장 | 이 건 희 시 대

그런데 그로부터 10년이 지난 1983년 6월 4일, 오쿠라호텔에서 이건희는 다시 한 번 더 삼성의 역사를 바꿀 계기를 맞이한다. 6월 1일부터 일부 사장단 및 중역들과 함께 회의를 하면서 질을 중시하는 풍토와 신념으로 제대로 된 물건을 만드는 삼성의 이미지를 구축하자는 결의를 다지고 있었던 것이다. 이 자리에는 이수빈 비서실장, 윤종용 삼성전기 사장, 배종렬 홍보팀장, 후쿠다 타미오 삼성전자 디자인 고문 등 10여 명이 함께했다.

회의가 끝난 뒤 이건희는 후쿠다를 포함한 서너 명의 일본인 고문을 따로 객실로 불러들여서 이야기를 나누었다. 이들은 이건희가 회장이 된 직후인 1988년에 일본 전자업계의 선진 기술을 전수받으려고 직접 스카우트한 인물들이었다.

이건희는 이들에게 그동안 삼성전자를 보고 또 느낀 점을 허심탄회하게 얘기해 달라고 했다. 그의 진정성을 눈치 챈 일본인 고문들은 조금씩 말문을 열었고, 대화는 새벽까지 이어졌다. 이 자리에서 삼성전자의 문제점이 적나라하게 쏟아졌다. 그날 오쿠라호텔 회의에 참석했던 한 인사는 다음과 같이 증언했다고 한다.

"처음에는 고문들이 머뭇거렸으나 회장님이 워낙 간곡하게 거듭 요청하자 말문을 텄고 (…) 저녁 6시쯤 시작된 고문들과의 회의가 새벽 5시가 돼서야 끝났던 것으로 알고 있습니다."

그런데 이 자리에서 후쿠다가 이건희에게 미리 준비해 두었던 문건 하나를 내밀었다. "경영과 디자인"이라는 제목이 붙어 있었다. 후쿠다는 교토공예섬유대 의장공예학과와 미국 일리노이 공과대학원 디자인 학과를 나온 뒤 NEC 디자인센터, 교세라 디자인실 경영전략팀에서 근무하다 1989년부터 삼성전자 정보통신 부문 디자인 고문으로 영입된 인물이었다.[22] 후쿠다는 그 뒤 1999년까지 고문으로 일하게 된다.

"이게 뭡니까?"

"제 생각을 보고서 형식으로 작성한 겁니다."

실무자가 이건희 회장에게 자기가 작성한 보고서를 직접 전달하는 것은 이례적인 일이었다. 보통 이런 보고서는 비서실을 통해서 올라오는 게 관행이었기 때문이다.

다음 날인 6월 5일, 이건희 회장은 독일 프랑크푸르트로 향하는 비행기 안에서 이 보고서를 펼쳐들었다. 그런데 이 보고서 안에는 만화 같은 일들이 적혀 있었다. '삼성전자가 이 상태로 가면 결코 세계 유수의 업체들과의 경쟁에서 이길 수 없다.'며 '사표를 내겠다는 각오로 보고서를 쓰고 또 전달한다.'고 했다. 이삼 년 동안 담당 책임자에게 세 차례나 의견서를 내는 한편 열 번도 넘게 개선 방안을 제시했으나 번번이 좌절을 맛봐야 했다고 했다. 삼성의 수준은 한마디로 수준 이하라고 했다. 삼성에 고문으로 온 것을 후회하는 해당 분야 전문가의 심정이 구구절절 배어 있었다.

이럴 수가 있나!

이건희 회장은 이때의 감정을 석 달 뒤인 9월에 한 월간지 기자와 가진 인터뷰에서 다음과 같이 격렬하게 토로했다.

| 4 장 | 이 건 희 시 대

[LA 회의 이후] 모두 잘하겠다고 해서 잘하는 줄로만 알았어요. 그러다가 프랑크푸르트로 가는 비행기 안에서 일본인 산업디자인 고문[후쿠다 타미오]이 제 앞으로 올린 보고서를 우연히 보게 됐습니다. 그 보고서의 내용은 삼성전자가 이래 갖고는 안 된다는 경고장과 같았습니다. 그것을 사업본부장에게 수없이 올렸는데도 안 먹히니 마지막으로 물러날 각오를 하고 나에게 올렸다고 되어 있었어요. 기가 막히고 화가 치밀어 올랐습니다. (…) 비서실장이고 본부장이고 사장이고 몽땅 나한테 거짓말을 했어요. 모두가 나를 속인 것이죠. (…) 집안에 병균이 들어왔는데 5년, 10년 동안 나를 속여 왔습니다. 소위 측근이라는 사람들이 이 정도라면 나머지 사람들은 어느 정도였겠습니까?[23]

이건희가 펄쩍 뛸 만도 했다. 이미 1989년에 일본인 고문들이 지적한 사항들이 4년 가까이 지난 뒤에도 여전히 지적한 그대로 해결되지 않고 남아 있었기 때문이다. 1989년에 일본인 고문들의 지적 사항을 이건희의 육성으로 확인하면 다음과 같다.

일본인 고문들이 지적한 걸 보면 우리가 고쳐야 할 게 다 들어 있었습니다. • 개인은 다 훌륭하지만 연구한 게 전달되지 않고 있다. • 현재 자기들이 제일이란 자만에 빠져서 창조적 도전을 하지 않는다. • 한국 기업은 미리 대비하지 않고 문제가 터진 후에 돈을 쓴다. • 삼성의 관리자들은 너무 급하고 실적과 결과만 평가한다. • 일본의 근로자는 살아남기

위해 일벌레처럼 일을 하고 연구소엔 밤이 새도록 불이 켜져 있는데 삼성은 안 그렇다.[24]

이것뿐만이 아니었다. 지난 2월 LA 회의에서도 일본 고문들을 적극 활용하라고 촉구했었다.

[삼성]전자의 나쁜 습관은 배타적이고 폐쇄적인 것입니다. 기술제휴해라, 합작해라, 했는데도 말을 안 들었습니다. 일본 기술자 소개해서 보내주었더니 싸우고 배타하고 결점만 잡아내 쫓아버리는 짓을 했습니다. (…) 50만 평 땅에서 몇 만 명이 일하면서도 몇 백 억 이익 내고 있으니 말이 안 됩니다. 차라리 그 자리에 종합운동장 세우고 삼성 스케이트장 만들고 어떤 회사처럼 삼성월드 만들면 돈도 더 벌고 삼성 PR도 더 될 겁니다.[25]

이건희는 비행기 안에서 후쿠다 보고서를 몇 번이나 읽었다. 그리고 자만과 안일에 빠져 있는 구체제를 뒤엎어야 한다는 투지를 더욱 불태웠다. 후쿠다 보고서 및 이 보고서의 내용은 조직 개혁의 훌륭한 명분이 되었다. 이건희 회장은 프랑크푸르트 회의를 소집하라고 이학수 차장에게 지시를 내리면서 따로, 다음 날 당장 후쿠다 고문에게 푸짐한 상금을 내리라고 지시했다.

그런데 이건희 회장의 분노와 투지에 기름을 부은 사건이 또 하나

| 4장 | 이건희 시대

더 있었다. 이른바 '세탁기 사건'이다.

6월 5일, 하네다 공항을 떠나려는 이 회장에게 삼성비서실 SBC팀(삼성 사내방송팀)이 제작한 비디오테이프 한 개가 전달되었다. 삼성전자의 세탁기 조립과정을 생생하게 담은 30분짜리 영상물이었다. 내용은 이랬다.

세탁기 생산 현장, 납품된 세탁기 뚜껑 여닫이 부분의 플라스틱 부품이 조금 커서 맞지 않는 문제가 발생했다. 하지만 현장 직원은 아무렇지도 않게 칼로 2밀리미터쯤 깎아낸 다음에 조립했다. 주문이 밀려 생산량을 맞춰야 하는데, 새로 뚜껑 부분을 설계하고 금형을 제작하려면 시간이 부족해서 어쩔 수 없다는 것이었다. 더욱 놀라운 것은 플라스틱 뚜껑을 깎아내던 하청업체 직원이 다른 용무로 작업 현장을 떠나자 다른 직원이 긴급 투입되어 플라스틱을 깎았다. 그러면서도 직원들은 어떤 거리낌도 없었고 부끄러움도 없었다.[26] 이런 모습을 SBC의 몰래카메라 팀이 고스란히 촬영했다. 이 장면이 사내에 방영되었고, 관계자들은 물론이고 삼성전자의 경영진까지 경악했다.

이건희는 곧바로 서울의 이학수 비서실 차장에게 전화를 걸었다.

"지금부터 내가 하는 말을 녹음하시오!"

그는 벽력같이 호통 치며 지시했다.

"내가 질(質) 경영을 그렇게도 강조했는데 이게 그 결과요? 몇 년 동안 그렇게나 강조를 했는데 변한 게 고작 이거요? 사장들과 임원들 전부 프랑크푸르트로 집합시켜요. 이제부터 내가 직접 나섭니다."

겨우 정신을 차린 이학수 차장은 이 회장의 지시대로 녹음을 하고 그 내용을 사장단에 들려주었다. 사장단 인사들도 이건희 회장이 그처럼 화를 내는 것을 본 적이 없었다.*

불호령을 받은 윤종용 사장, 비서실 김순택 경영관리팀장, 현명관 삼성물산 건설부문 사장 등 삼성 핵심 경영진 200여 명은 허겁지겁 서울 발 프랑크푸르트 행 비행기에 몸을 실었다.[27]

프랑크푸르트 선언, 마누라와 자식 빼고 다 바꿔라!

1993년 6월 7일 월요일, 독일 쾨니히슈타인에 자리를 잡은 켐핀스키 팔켄슈타인 호텔.

현관 앞에 넓게 펼쳐져 있는 잘 손질된 녹색 잔디밭과 한국의 가을 하늘을 닮은 것 같은 파란색 하늘 사이에 서 있는, 흰색을 기본 색상으로 한 오층 건물의 호텔이다. 겉으로만 보면 작은 펜션으로밖에 보이지 않지만 안으로 들어서면 느낌이 완전히 달라진다. 최고급 호텔이다. 1897년에 설립되어 200년 가까운 역사를 자랑하는 이 유서 깊은 호텔에는 천장마다 프레스코화가 즐비하고 19세기의 숨결까지도 느낄

---

* 삼성은 이날 이 회장과 이 차장 간의 통화내용을 그대로 녹음해서 삼성의 사장단과 임원을 대상으로 하는 교육 자료로 활용한다.

| 4장 | 이 건 희 시 대

수 있는 목재 가구들이 실내를 장식하고 있다. 켐핀스키 호텔은 아직 한국에는 소개되지 않아 생소한 브랜드이지만, 전 세계에 체인점을 가지고 있으며 이미 수많은 나라의 여행객 및 비즈니스맨들이 '차별적인 사치'라는 아이콘으로 인식하는 초호화 호텔이다. 런던과 함께 유럽 금융의 중심도시인 프랑크푸르트의 상류층 특히 뱅커들이 자주 이용하는 곳인데, 팝의 황제 마이클 잭슨이 머물렀다는 사실만으로도 이 호텔의 수준을 짐작할 수 있다.

이 호텔의 테라스에 앉으면 프랑크푸르트 전경이 한눈에 내려다보인다. 이건희 회장이 이 호텔을 삼성의 핵심 임원들을 대상으로 한 간담회 장소로 정한 것도 이런 조건과 무관하지 않았다. 프랑크푸르트는 삼성에게 매우 중요한 곳이었다. 삼성은 1964년에 유럽 지역 최초로 프랑크푸르트의 애쉬본에 삼성물산의 독일 지점을 개설했으며, 그 후 1975년에 함부르크 지점을 흡수해 법인화된 프랑크푸르트 지사는 초기 유럽 시장 개척의 중심 역할을 담당하면서 탄탄한 영업기반을 구축해 왔으며 특히 구소련과 동구권 지역 진출의 전진 기지 역할을 톡톡히 해왔기 때문이다. 한마디로 프랑크푸르트 지사는 삼성의 유럽중심 본부였다.

이건희는 프랑크푸르트를 회의 장소로 선택한 이유가 '통독 후의 여러 가지 변화 모습과 유럽연합(EU) 체제로 전환되고 있는 세기말의 시대적 변화의 흐름을 삼성의 핵심 임원들이 직접 확인하고, 이 자리에서 미래의 삼성을 위한 구상을 함께 하고자 하는 것'[28]이라고는 했지만 임원들은 이 말을 액면 그대로 믿지 않았다. 그러기에는 '당장 비행기를 타고 프랑크푸르트로 모이라.'는 소집 지시가 너무도 갑작스러웠고, 또 소집 사실을 전하던 이학수 비서실 차장의 목소리가 무척 긴장한 듯 가늘게 떨렸기 때문이다. 여느 때와는 달랐다. 확실히 달랐다. 뭔가가 있었다. 삼성을 뒤흔들어 놓을 무언가가 분명히 준비되고 있는 게 분명했다. 다들 그런 생각을 하며 켐핀스키 호텔로 향했다.

회의는 네 차례에 걸쳐 계획되어 있었고, 첫 번째 대상이 사장단이었다.

프랑크푸르트 공항을 출발한 자동차가 속속 호텔 현관 앞에 와서 섰고, 윤종용 삼성전자 사장, 비서실의 김순택 경영관리팀장, 현명관 삼성물산 건설부문 사장 등 삼성의 핵심 인물들이 속속 승용차에서 내려 종종걸음을 치며 안으로 들어갔다. 그리고 또 회의장에는 이건희 회장의 큰형 이맹희의 장남인 장조카 이재현 제일제당 상무(33세), 작은형이자 이미 고인이 된 이창희의 장남인 이재관 새한미디어 사장(30세) 그리고 이건희 회장의 외아들 이재용(25세)의 모습도 보였다. 당시 이재용은 삼성전자 일본 현지법인 직원 신분으로 게이오대학교에서 일본어 연수를 마친 뒤 경영대학원에 재학 중이었다.

다들 잔뜩 긴장해 있었다. 이건희는 사람들을 둘러보면서 천천히 입을 열었다.

"그저께인 5일에 하네다 공항에서 비행기를 타기 전에 사내방송팀이 비디오테이프 하나를 줍디다. 그걸 여기 도착해서 틀어보니까, 내

| 4장 | 이 건 희 시 대

용이 참 기가 막힙디다. 세탁기를 만드는데 치수가 맞지 않아 조립이 잘 되지 않자 그 자리에서 어설프게 응급조치를 한답시고 부품을 깎아서 억지로 끼워 맞추는 장면이 있습디다. 그래서 내가 여러분들을 불렀습니다. 자, 이게 내가 말하는 질 경영입니까? 내가 벌써 몇 년째 질 경영을 강조해 왔는데, 변한 게 고작 이겁니까?"

이건희의 입술은 분노로 파르르 떨렸다. 임원들은 숨도 쉴 수 없을 정도로 긴장했다.

"지금은 신용과 이미지를 파는 글로벌 시대입니다. 이런 시대에 품질은 경쟁력의 가늠자입니다. 우리 삼성의 생존권과 직결되는 문제이므로 불량품을 단 한 개라도 만드는 것은 회사를 좀먹는 암적인 존재이자 경영의 범죄행위입니다. 여러분은 범죄행위를 저지른 겁니다! 공장 가동을 중단하거나 시장 점유율이 떨어지는 한이 있더라도 원인을 근본적으로 규명하고 대책을 수립해서, 올해 안으로 품질을 세계 수준으로 끌어올리시오!"

공장 가동을 중단하라고?

사람들은 공장 가동을 중단하는 일도 불사하라는 말을 곧이곧대로 듣지 않았다. 그저 품질에 신경을 쓰라고 강조하는 수사적인 표현일 뿐이라고 생각했다.

"삼성 제품의 질은 바로 삼성의 얼굴입니다."

"불량 생산은 범죄입니다."

"삼성은 이제 양 위주의 경영을 과감히 버리고 질 위주로 갑니다."

"마누라와 자식을 빼고는 다 바꿔야 살아남습니다."

마누라와 자식을 빼고는 다 바꾸라? 그래야 살아남는다?

사람들은 곧이곧대로 듣지 않았다. 그저 달리는 말에 가볍게 채찍을 한 번 던지는 차원으로 하는 말로만 받아들였다. 근데, 이런 얘기를 하려고 프랑크푸르트까지 불렀나?

그도 그럴만한 게, 작년인 1992년 5월에 삼성전자의 컬러TV 등 네 개 제품이 세계 명품으로 선정되었고, 8월에는 삼성전자가 세계 최초로 64메가 D램을 개발했으며, 9월에 삼성전기는 중국 통관 공장에서 생산을 시작했고 삼성전관은 구동독 최대의 전자회사인 WF사(社)를 인수했으며, 11월에는 삼성전자가 제조업체로는 최초로 수출 40억 달러를 돌파했다. 이어서 1993년 4월에 삼성전자가 국산 이동전화 시스템을 처음으로 (러시아에) 수출했으며, 또 같은 4월에 삼성전관이 세계 두 번째 고화질 TV용 프로젝션 브라운관을 개발했으며, 불과 며칠 전에는 16메가 D램 양산공장을 준공하기도 했었다. 삼성은 잘나가고 있었던 것이다. 그래서 사람들은 이건희 회장의 말을, 잘나가고 있는 현재의 상황에 안주하지 말라는 경고라고만 받아들였다.

이건희는 계속해서 열변을 토했다.

"앞으로 21세기에는 초일류가 아니면 살아남지 못합니다. 대변혁의 시대에 하루 속히 글로벌 스탠더드에 적응하지 못하면 삼성은 영원히 이류, 삼류로 뒤처지고 맙니다. 마누라와 자식을 빼고는 다 바꾸어야 합니다. 그래야 살아남을 수 있습니다."

| 4 장 | 이   건   희   시   대

이른바 '프랑크푸르트 회의'라 불리는 켐핀스키 호텔에서의 이 일정은 6월 24일까지 이어진다.

그 가운데 하루였던 6월 10일, 이건희는 강연을 마치고 사장단 10여 명을 자기 방으로 불러들여서 자기 강연 내용을 어떻게 생각하는지 의견을 물었다. 그러자 이수빈 비서실장이 조심스럽게 입을 뗐다.

"회장님, 아직까지는 양을 포기할 수 없습니다. 질과 양은 동전의 앞뒤입니다."

이수빈뿐만 아니라 사장단 거의 대부분이 공감하던 내용이었다. 하지만 이 말을 듣는 순간 이건희는 손에 들고 있던 티스푼을 테이블 위에다 내동댕이쳤다. 그러고도 분이 풀리지 않는지 벌떡 일어나 문을 박차고 나갔다. 사람들의 얼굴이 하얗게 질렸음은 말할 것도 없다. 이것이 바로 삼성인들 사이에서 회자되어 온 이른바 '스푼 사건'이다.[29]

이건희 회장은 과연, 개혁의 동지로 생각하고 기용했던 비서실장이라는 사람이 자기 생각을 제대로 읽어내지 못한다는 사실에 원망스럽고 분한 마음을 다스리지 못해서 티스푼을 내던졌을까? 아니면, 극적인 효과를 노리며 연기를 한 것일까? 이 의문을 풀 수 있는 단서는 그로부터 한 달 뒤인 7월 18일에 한 월간지 기자와 가진 인터뷰에서 그가 했던 말에서 찾아볼 수 있다.

> 회장이란 사람이 비싼 돈 써가며 임직원들을 해외에 불러내 새벽 3시, 4시까지 강연을 하고 있다는 것 자체가 우리 기업의 위기 상황을 말해주

는 것입니다. 국가로 보나 삼성으로 보나 현재가 보통 위기 상황이 아닙니다. 정신 안 차리면 구한말과 같은 비참한 사태가 올 수 있습니다. (…) 우리가 요대로만 가면 삼류, 사류로 떨어지고 맙니다. (…) 국내에서 그래도 나은 곳이 삼성입니다. 그러나 분명히 말하지만 삼성은 국제적으로 이류입니다. 회장이 되고 나서 입버릇처럼 불량 없애라, 질 위주로 생산하자고 했는데 아직도 양에 매달리고 있어요. (…) 오그라지고 망가지는 게 눈앞에 보이는데 눈 하나 까딱 안 해요.[30]

이건희 회장은 이미 개혁을 준비해 왔다. 가깝게는 프랑크푸르트로 향하는 비행기 안에서 삼성 제품의 디자인이 안고 있는 문제들과 이런 문제들이 나올 수밖에 없는 경직된 조직 문화를 낱낱이 지적한 후쿠다 보고서를 읽었을 때부터이고, 조금 멀리는 2월에 로스앤젤레스에서 전자제품 상가를 직접 방문해서 삼성 브랜드의 제품들이 먼지를 뽀얗게 뒤집어쓴 채 구석에 방치되어 고객의 시선을 끌지도 못하는 비참한 모습을 보았을 때부터이고, 좀 더 멀리 잡자면 5년 6개월 전이자 이병철 선대 회장 사망 직후인 1987년 11월에 제2대 회장으로 추대되어 12월 1일에 삼성그룹의 그룹 내 최고참이던 최관식 삼성중공업 사장으로부터 그룹 깃발을 건네받을 때부터였다.

바야흐로 개혁의 깃발은 높이 솟았다.

이건희는 품질 경영의 깃발을 내걸고, 마누라와 자식 빼놓고 다 바꾸겠다는 마음으로 변화를 받아들이라고 요구했다.

| 4장 | 이 건 희 시 대

나는 지난 2월부터 머리와 몸이 팽팽 돕니다. 금년 말까지 마지막으로 진짜 바뀌어 봅시다. 과장급 이상 모두 만나겠습니다. 다 뒤집어 봅시다. 목숨과 재산을 거는 게 쉽습니까? 나는 변화를 위해서 이것을 걸었습니다.[31]

중병에 걸린 삼성을 살리는 길은 변화와 개혁밖에 없다고 했다.

삼성전자는 3만 명이 만든 물건을 6천 명이 고치러 다닙니다. 이런 낭비적 집단은 이 세상에 없어요. 삼성전자는 암으로 치면 2기입니다. 중공업은 영양실조이고, 건설은 영양실조에 당뇨병이 겹친 상태예요. 종합화학은 선천성 불구기형아라고 할까요? 종합화학과 전자를 합쳐서 둘로 나눈 정도의 병이 삼성물산이죠. 삼성생명이 상대적으로 경영을 잘해 온 것 같지만 엉터리 계약이 많아요.[32]

이 변화와 개혁의 대상을 분명하게 밝혔다. 그 대상은 스스로 변하려 하지 않는 사람들, 다시 말해서 이건희가 제시하는 이건희 체제를 인정하고 동참할 마음이 없는 사람들이었다. 다음은 프랑크푸르트 회의에서 이건회 회장이 한 말이다.

내가 잘하자 하면 모든 게 해결됩니다. 그런데 이게 잘 안 됩니다. 왜 안 되느냐? 각자의 이기주의와 무의식과 무책임이 엉켜서, 노력 안 하고 거저먹자는 사람들이 밑바닥에서부터 높은 사람들까지 엉켜 있어요. 이게 힘들었습니다. 앞으로도 힘듭니다. (…) 어떤 집단에 가보아도 거저먹자고 하는 사람 5퍼센트, 일하지 말라고 해도 일하는 사람 5퍼센트가 있습니다. 나쁜 쪽 5퍼센트와 좋은 쪽 5퍼센트의 사람 가운데 어느 사람들이 잘되느냐 출세하느냐에 따라서 나머지 95퍼센트의 사람들이 그쪽을 따라갑니다. 그 몇 명입니다, 몇 명. 나는 앞으로 그 몇 명만 집어냅니다. 잘하는 사람, 잘 가려는 사람 쪽으로 쫙 넘겨주면 됩니다. 인간은 65세 전후면 노망기가 듭니다. 절대 실무 맡으면 안 됩니다. 60이 넘으면 손 떼야 합니다. 65세 넘으면 젊은 경영자에게 넘기고 명예회장으로 물러나야 합니다. 개인적인 감정은 없습니다. 나는 위기의식을 느낍니다. (…) 이대로는 안 돼요. 명심들 하세요. 마음으로는 변해야 한다고 생각하는 것 같은데 몸과 행동의 변화는 어렵습니다. 과거 10년간 한 인생이 얼마나 구차, 치사하게 되어야 하는지 [나는] 경험해 보았습니다.[33]

여기서 눈에 띄는 점은 거저먹는 사람들에 대한 비판에 이어서 예순 살이 넘은 사장들을 이야기했다는 점이다. 이건희는 드러내놓고 기득권 세력인 경영진과 임원들을 암에 비유하며 비판했다.

난 1979년부터 불량은 안 된다고 소리소리 질렀으나 부회장 혹은 후계자라는 핸디캡에 따라 내 말이 강하지 않았습니다. 회장 취임 5년이 지나서도 불량은 안 된다, 양이 아니라 질로 향해 가라고 했는데도 아직

| 4 장 | 이 건 희 시 대

양을 외치고 있습니다. 비서실장, 삼성전자 사장, 비서실 전자팀장, 전자의 본부장이 양을 지향합니다. 어처구니없는 발상입니다. 썩어 빠진 정신입니다. 암을 번지게 하는 것입니다.[34]

이건희가 1993년 2월부터 8월 초까지 이어진 해외 회의의 공개적인 자리에서 그리고 녹음과 녹화를 통해서 회의에 참석한 중간 관리자들뿐만 아니라 한국 및 세계 각지의 중간 관리자들에게 삼성이 안고 있는 문제의 뿌리가 상층부 임원과 경영진에 있다고 비판하며 중간 관리자와 평사원을 자기편으로 끌어들이고 상층부의 기득권 세력을 고립시켰지만, 그들은 반발할 수가 없었다. 이미 LA의 백화점에서부터 세탁기 사건이나 후쿠다 보고서 등을 통해서 치부가 드러났기 때문이다.

사실, 세탁기 사건을 몰고 온 몰래카메라나 후쿠다 보고서 등에 이은 전격적인 프랑크푸르트 회의는 우연한 계기로 진행된 게 아니었다. 철저하게 계산된 수순이었다. 이런 사실은 이건희 회장이 프랑크푸르트 회의 때 "오늘[6월 15일] 아침에 삼성전자의 불량을 담은 테이프를 보았습니다. 테이프 내용 자체가 뭐 그리 대단한 건 아닙니다. 위기의식을 가지라는 뜻에서 홍보팀을 시켜 구석구석 잘못된 부분을 찾아내라고 해서 나온 겁니다."[35]라고 했던 발언을 통해서도 짐작할 수 있다. 일종의 기획이 전제되어 있었던 것이다. 회의 장소를 외국, 그것도 특급호텔로 정한 것도 마찬가지였다. 영화광이었던 이건희는 마치 영화감독처럼 자기 메시지의 중요성을 극대화하려고 모든 장치와 도구들을 정교하게 배치했다고 볼 수 있다.

이건희 회장이 삼성그룹 상층부의 기득권 세력을 향해서 포문을 열며 마누라와 자식 빼고 다 바꾸자고 했던 프랑크푸르트 회의, 그 첫날인 6월 7일을《삼성 60년사》연보에서는 '삼성 신경영 선언'을 한 날로 기록하며, 신경영을 다음과 같이 규정한다.

> 현실에 대한 명확한 인식과 자기반성을 통해 '남을 탓하기보다는 나부터 변화하겠다'는 의지를 가지고 인간미와 도덕성, 예의범절, 에티켓 등을 기본으로 해서 변화의 방향을 한 방향으로 통일하며, 질 위주 경영을 바탕으로 국제화와 정보화 그리고 복합화를 이룩해 국제 경쟁력을 높이고 궁극적으로 인류 사회에 봉사하는 21세기 세계 초일류기업을 지향하는 경영 철학이다.[36]

프랑크푸르트 선언을 한 직후인 1993년 7월 17일, 일본 도쿄에서 이건희 회장을 수행하는 비서팀이 본사로 팩스를 보낸다. "회장 경영 철학의 이해"라는 제목이 붙어 있었다. 그 문건은 초일류기업을 다음과 같이 정의한다. "① 가장 싸게, 좋게, 빨리 만들 수 있는 것이 일류기업의 요체이다. ② 초일류기업이란 이런 일류기업에 도덕성과 '삶의 질'을 가미한 것이다."[37]

| 4장 | 이   건   희   시   대

변화와 개혁으로의 총동원령, '7·4제'

　1993년 6월 23일에 이건희 회장은 베를린으로 가서 삼성전관이 인수한 베를린의 WF사(社)를 돌아보았다. 그런데 그의 얼굴을 찌푸려졌다. 브라운관 재고가 산더미처럼 쌓여 있었던 것이다. 원인은 역시 품질에 있었다. 품질에서 경쟁사 제품에 밀리니까 그렇게 된 것이었다. 그리고 다시 프랑크푸르트로 돌아왔고, 그다음 날인 6월 25일에 스위스의 로잔으로 갔다. 27일까지 임원을 중심으로 한 회의가 스위스 로잔에서 열렸으며, 이건희 회장은 6월 27일에 영국 런던으로 가서 7월 30일까지 주재원을 대상으로 특강을 했다. 그리고 6월 29일에는 영국 빌링햄 삼성전자 컬러TV 공장을 방문했다. 그리고 7월 2일에 청와대 모임에 참석하기 위해서 일시 귀국했다가 다시 도쿄로 갔다. 7월 4일부터 9일까지 이어지는 이른바 '도쿄 회의'의 시작이었다.

　이건희 회장은 지난 2월 LA 회의 때부터 숨 가쁘게 달려오면서 삼성그룹을 흔들어 깨우는 데 성공했다. 바뀌어야 산다는 인식을 심어주는 데 성공했다. 삼성그룹에서뿐만 아니라 일반 국민들로부터도 호의적인 여론을 얻어냈다. 변화와 개혁의 일정은 순조로웠다. 하지만 어딘가 부족했다. 세탁기 사건 이후 이른바 '라인 스톱제'를 실시해서 불량의 원인이 밝혀질 때까지는 라인 가동을 중단하기로 방침을 세우면서 경각심을 높이고 또 실제로 세탁기 라인을 48시간 동안 세우기도 했지만, 그것만으로는 부족했다. 18만 명의 삼성 임직원들이 바뀌어야 산다는 개혁 철학을 피부로 느낄 수 있는 어떤 물리적인 조치가 필요했다. 당시 비서실 인사팀에 있던 한 고위 간부는 다음과 같이 증언했다.

> 변화를 위한 가시적 조치가 시급하게 필요했던 상황이었습니다. 당시 비서실은 태스크포스 팀을 구성해서 회장의 질 경영을 구현하기 위한 방안에 대해 여러 가지를 논의했습니다.[38]

그렇게 해서 나온 게 바로 '7·4제' 즉 오전 일곱 시에 출근하고 오후 네 시에 퇴근하는 제도였다. 1993년 7월 2일, 이건희 회장은 스위스 로잔에서 강연을 마치고 다음 일정이 있는 곳으로 향하던 중에 공항에서 이학수 비서실 차장에게 전화를 걸어 당장 이 제도를 실시하라고 지시했다. 그리고 닷새 뒤인 7월 7일 삼성 본관 대회의실, 강진구 삼성전자 회장 주재로 열린 주례 사장단 회의에서 이 제도는 공식적으로 의결되었다. 본래 삼성의 근무 시간은 오전 8시 30분부터 오후 5시까지였다. 출근 시간을 1시간 30분 앞당김으로써 '잠에서 덜 깬 삼성 직원들이 개혁을 몸으로 느끼게 만드는'[39] 조치였다. 개혁으로의 총동원령이 떨어졌던 것이다. 이건희 회장은 이렇게 독려했다.

> [일찍 퇴근을 하고] 어느 곳을 들러서 운동을 하든지, 친구를 만나든지, 어학 공부를 더 하든지 (…) 여섯 시 넘어서까지 무엇 하러 회사에 앉아 있습니까?[40]

| 4 장 | 이　　건　　희　　시　　대

1993년 8월 초에 해외 회의를 마치고 귀국한 이건희는 이 제도가 제대로 실시되는지 조사하라고 비서실에 지시했다. 아니나 다를까, 제대로 실시되지 않고 있었다. 오전 7시 출근, 오후 5시 퇴근을 하는 계열사도 있었고, 회장님의 지시를 곧이곧대로 따르다가 불이익을 당하지나 않을까 하는 걱정에 직원들이 일찍 퇴근했다가 저녁을 먹은 뒤에 다시 회사로 돌아와서 일하는 계열사도 있었다. 이건희 회장은 다시 불호령을 내렸다.

"당장 제대로 하도록 하시오!"

이건희는 18만 명의 삼성 임직원을 흔들고 다그치며 개혁을 위한 총동원령의 고삐를 더욱 바짝 당겼다.

이 제도가 실제로 직원 개개인의 자기계발에 도움이 되고 또 이것이 회사의 발전에 기여했는지 여부를 두고 여러 가지 이견이 있다. 하지만 어쨌거나 '이건희의 개혁'이 삼성 임직원들에게 그리고 전체 국민에게 강력하고도 신선한 충격을 주는 데는 성공했다.

이 제도는 나중에 사원들의 저항에 부딪혀 1998년 7월부터 부분적으로 철회되었고, 2002년에는 전체 그룹 차원에서 전면 폐지되었다.

*

7월 4일부터 일주일 동안 일본 도쿄에서 특별 교육이 계속되었다. 이 교육은 오사카와 후쿠오카로 자리를 옮겨가며 8월 4일까지 계속되었다.

중앙일보 임직원을 대상으로 한 7월 13일 오사카 회의에 참석했던 중앙일보 편집국장 이용우는 당시의 이건희를 회상하며 다음과 같이 용비어천가를 불렀다.

> 갑자기 귓전을 때리는 우렁찬 그의 목소리를 듣고 화들짝 놀라지 않을 수 없었다. 평소 입이 무겁기로 정평이 나 있는 데다 한마디씩 내뱉는 말도 상대방이 알아들을까 말까 어눌하기 짝이 없었으나 웬걸 확 바뀌어 버린 행동거지며 포효하듯 토해내는 목소리는 정녕 백만 대군을 호령하고도 남음이 있었다.[41]

그리고 이건희는 장기간에 걸친 해외 특강을 모두 마치고 귀국한 직후에 200명의 비서실 임직원을 모두 모아놓고 간담회를 했다. 주제는 질 경영이었다. 하지만 이 자리에서 그가 했던 말 가운데 특히 눈길을 끄는 대목이 있다.

"비서실은 공항의 관제탑 역할을 해야 합니다."[42]

비행기가 안전하게 이착륙하도록 유도하는 관제탑은 공항에서 절대적이며 가장 핵심적인 역할을 한다. 삼성그룹에서 비서실은 그룹 경영의 관제탑이며 심장부이다. 이건희는 이런 역할이 가지고 있는 의미를 강조하면서 자신의 유일 체제를 강화해 나갈 친위부대인 비서실의 위상을 한 번 더 확인하고, 한편으로는 힘을 실어주고 또 한편으로는 비

| 4장 | 이 건 희 시 대

대한 권한에 대한 역효과를 경계했던 것이다. 비서실의 이런 중요한 역할 때문에, 이건희가 바랐던 비서실 직원의 요건은 '헌신적이며 정직하고 입이 무거워야' 했다.[43]

일련의 해외 회의를 마치고 귀국해서 처음 만난 조직이 비서실이라는 점과, 또 비서실의 전체 임직원을 한자리에 모아놓고 간담회를 했다는 점만 놓고 본다 하더라도, 이건희가 비서실을 얼마나 중요하게 여겼는지 확인할 수 있다.

이건희 신드롬과 후속 조치

1993년 2월 LA 회의를 기점으로 해서 8월의 후쿠오카 회의에 이르기까지 본사 임직원 및 해외 주재원은 전체 계열사에서 차장급 이상 1,800여 명, 임원급은 90퍼센트 이상이 해외 회의에 불려나갔다. 이건희가 했던 특강 시간은 모두 합해서 250시간이나 된다. 이 일련의 해외 회의에서 이건희는 하루 평균 여덟 시간 동안 그룹의 임직원을 상대로 회의 혹은 특강을 했고, 어떤 때는 하루에 열여섯 시간씩 매달리는 강행군을 했다.

삼성의 해외 회의는 삼성의 임직원뿐만 아니라 국민과 언론에도 큰 충격을 주었다. 삼성의 해외 회의가 이어지면서 언론과 국민의 관심이 재계 1위의 삼성에 모아졌다. 그리고 6월 7일에 '신경영'을 내건 프랑크푸르트 선언이 나온 뒤로 언론은 거의 매일 이 신경영을 보도했다. '이건희 신드롬'이라는 신조어가 유행했다. 김영삼 대통령의 문민정부가 개혁을 추진하는 가운데 이 개혁의 흐름을 삼성이 맨 먼저 그리고 적극적으로 탔기 때문이다.

삼성은 해외 회의에서 이건희 회장이 했던 강의와 토론 내용을 전국의 사업장에 방영했다. 그리고 그가 강연하는 모습과 강연 내용은 신문과 방송을 통해서도 일반 국민에게 소개되었다. 담배를 피우기도 하고 물수건으로 손을 닦기도 하면서 '마누라와 자식 빼고 다 바꾸자, 그래야 살아남는다!'고 외치는 이건희 회장의 모습은 놀라움을 넘어서 충격적이기까지 했다. 그동안 그를 따라다녔던 온갖 소문들, 즉 정신병자다, 마약중독자다, 하는 부정적인 소문들은 한꺼번에 사라졌다. 그의 개혁 메시지는 군사독재 시절의 획일화된 문화에 짓눌려 있던 사회 각계각층을 뒤흔들었다.

재계의 다른 기업들도 삼성의 개혁을 따라하는 데 나서서, 한화그룹은 93년 5월 하순에 1박 2일로 김승연 회장 주재로 독일 프랑크푸르트에서 사장단 회의를 가졌고, 청구그룹도 7월 초까지 29명의 사장과 임원을 일본에 파견해서 현장을 돌아보게 했다.⁴⁴

심지어 집권여당이던 민자당조차도 삼성의 신경영 철학을 배우겠다면서 1994년 1월 24일에 사무처 당직자 392명이 2박 3일 일정으로 용인에 있는 삼성인력개발원에 입소했다. 뿐만 아니라 2월과 3월에는 정부기관의 교육도 줄을 이어 교육부, 내무부, 재무부, 서울시, 총무처,

| 4 장 | 이   건   희   시   대

경찰청 등의 고위 공무원들이 삼성의 교육기관을 찾았다. 바야흐로 현실 경제가 현실 정치를 집어삼키는 과정이 시작된 것이다.

이건희 회장은 그룹 안팎의 이런 호응을 업고 본격적인 후속 조치를 취했다.

1993년 6월 9일에 열린 사장단 회의에서는 '과감한 개혁 조치' 차원에서 제일제당 등 10개 계열사를 분리 또는 매각하고 제일모직을 삼성물산에 합병시키는 등 14개 계열사에 대한 정리방안을 발표했다. 이것은 1991년 11월에 있었던 신세계백화점과 전주제지의 계열 분리에 이은 2단계 조치로서, 사업구조 고도화 전략에 맞춰 그룹의 사업 방향을 21세기형 첨단고부가가치사업에 집중한다는 의지를 드러내는 것이라고 삼성은 설명했다.[45]

하지만 사실상 제일제당은 재산 분배 차원에서 이병철 회장의 장손인 (즉, 이맹희의 장남인) 이재현에게 넘긴 것이고, 제일합섬도 이건희 회장의 둘째 형인 고 이창희 쪽 지분(15퍼센트)이 삼성그룹 차원의 지분(12퍼센트)보다 더 많았다. 원래 떨어져 나갈 게 떨어져 나간 셈이었다.* 조기 분리하겠다고 한 중앙일보도 사실상 이건희의 처남인 홍석현 중앙일보 사장 일가의 지분이 50퍼센트나 되었다. 정리를 발표한 그 외의 기업도 사실은 영업 활동이 없거나 미약한 회사들이었으며,

---

* 제일합섬은 1972년 제일모직 경산 공장을 모태로 해서 분리된 회사인데, 새한미디어와 함께 새한그룹을 형성했지만 무리한 확장이 문제가 되어 결국 2008년에 웅진그룹에 매각, 웅진케미칼주식회사로 이름이 바뀌었다.

그나마 당장 정리하기 어려운 합작회사인 경우가 많았다.[46]

이 알맹이 없는 개혁 조치가 말하는 것은 무엇일까?

이건희 회장이 과연 자기가 취한 '과감한 개혁 조치'가 사실은 알맹이가 없는 껍데기뿐인 조치라는 사실을 몰랐을까? 물론 그렇지 않다. 이건희의 관심은 자신을 중심으로 한 유일적 체계를 완성하는 데 보다 큰 방점을 찍었기 때문이다. 개혁의 실체는 바로, 삼성그룹 내의 자원을 효율적으로 재배치하는 게 아니라 '이건희 회장의 유일적 체계'를 구축하는 것이었다.

이런 작업의 일환으로 9월에는 임원들을 대상으로 '21세기 최고경영자과정'을 개설해서 1차로 50명의 임원들을 용인의 그룹연수원에 6개월 동안 입소시켰다. 이 프로그램은 임원 및 최고경영진이 경영 안목을 넓힐 수 있도록 6개월 동안 업무에서 떠나 국내외 연수를 받도록 하는 제도였다.

하지만 이 사람들이 이 교육에 들어가는 순간, 이들의 직책은 없어졌다. 그 자리에 직급이 낮은 이사들이 새로 자리를 차지하고 들어갔다. 그야말로 책상을 치워 버린 것이다. 대대적인 임원 숙청인 셈이었다. 말로는 교육을 마친 뒤에 사장 보좌역으로 임용될 것이라지만 그 말을 믿는 사람은 아무도 없었다. 결국 이 교육 과정에 참석하라고 통보하는 것은 회사를 떠나라고 등을 떠미는 것이나 마찬가지였다.[47]

이 프로그램에는 총 6차에 걸쳐서 모두 193명이 참가했다. 교육 기간도 처음에는 6개월이었지만 5차부터는 1년으로 바뀌었다.*

| 4장 | 이   건   희   시   대

물론 극히 소수는 이 교육을 수료한 뒤에 다시 중책을 맡기도 했다. 참고로, 비서실에서 떠났던 소병해는 2년 동안의 연수가 끝난 뒤인 93년 초에 삼성을 떠날 것으로 알려져 있었지만, 이건희 회장이 주재한 1993년 6월의 프랑크푸르트 회의에도 참석해서 구체제 인사들을 비판하는 모진 소리를 묵묵히 들어야 했다.

그리고 이건희는 개혁의 마지막 프로그램으로 조직 개편과 인사 개혁을 실시했다.

'신경영 실천을 보다 체계적으로 추진하기 위해 비서실을 개편하고 [비서실 산하에] 신경영실천사무국을 설치했다. 이와 함께 그룹 경영에 대한 최고경영진의 적극적 참여와 의사 결정을 위해 사장단으로 구성된 그룹 운영위원회도 설치했다.'[48]

10월 23일에 단행된 비서실 개편의 내용은 다음과 같았다.

'기존의 11개 팀을 8개 팀으로, 5개의 경영 팀을 2개 팀으로 축소통합하고, 인원을 100명으로 소수정예화 했다. 그리고 각 팀의 책임 임원을 기존의 전무급에서 국제적 감각을 지닌 이사급으로 대폭 교체해 비서실을 젊게 했다.'[49] 그리고 또 하나 중요한 변화는 이수빈 비서실장을 현명관 삼성종합건설 사장으로 교체한 것이었다. 그 이유를 모르는 사람은 아무도 없었다. 이건희가 품질 위주로 경영을 하라고 했는데 왜

---

* 추창근의 글 "이건희, 세기로 가는 도약 변신 2년"에서는 1차 때 '50명을 입소' 시켰다고 하는데, 《삼성 60년사》에서는 1차 때 '42명이 과정을 수료' 했다고 한다. 8명의 임원이 스스로 삼성을 떠났다는 말이 된다.

자기 말을 따르지 않느냐고 질책을 했을 때, 이수빈은 이렇게 대답했었다.

"회사의 생산 캐파(capa)를 채우려면 양을 무시할 수 없습니다. 그래도 이제는 질과 양의 비율을 50 대 50으로 맞췄습니다. 내년에는 질의 비중을 60퍼센트로 늘립니다."[50]

이건희 회장은, 이른바 '질량 논쟁'을 일으켜 자기의 개혁 방침에 뒷다리를 잡으며 소극적인 태도를 보인 이수빈을 비서실에서 내보낸 것이다. 자기의 수족처럼 움직여야 할 개혁의 최고지휘부이자 그룹의 심장부인 비서실에 맞지 않았기 때문이다.

현명관은 영문도 모른 채 이건희의 호출을 받고 독대한 자리에서 비서실장을 맡아달라는 제안을 받고 깜짝 놀랐다. 자기는 공채 출신이 아니라서 삼성그룹 내에 기반이 없었기 때문이다. 삼성전자나 삼성생명 등의 주력 계열사 사장을 맡은 적도 없었다. 감사원에 근무하다가 1978년에 전주제지의 관리부장으로 삼성맨이 되었다. 이런 출신 배경 때문에 그는 회장의 제안을 선뜻 받아들일 수 없었다. 괜히 나무에 올라갔다가는 공채 출신들이 그 나무를 사정없이 흔들어댈 게 뻔했기 때문이다.

하지만 이건희는 자기가 적극적으로 밀어 주겠다며 현명관의 등을 떠밀었다. 이건희가 현명관을 선택한 건 정통 삼성인이 아닌 외부 출신이라는 점이 중요하게 작용했다. 개혁의 칼을 휘두르는 데는 내부 출신보다는 외부 출신이 더 적격이었기 때문이다.

| 4 장 | 이   건   희   시   대

    이건희는 1979년에 부회장으로 취임한 뒤에 각 분야의 실력파 전문가들 및 타 기업의 인재들을 스카우트했었다. 하지만 이렇게 영입한 인물들 가운데 상당수가 삼성 '성골'들의 배타적인 태도와 모함을 이기지 못하고 삼성을 떠났다. 일본에서 온 기술 고문들이 현장에서 목소리를 내지 못한 것도 삼성맨들의 배타적인 자세와 무관하지 않았다. 바로 이런 배경에서 이건희 회장은 이른바 '잡종강세론'을 들고 나왔다. 공채 출신들만으로는 삼성의 발전에 한계가 있기 때문에 이질적인 인물들을 섞어 놓아서 서로 자극하게 하면 조직의 전체적인 힘이 강해진다는 논리였다. 이건희 회장의 이런 신념은 순종 진돗개를 찾아내기 위해서 잡종 진돗개들을 계속 교배시키던 과정에서 생겼을 수도 있다.[51]

    2003년 5월 28일자 《헤럴드경제》의 "이건희 개혁 10년"이라는 제목의 기획 연재기사에 실린 현명관의 인터뷰를 소개하면 다음과 같다. 기자는 현명관을 '이건희 회장의 개혁 작업을 이끈 실무형 비서실장'이라고 소개했다.

    (93년에 비서실장으로 발탁된 직후 이 회장으로부터 받은 지시사항은 무엇입니까?) 강력한 개혁이었지요. 제도나 관행에 구애받지 말라는 것이었어요. 회장 눈치도 보지 말고 소신껏 일하라는 당부도 있었고요. (당시 비서실 조직의 대폭 축소는 이 회장의 의사였나요?) 회장께서 '나부터 바뀌겠다'고 여러 차례 사장단에 강조했고 비서실도 변화해야 한다고

주문했지요. 중요한 의사결정에 비서실이 관여하니까 계열사 임직원들의 창의적인 사고가 사라지고 있다고 우려한 적도 있었어요. (그룹운영위원회 신설은 어떤 의미였습니까?) 신경영 추진은 비서실 산하 신경영실천사무국이 주도하고, 그룹 경영의 전반적인 사항은 운영위원회에서 논의해 결정토록 했습니다.⁵²

현명관이 비서실장이 되었다는 것은 그야말로 '강력한 개혁'의 신호탄이었다. 그런데 비서실장 교체와 관련해서 또 하나 중요한 사실은 이수빈 전 실장을 삼성증권 회장에 이어서 삼성 금융소그룹 회장으로 중용한 것이다. '미덥지 않으면 일을 맡기지 말고, 한번 사람을 믿고 썼으면 끝까지 믿고 맡긴다.'는 이병철 회장의 인사 원칙을 이건희가 그대로 따랐던 것이다.*

또 11월 27일에 있었던 정례 임원 인사에서 몇 가지 이례적인 모습을 보였다. 다음은 《삼성 60년사》가 평가하는 이 인사 개혁의 특별한 의미이다.

첫째, 관리보다는 기술 부문에 경험이 많은 사람을 우대하는 경향을 보였다. 대표이사 전무를 포함한 대표이사 승진 12명 가운데 7명이 이공계 대학 출신이었다. (…) 대표이사 전무로 승진한 3명은 모두 이공계 출

---

* 이수빈은 2008년에 이건희가 경영 일선에서 물러난 뒤에도 삼성생명의 회장으로서 삼성그룹 사장단 회의의 좌장 역할을 한다.

| 4장 | 이　건　희　시　대

신이었다.

　둘째, 젊은 층의 발탁 승진을 통해 조직 내에 신선한 변화 기운을 불어넣었다. 임원 전체 승진자 265명 가운데 10퍼센트 선인 24명이 해당 직위 1~2년차에서 전격 발탁되었다. (…)

　셋째, 고졸 출신 및 여성 임원을 배출함으로써 열린 인사를 시도했다. (…) 이는 삼성의 인사에서 더 이상 성별이나 학력 차별이 없다는 것을 대내외적으로 크게 알리는 계기가 되었다.[53]

여기에서 빠져 있는 한 가지 사실, 즉 '사장 보좌역'을 신설, 이 자리에 전무급들을 대거 발령함으로써 결재 라인에서 배제시켰다는 사실[54]을 놓고 보면, 인사 개혁은 구체제의 낡고 늙은 기존 세대를 정리함으로써 이건희의 유일적 경영체계를 일차적으로 확립하는, 겉으로 보면 6개월 동안의 '속도전'이고 속으로 보면 6년 동안의 '장기전'이었던 전투에 마침표를 찍었다.

　1987년 12월에 법률적인 회장이 되긴 했지만 아버지 이병철 회장의 유일적 경영체계 아래에서 허수아비였던 이건희 회장이 마침내 실질적으로 삼성이라는 조직을 장악한 것이었다. 이와 관련해서 이건희는 1993년에 일련의 해외 회의를 끝내고 온 뒤인 8월에 가진 한 인터뷰에서도 다음과 같이 말했다.

　　[창업] 2세대가 그룹을 이끌려면 첫째 집안의 굴복은 못 받을지언정 잡

음은 없어야 하고, 둘째 회사 임직원한테 인정을 받아야 됩니다. 창업 세대가 키워놓은 세력들이 남아 있으므로 거부 세력이 있게 마련입니다. (…) 셋째 사회의 인정을 받아야 합니다. 제 경우에는 집안 정리하고 회사 정리 끝내는 데 5년 정도 걸렸다고 보면 됩니다.[55]

이로써 이건희 회장은, 도쿠가와 이에야스가 마침내 도요토미 가문의 마지막 혈족인 도요토미 히데요리가 지키는 오사카 성을 함락하고 온전하게 일본의 최고 지배자 자리를 공고하게 확립했듯이, 삼성그룹을 실질적인 총수가 되었다.

늘 그랬듯이 이건희는 이때도 다시 일본 역사책을 펼쳐보고 또 '45분짜리' 일본 역사 비디오테이프 45개를 들여다보지 않았을까?

"전국시대를 끝내고 명실상부하게 중앙권력을 장악하고 에도막부 시대를 연 도쿠가와 이에야스는 중앙권력 강화에 모든 방법을 동원했다. 그의 지배 원칙은 세 가지였다. 첫째, 쌀을 화폐 기준으로 삼아서 경제를 진흥시킨다. 둘째, 무사와 농민이 서로 뒤섞이지 않도록 한다. 무사 계급은 성 안에서만 살도록 해서 무사가 농민을 군사로 삼아 무장 봉기를 일으키지 못하도록 했다. 셋째, 체제가 안정적으로 유지될 수 있도록 쇄국 정책을 써서 외국과의 접촉을 철저하게 막고 중앙권력 차원으로 일원화했다."

→ 비서실을 회장 체제로 확실하게 강화할 것.

| 4 장 | 이   건   희   시   대

⇒ 각 계열사 사장의 자율권을 40퍼센트로 묶고 나머지 60퍼센트, 특히 인사 및 재무 분야 등과 같은 핵심 부분을 확실하게 잡아서 비서실─회장의 전략적 방침이 일관되게 관철될 수 있도록 할 것.
→ 전 계열사를 회장 체제로 확실하게 개편할 것.
⇒ 중간관리자 이하 평사원들에게 회장의 철학이 직접 전달될 수 있도록, 평소보다 일찍 출근한 시간에 신경영 관련 회장 어록을 윤독하게 할 것.
→ 내가 한 얘기, 녹음한 얘기를 구분해서 테이프를 함께 줘서, "이것은 30번 들으시오." 혹은 "20번 들으시오.", "테이프를 10번 듣고 VTR을 20번 보아라." 등 숙제를 줘서 보내라는 것입니다.[56]

"도쿠가와 이에야스는 또한 다이묘들을 세 등급으로 나눈 다음에 철저하게 차별적으로 대우했다. 쇼군의 가장 가까운 다이묘로 친위대이자 심복격인 도쿠가와 일족들인 '신반 다이묘'에게는 에도 주변의 요지를 내리고, 세키하가라 전투 전부터 도쿠가와에게 충성하던 '후다이 다이묘'에게는 에도에서 멀리 떨어진 지역을 내리고, 도요토미를 따르던 다이묘들로 세키가하라 전투 이후 도쿠가와를 따른 '도자마 다이묘'에게는 변방 지역을 내렸다. 막부의 심장인 에도를 보호하는 동시에 위험 요소를 멀리 차단하기 위한 정책이었다."
→ 제일제당과 새한미디어를 그룹에서 아예 분리함으로써 남아 있는 분쟁의 소지를 없앨 것.

⇒ 아울러 구체제 인사들을 정리할 것.
　↳ 구체제 임원들을 대상으로 '21세기 최고경영자과정'을 통해서 회장 및 회사에 대한 충성도를 재점검하고, 이 평가에 따라서 재배치할 것.
→ 정·관계의 유력인사 및 언론과 우호적인 관계를 유지할 것.

"도쿠가와 이에야스가 1616년에 죽은 뒤 3대 쇼군 도쿠가와 이에미츠는 지방의 다이묘들을 막부에 굴복시키고 쇼군에게 충성하도록, 다이묘들끼리의 혼맥을 맺고 결탁하지 못하도록 쇼군의 허락 없이는 다이묘들끼리 혼인을 하지 못하도록 했으며, 또한 다이묘의 가족을 볼모로 잡아서 에도에 살도록 했을 뿐 아니라 다이묘 자신도 에도와 영지에서 1년씩 번갈아가며 살도록 했다."
→ 직원 대상 정보 관리를 상시적으로 시행할 것.
→ 위기 상황 대처에 필요한 매뉴얼을 작성할 것.

영토 확장

부회장이 되었던 1979년부터만 계산해도 무려 15년이라는 오랜 세월의 전투 끝에 이건희는 삼성그룹이라는 '천하'를 통일했다. 삼성은 에도막부 때 그랬듯이 평화와 번영을 구가해야 했지만, 그렇지 않았

| 4장 | 이   건   희   시   대

다. 아직은 조직 안팎으로 위험 요소들이 여전히 남아 있었다.

어떻게 하면 이 위험 요소들을 일거에 처리할 수 있을까 고심하던 이건희 앞에 도요토미 히데요시가 해답을 제시했다.

도요토미 히데요시는, 주군이던 오다 노부나가가 부하 장수 아케치 미츠히데에게 암살당하자 주군의 원수를 갚는다는 명분으로 전국을 제패하고 일본을 통일한 뒤, 조선과 명나라 정복에 나섰다. 그가 이런 판단을 한 데는 평생을 전쟁터에서 싸움만 하며 살아온 무사들을 처리해야 하는 문제가 있었기 때문이다.

조선 및 명나라와 전쟁을 시작했던 도요토미 히데요시의 목적은 이랬다. 이 전쟁에 이길 경우 일본을 통일하는 과정에서 공을 세운 부하 장수들에게 나눠줄 영지와 전리품이 부족한 상황을 모면할 수 있고, 또 자기에게 잠재적인 위협 요소인 장수들을 전쟁터로 보내 국내 문제에 신경을 쓰지 못하게 한다. 즉 정권을 안정시킬 수 있다는 것이었다. 그들이 전쟁에서 죽는다 하더라도 자기가 잃을 건 없었다.

이건희 회장도 삼성그룹을 우선 자기 체제로 확립한 뒤 국면 전환에 나섰다. 삼성 임직원의 관심을 조직 밖으로 돌리기 위해서였다. 그것은 공격적인 영토 확장이었다.

개혁은 끊임없는 싸움 속에서 완성이 되고, 이 과정에서 자신의 지위가 더욱 공고해짐을 알고 있었기 때문이다. 아울러 그는 공격적인 영토 확장 그 자체가 이건희의 새로운 정체성으로 자리 잡을 것임도 알고 있었다.

이건희는 개혁의 드라마를 쓴 뒤 곧바로 영토 확장의 드라마를 쓰기 시작했다.

우선 1993년에 동종업계의 반발에도 불구하고 삼성중공업의 상용차 생산설비를 대폭 증설함으로써 영토 확장의 시동을 걸었다. 또한 1993년 6월에는 분당 서현역사를 매입해서 유통 사업을 본격화하기 위한 채비를 갖췄다.

또 1994년 7월에는 한국비료의 정부 보유 주식을 매입해서 이 회사를 인수했다. 이른바 '사카린 밀수 사건'으로 이병철 회장이 정부에 헌납했던 이 한국비료는 다시 삼성의 손 안으로 들어와 삼성정밀화학으로 이름을 바꾼다. 또 9월에는 정부가 추진 중이던 중형 항공기 개발사업에서 대우와 한진이 심하게 반발했음에도 불구하고 이들을 따돌리고 주관회사로 선정되었다. 10월에는 삼성종합화학이 스틸렌모노머 생산 능력을 20만 톤 늘리기로 하는 사업을 정부로부터 승인받았다. 그간 증설이 억제되어 온 분야였다. 11월에는 강남 지역의 마지막 노른자위로 남아 있던 도곡동 체비지 15,600여 평을 낙찰 받았다. 현대와 대우 등도 눈독을 들였던 이 땅에 2000년까지 대단위 오피스빌딩을 건설해서 전자, 기계, 화학 등 제조업 계열사들을 입주시켜 강남 본사로 삼는다는 계획을 세웠다.

뿐만 아니라 삼성은 헬기 사업과 한국형 전투기 사업으로 진출하거나 진출하려는 시도를 하고, 삼성의료원 개원과 함께 고려병원을 인수함으로써 의료사업을 확장하고, 정유사업과 민항사업에도 진출하려고

| 4 장 | 이 건 희 시 대

시도했다.[57] 또한 1995년에는 영상 관련 사업을 통합해서 삼성영상사업단을 발족시키기도 했다.

영토 확장은 멀리 영국으로까지 뻗어갔다. 1995년 10월 13일, 영국 동북부 윈야드 파크의 삼성전자 복합단지 준공식이 거행되었다. 이 행사에서 엘리자베스 2세 영국 여왕과 이건희 회장이 나란히 서서 생산 라인 가동 버튼을 눌렀다. '그야말로 유니언 잭 고지에 태극기를 꽂는 것과 다름이 없었다. (…) 대영제국의 군주가 동방의 조그만 나라 한국에서 투자한 삼성의 전자복합단지 준공식에 기꺼이 참석하여 치하할 만큼 삼성의 위상이 초일류로 진입했음을 의미한다.'[58]●

하지만 영토 확장의 최대 승부수는 뭐니 뭐니 해도 승용차사업 진출이었다.

자동차사업 진출

삼성은 1980년대 중반부터 자동차사업 진출을 모색했지만 정부가 중복과잉 투자를 우려하며 반대해서 뜻을 이루지 못했다. 그러던 중

● 하지만 2004년 1월에 삼성은 수지 악화로 이 복합단지의 문을 닫기로 결정한다. 문제는 고임금이었다. 입사 1년차 생산직의 시간당 임금에서 영국(9.8달러)은 슬로바키아(2.0달러)와 헝가리(2.6달러)보다 너무 높았기 때문이며, 2003년 한 해에만 500만 파운드의 적자를 기록한 공장을 그냥 둘 수 없었다는 게 이유였다. 이때 토니 블레어 총리는 423명의 일자리가 사라져 유감이라고 말했다.

1987년 12월에 회장에 취임한 이건희는 비서실에 승용차사업 진출 방안 수립을 지시했고, 비서실에는 승용차 진출을 위한 태스크포스 팀이 구성되었다.[59]

한편 자동차사업을 필생의 사업으로 여길 만큼 관심이 많았던 이건희 회장은 특히 현대그룹과의 매출액 경쟁에서 뒤지지 않으려면 자동차를 꼭 해야 한다고 생각했다. 그래서 처음 그룹 차원에서 자동차사업 진출 방안을 검토할 때 상당수의 경영진이 반대를 했지만, 이건희는 강한 의지로 밀어붙였다.[60] 자동차사업에 확신을 가지고 있었기 때문이다.

나는 자동차산업에 대해 누구보다 많이 공부했고 수많은 사람을 만났다. 전 세계 웬만한 자동차 잡지는 다 구독해 읽었고 세계 유수의 자동차 메이커 경영진과 기술진도 거의 다 만나 보았다. 즉흥적으로 시작한 것이 아니고 10년 전부터 철저히 준비하고 연구해 왔다고 할 수 있다.[61]

다음은 1993년 7월 24일 후쿠오카 회의에서 이건희 회장이 한 발언이다.

전자, 반도체, 자동차, 기계 등은 기술 개발과 함께 그 성격이 모호해지고 있습니다. 한 예로 현재 자동차 부품의 30퍼센트가 전자 분야입니다. 이것이 10년 후에는 50퍼센트로 늘어나고, 그 이후에는 더 늘어날 것

| 4장 | 이   건   희   시   대

입니다. 그럼 이것이 자동차입니까, 전자제품입니까? 모릅니다. 그런데 한국 정부는 여기에다 선을 긋습니다. 주력업종이니 문어발이니 따집니다.[62]

또 삼성의 자동차사업 진출은 국가경제를 위해서 제 발로 가시밭길로 걸어 들어가는 숭고한 선택이라고 했다.

> 자동차는 국가 기간산업이다. 그러나 기존 업체들이 해놓은 것이 무엇인가? 삼성의 자동차사업 진출은 스스로 가시밭길을 선택한 것이다. 우리의 참여는 건전한 경쟁을 유도, 우리 자동차산업의 경쟁력을 높여줄 것이다. 우리는 국가경제를 위해 어려운 길을 택했다.[63]

마침내 1992년 7월, 삼성은 업계의 거센 반발에도 불구하고 승용차 생산 사업권을 따냈다. 하지만 이건 승용차사업을 위한 시작일 뿐이었다. 당시 김철수 장관의 상공부는 과잉 중복투자를 막기 위해 업종전문화정책을 내세우며 재벌그룹마다 서너 개 업종으로 그룹을 재편할 것을 요구하고 있었다.

삼성은 정·관계를 대상으로 전방위 로비에 나섰다. 그리고 부산의 신호공단에 승용차 생산 공장을 세운다는 계획을 전략적으로 추진했다. 애초에 삼성이 공장 부지로 검토한 지역은 경남 진해와 충남 당진의 한보철강 근처였다. 두 곳 모두 땅값도 싸고 입지 조건이 좋았기 때문이다. 그런데도 삼성이 부산을 선택한 것은, 당시 부산에서는 합판과 신발 사업이 모두 무너져 피폐한 상태였기 때문이다. 삼성은 이 점에 착안해서, 삼성차가 허용되어야 부산 경제를 살릴 수 있다는 명분을 내세웠다. 이 전략은 주효해서 부산 시민들과 부산상공회의소 등의 각종 단체는 100만 명 서명운동을 벌이는 등 삼성을 위해 맹렬히 뛰었다.

상공부와 삼성은 힘겨루기를 계속했고, 업종전문화정책을 밀어붙였던 김철수 상공장관은 정치권, 특히 부산지역 정치인들과 권력 주변 인사들로부터 무언의 '압력'을 받았다. 삼성차가 허가될 무렵인 94년 말에는 경제기획원과 재무부마저 등을 돌려 상공부는 고립무원의 처지가 되었다.[64]

마침내 삼성은 1994년 12월 5일에 전격적으로 승용차 기술도입신고서를 상공부에 제출했고, 이틀 뒤에 김철수 상공부장관이 기자들 앞에 섰다.

"정부는 삼성의 기술도입 계약 내용과 사업계획을 면밀하게 검토한 끝에 기술도입신고서를 수리하기로 했습니다."[65]

이로써 삼성은 승용차사업에 진출했다. 승용차사업이 '미래를 걸 수 있는 단 하나의 유망 산업'으로 규정하고 혼신의 힘을 기울인 끝에, 공장이 들어설 장소를 미리 김영삼 정권의 뿌리인 부산으로 못 박아 이른바 '부산 정서'에 호소함으로써 정치적인 결정을 유도해낸 것이었다.[66] 다음 해 1월 25일에는 부산 사직실내체육관에서 부산 시민 6,000명이 모여 삼성승용차 유치 시민축하잔치를 벌였다.[67]

| 4 장 | 이   건   희   시   대

하지만 이후 2002년까지 총 4조 3000억 원을 투자하게 되는 삼성의 자동차사업이 삼성의 미래를 보장하는 장밋빛 낙원이 아니라 악몽이 되고 평생 지고 가야 할 무거운 짐이 될 줄 이건희 회장은 알지 못했다.

불량제품 화형식

신경영의 형식이 변화와 개혁이었다면 내용은 직원과 제품과 경영 각 영역의 질을 높이는 것이었다.

이건희는 불량은 암이라고 부르짖었다. 품질을 높이기 위해서는 라인 가동을 중단시켜도 좋고, 일시적으로 시장점유율이 떨어져도 좋고, 적자가 나도 좋다고 했다. 3만 명이 만든 물건을 6천 명이 고치러 다니는 게 서비스 잘한다고 자랑할 일이냐고 타박하며 그런 낭비가 어디 있느냐고 질타했다.

프랑크푸르트 선언 이후 양보다 질을 우선하는 질 경영이 자리를 잡아나가는 것 같았지만, 양에 대한 집착은 여전히 질 경영의 발목을 잡았다.

1994년 11월, 무선전화기 사업부는 품질이 제대로 갖춰지지 않은 상태에서 무리하게 완제품 생산을 추진했고, 그 결과 시장불량률이 11.8퍼센트까지 올라갔다. 명예 회복을 위해 5개 모델 가운데 4개 모델의 생산을 중단하기도 하고 유형별 원인을 분석하기도 했지만 효과가 없었다. 삼성의 엉터리 불량품 휴대폰이 나돈다는 이야기가 이건희 회장의 귀에 들어갔다.

이건희는 답답했다. 양이 아니라 질로 승부하자고 그처럼 강조했건만 또다시 이런 일이 일어나다니, 티스푼을 던지고 공개적으로 망신을 줘도 아직 갈 길이 멀구나.

특단의 조치가 필요했다. 이건희는 시중에 나간 불량제품들을 모조리 회수해서 공장 사람들이 전부 보는 앞에서 태워 없애라고 지시했다. 삼성전자는 불량제품을 무조건 새 제품으로 교환해 주겠다는 내용을 발표하고, 불량품을 수거했다.

1994년 3월 9일 목요일, 삼성전자 구미사업장의 운동장.

꾸물꾸물한 날씨였다. '품질은 나의 인격이요, 자존심!'이라고 쓴 현수막 아래에 임원들이 굳은 얼굴로 철제 의자에 앉아 있었다. 그리고 2,000여 명의 삼성전자 직원이 줄지어 서 있었다. '품질 확보'라는 문구가 박힌 머리띠를 매고 있었고, 어깨에도 '품질은 자존심'이라는 문구가 박힌 띠를 두르고 있었다. 다들 비장한 얼굴이었다.

운동장 한복판에는 무선전화기, 키폰, 팩시밀리, 휴대폰 등 15만 대나 되는 제품들이 산더미처럼 쌓여 있었다. 진행자가 지시를 하자, 대기하고 있던 10여 명의 직원이 해머질을 시작했다. 그리고 박살이 난 이 제품들에 불을 붙여 화형식을 거행했다. 모두 500억 원어치의 제품이 이날 잿더미로 변했다.

데이터통신사업본부 무선사업부 이사로 현장에서 화형식을 지켜봐

| 4장 | 이   건   희   시   대

야 했던 이기태는 당시를 다음과 같이 회상했다.

"내 혼이 들어간 제품이 불에 타는 것을 보니 말로는 표현할 수 없는 감정이 교차하더군요. 그런데 이상하게도 타고 남은 재를 불도저가 밀고 갈 때쯤 갑자기 각오랄까, 결연함이 생깁디다. 그 불길은 과거와의 단절을 상징한 겁니다."

이런 노력 끝에 출시한 신제품은 고객들로부터 좋은 반응을 얻어서, 1994년 국내 4위였던 시장점유율이 1995년에는 일약 1위로 뛰어올랐다.[68]

신경영의 성과

이건희 회장이 가장 즐겨 찾는 저자가 피터 드러커인 사실은 우연이 아니다. 아버지 이병철보다 석 달 먼저인 1909년 11월 19일에 태어난 피터 드러커의 관점은 이병철과 비슷했다. 고전적인 경제학자들은 생산요소를 토지와 자본과 노동이라고 보았지만 드러커는 여기에 경영이라는 요소를 보태서 경영이 생산에서 중요한 하나의 요소라고 파악했을 뿐만 아니라 한 걸음 더 나아가 지식을 가진 개인 즉 '지식근로자'가 주요 생산요소가 되었다고 보았다.[69*] 경영을 단순한 기술 차원에서 학문의 차원으로 끌어올린 것이다. 기업 경영에서 경영자 개인의 창의성, 혁신, 사회적 책임이 중요하다고 생각했던 드러커는 《기업가

정신(Innovation and Entrepreneurship)》을 통해, 경제 발전모델의 중심에 '기업가'와 '기업가정신'이라는 개념을 설정했던 슘페터의 혁신 이론을 경제 이론에서 기업의 실무로 확장시켰다.[70] 드러커가 경영학의 아버지라는 말을 듣는 것도 이 때문이다.

산업자본 시대에 자본이 세상을 바꾸었듯이 지식의 급격한 변화가 일어나는 시대에는 경영자가 세상을 바꿀 수 있다고 드러커는 주장했고, 이 주장에 이건희는 전적으로 찬동했다. 그랬기 때문에 그는 늘 변화에 민감했고 또 혁신을 강조했다. 그리고 오로지 혁신을 실천할 수 있는 집단인 경영자(그리고 지식근로자)만이 세상을 구할 수 있다는 사명감에 불탔다. 그래서 기업이 적자를 내거나 인재를 망치면 경영자가 범죄행위를 저지르는 것이라고 생각했다. 바로 이런 사명감과 소명의식을 가지고 있었기 때문에, '나를 따르라!'고 말하는 그의 진정성을 의심할 수는 없다.

그러나 진정성이 모든 문제를 해결해 주지는 않는다. 기업과 기업가의 사회적 책임은 환경 보존이나 노동자의 복지와 인권 보장 등이 기업 활동 속에서 녹아 들어가야 하는 개념이다. 이 개념이 기업의 이윤 추구와 배치되는 축으로 설정될 때, 해결책은 쉽고 단순하지만 그로 인해 어렵고 복잡한 문제들이 발생한다. 이 문제들은 장차 이건희의 성(城) 삼성그룹이 커지면 커질수록 비례해서 더욱 커진다.

---

* 드러커는, 경영자(executive)는 자기 스스로 판단하여 업무를 수행하는 지식근로자(knowledge worker)라고 보았다.

| 4장 | 이   건   희   시   대

*

개혁은 성공했다. 개혁의 깃발로 내세운 신경영도 성공했다.

이건희가 회장으로 취임하던 해인 1987년과 그다음 해인 1988년, 프랑크푸르트 선언을 하기 한 해 전인 1992년, 그리고 신경영이 마무리될 즈음인 1996년의 삼성그룹 매출액은 각각 17조, 20조, 38조, 72조였다. 당시 국민총생산은 연평균 8퍼센트 성장률을 기록했지만 삼성은 이것의 두 배가 넘는 17퍼센트나 되는 성장률을 기록한 것이다. 자본금 또한 1987년의 6310억 원에서 1996년에는 3조 6363억 원으로 여섯 배 가까이 늘어났다. 종업원 수 역시 1987년의 16만 명에서 1996년에는 26만 명으로 늘어났다. 수출은 같은 기간 11억 2500만 달러에서 36억 1000만 달러로 늘어났다. 경상이익은 1987년 2688억 원에서 1994년 1조 6800억 원, 1995년에는 3조 5400억 원으로 늘어났다.*

특히 삼성은 1994년과 1995년에 한국 기업사에 매우 의미 있는 기록을 세웠다. 그룹의 경상이익이 1조 원을 돌파한 것이다. 1994년에는 1조 6800억 원이었고 1995년에는 이것의 두 배가 넘는 3조 5400억 원이었다. 이 실적은 '그동안 외형적인 성장에 치우쳐 왔던 우리나라의 기업도 이제는 질적 성취를 이룰 수 있다는 가능성을 보인 일대 사건'이었다.

---

* 이 천문학적인 수치는 주로 삼성전자의 활약에 힘입은 것이다. 그런데 1996년에 세계 시장에서 반도체 가격이 폭락하면서 그룹의 경상이익은 2260억 원으로 추락한다.

또한 기업의 효율도 높아져서, 평균 1인당 매출액은 1988-1992년 1억 5700만 원에서 1993-1996년 2억 5800만 원으로 1.6배 증가했고, 평균 1인당 이익도 두 기간 동안 2200만 원에서 6800만 원으로 3.1배 증가했다.

그리고 제품의 품질도 훨씬 좋아져서, 선진국 일류 제품 대비 불량률도 1993년의 3.3배에서 1996년 1.1배로 낮아졌고, 설문 작업을 통해서 확인한 고객이 느끼는 서비스 점수도 1993년의 64점에서 1996년 74.8점으로 높아졌다.

또, 취업정보지인《리크루트》가 해마다 대학생을 상대로 취업 희망 기업을 조사해서 발표하는데, 여기에서 삼성은 1987년까지 럭키금성과 한국통신에 뒤져 3위에 머물렀지만, 1988년부터 1996년까지 현대와 LG를 따돌리고 연속으로 1위를 기록했다.

이런 성과 때문에 1997년 11월 7일자 홍콩의 영자 시사지《아시아위크(Asia Week)》는 이건희 회장을 '아시아 경쟁력의 밑바탕인 기술 분야에서의 창의와 혁신 등의 활약상'을 높이 평가한다면서 명예의 전당에 올린다고 발표했다. 또한 미국의《비즈니스 위크(Business Week)》는 1998년 1월 3일자 신년호에서 이건희 회장을 AT&T의 마이클 암스트롱, 코카콜라의 더글라스 이베스터, 애플컴퓨터의 스티브 잡스 등과 함께 '1998년 세계가 주목하는 62명의 경영인'으로 꼽으며, 삼성이 가지고 있는 역동적인 힘을 인정했다.[71]

하지만 이건희는 그룹 안팎의 호응과 높은 경영 성과에 만족하지 않

| 4 장 | 이 건 희 시 대

고 달리는 말에 채찍질을 가했다.

　(…) 우리 삼성은 신경영 실천의 원년을 맞아 변화와 개혁을 위해 새롭게 태어나는 고통과 갈등을 겪었습니다. 그러나 과거의 낡은 생각과 관행을 털어버리고 새로운 사고와 제도의 틀을 마련해 나가는 과정에서 우리 모두 변할 수 있다는 자신감과 함께 국가와 사회의 변화에도 하나의 자극제가 되었다는 자부심을 가질 수 있게 되었습니다. 세계 최초의 256메가 D램 개발을 통해 21세기의 초일류기업의 가능성을 확인했습니다. (…) 금년은 신경영 정착의 자신감을 바탕으로 이를 더욱 발전시키는 '신경영 확산(擴散)의 해'가 되어 21세기를 향한 도약의 기틀을 마련해야 할 중요한 해입니다. (…) '이만하면 됐다'는 개혁의 매너리즘에 빠져서는 안 되며, 발전적 변화에 동참하는 것을 망설이거나 방관자적 자세로 바라보지 말고 능동적으로 뛰어들어야 합니다.[72]

이건희는 또한 김영삼 정부에게도 채찍을 휘둘렀다.

정치는 4류, 행정은 3류, 기업은 2류

　1995년 1월 1일, 세계무역기구(WTO)가 출범했다. WTO는 관세 및 무역에 관한 일반협정(GATT) 체제를 대신하여 세계무역질서를 세우고 우루과이 라운드(UR) 협정의 사법부 역할을 맡아 국가 간 경제 분쟁에 대한 판결권 및 판결의 강제집행권을 가지고 국가 간 분쟁이나 마찰을 조정하는 국제기구이다. 이른바 WTO 체제로 들어서면서 산업과 무역의 세계화와 함께 국경 없는 무한경쟁 시대라는 새로운 시대가 열렸다.

그해 4월 10일에 이건희 회장은 중국 출장에 나섰다. 2000년까지 중국에 총 40억 달러를 투자해 100억 달러 규모의 매출과 70억 달러 규모의 현지 생산을 달성하고자 하는 중국 마스터플랜을 본격적으로 가동하기 위한 행보했다.

이런 어마어마한 투자 규모 덕에 그는 장쩌민 국가주석과 리펑 총리 등과 연속해서 회담을 가졌다. 그리고 출장이 끝나갈 무렵이던 4월 13일, 이건희 회장은 베이징의 영빈관인 조어대에서 한국 특파원들과 1시간 30분 동안 함께 점심을 먹으며 이야기를 나누었다. 이 자리에서 그는 이른바 '베이징 발언'으로 기록될 신선한 발언을 했다.

내가 회장이 되고 처음 이렇게 많은 기자들과 만난다. 현재 우리 정치와 관료행정 수준으로는 21세기를 준비할 수 없다고 본다. 우리의 현 수준을 국제 수준과 비교해 볼 때 비관적이다. 우리의 정치인은 4류 수준, 관료행정은 3류 수준, 기업은 2류 수준이다. 이 정권 들어와서 행정 규제가 풀린 것이 하나도 없다. (…) 이 정부와 삼성은 밀월관계에 있는 것이 아니라 가장 앤티(anti, 적대)한 관계에 있다. 자동차 사업은 우리가 정부와 밀월관계에 있어 따낸 것이 아니라 부산시민들이 불만을 터뜨리는 바

| 4 장 | 이   건   희   시   대

람에 허가된 것이다. (…) 중국 국가 주석은 반도체에 대해 깊은 관심을 보이는데, 우리나라에서는 반도체 공장을 지으려 해도 허가가 안 나오고, 허가를 받으려면 도장 천 개를 찍어야 한다. 반도체는 우리나라에 꼭 필요한 것이지만 인허가 행정이 규제 일변도이므로 외국으로 나갈 수밖에 없다. (…) 이대로 가다간 우리나라는 2류 국가 축에도 끼지 못할 것이다. (…) 문제는 인허가권을 쥐고 규제를 가하는 관료들의 수준이 바뀌어야 한다는 점이다.[73]

이런 발언을 한 데는, 삼성이 승용차사업에 진출하는 과정이 매끄럽지 못하게 마무리된 점이 작용했던 게 분명했다. 대선 때만 하더라도 삼성은 김영삼 후보 측과 무척 관계가 좋았으며 삼성이 숙원사업인 승용차사업에 진출하는 데는 아무런 문제가 없을 것 같았다. 하지만 정작 문민정부가 출범한 후, 삼성승용차의 진출을 정부가 산업정책 차원에서 보류하자, 삼성은 노골적으로 불만을 표시했다. 심지어 이건희는 나중에 삼성승용차 진출 문제와 관련해 어떤 인터뷰에서 "삼성승용차로 정부에 단 한 푼의 돈도 쓰지 않았다. 승용차 진출은 부산 시민이 강력히 요구해서 이뤄진 것이지, 현 정권에 빚진 것은 아무것도 없다."고 말했다.[74] 한편 삼성의 이런 태도에 대해서 청와대 고위당국자들은 당연히 분개했다.

발언을 마친 이건희 회장은 기자들에게 잘 부탁한다고만 말했다. 동석한 임원들이 발언의 강도가 일정 수준을 넘어섰다고 판단하고서 비

보도 요청을 했을 뿐, 정작 본인은 아무 말도 하지 않았다. 통상적으로 그는 기자들과 이야기를 나눌 때 기사화 할 것과 하지 말아야 할 것을 분명하게 금을 긋곤 했는데 이날만은 유독 그런 주문을 하지 않았던 것이다. 그랬기 때문에 이건희 회장이 작심하고 의도적으로 그런 발언을 하지 않았을까, 하는 짐작이 여기저기서 나왔다. 그가 언론을 전공하고 또 언론사에 오래 몸을 담았으며 또 언론을 특별히 중요하게 여기는 사람임을 감안한다면 더욱 그랬다.

청와대에서는 바로 이 부분을 문제 삼고 불쾌해 했다. 그렇지 않아도 4월 17일 전경련과 통산부가 주최하는 정부와 업계의 대규모 합동 연찬회에 초청을 했지만 중국 출장을 이유로 참석을 거절해서 불쾌하게 여기던 중이었다. 한편, 이건희 회장의 돌출 발언으로 14일 증시에서 이 삼성그룹 계열사 주가가 전반적으로 내림세를 탔다. 이날 증시에서 삼성그룹 계열 15개사 27개 상장 종목 중 삼성전관 주가가 600원 내리는 등 16개 종목 주가가 내림세를 탔다. 반면 주가가 오른 종목은 500원 오른 삼성전자를 포함 6개에 불과했다.[75]

이건희 회장은 예정보다 사흘 늦은 4월 18일에 귀국했다. 공항에는 기자들이 구름처럼 모여들었다. 이른바 '베이징 발언'의 파장에 대한 소감을 묻자 그는 담담하게 말했다.

"국민의 한 사람으로서 사회현상에 대해 그 정도는 얘기할 수 있는 것 아닙니까? 우리나라를 잘되게 하고 미래를 생각하는 마음에서 한 것이지만, 표현이 미숙해서 본의 아니게 소란을 피워 국민에게 죄송하

| 4 장 | 이 건 희 시 대

게 생각합니다."

그러자 기자 한 사람이 물었다.

―정부 측에 공식적으로 사과를 하시는 겁니까?

이건희는 이 질문에 대해서는 아무런 대답도 하지 않았다. 결코 사과를 할 일이 아니었다. 정부나 정치가가 사회를 바꾸기는 요원하니 기업이 나서서 사회를 바꾸자는 게 그의 오랜 믿음이었기 때문이다.

> 내가 변하면 삼성이 변하고, 그러면 재계를 바꾸는 데 일조를 할 것이며, 이는 궁극적으로 국민의식 변화에 큰 계기가 될 것이다.[76]

이것이야말로 이건희가 꿈꾸는 '삼성 왕국'의 핵심적인 철학이기 때문이었다.

그런데 내가 변해서 삼성이 변한다는 것은, 삼성의 조직 효율을 높인다는 뜻이다. 즉, 비용을 줄이고 제품의 품질과 디자인 수준을 높여서 경쟁력을 강화한다는 뜻이다. 그렇다면 국민의 의식을 바꾸고 사회를 바꾼다는 것은 사회를 기업조직으로 만든다는 것, 다시 말해서 기업 사회(corporate society)를 만들어서 기업의 경쟁력 강화가 다른 모든 가치보다 우선하도록 만든다는 것이다. 이런 사회는 국가의 기능과 역할까지도 기업의 가치에 복속된다. 기업이라는 왕국의 깃발이 그 어떤 깃발보다 크고 높게 펄럭인다는 뜻이다. 이런 일이 김영삼 대통령의 '문민정부'에서는 애초에 글렀다. 손발을 맞추려고 해도 수준이 맞지 않았다. 보다 높은 차원의 손발 맞추기는 노무현 대통령의 '참여정부' 때 잠깐 시도되지만 피차 민망하고 어색하게 잡았던 손을 놓아야 했고, 이명박 정부 때에야 본격적으로 시도된다. 하지만 그때가 되려면 아직 십이삼 년이나 더 기다려야 한다. 사실 언제 그런 날이 오기나 할지도 알 수 없는 일이었다. 그러나 무소의 뿔처럼 혼자 갈 수밖에 없는 노릇이었다.

―정부 측에 공식적으로 사과를 하시는 겁니까?

"……"

아무 말이 없자 또 다른 기자가 질문을 했다.

―그 발언이 한남동 땅 세무조사와 관련된 겁니까?

"그 얘기는 오늘 처음 알았습니다."

그리고 앞으로 사회적 물의가 일어나지 않도록 사회 공부를 좀 더 하겠다는 말을 마지막으로 기자들을 피했다.[77]

그의 담담한 표정에도 불구하고, 그의 발언이 남긴 파장은 작지 않았다. 이듬해 국세청이 나서서 한남동의 이건희 회장 자택 주변의 부동산을 삼성그룹이 대거 매입한 것과 관련해 조사를 했고, 삼성그룹에 대한 은행 대출이 전면 중단되었으며, 삼성항공의 F5 전투기 국제 공동개량사업도 정부의 기술도입 승인을 얻지 못해 무산될 위기에 빠졌고, 영광 원전 5~6호 건설의 응찰에서 제외되었다.[78] 이런 것들을 놓고 이건희는 '손을 들어 달을 가리키는데 달은 보지 않고 손가락만 쳐다보는 현실에 실망도 많이 했다.'며 1997년 말에 발간한 《이건희 에세

| 4장 | 이건희 시대

이》에서 당시를 술회했다.[79]

하지만 이건희 회장으로서는 김영삼 대통령에게 노골적으로 불만을 표시할 만한 이유가 분명 있었다. 그 이유가 어두운 비밀로 남아 있는 동안에는 이건희가 정치인 김영삼에게 떳떳하고 정당했지만, 대낮의 환한 햇빛 아래 드러나는 순간 이건희는 추악한 검은 손의 이미지에서 자유로울 수 없었다.

어두운 과거와 검은 손들

1995년 말과 1996년 봄에, 재계에서는 국내 정상의 두 재벌그룹 회장이 일선에서 물러날 것이라는 설이 나돌면서 기자들을 바쁘게 만들었다. 두 사람 다 1995년 말 이른바 '노태우 전(前) 대통령 비자금 사건'과 관련해 뇌물공여죄로 기소된 상태여서 이런 소문은 그럴듯하게 포장되어 급속하게 퍼져나갔다. 소문의 주인공 가운데 한 사람이 이건희였고, 또 한 사람은 대우그룹의 김우중이었다.

1995년 10월 19일, 민주당 박계동 의원이 국회 대정부 질의에서 노태우의 비자금 4000억 원이 여러 시중 은행에 차명계좌로 분산 예치되어 있다는 의혹을 제기했고, 같은 날 이 비자금에 대한 구체적인 단서가 드러나자 검찰이 수사에 착수했다.

수사가 활기를 띠자 노태우는 대국민성명을 발표, 재임 중 기업체로부터 5000억 원 가량을 받아 사용하고 1700억 원 가량이 남았다고 밝혔다. 하지만 수사과정에서는 당초 밝혔던 내용과는 달리 기업체로부터 3400∼3500억 원을 받았고, 1987년 대통령 선거를 위해 조성한 자금 중 사용하고 남은 돈과 당선 축하금 1100억 원을 합해 비자금을 조성했다고 진술했다. 하지만 국민의 관심을 끌었던 1992년 대선 자금 지원에 관한 부분은 끝내 진술을 거부하였고, 그 내용은 밝혀지지 않았다.

이 수사 과정에서 이건희 회장은 노태우에게 아홉 차례에 걸쳐 모두 250억 원(뇌물공여죄의 공소시효를 적용해 실제 기소액은 100억 원)의 뇌물을 건네준 혐의로 불구속 기소되어 법정에 섰고, 1996년 8월 26일 열린 1심 선고공판에서 이건희는 징역 2년에 집행유예를 선고받았다.*

이 사건과 관련해서 이건희 회장은 1996년 신년사에서 다음과 같이 말했다.

우리 경제는 '국민소득 1만 불', '수출 1000만 불'이라는 엄청난 양적 성과를 올린 바 있습니다. 그러나 사회적 측면에서 일찍이 상상도 할 수 없었던 백화점 붕괴 등 대형 사고의 충격에서 벗어나기도 전에 이번에는

---

* 이날 대우그룹의 김우중은 징역 2년의 실형, 동아그룹의 최원석, 진로그룹의 장진호, 한보그룹의 정태수 등은 징역 2년~2년 6개월의 실형을 선고받았다. 대림그룹의 이준용, 동부그룹의 이준기, 대호건설의 이건 등은 징역 10월~1년 6개월에 집행유예 2~3년을 선고받았다. 하지만 유죄 판결을 받은 35명의 기업인은 항소심에서 모두 집행유예와 무죄 선고를 받았다.

| 4 장 | 이   건   희   시   대

전직 대통령 구속으로까지 확대된 정치 비자금 사건으로 **정치적 혼란**이 가중되는 등 **우리 사회의 후진성**을 다시 한 번 깨닫게 함과 동시에 깊은 절망감을 안겨준 한 해였습니다. (…) 지금 우리가 겪고 있는 정치적 혼란과 사회적 고통도 구시대의 관행과 제도를 청산하고, 잘못 맺어진 정치와 경제의 유착 관계를 바로잡는 역사 발전의 진통이라고 생각합니다.[80] *

기업가의 뇌물과 대통령의 비자금 조성 사건을 '정치적 혼란'이라 규정하며 이것의 원인이 '우리 사회의 후진성'에 있다고 발을 빼는 모습이다.

그리고 한 달쯤 뒤인 1월 29일 월요일, 이른바 '노태우 전 대통령 비자금 사건'의 1심 3차 공판이 열린 서울지법 417호 대법정, 피고인 이건희 회장은 최후진술에서 다음과 같이 말했다.

과거의 잘못된 관행에서 탈피 못하고 여러 가지로 사회에 물의를 일으킨 점을 깊이 반성합니다. 이 사건을 계기로 앞으로 국가와 국민을 위해 사업에만 전념하겠습니다. 국민들에게도 죄송합니다.[81]

하지만 이때 그는 미래의 어떤 순간들을 예감하지 않았을까?
그로부터 9년 6개월쯤 미래인 2005년 7월 22일, 안기부가 1997년에

---

* 강조는 필자가 한 것임.

홍석현 중앙일보 사장과 이학수 삼성 구조조정본부장이 신라호텔의 일식집에서 나눈 대화를 도청한 이른바 '엑스파일'의 녹음 내용을 MBC가 보도한다.*

이 보도 내용에 따르면, '과거의 잘못된 관행에서 탈피하겠다'고 법정에서 진술한지 1년도 되지 않은 1997년에, 이건희 회장의 삼성은 한나라당 대선 후보이던 이회창에게 불법적으로 선거자금을 주려고 시도한다. 이 녹취록 대화에 나온 내용이 모두 실행되었다면 이회창 후보에게 건네진 돈은 100억 원 정도일 것으로 추정된다. 또 엑스파일에는 삼성이 검사들에게 이른바 '떡값'을 정기적으로 건넸다는 대목도 포함되어 있다.[82]

그리고 2005년 2월 7일, 이학수 구조조정본부장이 서울 태평로 삼성 본관에서 기자간담회를 열고 "국민 여러분께 사과드립니다"라는 사과문을 '삼성그룹 임직원 일동' 명의로 발표한다.

그러나 삼성의 이 사과에 진정성이 담겨 있지 않았음을 강하게 시사하는 사건이 일어난다. 그 뒤에도 삼성은 1년 반이 넘도록 계속 삼성그룹의 지휘부인 구조조정본부 소속 김용철 법무팀장 이름 명의의 차명계좌를 이용해서 비자금을 관리해 온 사실과 여러 주요 검사들을 일상적으로 관리했던 사실을, 당사자인 김용철 변호사가 2007년 10월 29일에 양심선언을 통해 밝혔기 때문이다.

---

* IMF 체제로 돌입한 직후에 비서실은 '구조조정본부'로 개편되었다.

| 4 장 | 이   건   희   시   대

 이 일은 10년쯤 뒤에 일어날 일이다. 하지만 적어도 1995년 4월에는 이건희 회장이 김영삼 대통령에게 사과할 일은 없었던 것 같다. '정치는 4류, 행정은 3류, 기업은 2류'라는 말은 누가 봐도 맞는 말이었고, 또 이건희로서는 뭐든 자기가 김영삼에게 줬으면 줬지, 김영삼에게서 억지로 받아낸 건 없었기 때문이다. 백번 양보해서, 설령 그런 게 있었다 하더라도 아주 조금뿐이었기 때문이다. 이미 삼성은 여당이든 야당이든 정치권과 정부를 포위하고 압도할 정도 성장한 것이다.

*

 '노태우 전 대통령 비자금 사건'의 와중에 즐거운 소식이 하나 날아들었다.
 1996년 7월에 열린 제 105차 국제올림픽위원회(IOC) 총회에서 마침내 이건희 회장이 IOC 위원으로 당선된 것이다. 1994년부터 도전해서 세 번째 도전 끝에 마침내 꿈을 이룬 쾌거였다. '쾌거'라고 할 만도 한 게, 삼성이 그룹 차원에서 총력을 기울인 사업이었기 때문이다. 7월 1일부터 올림픽이 열렸던 애틀랜타에서 150만 달러를 들여 '삼성 96 엑스포'를 여는 등 삼성 이미지 홍보에 적극 나섰던 것도 이 선거운동을 의식한 활동이었다.
 IOC 정관은 위원의 자격으로 '올림픽 운동에 공헌이 많고, 영어나 프랑스어 중 한 가지에 능통해야 하며, 인격이 고매해 존경받을 수 있는 인물'로 규정하고 있는데, 대한올림픽위원회 부위원장이던 이건희는 1982년부터 대한레슬링협회를 맡아서 활동을 해왔고 또 사마란치 위원장을 비롯한 IOC 핵심 인물들과 평소 친분이 있어서 그의 당선은 어느 정도 예견되어 있었다고 했다.[83]

한편, '노태우 전 대통령 비자금 사건'의 재판부는 이건희에게 내린 선고의 양형에 대해서 우리나라의 체육, 문화, 예술 진행을 위해서 기여한 점을 고려했다고 밝혔는데, 이런 걸 예측하고 삼성이 총력전을 펼친 게 아니었냐며 세상의 시선은 곱지 않았다. 하지만 삼성그룹의 한 관련자는 이런 해석을 일축했다.

"이번에 안 되면 세 번이나 미끄러지는 셈이기 때문에 그 같은 수모를 피하려고 필사적으로 매달리긴 했지만 비자금 사건과 연관 지어 해석하는 것은 난센스죠."[84]

그런데 아이러니한 일이 13년 뒤에 벌어진다.

2009년 11월, 동계올림픽을 유치하려고 세 번째 시도에 나선 평창동계올림픽 유치위원회(공동유치위원장 김진선 강원도지사, 조양호 한진그룹 회장)가 이건희 IOC 위원의 복귀를 정부에 공식적으로 요청하고 나선다.

11월 17일에 김진선 지사가 지난 17일 간담회를 열고 이건희에 대한 사면 복권을 대통령에 촉구한 데 이어 19일에는 조양호 회장이 기자간담회를 통해서 다시 한 번 더 촉구한다. 이건희 위원은 2008년 7월에 있었던 1심 선고공판에서 조세포탈 혐의로 징역 3년에 집행유예 5년,

| 4 장 | 이   건   희   시   대

벌금 1100억 원을 선고받은 뒤 자크 로게 IOC 위원장에게 자진해서 IOC 위원 자격 정지를 요청했었다.

그리고 IOC가 스위스 로잔에서 윤리위원회를 열고 이건희 위원에 대한 징계 여부를 논의한 것으로 알려지면서 이건희의 IOC 위원직 유지가 어려워질 것이라 예측되는 가운데, 조양호 회장은 동계올림픽을 유치하기 위해 간곡하게 국민과 정부에 호소한다.

"IOC 내에서 명망이 높고 과거 2010년 및 2014년 평창 동계올림픽 유치전을 통해 다양한 인맥과 친분을 구축한 이건희 위원이 조속히 활동을 재개하는 것이 절실한 상황입니다. 경쟁 도시인 독일 뮌헨이 토마스 바흐 부위원장을 포함해 세 명의 IOC 위원을 보유하고 있으며, 프랑스 안시도 두 명의 중진급 IOC 위원의 지원을 받고 있는데, 한국은 현재 문대성 위원 한 명밖에 없어서 절대적으로 불리합니다."[85]

이어서 2009년 12월 7일에는 대한체육회 회장을 맡고 있는 박용성 두산그룹 회장도 대한체육회 보도자료를 통해서 거들고 나선다.

"지난달 스위스 로잔에서 개최된 IOC 올림픽박물관 조각품 기증식과 포르투갈 리스본에서 개최된 유럽올림픽위원회(EOC) 총회 등에 참석해 여러 IOC 위원들을 만났는데 이 위원의 사면 여부에 큰 관심을 기울였다. 특히 IOC 고위층에서는 이 위원이 그동안 국제스포츠 발전에 기여한 공로를 생각해 반드시 사면됐으면 한다고 말했다."[86]

하지만 그가 한 이 발언의 진실성을 의심할 만한 일이 한 달도 지나지 않아서 일어난다. IOC에서 그의 발언과 반대되는 내용의 결정을 내렸기 때문이다.

  그런데 또 아이러니하게도, 박용성 회장은 2006년에 두산그룹 비자금 조성 혐의로 유죄 판결을 받은 뒤에 IOC 위원 자격을 정지당했으나, 2007년 노무현 대통령의 취임 4주년 때 특별사면으로 복귀한 전력을 가지고 있었다.

  과거와 미래는 이렇게 은밀하고 유쾌하게 대화를 나누며 몸을 섞어 역설과 반복의 닫힌 역사를 낳는다.

삼성자동차와 명량대첩

  그렇지 않아도 노태우 비자금 문제로 뒤숭숭했는데, 1996년 5월부터 국제 반도체 가격이 폭락하며 삼성에 어두운 그림자를 드리우기 시작했다. 이에 따라 삼성전자의 당기순이익이 1995년 2조 5000억 원에서 1996년에는 1600억 원으로 곤두박질쳤다. 하지만 이 수익도 부풀려진 것이었다. 1996년의 삼성전자 이익 규모를 회계처리 기준을 바꿔서 늘인 장부상의 숫자일 뿐이고, 이해에 삼성전자는 1조 원 이상의 적자를 기록했다고 메릴린치 증권과 삼성전자의 재무 담당자들이 말했다.[87]

  삼성에 드리운 어두운 그림자는 자동차사업이 본격화되면서 더욱 짙어지지만, 이건희 회장에게 자동차사업은 '국가 경제를 위해 스스로 선택한 가시밭길'이었다. 그랬기 때문에 그는 기존업계의 저항은

| 4장 | 이   건   희   시   대

두렵지 않았다. 자동차사업이 삼성의 미래를 보장해 줄 것이라 확신했다. 1995년 2월 미국 LA에서 가졌던 전략회의에서 이건희는 이렇게 말했다.

> 산업의 특성이나 시장 규모 측면에서 전자와 자동차가 21세기 한국 경제를 책임져야 할 양대 산맥입니다. (…) 자동차 사업은 삼성의 21세기 신수종사업인 동시에 21세기 산업 경쟁력의 핵심이라는 인식을 공유하고, 세계 자동차산업 재편에 따라 21세기에는 우리나라가 세계 자동차산업을 주도해 나갈 수 있도록 자동차의 개념과 기술의 변화에 조기 대응해야 합니다.[88]

1995년 3월에 삼성자동차가 설립되었고, 이어 4월에 부산 공장이 착공되었다. 1998년에 25만대, 2000년에 50만대의 생산능력을 갖출 승용차 공장이었다.

> 삼성은 갯벌을 메워 만든 부산 신호공단에 공장 건설을 시작했다. 그러나 공사는 처음부터 난항이었다. 지반이 너무 연약했기 때문이다. (…) 55만평 공장 부지를 조성하는 데 들어간 돈은 6000억 원으로 평당 100만 원이 넘었다. 얼마 전에 완공된 현대의 아산 공장이 평당 20만 원, 대우의 군산 공장이 30만 원 선인데 비하면 3~5배가 넘는 수준이었다. (…) 과도한 초기 투자는 삼성이 자동차사업 진출을 위해 부산을 택한 대가였

으며 결국 그것은 삼성차를 조기에 부실화시키는 원인이 되었다.[89]

1996년 11월에 부산 공장이 완공되었고, 이때 이건희 회장은 공장을 시찰하러 갔다. 공장은 먼지나 진흙 하나 없이 깨끗했다. 그는, 공장에서 한 달 전에 미리 통보를 받고 회장을 맞을 준비를 했으며 자기가 방문하기 사흘 전에 비서실 선발대가 도착해 준비 상태를 점검했다는 사실을 알았을까? 그런데 마침 그날 비가 온 바람에 매립토를 운반하는 트럭들이 흘린 흙으로 공장 내 도로가 지저분해지자 소방차를 동원해 이틀 동안 도로 청소작업을 벌였다는 사실을 알았을까?

1997년 2월에 삼성자동차 기업광고를 선보였고, 1997년 9월에는 자체 생산한 kPQ(나중에 'SM5'로 명명됨)의 공개 시승회를 열었다. 이어 1998년 1월 3일에 kPQ의 양산에 들어가고, 2월 17일 신차발표회를 열었으며, 3월부터는 본격 출시에 들어갔다.

1998년 3월에 발간된 《삼성 60년사》는 삼성자동차에 대해서 여기까지밖에 기술하고 있지 않지만, 그 뒤로 이어지는 삼성자동차의 역사는 그야말로 가시밭길이었다.

SM5는 자동차 전문가들로부터 승차감과 안정성이 뛰어나다는 호평을 받았지만 당시는 아이엠에프 한파가 절정에 이르러 소비 심리가 극도로 위축되어 있었다. 융단폭격식의 광고 공세를 퍼부었지만 판매는 저조했다.

게다가 SM5는 1대를 팔 대마다 약 153만 원의 손해가 발생하는, 팔

| 4장 | 이 건 희 시 대

수록 밑지는 차였다. 게다가 생산 대수가 적어 감가상각비까지 감안하면 1대에 수백만 원씩 적자였다. 1998년 말까지 누적 적자액은 6988억 원으로 자본금(8054억 원)을 거의 잠식한 상태다.

새로 들어선 김대중 정부가 기업의 구조조정을 최우선 과제로 설정하고 재벌 계열사의 편법 지원 행위 등 방만한 경영에 메스를 들이면서 삼성자동차가 도마 위에 올랐고, 1996년부터 국제 반도체 가격이 폭락함에 따라 삼성전자의 순이익이 곤두박질쳤지만, 삼성은 자동차 사업 고수를 선언했다. 이건희 회장은 삼성차 신차발표회 일주일 후인 1998년 2월 25일 거행된 김대중 대통령 취임식에 평소 타고 다니던 벤츠600 대신 SM525V를 타고 갔으며, 김대중 대통령 취임 축하 광고에도 삼성차 사진을 큼지막하게 싣고 '수출 주력사업인 자동차산업의 발전을 통해 우리 경제가 재도약할 수 있도록 새 각오로 힘차게 출발하겠다.'고 의지를 밝혔다.[90]

이후 삼성은 기아자동차 인수를 추진함으로써 문제를 해결하려고 나섰다. 그 바람에 기아는 삼성에 먹히지 않으려고 공격적인 경영에 나섰고, 이는 부실로 이어져 마침내 1997년 7월에 기아가 도산하면서 한국 경제는 환란의 소용돌이 속으로 빠르게 빨려 들어갔다.

그리고 삼성은 삼성자동차와 대우전자의 빅딜을 시도했고, 1998년 12월 6일에 이 내용이 언론에 발표되었다. 12월 9일, 삼성자동차 직원 2,000명이 삼성 본관 앞에서 시위를 벌였고, 삼성자동차 공장엔 '삼성차 몰살시킨 이건희 때려잡자'는 현수막이 내걸렸다.[91]

12일째 파업 중인 삼성자동차 연대투쟁위원회(위원장 김진섭)는 [12월] 18일 오후 1시 서울역 광장에서 5,000여 명의 직원들이 참가한 가운데 '빅딜철회' 결의대회를 가졌다. (…) 이번 빅딜은 자금 악화로 부도위기에 처한 대우그룹을 살리기 위한 정치적 야합의 산물이라며 '고용승계 등 생존권 보장을 위한 아무런 대책도 없이 경영실패의 책임을 노동자에게 떠넘기는 빅딜을 전면 철회하라'고 촉구했다. (…) 집회를 마친 참가자들은 '삼성차를 2000년대 그룹 주력업종으로 키우겠다'는 이건희 회장의 발언을 담은 대형액자에 검은 리본을 달고 명동성당까지 가두캠페인을 벌였다.[92]

노동자들과 정치권에서 이건희에게 개인 재산을 내놓아서 삼성자동차의 부실을 책임지라는 요구가 점점 거세졌다.

1999년 6월에는 이헌재 금융감독위원장이 이건희 회장을 만나서 결단을 내리라고 촉구했다. 이건희는 어떻게든 이 진창에서 발을 빼야 했다. 그렇지 않으면 그동안 삼성그룹 안팎으로 쌓은 명성과 신뢰가 한꺼번에 무너질 수 있었다. 자칫하다간 삼성자동차 때문에 그룹 전체가 무너질 수도 있었다.

어떻게 발을 빼야 하나…….

삼성자동차의 법정관리를 신청하고 손을 털면서 삼성자동차 부실경영에 따른 채권단의 손실 2조 4500억 원을 보전해 주면 문제는 깨끗하게 해결될 터였다. 그리고 차라리 자기들을 죽이라고 아우성치는 삼

| 4장 | 이 건 희 시 대

성자동차 종업원과 하청업체에는 위로금을 주고 해결하면 되었다. 그 엄청난 돈을 어떻게?

방법이 있었다. 현금이나 다른 회사의 주식이 아닌 삼성생명 주식을 비싸게 평가해서 내놓으면 되었다. 삼성생명은 상장이 되지 않은 터라서 주식 가격은 산정하기 나름이었다. 4년 전인 1995년에 제일제당과 새한미디어 등 계열사를 분리하면서 이들 회사가 가지고 있던 삼성생명 주식을 인수하려고 협상할 때, 삼성은 5~6만 원을 적정가로 제시했고 제일제당은 20만 원 선을 주장했었다. 그렇게 협상은 결렬된 채로 아무런 변동사항도 없었다.* 이 삼성생명의 가격을 높게만 산정할 수 있다면 얼마든지 '사재 출연' 요구에 응할 수 있었다. 한 해 전에 이건희는 삼성생명 지분을 26퍼센트로 늘였고, 또 장남 이재용이 대주주로 있는 삼성에버랜드도 삼성생명 지분을 2.25퍼센트에서 20.67퍼센트로 끌어올렸었다. 이때의 매입 가격은 한 주당 9,000원이었다.

과연 삼성생명 주식을 얼마로 평가할 것인가를 두고 이건희는 당국과 끈질긴 협상을 벌였다. 그리고 마침내 결론이 났다.

6월 30일, 삼성은 삼성자동차의 법정관리를 신청함과 동시에 이건희 회장이 보유하고 있던 삼성생명 주식을 한 주당 70만 원으로 평가해서 350만 주(2조 4500억 원)를 채권단에 증여하겠으며, 종업원과 하청업체에 대한 위로금으로는 삼성생명 주식 50만 주(3500억 원)를 내놓겠

---

* 참고로, 제일제당과 신세계 등은 삼성생명 주식을 2010년 2월 현재까지 그대로 보유하고 있다.

다고 했다. 또 만일 추가 손실이 발생하면 자기와 삼성 계열사들이 보전키로 약속했다.

묘수였다. 진창에서 발을 뺄 수 있을 뿐만 아니라 또 그 부채와 위로금이 현금화되려면 삼성생명이 상장되어야 하는데, 만일 이렇게 되기만 하면 이건희 일가와 삼성그룹은 가만히 앉아서 수조 원대의 이익을 볼 수 있었다. 설령 삼성생명이 상장되지 않는다 하더라도 상관없었다. 그 약속을 하는 것과 동시에, 이건희와 삼성은 삼성자동차와 관련된 모든 법률적 및 도의적 의무에서 해방되기 때문이었다. 그야말로 홀홀 탁탁 다 털어내고 돌아설 수 있기 때문이었다. 손도 대지 않고 코를 풀 수 있는 묘수였다.

당연히 특혜 시비가 불거졌다. 말로는 부실경영에 대한 책임을 진다는 것이었지만 실제로는 삼성생명을 상장해서 보다 큰 이익을 얻으려는 계산이라는 (정곡을 찌르는) 비판이 빗발쳤다. 하지만 삼성자동차 문제를 해결할 다른 대안은 없었다. 이건희와 삼성이 버티는 한…….

삼성자동차가 법정관리 신청을 하고 청산 절차에 들어가자 부산에서는 협력업체와 시민단체들이 대규모 반정부 시위와 삼성 제품 불매운동에 나서기로 하는 등 크게 반발하고 나섰다.

삼성자동차 부품협력업체 생존대책위(위원장 김광홍·金光弘·동광정기 대표)는 "삼성차 청산이 이뤄지면 협력업체들도 청산될 수밖에 없어 부산지역 1차 부품업체 협력사 96개사 1만 3천여 명을 포함, 부산·경남

| 4장 | 이 건 희 시 대

지역 협력·하청업체 1천여 개사 5만여 명이 거리에 나앉게 됐다."[고 주장,] (…) 삼성차 직원들로 구성된 삼성차 비대위(위원장 이재경)도 이날 오후 홍종만 사장과 면담을 갖고 직원들의 생존대책을 요구했다.[93]

그 뒤 삼성자동차는 2000년 4월에 르노에 인수되었다. 그러나 삼성생명 상장은 이뤄지지 않았다. 주식 매각도 진전이 없었다.

그러자 채권단은 채권 소멸 시한인 2005년 12월 31일을 앞두고 부채와 연체이자, 위약금 등 약 5조 원을 청구하는 소송을 냈고, 이에 대해서 삼성은 예전에 했던 합의 내용을 부인하고 나섰다. '채권단과 삼성 계열사 간 체결한 합의서가 독점적, 우월적 지위에서 금융제재 결의와 정부의 공권력 행사라는 부당한 수단을 악용해 체결된 반사회적 법률 행위이고 배임적 채무부담까지 강요해 무효'라는 것이었다. 그러나 재판부는 2008년 1월 31일에, '삼성 측은 채권단과의 합의가 당시 외환위기 상황에서 (채권단에) 우월적으로 이뤄져 무효라고 주장하나 삼성도 금융 제재 모면 등 얻을 이익이 있어 합의한 것이므로 유효하다.'고 판시하면서, 삼성 측은 채권단에 부채와 연체이자 총 2조 3338억여 원을 물어주라고 판결했다.[94]•

비상장 주식인 삼성생명 주식을 현금화하는 방법은 세 가지로 요약

• 삼성이 채권단에 진 빚은 총 2조 4500억 원이었는데, 이 가운데 서울보증보험이 삼성생명 주식 116만여 주를 매각한 부분을 빼면 1조 6338억여 원이 되고, 여기에 이자 7000억여 원을 합친 금액이 2조 3338억 원이다.

할 수 있다. 우선 삼성생명이 상장되면 문제는 가장 쉽게 해결된다. 하지만 이 방법은 이건희 일가와 삼성에 특혜를 준다는 여론이 걸림돌이다. 게다가 삼성 비자금 문제 등으로 인해 여론이 좋지 않아 시일이 오래 걸릴 것으로 보인다. 두 번째 방법은 삼성 계열사들이 삼성자동차 채권단으로부터 삼성생명 주식을 직접 사들이는 방법이다. 그리고 또 하나의 방법은 장외시장에서 제3자에게 매각하는 것이다. 하지만 매물 규모가 워낙 커서 매수자를 구하기 쉽지 않고 주가 산정을 놓고 매수자와 줄다리기를 해야 한다. 2010년 2월 현재 아직까지 이 문제는 해결되지 않은 채로 남아 있다.

교활함의 승리였다.

이순신 장군이 13척밖에 되지 않는 함대로 133척의 일본 함대를 격파한 것은 그가 교활했기 때문에 가능한 일이었다. 조류의 흐름을 정밀하게 계산하고 왜군의 허점을 교묘하게 이용하는 교활한 술책을 쓰지 않았다면 결코 승리할 수 없었을 것이다. 다시 말하자면, 이순신이라는 교활한 인간이 조선을 지켰던 것이다. 적대적인 집단에 맞서서는 교활함은 칭송의 대상이다. 내 가족과 삼성그룹의 이익을 지키기 위한 교활한 술책 역시, 내 가족과 삼성의 임직원 그리고 그 밖에 삼성의 건재를 기원하는 수많은 사람들의 칭송을 받아 마땅하다. 그랬기에 정부가 나서서 협상을 하고, 손을 들어주지 않았는가! 우리가 이순신 장군의 명량대첩을 칭송하듯이 그렇게 '삼성자동차 대첩'은 후일 삼성의 역사에서 칭송받을지도 모른다. 입체적 사고의 발상을 뒤엎는 판단으

| 4장 | 이 건 희 시 대

로 명분과 실리를 모두 챙기며 수렁에 빠진 삼성을 구했노라고…….
교활하다는 비판은 기업가 이건희에게 어쩌면 비난이 아니라 칭찬일지도 모른다.
삼성자동차의 해법을 통해서 삼성은 빠르게 '왕국'으로 변모해 간다.

아이엠에프(IMF)

1997년 11월 21일 금요일, 임창렬 경제부총리가 IMF에 구제 금융을 공식적으로 신청한다고 발표했다. 이로써 장차 3년 9개월 동안 이어질 길고 긴 IMF 체제가 시작되었다.
하지만 그 이전에도 위기의 징후는 여러 차례 나타났다. 10월 27일 모건스탠리증권은 투자자들에게 긴급 전문을 날렸다.
"아시아 지역에 투자된 자금을 회수하라."
11월 5일에는 홍콩의 페레그린증권이 "한국을 떠나라, 지금 당장"이라는 제목으로 보고서를 냄으로써, 연초의 한보 부도에 이어 3월부터 7월까지 삼미, 진로, 기아 그리고 10월에 쌍방울이 무너지고 10월 한 달에만 1조원 이상의 외국 자본이 빠져나간 한국 경제에 사형선고를 내렸다. 10월 28일에는 주가 500선이 무너졌고, 1997년 1월에 861원이었고 9월에도 902원이던 원달러 환율은 1997년 12월 23일에 2,000원대를 돌파한다.

그러나 강경식 경제부총리는 11월 19일 임창렬 재경부장관으로 교체될 때까지도 '한국 경제의 펀더멘털을 굳게 믿는다.'는 말만 되풀이했다. 그는 나중에 "솔직히 말해 외국자본은 생리상 국가경제의 펀더맨탈을 보기보다는 단기 수익에 더 집착한다는 사실을 잘 몰랐던 것은 사실이다."라고 고백했다.[95]

부도와 실직, 가정 파괴의 공포가 전국을 휩쓸었다.

이 공포 속에서 국민은 12월 18일, 국민회의의 김대중 후보를 대통령으로 선택했다. 헌정 사상 최초의 여야 정권교체가 이루어졌다. 그리고 12월 25일에는 국내의 주식시장과 채권시장이 완전히 개방되었다.

삼성 역시 IMF의 거센 파도를 피해갈 수 없었다.

1997년 11월 21일, 정부가 IMF 체제로 간다는 발표를 한 직후 삼성의 수뇌들이 신라호텔에 속속 집결했다. 이들은 외환위기를 어떻게 극복할 것인지 논의했고, 이 자리에서 이수빈 삼성생명 회장을 위원장으로 하는 '구조조정위원회'를 만들기로 합의했다. 그리고 닷새 뒤에 삼성은 이른바 '경영체질 혁신방안'을 발표했다. 조직 30퍼센트 감축, 1998년 중에 총비용 50퍼센트 절감, 임원 급여 10퍼센트 삭감, 투자 규모 30퍼센트 축소가 핵심 내용이었다. 그리고 그때부터 삼성은 기업 매각 및 뼈를 깎는 구조조정 작업에 들어갔다. 심지어 삼성전자는 현금 확보를 하려고 사원들에게 대출해 준 주택융자금까지 회수했다.

IMF는 또한 삼성의 자동차사업에 직격탄을 날렸다. 1998년에 완성차를 처음 생산하기 시작하며 그해의 생산량 목표를 8만 대로 잡았지

| 4 장 | 이   건   희   시   대

만 판매량은 5만 대뿐이었다. 그나마 이 가운데서도 삼성 임직원을 중심으로 한 연고 판매가 적지 않은 비중을 차지했다. 과다 투자가 문제였고, 자동차를 생산할수록 적자를 면치 못했다. 삼성자동차는 깊은 수렁에 빠졌다. 기아자동차를 인수해서 회생을 노렸지만 그것도 이루어지 않았고 마지막으로 대우전자와 빅딜을 시도했지만 그것도 무산되었다. '오너의 취미가 빚은 참극'이라는 조롱이 삼성과 이건희를 괴롭혔다.

IMF 이후 처음 발표한 1998년의 신년사는 그 어느 때보다 비장했다.

> 한 달 전 우리는 나라의 경제주권을 저당 잡히면서 IMF 구제 금융을 받았습니다. 이로 인해 나라 체면과 정부의 권위는 땅에 떨어지고 우리의 자존심 또한 지울 수 없는 큰 상처를 입었습니다. 구제 금융으로 발등의 급한 불은 끌 수 있었지만 나라의 근간이 되는 경제기반이 뿌리째 흔들리면서, 앞으로의 성장 잠재력마저 잠식당할 절박한 상황에 처해 있습니다. (…) 몇 년 전에도 북경에서 세기말적 변화를 강조하면서 오늘의 경제 위기를 예고한 적이 있었지만, 어느 누구도 저의 주장에 귀를 기울여 주지 않았습니다.

이 대목에서 이건희 회장의 뇌리에 문득 과거의 한 장면이 스치고 지나갔다. 1995년 4월 18일, 이른바 베이징 발언 이후 귀국한 공항에서 구름처럼 모인 기자들 가운데 한 사람이 질문을 던지던 장면이었다.

―정부 측에 공식적으로 사과를 하시는 겁니까?

천만에, 이건희 회장은 정부에게서 오히려 사과를 받고 싶었다. 퇴임한 김영삼 전 대통령에게 사과를 받고 싶었다. 자기가 그동안 21세기를 눈앞에 둔 우리의 현실이 100년 전 세계의 열강들이 한반도를 둘러싸고 자국의 이익을 다투던 개항시대와 조금도 다를 바 없다는 위기의식을 가지고 총칼 없는 경제전쟁에 대비해 나가자고 그토록 역설했음에도 불구하고 전혀 귀를 기울이지 않았던 데 대해서 진심으로 사과를 받고 싶었다. 오로지 개인과 정파의 이익을 위해서 기업의 희생을 강요한 데 대해서 사과를 받고 싶었다. 김영삼 후보가 핵심 지지 기반인 부산의 표심을 얻기 위한 공약으로 부산에 삼성승용차를 유치하겠다고 약속하지만 않았어도[96] 애초에 삼성이 공장 부지로 검토한 지역 즉 신호공단보다 땅값도 싸고 입지 조건도 좋았던 경남 진해나 충남 당진의 한보철강 근처에 삼성자동차 공장을 지을 수도 있었다.[97] 그랬다면 삼성자동차의 운명이 달라졌을지도 모르는데……. 이건희 때려잡자는 말은 듣지 않았을 텐데……. 이건희는 치미는 분노를 삼키며 신년사를 계속 읽었다.

경제를 정치 논리로 몰아온 정치권, 위기를 제대로 진단하고 올바르게 대처하지 못한 정부, 과거를 바로 잡는다고 귀중한 국력을 낭비한 지도력에 문제가 있었[습니다.] (…) 경제를 '정치 논리', '관치 논리', '여론 논리'로부터 해방시켜 자유롭게 흐르도록 해주어야 합니다. IMF 체제는

| 4장 | 이 건 희 시 대

국가 경영뿐만 아니라 기업 경영의 틀과 관점까지도 바꿀 것을 요구하고 있습니다.[98]

그러면서 이건희는 '나라가 없으면 회사가 없고, 회사가 없으면 나 자신이 없다'는 결연한 각오로 허리끈을 졸라매자고 촉구한다.

그리고 회사와 임직원의 허리끈을 바싹 조였다.

삼성그룹은 외환위기를 겪으면서 65개나 되던 계열사를 45개로 줄이고 총 236개 사업을 정리했으며, 5만 명이 넘는 인력을 감축했다. 그 결과 삼성그룹의 부채 대 자기자본비율은 1996년의 370퍼센트에서 1999년 193퍼센트로 낮아졌다.[99] 또한 인력 구조조정도 강도 높게 진행했다. 예를 들어서 삼성전자는 1997년 5만 8000명이던 인원을 1년 뒤 4만 2000명으로 30퍼센트나 줄였다.[100]

1997년 12월부터 2001년 3월까지 이어진 IMF 체제는 이건희에게 위기이자 기회였다.

우선, 덕분에 자동차사업에서 손을 툭툭 털고 전자사업에 집중할 수 있었다. 만일 IMF 체제가 아니었더라면 이건희는 자동차사업에 대한 신념을 굽히지 않고 밀고 나갔을 것이고, 그랬다면 전체 그룹 경영은 한층 힘들었을 것이다. 또 하나 이건희 회장에게 소중한 IMF 체제의 의미는, 신경영의 성과에 안주하려던 임직원들에게 채찍을 가할 수 있게 해주었다는 점이다. 평소의 늘 이야기하던 위기가 실제 현실로 나타났으니 말이다.

이　　건　　희　　스　　토　　리

　　이처럼 외환위기는 삼성그룹에서 이건희의 유일체제 리더십을 더욱 공고하게 해주었고, 그 결과 삼성은 1998년에 5월에 256메가 D램을 세계 최초로 생산한 데 이어 7월에 128메가 S램을 세계 최초로 개발했으며, 1999년 6월에 256메가 D램을 세계 최초로 출하하고 8월에는 MP3 플레이어 휴대폰을 세계 최초로 개발했다. 그리고 2000년 11월에는 삼성전자가 컬러TV 1억 대 생산을 돌파했다. 2000년에는 사상 최대인 7조 6천억 원의 순이익을 실현했다. 또 2001년에는 1월에 삼성전자가 휴대폰 생산 5천만 대를 돌파하고, 3월에 삼성중공업이 국내 최초로 대형 여객선을 성공적으로 건조했으며, 또 10월에는 삼성전자가 300밀리 웨이퍼의 양산 체제에 돌입했다. 2002년 삼성의 순이익은 11조 5천억 원이었다. 1997년 366퍼센트이던 부채비율도 1999년 말에는 166퍼센트로 떨어졌고 다시 2003년에는 56퍼센트로 떨어져 삼성은 초우량기업에 필적하는 수준으로 올라섰다.[101]

　또한 2002년은 자본시장에서 평가한 기업의 시장가치에서 그동안 전자업계에서 세계 최고로 평가받던 소니를 삼성전자가 추월한 해이기도 하다. 2000년까지만 해도 소니의 시장가치는 삼성전자의 무려 네 배였다. 하지만, 2002년에 삼성전자가 소니를 추월한 이후로 두 회사의 격차는 점점 커지고 있다.[102]

　이런 성과를 바탕으로 이건희는 2003년 신년사에서 제2의 도약을 제안한다. 2003년은 그룹 창업 65주년이자 제2창업 15주년 그리고 신경영 선언 10주년이 되는 해였다.

| 4 장 | 이   건   희   시   대

    ……북한의 핵 개발을 둘러싼 한반도 정세 또한 우리를 불안케 하고 있습니다. 안으로는 신정부의 출범이 희망과 기대를 불러오는 한편 계층과 세대 간의 갈등이 더욱 깊어지고 제 몫을 찾으려는 이기주의가 거세질 수도 있습니다. 2003년은 이런 의미에서 기회와 위협, 희망과 불안이 함께 하는 전환의 시대라고 할 수 있습니다. 그러므로 올 한 해의 노력과 투자가 앞으로 10년, 100년 후 우리의 장래를 결정짓게 될 지도 모릅니다. (…) 오늘 이 자리에서 저는 삼성 가족 여러분에게 앞으로 5년 후, 우리 삼성을 세계 초일류기업의 대열에 올려놓을 것을 제안합니다.[103]

과연 5년 뒤 삼성은 그리고 이건희 회장은 어떤 모습으로 서 있을까?

5장

삼성 왕국

내가 정신이 이상하다 해도 할 수 없다. 나로서는
다른 사람들의 분별보다 내 광기가 더 마음에 드니까.

—고흐

| 5장 | 삼 성 왕 국

●   1988년 5월에 이건희는 한 월간지와의 인터뷰
에서, "호암이라는 글자가 들어가는 특수 목적의 사회 환원 기구 또는
봉사 기구를 따로 만들 생각으로 연구하고 있습니다."¹라는 말로 호암
이병철의 이름으로 별도의 재단을 만들 생각을 가지고 있다고 밝혔다.
　이 일은 9년쯤 지난 1997년 6월에 결실을 맺었다. 삼성을 비롯해서
제일제당, 새한, 한솔, 신세계 등 이병철 회장의 5개 직계가족 그룹이
기금을 공동으로 출연해서 '호암의 유지를 계승해 나가기 위해 호암의
자녀들이 공동으로 출자하여' 호암재단을 설립한 것이다. 그리고 같은
해 11월에 이 재단은 호암의 어록을 집대성한 《기업은 사람이다》를 출
간했다.
　이로써 이건희는 아버지 시대를 역사 속으로 완전히 밀어 넣었다.
이제 아버지는 더는 그의 경쟁자도 아니었고 넘어설 대상도 아니었다.
그리고 이제 이건희는 법률적인 차원에서뿐만 아니라 심리적인 차원
에서도 아버지의 그림자가 드리우지 않는 자기만의, 자기 이름의 성

(城)을 가질 수 있게 되었다.

*

　차도(車道) 하나를 경계로 행정구역이 나누어지는 이태원동과 한남동 일대에는 재벌가가 여럿 모여 산다. 북쪽으로는 남산 줄기에 기대고 있고 앞으로는 한강이 보이는 곳이라 이른바 명당자리임에는 틀림없다. 바로 이곳에 이른바 '삼성 한남동 타운'이 조성되어 있다. 선대 회장의 뜻을 잇는다는 의미로 옥호를 정한 승지원(承志院)도 바로 이곳에 있다. 승지원은 이병철 회장이 지어서 기거한 한옥 자택이었고, 이병철 사후에는 이건희가 물려받아서 자택이자 집무실이자 손님을 맞는 영빈관으로 사용했다.
　서울시가 펴낸 《동명연혁고(洞名沿革攷)—5:용산구 편》은 이 일대를 다음과 같이 설명한다.

　　이태원동은 조선시대에 이태원이라는 역원(驛院)이 있었기 때문에 붙은 동명이다. (…) [〈용재총화〉에서는] 이태원이 목멱산 남쪽에 있는데 그곳에는 맑은 샘물이 산에서 쏟아져 내려오고 절의 동쪽에는 큰 소나무들이 동학(洞壑)에 가득하니 성 안의 부녀자들이 피륙을 세탁하고 바래기 위하여 그곳에 많이 모였다.[고 적었다.] (…) 본래 이태원동 135번지 일대는 '신선뒤'라 부르는 터가 있었고 그곳에는 '신선뒤 우물'이라는 좋은

| 5장 | 삼   성   왕   국

샘터가 있었다. (…) 한남동이라고 부르게 된 동명의 유래는 남쪽에는 한강이 흐르고 서북쪽으로는 남산이 있다 하여 한강과 남산의 머리글자 한 자씩을 따서 한남동이라고 부르게 되었던 것이다. (…) 한남동에서 보광동으로 가는 돌출된 지점인 한남동 537번지 일대에는 옛 왕가의 별장으로 외국의 사신을 접대하던 제천정(월파정)이 있었다. (…) 제천정은 한강 북안 높은 곳에 자리 잡고 있어서 그 앞은 한강이 유유히 흐르고, 전망이 트인 데다가 건너다보이는 관악산과 남한산 등으로 절경의 명승지를 이루었다.[2]

'신선뒤' 터였던 바로 그 이태원동 135번지에 이건희는 새 집을 짓기 시작했다. 2,000여 평방미터의 대지에 지하 2층에 지상 2층의 총 4층 규모인 이 집의 2009년 공시가격은 94억 5천만 원으로, 장차 2006년부터 2009년까지 4년 연속으로 공시가격 기준 전국에서 가장 비싼 집이라고 국토해양부가 발표하게 될 바로 그 집이었다. 이 집은 주변의 다른 '이건희 타운' 건물들과 함께 10년 가까운 공사 끝에 완성된다. 이 과정에서 이건희 일가가 아방궁을 지으려 한다는 소문도 숱하게 돌았다.

삼성은 1996년 6월, 지난 1974년부터 삼성그룹 전·현직 임원 명의로 대거 매입한 한남동 자택 주변 3,600여 평의 택지를 삼성전자, 삼성문화재단, 삼성생명공익재단 등의 법인명으로 변경했다. 세간에서는 1996년 7월 1일로 예정된 부동산실명제 본격 실시를 앞두고 명의신탁

이 문제될까 봐 탈세를 목적으로 미리 수를 쓴 것이라는 의혹을 제기했다.

하지만 당시 삼성은 이 일대를 사회공익시설 단지로 조성하겠다고 발표했다. 기존의 한남동 자택을 중심으로 왼쪽에는 지역교육복지시설과 교육훈련장 등을 세우고 오른쪽에는 조각공원과 문화예술관, 앞쪽에는 탁아소, 집회장 도서실 등이 들어설 것이라고 밝힌 것이다.

삼성은 이 약속을 지켰다. 이건희 회장의 자택을 중심으로 에스원문화센터와 리움미술관(2004년 10월 개관)이 들어섰다. 또한 그 주변으로 삼성문화재단, 삼성생명공익재단, 삼성복지재단이 들어섰다.

이런 대역사가 진행되는데 이런저런 말들이 없었을 리 없다. 그 가운데 몇 가지만 보자.

성(城) 앞에서 벌어진 장면 세 개

장면 하나.

이건희의 집을 지을 때는 심지어 건축 자재를 운반하는 차량의 운전기사도 공사장 안으로는 들어가지 못했다. 사람을 불러내 밖에서 자재를 인계했다. 그 안에서 어떤 시설이 만들어지는지 아는 사람은 극소수밖에 없었다.[3] 정보가 부족한 곳에서는 언제나 소문이 정보를 대신하는 법. 그러니 아방궁을 짓는다는 소문이 날 수밖에 없었다.

| 5장 | 삼 성 왕 국

장면 둘.

2004년 8월, 개관을 앞두고 있던 리움미술관에 화재가 발생했다. 하지만 미술관 측은 소방서에 신고하지 않은 채 계열사인 방범업체 에스원 직원들과 역시 계열사인 삼성119구조단을 동원해서 불을 끄기 시작했다. 이웃 주민의 신고로 출동한 용산소방서는 마무리 진압을 도왔는데, 뒤이어 출동한 경찰은 에스원 직원의 제지로 두 시간을 기다려서야 화재 현장에 들어갈 수 있었다. 이 사건은 20일이 지난 뒤에 《한겨레》에 보도되었는데, 사건이 보도된 뒤 담당 기자는 미술관 측의 항의 전화에 시달렸고, 또 미술관 측이 자신에 관해 조사하는 것을 깨달았다. 그래서 이 기자는 도대체 뭐가 있어서 그런가 하고 다시 미술관 주변을 둘러보며 사진을 찍었는데, 곧 에스원 직원들에게 붙잡혀 디지털 카메라에 담긴 사진을 모두 삭제한 뒤에야 풀려났다.⁴

장면 셋.

2005년. 장기간에 걸친 공사의 소음으로, 롯데그룹의 신격호 회장의 셋째 동생인 농심 회장 신춘호의 3남 신동익 부부가 불면증에 걸려 병원 신세를 졌다. 보다 못한 아버지 신춘호가 이건희를 만나겠다고 마음먹고 장남인 신동원을 시켜 이재용에게 말을 전했다. 신춘호 역시 그 일대에 살던 재벌가 사람들 가운데 한 명이었다. 하지만 이건희는 아무런 답변도 하지 않았다. 이 일로 신춘호는 모욕을 느꼈고, 농심가(家)는 삼성가(家)에서 공사 중인 이태원동 새집 건축을 허가한 관할구청을 상대로 건축 허가를 취소해 달라는 소송을 제기했다.

 농심 신춘호 회장 일가는 [3월] 3일 삼성 이건희 회장의 용산구 이태원동 새집 공사가 건물 높이 규정을 어긴 채 허가됐다며 서울 용산구청장을 상대로 건축허가 무효 확인 소송을 서울행정법원에 냈다. 신 회장 측은 소장에서 "이태원동 135번지 일대에 신축하고 있는 이 회장의 2층집은 건축물 높이의 기준이 되는 지표면을 건축법 시행령이 규정한 '건물 앞 도로'가 아닌, '건물 뒤쪽 도로'로 잡아 편법적으로 허가를 받았다."고 주장했다. (…) 신 회장 측은 또 "신축 건물이 기존의 전낙원 씨가 살던 집보다 높게 지어지고 있는지 확인할 필요가 있다"며 용산구청을 상대로 이 회장의 신축 자택 설계도면을 공개하라는 취지의 정보공개 거부 처분 취소 소송도 함께 냈다.[5]

 하지만 농심가는 이 소송을 4월에 취하했다. 밝혀지지 않은 어떤 해결책이 제시된 모양이었다. 아울러 그 일대에 살던 주민 한 사람은(이 사람 역시 수십억 원짜리 저택의 소유자였다) 장기간에 걸친 공사로 인한 여러 가지 공해에 견디다 못해, 이건희 앞으로 편지를 보내 제발 인간답게 살게 해달라고 호소했지만, 이건희는 침묵으로 일관했다.[6]

 성의 담장은 높았으며, 성으로 들어가는 절차는 너무도 복잡하고 까다로웠다. 수행비서들과 에스원에서 파견된 경호요원 100여 명이 24시간 3교대 근무하면서 그림자처럼 따라다니는[7] 성주(城主)는 좀처럼

| 5 장 | 삼   성   왕   국

사람들에게 모습을 보이지 않았다.

다른 시간과 다른 공간에서 존재의 외로움을 이건희와 함께 나누었던 프란츠 카프카는, 안개 속에 싸인 성(城) 주변을 서성이며 자기 존재의 의미를 찾으려 미로를 헤매다 끝내 성 안으로 들어가지 못하고 분열과 좌절 속에서 죽음을 맞았다. 하지만 이건희는 현실 속에서 스스로 자기의 성을 높고 튼튼하게 쌓아가고 있었다.

성주(城主)의 꿈

성을 짓겠다는 건 이건희가 소년 시절부터 품었던 꿈이다.

자기 세계에 몰두해서 역사나 기계류를 파고들어 해부하던 소년 건희가 꿈꾸었던 공간은 남의 방해를 받지 않는 안전하고 편안한 공간이었을 것이다. 따돌리고 괴롭히는 친구들을 막아주는 공간, 아버지의 압박과 형들의 경계심 그리고 온갖 시선과 소문들로부터 완벽하게 보호해 주는 그런 안전하고 익숙한 공간이 이건희에게는 필요했다. 그가 외국에 나갈 계획이 생기면 15일 전에 비서실의 담당 팀이 그의 개인 사물을 챙겨 나가 집과 비슷한 환경을 조성하도록 하는 것도 바로 이런 몰두의 습관이 강박적인 특성으로 굳어졌기 때문이다.

도피와 피난이라는 기능은 성(城)이 가지고 있는 가장 기본적인 기능이다. 성 안에 있으면 외적의 공격을 효과적으로 막아낼 수 있다. 열세의 전력이라 하더라도 집중과 효율을 통해서 전력을 극대화할 수 있기 때문이다. 그리고 필요한 경우에는 적시에 성문을 열고 병력을 내보내 적 병력에 타격을 가할 수 있다. 또 성은 인력과 물자 등의 자원을 효율적으로 관리하는 데 유용하다. 여기에서 효율이란 지휘 및 통제와 관련된 관리의 효율이다. 관리 대상을 성이라는 울타리 안에 모아놓을 때 지휘 및 통제는 한층 쉬워지기 때문이다.

아마도 이건희는 소년 시절부터 와세다 대학교에 유학하던 시절에 보았던 영화들과 일본 역사서를 통해서 성이 발휘하는 수많은 장점들을 생생하게 보았을 것이다. 예를 들어서 도쿠가와 이에야스는 무사 계급을 성 안에서만 살도록 함으로써 무사와 농민이 서로 뒤섞이지 않도록 해서 무사가 농민을 군사로 삼아 무장 봉기를 일으키지 못하도록 했다. 무사들이 성 안에 있을 때 이들을 효율적으로 통제하고 관리할 수 있기 때문이라는 점도 알았을 것이다. 이것이 바로 중앙권력을 장악하기 위한 도쿠가와 이에야스의 전략이었음을 이건희가 몰랐을 리 없다.

이건희는 이런 성(城) 개념으로 삼성그룹을 바라보았다.

1993년 초에 삼성그룹 비서실과 삼성경제연구소는 "재벌의 개념 정립과 적합한 사업 운영"이라는 대외비 자료를 만들었는데, 이 자료는 '21세기 초일류기업이 되기 위해서는 그룹에 속하는 각 사의 힘을 결집해 그룹으로서의 경쟁우위성을 구축할 수 있어야 한다.'고 주장한다.[8] 이와 동일한 시각에서 이건희는 1993년 프랑크푸르트에서 강의할

| 5장 | 삼 성 왕 국

때 질 경영을 강하게 주문하면서 다음과 같이 말했다.

> 회장으로 취임한 이래로 나는 10~15퍼센트 시장점유율이 줄어들어도 좋다고 말했습니다. 적자는 다른 계열사가 메우면 됩니다.⁹

어떤 계열사(A)가 두 걸음 나아가려고 한 걸음 물러서는 전략을 구사해야만 할 때 다른 계열사(B)가 이 계열사의 손실을 대신 메우면 된다는 말이다. 즉, 그룹의 각 계열사가 각각 가지고 있는 독특한 특성과 강점을 하나로 합쳐서 시너지 효과를 창출해야 한다는 것이다. 그것이 바로 재벌이라는 조직이 존재하는 이유이자 지향해야 할 방향이라는 것이다.

하지만 A사의 주주와 B사의 주주는 엄연히 다르고, 이 경우 A사의 주식을 가지고 있지 않은 B사의 주주는 부당하게 손해를 볼 수 있다. A사에서 Z사까지 모든 것을 지휘하고 관리하는 성주(城主)의 입장에서 자기 행위가 아무리 공정하다고 주장한다 하더라도, B사의 주주로서는 억울할 수밖에 없다. 특히 총수 일가가 B사의 주식보다는 A사의 주식을 상대적으로 많이 가지고 있을 때, B사의 주주 입장에서는 총수 일가가 자기 재산을 불법적으로 빼앗는 것이 된다. 총수 일가가 가지고 있는 전체 그룹의 지분이 51퍼센트도 아니고 25퍼센트도 아니며 겨우 4퍼센트 혹은 많아봐야 6퍼센트밖에 되지 않을 때는 더욱 그렇다.

하지만 이건희는 1993년의 한 사장단 회의에서 이런 주장을 '뒷다리 잡기'라고 다음과 같이 일축한다.

> 국민과 언론들은 멋모르고 재벌을 해체해야 한다고 한다. 그룹을 약화시켜 재벌이 없어지고, 특히 외국의 대기업에게 완전히 잠식당하는 것을 모르는, 누구 좋은 일 시키느냐를 모르는, 단지 '사촌이 땅 사면 배가 아프듯' 삼성이 가지면 배가 아프니 외국에 먹히는 게 낫다는 원리를 갖고 있는 어리석고 한심하고 불쌍한 우리 민족이다.[10]

외국 대기업의 공격에 성이 무너지고 말 것이며, 성이 무너지고 나면 결국 '우리'만 손해인데, 이걸 모르는 사람은 참으로 '어리석고 한심하고 불쌍하다'고 말한다.

도쿠가와 이에야스가 중앙집권적인 권력을 강화해서 평화와 번영의 에도시대를 열었던 역사를 재현하려면, 이건희는 삼성이라는 성(城)을 강고하게 구축해야 한다. 그리고 성주(혹은 영주 또는 군주) 이건희는 중앙집권적인 강력한 권한을 가져야 한다. 삼성그룹이라는 울타리 안에 있는 전체 계열사를 하나의 단일한 기업처럼 일사불란하게 지휘할 강력한 힘을 가져야 한다.

그랬기 때문에 '삼성그룹에서 가장 충성심이 강하고 능력이 검증된 인력 120명가량'[11]의 정예 무사들로 구성된 친위대인 비서실이 필요했다.

이건희는 IMF 상황에서, 대기업의 선단식 경영의 상징물이라는 회장 비서실을 폐지해야 한다는 여론의 압박 속에 비서실의 간판을 '구조조정본부'로 바꿔달았다. 하지만 이학수 구조조정본부장이 선봉장으로 나서서 한계사업 정리와 구조조정을 강도 높게 집행하면서 구조조정본부는 과거의 비서실 이상으로 위상이 높아져서 '재계의 청와대'니 하는 별명으로 불렸다. 구조조정본부는 계열사의 자원을 효율적으로 배분하고 과감한 투자와 치밀한 사업계획을 이끌어내며 삼성을 세계적인 기업으로 성장시키는 이건희의 사령탑 역할을 충실하게 수행했다.

이건희의 성(城), 삼성의 성(城)

효율적인 관리라는 성(城)의 강점에 대한 이건희 회장의 이런 통찰은 '복합화'라는 개념을 통해서 삼성그룹의 기본적인 경영철학이자 전략으로 구체화된다. 복합화란 '서로 연관성이 있는 인프라, 시설, 기능, 기술, 소프트 등을 효과적으로 결합'[12]해서 이들 간에 유기적인 상승효과를 내도록 하여 경쟁력과 효율을 극대화하자는 개념이다.

복합화 개념은 단순하게는 텔레비전과 비디오플레이어를 하나로 합친 비디오-텔레비전 일체형 제품에서부터 복합화 빌딩에 이르기까지 산업, 행정, 복지 등 모든 분야에 적용된다. 이건희는 이 개념을 1993년에 있었던 일련의 해외 회의에서 줄기차게 강조했다. 7월의 도쿄 회의에서 다음과 같이 말했다.

　수원을 보자, 서울 강북에서 1,000명, 강남에서 1,000명, 수원에서 몇 천 명, 몇 만 명의 사람들이 아침에 1시간 30분가량을 버스로 털털거리면서 통근한다.
　공장은 뿔뿔이 흩어져 있어 이 공장에서 다른 공장으로 가려면 10분, 15분이 걸린다. 하루에 공장 몇 군데 돌면 몇 시간이 걸리고 실제로 일하는 시간은 서너 시간이다.
　이런 불합리한 일이 어디 있는가. 100층짜리 건물에 함께 살면서 51층에 24시간 쓸 수 있는 대형 회의장 3개, 대형 회의장의 4분의 1만 한 것 10~20개 만들어 놓으면 각자 자율적으로 40초 이내에 다 모인다. 상품 기획할 때 두세 번은 만나야 하는데, 이런 시스템이면 한 달에 적어도 세 번은 만날 수 있다. 지금 같으면 세 번 만나는 데 석 달은 걸린다.[13]

　그러면서 빌딩을 복합화해서 한 빌딩 혹은 두세 개의 빌딩 안에 사무실, 연구소, 아파트, 쇼핑센터, 의료 시설, 교육 시설, 스포츠 시설 등을 복합 운영하자는 것이다. 이건희는 이것을 한마디로 '누워 있는 동네를 일으켜 세워 한 빌딩 안에 몽땅 넣는다.'고 표현한다. 그래서 엘리베이터를 이용해서 40초 안에 어디든지 갈 수 있게 만들자는 것이다. 이것이 바로 이건희가 생각하던 삼성의 물화된 성(城)이었다.
　이건희는 일련의 해외 회의를 끝낸 직후인 9월 초에 이학수 비서실

| 5장 | 삼   성   왕   국

차장에게 각사의 관리본부장들이 일본의 복합화 시설을 둘러보는 프로그램을 마련하라는 지시를 내렸다. 그리고 그해 말 송년모임에서 현명관 비서실장에게 사업 추진 지시를 내렸다.

"고품위의 세계적인 복합단지를 만들어 봅시다."

일은 빠르게 진행되었다. 비서실의 신경영추진팀은 부지 물색 작업에 들어갔다. 이건희 회장의 복합화 철학을 실현할 수 있는 2만 평 규모의 나대지를 찾기가 쉽지 않았다. 하지만, (당연히!) 봐둔 곳이 있었다. 도곡동의 경찰기동대 훈련장이었다. 서울시가 지하철 건설 재원을 마련하기 위해 1994년에 이곳의 용도를 상업용지로 변경한 뒤 매각에 나선 것이다.

계열사들이 이 체비지 매각에 참가해서 1만 5천 평의 부지를 확보하는 데 성공했다. 그리고 1996년 1월, 이건희는 이른바 '도곡 시너지 파크 건립 계획안'을 보고받았다. 111층(450m), 연면적 32만 평에 비즈니스(오피스, 호텔, 컨벤션센터), 커머셜(쇼핑, 휴게, 스포츠 및 레저), 퍼블릭(문화예술, 지역주민 화합) 등 3개 카테고리의 관련 시설을 입주시킨다는 내용이었다.

이후 계획안이 일부 수정되어 11월에 102층짜리 사옥을 짓겠다는 발표가 나왔다. 이건희는 태평로의 기존 본사 건물은 금융복합단지로 만들고, 서초동에 패션복합단지 그리고 도곡동에 IT복합단지를 만들겠다는 계획을 가지고 있었다. 물론 이 가운데 핵심은 도곡동 단지였다. 이병철 시대를 마감하고 새롭게 시작한 이건희 시대를 상징하며 또한 실질적으로 이끌어 나갈 삼성의 핵, 자기의 성(城)이 될 터이기 때문이었다.

하지만 사람들은 그를 이해하지 못했다. 예상되는 교통난 해소를 위해 양재천변 도로를 왕복 4차선으로 확장하고, 제2사옥과 삼성동 코엑스를 연결하는 스카이카를 설치하며, 언주로 지하차도를 건설하고, 교통체증 지역에 오버브리지를 설치하며, 도곡역 확장 등을 무상으로 제공하겠다고 약속했지만, 주변의 아파트 주민들은 교통난과 조망권을 걱정하며 연일 반대 시위를 벌였다.¹⁶ 또다시 '오그라질 뒷다리 잡기'였다.

그 뒤 삼성은 1997년 7월과 9월에도 계획안을 수정해서 서울시에 승인 신청을 냈다. 그리고 건설교통부의 중앙교통영향평가를 통과했다.

하지만 결국 이 계획을 포기할 수밖에 없었다. IMF 사태가 터진 것이다. 현금 확보가 그룹의 생존을 좌우하는 아슬아슬한 상황이 이어지는데 총 공사비만도 1조 원이 들어가는 대규모 사업을 추진할 수는 없었다. 게다가 자동차사업이 진흙 수렁으로 서서히 들어가고 있는 게 눈에 보이기 시작하던 시점이었다. 결국 이건희는 1998년 1월, 자기 시대를 상징해 줄 성(城)을 짓는 사업을 포기했다.

하지만 이건희는 도곡동 프로젝트에 미련을 가졌다. IMF 체제 아래에서 도곡동의 나대지를 가지고 있던 계열사 경영진들이 현금을 확보하려고 개별적으로 아파트를 짓거나 땅을 팔려고 하자, 손을 저었다. 전체 부지를 복합화 하는 주상복합건물로 개발해서 분양하라고 지시

| 5장 | 삼   성   왕   국

했다. 이렇게 해서 탄생한 건물이 타워팰리스다. 대지면적 1만 193평에 연면적 13만 8,478평의 4동짜리 건물. 주거용 오피스텔 202세대를 포함해 아파트는 총 1,361세대이며, 최고의 시설과 마감재를 사용한 초호화 주거 공간으로, 한국 최초의 초고층 주상복합 아파트이다.[15]

이건희는 타워팰리스를 건설할 때 세 차례나 현장을 방문했다. 이례적인 일이었다. 삼성자동차 공장을 건설할 때도 이렇게까지는 하지 않았다는 사실에 비추어 보면, 그가 이 건물, 아니 이 성(城)에 얼마나 큰 애착과 미련을 가졌는지 짐작할 수 있다.

그리고 이 성에 들어갈 사람들을 모을 때도 일반 공개 분양 방식을 택하지 않고 입주 희망자를 개별적으로 면담하는 방식을 통해서 입주자를 선별했다. 충성심이 높은 가신 집단을 자기 주변에 배치하고 충성도가 낮은 집단을 성에서 먼 곳에 배치했던 도쿠가와 이에야스의 교훈을 따른 것일까? 이렇게 해서 타워팰리스는 '농민'을 받지 않고 '무사'만 받아들였다.

삼성 계열사들의 최고 기술이 공조해서 완성한 이 거대한 성은 완벽에 가깝다. '평균기온 낮 섭씨 28도, 밤 25도에 습도 38~45퍼센트, 초속 1미터의 미풍, 1입방미터당 1,000개가 넘는 음이온 등 하와이 공기를 재현했다.'[16] 또한 개구멍 하나 찾아볼 수 없을 정도로 보안이 철저하다. 자장면을 배달시킬 때는 건물 밖으로 나가서 직접 배달원에게 자장면을 받아오지 않으면 불어터진 자장면을 먹어야 할 정도이다. 외적의 침입에 대비한 방어 능력은 최고이다.

이건희 스토리

*

　이건희의 성(城), 이건희 삼성그룹의 진정한 상징 건물은 타워팰리스가 완성되고 6년 뒤에 세상에 선을 보였다.
　2008년, 서초구 서초동의 7,500여 평 부지에 세 동의 건물이 들어섰다. 이 건물들의 연면적은 11만 7,000여 평으로 서울역 앞의 서울스퀘어(옛 대우빌딩, 연면적 4만 평)의 3배 규모로, 이른바 '삼성 서초타운'이었다. A동(지상 35층, 지하 7층)에는 삼성중공업과 삼성경제연구소, 삼성생명 강남사업부가 입주했고 B동(지상 32층, 지하 7층)에는 삼성물산이 입주했으며 가장 규모가 큰 C동(지상 43층, 지하 8층)에는 전략기획실과 삼성전자가 입주했다.
　한편 태평로 삼성본관 건물은 리모델링을 거쳐 금융 계열사들의 사무 공간으로 탈바꿈했다.
　2008년 11월 19일 수요일, 오전에 태평로 본관에서 열리는 회의로서는 마지막이 될 삼성사장단협의회 회의가 열렸다. (수요일의 정례 사장단 회의인 이른바 '수요회'는 이병철 회장 시대 때부터 있었던 관례였다. 그리고 사장단 회의는 이건희 회장 퇴진 이후 사장단협의회 회의로 바뀌었다.) 그리고 다음 주 수요일인 11월 26일에 삼성전자가 입주한 서초동 신사옥 C동 43층 회의실에서 사장단협의회 회의가 열렸다.*
　이로써 삼성의 태평로 시대는 마감하고 서초동 시대가 열렸다. 아울러 명실상부하게 이건희 시대가 열렸다. 하지만 이건희는 이미 삼성그

| 5장 | 삼   성   왕   국

룹의 회장이 아니었다. 삼성그룹 회장 자리에서 퇴진한 지 벌써 일곱 달이 넘었다. 여행은 시작되기도 전에 그렇게 이미 끝나 있었다.

1998년에 도곡동 프로젝트가 무산된 뒤에 이건희는 '아까운 자식 한 명을 잃었다.'는 말을 여러 차례 했다.[17] 그렇다면 10년 뒤인 2008년에 삼성그룹의 신사옥이 완공되고 삼성의 임직원들이 입주할 때는 어떤 심정이었을까? 경영 일선 퇴진이라는 치명적인 병으로 사형을 선고받은 뒤 죽음을 기다리는 환자나 다름없는 처지가 되어, 귀하게 키운 자식이라 할 신사옥이 완공되어 성인식을 치르고 삼성 임직원들이 입주하는 모습을 지켜보아야 했던 그의 심정은 어땠을까?

*

이건희의 복합화 개념은 빌딩 복합화뿐만 아니라 공장 복합화, 판매 복합화, 사업 복합화 등으로 확장되고, 여기에 따라서 삼성은 해외 여러 곳(즉 멕시코, 영국, 말레이시아, 중국 등)에 복합공단을 짓고, 또 이후 삼성테스코가 운영하는 홈플러스를 통해 대형슈퍼마켓(SSM) 시장으로도 진출하게 된다.**

---

* 이날 회의에서는 이윤우 삼성전자 부회장이 주재한 가운데 30여 명의 사장단이 참석했고, 백승주 한국국방연구원 북한연구실장이 초빙되어 "오바마 이후 대북정책 변화"를 주제로 강의를 했다.
** SSM은 대형할인점보다는 작고 동네 슈퍼마켓보다는 큰 소매유통점이다. 이것이 재래시장 및 골목상권인데 특히 2009년에 문어발식 확장을 하는 양상이두드러져 지역의 중소자영업자들이 생존권을 위협받는다고 주장하는 가운데, 이런 형태의 유통점 및 대형할인점 개설을 허가제로 하자는 여론이 높아졌다.

도덕성 회복과 자율성 확대

1993년의 그룹 개혁 당시 이건희 회장은 프랑크푸르트와 도쿄, 후쿠오카 등지에서 회의를 할 때 특히 직원이 갖추어야 할 덕목으로 높은 도덕성을 가질 것과 창조적인 자율성을 발휘해 줄 것을 강조했다.

삼성에는 고질병이 있습니다. 뒷다리를 잡는 겁니다. 그 이유가 뭐냐? 이유 없다. 악의도 없다. 그저 막연한 습관입니다. 과거 이삼십 년 간 굳어진 막연한 버릇입니다. (…) 내가 제일 앞에서 바람 막고 뛰겠다는데 뒷다리 당기지 말라는 말입니다. (…) 모두 한 방향으로 당기면 15만 명의 힘이 생깁니다. 그런데 왜 안 되는가를 깊이 분석한 뒤에, 결론을 얻었습니다. 그건 개인 이기주의, 사업부 간 이기주의 때문입니다. (…) 또 있습니다. 상대에 대한 신뢰가 너무 없습니다. 자신은 전혀 행동하지 않으면서 어떻게 상대는 못 믿는다고 말하는가? (…) 삼성은 소비적이고 비계획적입니다.[18]

이런 관점은 "캐처가 되자"란 제목의 그의 수필에서도 그대로 반영된다.

동료, 부하들 간에 악명이 높더라도 저돌적으로 밀어붙여 주어진 과제를 반드시 해내는 사람이 유능한 관리자로 평가받았다. 모든 평가가

| 5장 |　　　　　삼　　　　성　　　　왕　　　　국

업적과 능력에만 기준을 두고 상사에 의해 일방적으로 이루어졌기 때문에 '해바라기형 관리자'를 양산했던 것이다. (…) 포수처럼 그늘에 숨은 영웅이 대우받고, 그들이 보람을 느끼면서 일할 수 있는 기업이 선진기업이다.[19]

이건희는 신경영을 주창하면서 가장 우선적인 과제로 도덕성 회복 그리고 자율과 창의의 기풍 확립을 설정했는데, 그는 이 문제를 해결하지 않고는 아무것도 할 수 없다면서 인간성 개조론 차원으로까지 이 문제의식을 밀고 나갔다.

이렇게 해서 나온 것이 인간미, 도덕성, 예의범절 그리고 에티켓을 핵심으로 하는 이른바 '삼성 헌법'이다. 이 헌법을 근거로 삼아 '모든 영역에서 이들 덕목을 강조했으며, 교육 방식도 탈바꿈해 피교육자들에게 인간미와 도덕성을 함양할 수 있는 체험의 기회를 많이 부여했다.'[20]

그의 주장은, 기업은 이윤 추구 집단이 아니라 높은 도덕성과 강한 동지애로 뭉쳐 최고의 효율을 통해 인류 사회에 기여하는 모임이며, 따라서 기업은 돈 잘 버는 기계여서는 안 되고 도덕 경영을 실천하는 기업이 되어야 한다는 데까지 나아간다. 하지만 기업은 애초에 돈을 버는 것을 목적으로 삼는 조직이다. 돈을 잘 벌면 훌륭한 기업이다. 아버지 이병철도 '기업이 이윤을 추구하는 것이 죄악이 아니라 이윤을 내지 못해 그 부담을 사회에 떠넘기는 것이 죄악이다.'[21]라고 했다. 그런데, 기업이 돈 잘 버는 기계여서는 안 된다?

이건희가 가지고 있는 이런 책임의식의 뿌리를 더듬으면 아버지 이병철 회장의 창업 이념인 '사업보국(事業報國)'까지 거슬러 올라간다. 하지만, 아버지의 창업 이념은 아들의 독특한 심리 체계의 프리즘을 통해 굴절되어 나타났다. 그 프리즘은 바로 강박증에 따른 열등의식이었고, 이 프리즘을 통해서 나타난 것은 도덕성에 대한 과도한 집착이었다. 이건희는 예의범절이나 에티켓 같은 것을 지나칠 정도로 중시함으로써 자신의 내면을 지배하는 적개심을 무의식적으로 감춘다고 정신과 전문의 정혜신은 진단한다.[22]

이기주의와 물질주의가 제대로 자기 세상을 만난 듯 어지러운 춤판을 벌이는 이 신자유주의의 혼탁한 세상에서 이건희의 이 외침은 어떤 외로운 선구자가 광야에서 외치는 소리처럼 들리기도 한다. 하지만 그렇게 들릴 뿐이었다. 이건희가 도덕성과 자율을 외쳐야 할 때는 개혁의 시기였고, 따라서 가장 인간적이고 감성적인 부분에 호소해야 할 시기였기 때문이다.

하지만 무엇보다 중요한 사실은, 기본적으로 이건희가 살고 또 지배하는 세상은 영주 혹은 군주가 지배하는 성(城)이라는 점이다. 그렇기 때문에 그는 기업가와 종업원의 관계를 대등한 계약 관계로 보지 않고 봉건시대의 주종 관계로 바라보며,[23] 이것이 바람직한 형태라고 생각한다. 노동조합이라는 조직을 결코 인정하려 하지 않는 것도 바로 이런 이유이다. 노동조합은 법률적으로나 심정적으로 성주와 동등한 지

| 5장 | 삼   성   왕   국

위를 주장하기 때문이다. 1993년 3월 LA 회의 때 그가 했던 다음 발언도 이런 맥락에서 이해할 수 있다.

> 내 재산 늘리기 위해서 이렇게 밤잠 안 자고 떠드는 것은 절대 아닙니다. 내 재산 10배 늘어나야 나에게는 아무 뜻도 없어요. [나는 내 재산의 이자의 이자의 이자만 갖고도 5대까지 먹고 살 수 있어요.] 내 개인의 양심을 지키고 책임을 다하는 것이며 단지 명성만 남는 겁니다. 여러분이 잘되게, 회사 잘되게, 나라 잘되게, 여러분들 자손 잘되라고 하는 일입니다.[24]

이건희를 직접 보좌했던 한 전직 임원의 증언에 따르면 그가 바라는 비서실 직원의 기준은 '헌신적이며 정직하고 입이 무거울 것'이라고 했는데[25] 무조건적인 충성심으로 무장한 직원이라는 그의 관념도 동일한 맥락에서 이해할 수 있다.

이건희가 '초일류 사원은 인간적인 면에서도 초일류가 되어야 한다.'고 말할 때, 이건 가식이 아니다. 비도덕적인 어떤 추한 모습을 감추기 위한 미사여구의 장식이 결코 아니다. 이런 발언에는 진정성이 절실하게 녹아 있다. 그가 말하는 도덕성은 그의 성(城)에 사는 백성이라면 당연히 갖추어야 할 덕목, 다시 말해서 인적 자원의 효율적인 관리를 위한 기본적인 덕목이기 때문이다. 요컨대, 이건희의 성(城) 안에서의 도덕성은 성주를 위한 도덕성일 뿐이다.

정혜신은 '이건희의 도덕 추구 성향은 마치 수천만 원짜리 밍크코트를 가지고 있는 여자가 시장에서 콩나물 값 100원을 깎으며 스스로를 알뜰하고 절약하는 주부라고 생각하는 것과 같다.'고 했다.[26] 만일 이런 여자가 있다면 바보처럼 보일 것이다. 하지만 이건희는 바보가 아니다. 자기 세상의 도덕률, 상도의, 가치관에 철저할 뿐이다. 그의 성(城) 안에서는, 시장에서 파는 콩나물은 반드시 100원을 깎아야 하는 대상이다. 노동자가 노동조합을 결성하지 않는다면 100원이 아니라 1,000원도 줄 수 있지만, 만일 노동조합을 결성해서 100원을 요구하면 100원이 아니라 1원도 줄 수가 없다. 경제성의 문제가 아니라 존재의 문제이기 때문이다.

이건희는 신경영 선언을 하며 많은 국민의 지지를 받았던 1993년에 가졌던 한 월간지와의 인터뷰에서 노동조합을 어떻게 생각하느냐는 질문에 다음과 같이 대답했다.

> 반대를 위한 노조, 파괴하고 거저먹자는 노조는 안 됩니다. (…) 상호 이익을 추구하며 공생하자는 점에서는 삼성이 다른 어떤 회사보다 유대가 강하다고 자부합니다. 삼성엔 노사협의회가 있는데 앞으로 더 키울 작정입니다.[27]

이건희와 삼성은 그 뒤로도 국내외적으로 수많은 비난 및 그에 따른 막대한 비용을 감수하면서까지 이 원칙을 고수한다.

| 5 장 | 삼   성   왕   국

　이 원칙은 이병철 회장 때부터 있었던 것이다. 그는 1980년 2월 14일의 사장단 간담회에서 "사원에 대한 교육은 정신 교육이 제일 중요하다. 어떻게 하면 애사심과 충성심을 기를 수 있을 것인지 그 방법을 연구해서 교육을 시켜야 한다. (…) 종업원의 정신을 개조할 수 있는 교육 방법을 개발해내야 한다."고 말했다.[28]

*

　1995년 3월 27일에 이건희 회장은 전무 이상의 임원을 대상으로 특강을 했다. 이 내용은 오디오테이프로 제작되었는데, 이 테이프를 들어본 한 평자의 눈에 비친 삼성 왕국의 풍경은 실로 낯설었다.

　그 테이프는 권위주의에 짓눌려 있는 삼성의 분위기를 정확하게 담고 있다. 도대체 전무 이상의 고위 임원들이 모여 있는 자리가 그토록 경색되어 있을 수가 없다 싶었다. 사회자가(아마도 비서실장인 듯했다) 대화를 유도해도 아무도 입을 열지 않았고, 마침내 지명하여 마이크를 잡게 했을 때, 그들의 입에서 나오는 것은 거의 하나같이 '회장님, 저희들이 갈 길을 교시해 주십시오.'라는 식이었다.[29]

　이건희는 《이건희 에세이》에 담은 "제2의 국토 개발"이라는 글에서 도쿠가와 이에야스가 펼쳤던 정책을 예로 들어 국토 개발을 강조하면서 그 정책에 담긴 자율성에 초점을 맞춘다. 물론 이런 자율성을 본받자는 말이고, 좀 더 정확하게 말하면 기업에 속한 직원들, 특히 삼성의 직원들은 이런 자율성을 발휘하라는 말이다.

 도쿠가와 이에야스는 [에도] 막부 시대를 열면서 당시 국부(國富)의 잣대였던 농지를 늘리기 위해 신전(新田) 개발을 장려했다. 농토를 개발해서 농사를 지으면 처음 7년간은 세금을 완전히 면제하고 그 다음 5년 동안은 정해진 세금의 50퍼센트만 징수했다.[30]

 이렇게 하니까 농지가 획기적으로 늘었다고 했다. 하지만 의도와 비유가 적절하지는 않은 것 같다. 농토를 개발하는 농민은 그 농토를 가질 수가 있다. 그리고 또 농토를 개발하는 데 발휘될 자율성은 매우 단순해서 성 안에 사는 무사나 영주의 간섭이나 지도가 그다지 필요하지도 않다. 하지만 기업에 소속된 직원에게 요구되는 자율성은 다르다. 우선 복잡하다. 그리고 자율성을 발휘한 결과 좋은 성과를 낼 수도 있지만 일을 망칠 수도 있는데, 일을 망칠 경우 결국 그 책임은 온전하게 자기가 져야 한다. 승진과 연봉에서 불이익을 받을 수도 있고 잘못하면 해고될 수도 있다. 그러니 다치지 않으려면 납작하게 엎드려, 움직이지 말고 될 수 있으면 눈도 마주치지 말아야 한다.

 성 안의 왕국을 지배하기 위해 효율성 원칙으로 구축된 중앙집권적인 관리 체계 아래에서 자율성은 그저 빛 좋은 개살구일 수밖에 없다.

| 5 장 | 삼   성   왕   국

그리고 그 성에는 벌거벗은 임금님이 살고 있다.

벌거벗은 임금님

　어느 왕국이 있다. 어느 날 이 왕국에 옷을 만드는 기술자라고 자기를 소개하는 사기꾼 두 명이 나타난다. 이들은, 자기들이 옷을 만드는 천에 사용하는 실은 워낙 가늘기 때문에 역량이나 신분에 어울리지 않는 직책을 차지하고 있는 사람이나 바보의 눈에는 자기들이 만든 옷이 보이지 않는다고 떠들어댄다. 이 이야기를 들은 왕이, 자기 신하들 가운데 혹시 무능한 사람이 있으면 찾아내야겠다고 생각하고, 이들을 불러 옷을 만들게 한다. 악당들은 눈에 보이지도 않는 옷을 두고 색깔이나 형태를 그럴듯하게 주워섬긴다. 이들을 감시하던 신하가 임금에게 그 얘기를 그대로 전해준다. 그리고 곧 모든 사람들은 그 옷의 색깔과 맵시가 우아하고 고상하다고 한마디씩 거든다.
　"옷은 마치 거미줄처럼 가볍습니다."
　"그 옷을 입으면 아무것도 입지 않은 것 같은 착각이 들 정도입니다."
　"하지만 이게 바로 이 옷만이 가지고 있는 최고의 자랑거리입니다."
　마침내 옷이 완성되고, 왕은 신하와 백성을 시험하려고 그 옷을 입고 거리로 나선다. 신하들은 입을 굳게 다문다. 진실을 외면하고 모른

척하는 게 얼마나 많은 이득을 가져다주는지 잘 알기 때문이다. 이들은 자기 역량이나 신분에 걸맞은 직책을 가지고 있는 사람들, 다시 말하면 왕이 신뢰할 수 있는 사람들이다. 이에 반해서 바보나 바보와 같은 수준의 순수함을 가지고 있는 아이들만이 왕이 벌거벗었다고 떠든다. 하지만 이들은 바보니까 용서가 되고 아이들이니까 용서가 된다.

사실, 왕이 벌거벗고 있다는 건 왕을 포함해서 모든 사람들이 다 알고 있다. 그러나 왕이 벌거벗고 있다는 걸 사람들 앞에서 큰 소리로 말할 수는 없다. 바보나 어린아이가 아닌 한 말이다. 멀쩡한 사람이 그 말을 한다는 건, 왕의 권위에 도전하는 행위이다. 감히 왕이 벌거벗고 돌아다닌다는 말을 하다니…….

사실, 왕이 무능하다고 판단하고 쫓아내려 하는 신하는 왕이 벌거벗었다는 사실을 외면하고 그 진실에 눈을 감는 신하가 아니다. 오히려 왕이 벌거벗었다는 진실을 말하는 신하이다. 그런 신하야말로 무능한 신하다. 이 왕국에서 진짜 바보는 바로 이런 신하이다. 보이지 않는 옷 이야기를 믿지 않고 벌거벗은 진실을 지켜야겠다고 결심하며, 또한 현실에 존재하지 않는 옷의 힘을 믿지 않는, 깨달음을 얻은 바보.

이렇게 해서 보이지 않는 옷은 진실로 굳어진다. 이 보이지 않는 옷이 왕과 신하 사이에 존재하는 기존의 질서를 더욱 튼튼하게 엮어준다. 그렇게 왕국은 튼튼하게 유지된다.

그런데 멀쩡한 정신을 가지고 있으면서 왕이 벌거벗었다고 말하는 바보들이 있다. 그 가운데 한 사람이, 삼성그룹의 구조조정본부에 소

| 5장 |　　　　삼　　　성　　　왕　　　국

속되어 법무팀장으로 있다가 나중에 양심선언을 하는 김용철 변호사이다. 그는 2007년 11월 5일 제기동성당에서 가진 기자회견에서 이렇게 말했다.

"모든 간부가 삼성을 위해서가 아니라 이건희 회장을 위해서 살아야 했다. 이건희교 신도이기를 원했다. 나는 괴로웠다. 똑똑한 사람들이 바보 노릇을 하게 만드는 현실을 받아들일 수 없었다."

예전에 황태자는 갓 대관식을 치른 뒤 신하들이 벌거벗은 자기 몸을 뻔히 바라보면서도 자기가 벌거벗지 않은 것처럼 행동하는 모습을 지켜보며, 그리고 그 신하들이 자기가 없는 곳에서는 배꼽을 잡고 웃는 모습을 상상하며 굴욕을 느꼈었다. 하지만 이제는 잘 안다. 그게 국왕과 신하들 사이의 약속이며, 신하들의 충성 서약이며, 왕국을 지탱하는 불문율이었다는 것을…….

그렇게 왕국은 튼튼하게 유지되지만, 왕국 바깥에 사는 사람이 바라보는 왕국 안의 풍경은 도무지 이해할 수 없다. 예를 들면 다음과 같은 풍경이 그렇다.

2005년 4월, 석유화학업계의 가격 담합을 가리기 위해 삼성의 계열사인 삼성토탈을 상대로 조사에 나선 공정거래위원회 소속 조사관이 증거 자료를 확보했는데, 이것을 삼성토탈의 직원 하나가 탈취해서 달아났다. 조사관이 곧바로 따라갔지만 다른 직원들이 막아섰고, 그 사이에 그 직원은 증거자료를 파기했다.

또 있다. 2004년에는 삼성생명이 금융감독원의 조사를 앞두고 전자

문서 6만여 건을 삭제한 사실이 드러났으며, 1998년에는 삼성자동차가 공정거래위원회의 조사를 방해해서 물의를 빚었다.[31]

전혀 도덕적이지 않은 행위의 사례는 또 있다. 1993년 7월에 삼성전자 직원 두 명이 가짜 명함을 이용해서 금성사(지금의 LG전자) 창원 공장에 들어가서 '김장독냉장고' 생산 라인의 공정을 살펴보다 붙잡혀 경찰에 구속되었으며, 1994년 11월에는 삼성중공업 창원공장 설계팀 직원들이 인근의 한국중공업 크레인 생산현장에서 주요 부품들을 촬영하다 현장직원들에게 발각되기도 했다.* 한국중공업 크레인 사건 때 이건희 회장은 사장단 회의에서 펄펄 뛰며 관련자들을 엄중하게 문책하라고 지시했다. 당시 사장이던 유상부는 책임을 지겠다며 사표를 제출했으나 반려되었다.[32] 삼성은, 임금님이 입은 옷은 무능한 사람의 눈에는 보이지 않는다는 원칙이 의연하게 관철되는 특수 공간, 즉 '왕국'이기 때문이었다.

이런 사례들은 삼성이 공권력이나 사회규범보다는 내부의 이익을 더 중시한다는 사실을 증명한다. 말하자면 성 밖의 법보다 성 안의 법이 더 무섭다는 뜻이다. 삼성은 벌거벗은 임금님이 지배하는 '왕국'이다. 이건희가 개를 좋아하는 이유로 밝힌, '개는 절대 거짓말을 하지 않죠. 또 배신하지 않죠.'[33]라는 발언은 이 왕국에서 상징적인 일반성을

---

* 물론 상도의에 어긋나는 이런 행위는 삼성만 하는 게 아니다. 예를 들어서 1999년 9월에는 현대전자 직원이 부품 납품업체 직원을 가장해 삼성전자 컴퓨터 모니터 생산 공장에 몰래 들어갔다 적발돼 구속되기도 했다.

| 5장 | 삼성 왕국

획득한다.

다음 두 개의 발언 모두 이건희 회장이 했던 말이다. 이 가운데서 어느 것이, '무능한 사람이나 바보의 눈에는 보이지 않는 옷'이고 또 어느 것이 보통 옷일까?

(발언 1) "옆에서 윗사람이고 아랫사람이고 틀렸으면 고쳐주고 제대로 가게 해줘야 한다. 배가 앞으로 가게 해야 한다는 말이다. 회장이 잘못하거나 틀렸으면, '아, 회장님, 그게 아니라 이겁니다.' 하고 지적해줘야 될 게 아닌가. (…) '회장, 이러시오, 저러시오.' 하는 사람 아무도 없다."[34]

(발언 2) "뛸 사람 뛰어라. 바삐 걸을 사람 걸어라. 안 말리겠다. 걷기 싫으면 그만둬라. 일하기 싫으면 놀아라. 의식주는 보장해 주겠다. 그러나 남의 뒷다리는 잡지 마라. 왜 앞으로 가려는 사람 옆으로 돌려놓는가?"[35]

인재 제일(人才第一)

어떤 평자는 삼성에서 훈련을 받고 성장한 직원들은 조직을 떠나서는 존재할 수 없는, 오로지 조직 속에서 성장하고 발전하는 조직형 인간이라고 말한다.[36] 이런 충성스런 직원들이 있었기에 삼성은 다른 기업들에 비해 엄청나게 빠른 속도로 성장해 왔으며 또 지금도 명실상부한 세계적인 기업으로 성장하고 있다는 것이다. 과연 한계는 어디까지일까?

이병철 회장은 '인재 제일'을 사훈으로 삼았다. 1982년 미국 보스턴대학교에서 명예박사 학위를 수여받고 기념 강연을 하는 자리에서는 '삼성은 인재의 보고(寶庫)라는 말보다 나를 즐겁게 하는 것은 없다.'고 했다.[37]* 그는 《호암자전》에서도 '경영자로서 내 인생의 80퍼센트는 인재 양성에 쏟아왔고, 인력에 대해서만은 아낌없는 투자를 해오고 있다.'라고 썼다.[38]

이런 투자 가운데 하나가 바로 1982년에 설립된 삼성종합연수원(현재의 삼성인력개발원)이다. 이 건물의 로비 정면의 벽에서 이병철 회장의 다음 글귀를 읽을 수 있다. 이병철 회장이 쓴 친필을 붉은 화강암에다 흰 글자로 음각한 것이다.

국가와 기업의 장래가 모두 사람에 의해 좌우된다는 것은 명백한 진리이다. 이 진리를 꾸준히 실천해 온 삼성이 강력한 조직으로 인재 양성에 계속 주력하는 한 삼성은 영원할 것이며, 여기서 배출된 삼성인은 이 나라 국민의 선도자가 되어 만방의 인류 행복을 위하여 반드시 크게 공헌할 것이다.[39]

---

* 참고로, 보스턴대학교는 이병철이 기념강연을 한 4월 2일을 '이병철의 날(B. C. Lee Day)'로 정했다.

| 5 장 | 삼   성   왕   국

삼성종합연수원은 설립 당시부터 줄곧 연수원장이 공석이다. 인재 양성의 최고책임자는 그룹의 회장임을 상징적으로 보여주기 위한 것이라고 삼성에서는 말한다. 그만큼 인적 자원 개발에 큰 의미를 두고 있다는 뜻이다.[40] 인재에 대한 이런 특별한 관심 때문에 삼성은 1954년부터 당시로서는 혁신적이라고 할 수 있는 공개 채용 방식을 채택했다. 학연과 혈연 그리고 지연 중심의 연고 채용이 대부분이던 1950년대 중반이었음을 고려한다면, 삼성은 우수한 인재의 발굴을 그만큼 중요하게 여겼다고 볼 수 있다.

이건희 회장 역시 아버지 못지않게 인적 자원을 모든 자원 가운데서 가장 중요하게 여겼다. 그의 이런 생각은 다음 글에서 잘 드러난다.

> 기업이 인재를 양성하지 않는 것은 일종의 죄악이며, 양질의 인재를 활용하지 못하고 내보내는 것은 경영의 큰 손실이다. 부정보다 더 파렴치한 것이 바로 사람을 망치는 것이다.[41]

IMF 이전, 특히 1993년 초부터 시작되었던 개혁 국면에서 직원의 도덕성을 강조했다면, 그 이후 특히 IMF 이후에는 인적 자원에 대한 이건희의 관심의 초점이 '특출한 인재' 쪽으로 이동한다. 물론 그 이전에도 삼성은 지역전문가제도(1991년 도입)나 21세기CEO과정(1993년)과 21세기리더양성과정(1993년), 테크노-MBA(1994년)과 소시오-MBA(1995년) 그리고 삼성경영기술대학(1996년) 등의 제도를 통해서 핵심 인재의 양성을 꾸준하게 추구해 왔고, 이런 인재 양성 인프라에 기울인 노력이 삼성이 외환위기를 성공적으로 넘어서는 데 중심적인 동력이 되었다. 심지어 삼성의 계열사인 에스원은 특출한 인재를 영입하는 차원에서, 1998년 11월에 청송교도소에서 출소한 '대도' 조세형을 이사급 자문위원으로 위촉하기도 했다.[42] *

이런 맥락에서 2000년 신년사에서 이건희는 다음과 같이 말한다.

> 디지털 시대는 총칼이 아닌 사람의 머리로 싸우는 '두뇌 전쟁' 시대라고 할 수 있으며 뛰어난 인재가 국가의 경쟁력을 좌우하게 될 것입니다. 디지털 시대를 이끌어 갈 경영 인력, 기술 인력을 체계적으로 육성해 나가는 한편으로, 그런 인재들이 창조적 능력을 마음껏 발휘할 수 있는 '두뇌 천국'을 만드는 데 힘을 쏟아야 합니다.[43]

종업원 전체가 아니라 뛰어난 종업원에 초점이 분명히 맞추어져 있음을 알 수 있다.

나아가, 2002년 6월 5일 삼성인력개발원에서 열린 인재전략 사장단 회의에서는 50여 명의 사장들에게 다음과 같이 말했다.

"200~300년 전에는 10만~20만 명이 군주와 왕족을 먹여 살렸지만 21세기는 탁월한 한 명의 천재가 10만~20만 명의 직원을 먹여 살리는

---

* 하지만 조세형은 이듬해 절도 혐의로 일본 경찰에 체포되었다.

| 5장 | 삼   성   왕   국

인재경쟁의 시대, 지적 창조력의 시대입니다."

이건희 회장은 삼성이 글로벌 초일류 기업으로 도약하기 위한 성패가 '핵심 인재의 확보'에 달려 있다고 보았다. 그가 요구하는 핵심 인재는 미래를 움직일 천재라는 뜻이다. 그리고 같은 해 11월 5일의 인재전략 사장단 회의에서는 핵심적인 인재의 양성에 박차를 가하라고 사장단을 압박했다.

"앞으로 나부터 경영업무의 50% 이상을 핵심 인력 확보 및 양성에 쏟겠습니다. 사장단의 인사평가 점수를 100점으로 했을 때 40점은 핵심 인력을 얼마나 확보했느냐 또 얼마나 양성했느냐에 둘 것입니다."[44]

이처럼 삼성은 외환위기 이후 인적 자원에 대한 개념을 재정립하면서, 거기에 맞게 급여정책을 수정했다. 기존에는 한국의 다른 기업들처럼 임금인상률 원칙으로 하후상박이었는데, 이걸 상후하박으로 바꾼 것이다.

지위가 높이 올라갈수록 다른 회사에 비해 봉급 규모가 훨씬 더 커지게 함으로써, 다시 말해 성과를 거둔 직원에게 파격적인 보상을 함으로써 성과와 승진의 욕구를 제도적으로 자극해서 경쟁을 유발했다. 1998년 3월 '글로벌 무한 경쟁 시대로의 진입과 더불어 성과 중심의 프로의식 강화'를 목적으로 도입한 연봉제도 바로 이런 맥락 속에 놓인다.

진시황이 그랬다. 진시황릉의 일부에서 발굴된 병마용의 수많은 병사들의 얼굴은 실제 모델을 대상으로 해서 만들었다고 하는데, 이 병사들의 얼굴로 보면 이들은 출신이 제각각이다. 지금의 중국 대륙 각지에 살던 사람들이 진시황의 군대로 자원해서 입대했음을 알 수 있다. 진시황은 출신 성분을 따지지 않고 공을 세운 사람에게 벼슬과 재물을 내리는 정책을 폈기 때문에 병사들은 전국 각지에서 몰려들었고, 이들은 그야말로 신들린 듯 이리 뛰고 저리 뛰며 싸웠다. 한 명의 적이라도 더 목을 베고 공을 세워야 했기 때문에 이들은 무거운 갑옷은 아예 벗어던졌다. 옆구리에는 이미 목을 벤 적 병사의 머리를 낀 채 또 다른 병사의 목을 베러 적 병사를 향해 내달렸다. 이러니 진시황이 거느린 군대의 기동성과 용맹성에 다른 나라의 병사들은 벌벌 떨 수밖에 없었고, 이 힘으로 진시황은 춘추전국시대의 중국을 통일했다.

이건희 회장은 2003년 6월에 《동아일보》와 인터뷰를 하면서 영화 〈벤허〉를 이야기한다.

"나는 영화 〈벤허〉의 전차 경주 장면 이야기를 가끔 합니다. 멧살라는 채찍으로 강하게 후려치는데 벤허는 채찍 없이도 결국 이기잖아요. 한마디로 2급 조련사와 특급 조련사의 차이입니다. 게다가 벤허는 경기 전날 밤 네 마리의 말을 어루만지면서 용기를 북돋아 주지 않습니까?"

삼성의 임직원들은 진시황의 병사가 되고 벤허의 말이 되었다. 이 과정에서 자연히 삼성에서는 경쟁에서 이기고 높은 성과를 내는 우수한 인재들이 성장했다. 그 결과 삼성은 2008년까지 지속적으로 총매출액과 브랜드가치를 지속적으로 성장시킬 수 있었다. 2009년의 삼성 브

| 5 장 | 삼   성   왕   국

랜드가치는 175억 달러로 154억 달러의 애플(20위)을 젖혔고 120억 달러의 소니(29위)를 멀찌감치 따돌렸다.[45] 이런 사실은 결국 경쟁과 보상을 즐기도록 훈련된 인재가 삼성에 많다는 뜻이다.[46]

그런데 금융감독원과 증권거래소 자료에 따르면 1999년부터 2004년까지 5년 동안 가장 많은 인원을 채용한 회사는 단연 삼성전자였지만, 치열한 경쟁구조와 강력한 구조조정으로 2004년 6월 말 현재의 삼성전자 평균 근속연한은 6.8년으로 50대 상장기업 가운데 42위였다. 삼성의 전체 계열사를 통틀어서 본다 하더라도 직원의 평균 근속연한 상위 15개사에 든 회사는 단 하나도 없었다.

이처럼 근속연한이 짧은 것, 다시 말해서 퇴사율이 높은 것은 업무 강도가 그만큼 세다는 뜻이다.[47] 그렇기 때문에 삼성에 대한 일반적인 평가는 '입사하고 싶지만 오래 근무하기는 싫은 회사'이다.[48]

그럼에도 불구하고 이건희 회장은 신경영 선언 10주년이 되는 2003년 6월에 '천재 경영'을 선언하며 핵심 인재 중심의 인사 정책에 더욱 박차를 가했다. 그가 찾고자 하는 천재는, 자기가 예전에 그랬던 것처럼 어떤 것에 미친 듯이 집착하고 몰두해서 기어코 '본질' 즉 핵심을 파악해내고야 마는 사람이다. 2003년 6월에 이건희 회장은《동아일보》와 인터뷰를 하면서 자기가 찾는 인재를 다음과 같이 설명했다.

한마디로 '마니아'형의 인재를 말합니다. (…) 이런 사람들은 조직 내의 협조적인 측면에서는 다소 부족할지 몰라도 자기 분야에서 최고가 되

겠다는 열정과 몰입도는 굉장히 높아요. 특정 분야의 전문가로 성장이 기대되는 인재 유형이지요.[49]

삼성의 이런 핵심 인재 중심 전략의 바탕이 되는 철학은 일류에 대한 동경과 추구 그리고 일등주의에 있다.

일류를 위하여, 일등주의

과거 제일모직 대구 공장의 사장실에 특이한 가구가 있었다. 회의용 탁자와 응접세트였다. 이 가구들은 까맣게 옻칠이 되어 있었는데, 얼마나 무거운지 한번 옮기려면 사람의 손으로는 도저히 어림도 없어 기계의 힘을 빌려야 했다. '제일모직 창립 시기인 1950년대 중반에 만들어졌다는, 두툼한 원목 위에다 마치 구두 밑창에나 댈 법한 소가죽으로 응접용 소파를 만들고, 회의용 의자에도 앉는 자리에는 소가죽으로 다시 덧씌운 후 나머지 부분은 검은 옻칠을 하여 그 견고함이란 이루 말할 수가 없었다고 한다.'[50]

또 태평로 삼성 본관에 있던 이병철 회장의 집무실에는 아무 그림이나 도자기가 들어가지 않았다. 도자기는 청자상감운학모란국문매병과 같은 수준, 그림은 이당 김은호 화백의 작품 정도가 되어야 들어갈 수 있었다.[51] 그가 사용한 만년필이나 그가 입었던 옷도 모두 명장의 혼이

| 5 장 | 삼   성   왕   국

서린 명품들이었다. 그는 '평소 프랑스제 워터맨 만년필을 즐겨 사용했는데, 수십만 개가 같은 형에서 찍혀 나와 다 같아 보이는 만년필 가운데서도 특히 2~3퍼센트만이 최고의 품질을 갖고 있으며, 펜촉의 촉감이 사뭇 다르다고 했다.'[52] 또 그는 '큰 부자가 되기 전이나 그 후에나 일본 동경의 바로몽이라는 한 양복집에서만 옷을 맞춰 입었는데, 아주 작고 허름한 양복점이어서 그리 비싸지는 않았다. 다만 양복장이의 솜씨만은 예사롭지 않았다.'[53]

이렇듯 이병철의 회장의 일류 취향은 유별났다. 명장과 명품에 대한 이런 관심을 놓고 보자면, 그가 평생에 걸쳐서 국보 7점과 보물 4점을 포함해서 천여 점이 넘는 문화재를 수집했던 것도 결코 단순한 호사취미가 아니었음을 알 수 있다.

그런데 그가 명장을 존경하고 명품을 좋아한 것은 단순히 부자만이 누릴 수 있는 특권을 과시하는 행위가 아니었다. 철저한 직업의식과 완벽함을 추구하는 노력에 대한 찬양이자, 자기 역시 그런 수준에 도달하고자 하는 목표 설정이었다. 이런 사실은 다음과 같은 그의 발언에서 엿볼 수 있다.

> 그래서 일본인이 직업의 귀천을 가리지 않고 무슨 일이든 대를 이어 그것을 계승하고 기술을 전승한다. 튀김가게 5대째, 과자가게 4대째, 여관 16대째라는 식의 노포(老鋪)가 각 분야에 고루 있다. 몇 대를 이어 같은 일에 종사하므로 자연히 기술도 축적되고 개발되게 마련이다.[54]

그가 완벽함을 가장 중요한 목표로 삼았다는 사실은 그가 즐겨 썼던 휘호가 '無限探究(무한탐구)'였다는 점에서도 알 수 있다. 일등을 넘어 완벽함의 수준에 도달하려는 노력을 무엇보다 소중한 덕목으로 삼았던 것이다. 그가 유난하게 깔끔하고 단정했던 것도 이런 완벽 추구 과정에서 필연적으로 드러날 수밖에 없었던 모습이다. 몸가짐이나 옷매무새가 흐트러지고 말이 흐릿하다면, 그런 게 자신의 모습이든 임직원의 모습이든 간에, 완벽함을 무한하게 추구하는 사람의 눈에 찰 리가 없었다.

1954년에 제일제당을 설립할 때 그가 사명(社名)을 '제일'로 정한 것은 우연이 아니었다. 거기에는 '알기 쉽고 부르기 쉽다는 이유도 있지만 무슨 일에나 제일의 기개로 임하자는 뜻이 담겨 있었다.'[55]

아버지의 이런 일류·일등 철학은 아들에게도 고스란히 계승되었다.

1994년에 요리사가 대기업 계열사의 이사로 임명되는 파격적인 일이 국내에서 일어났다. 그 회사는 삼성의 신라호텔이었고, 상무로 승진한 주인공은 신라호텔 주방장 후덕죽(侯德竹) 상무였다. 삼성그룹이 전문임원제도를 만들어서, 해당 직종에서 일류의 솜씨를 가지고 있는 사람을 이사로 임명할 수 있게 됨에 따라서, 이 제도의 혜택을 입은 것이었다. 요리사의 임원 임명은, 일류의 요리 실력을 가지고 있는 사람이 바로 신라호텔의 요리 부문을 실질적으로 책임지고 대표하는 얼굴이 되어야 한다는 실용적인 정신, 무한탐구 및 완벽추구 정신이 반영된 인사 결정이었다.

| 5장 | 삼   성   왕   국

대기업 계열사에서 요리사가 이사 자리에 오르는 기록을 최초로 세운 곳이 삼성이었다는 점은 결코 우연한 일이 아니다. 또한 그건 단순히 그룹의 이미지를 좋게 하기 위한 일회적이고 얄팍한 술수가 아니었다. 그건 삼성의 창업 정신이자 경영 이념이다.

그런데 이병철에게는 일류 추구라는 선구자적인 지향에 어느 정도 낭만성과 인간미가 묻어 있었다면, 이건희에게 일류 추구는 절박한 생존 전략이었다. 세계적인 시장 개방의 흐름 속에서 일류가 아니면 살아남을 수 없다고 보았기 때문이다. 이건희는 1996년 신년사에서 '그룹 각사는 금년 중 최소한 1개 이상의 세계 일류 제품을 반드시 확보할 것'을 주문했고, 2000년 신년사에서는 1등 제품을 만들어야 하는 이유(경쟁력)와 1등 제품을 만들기 위한 전제조건(뛰어난 인재 확보)을 그룹의 생존 차원에서 제시한다.

> 1등 제품은 양적 시장점유율 뿐만 아니라 그 질적 가치, 수익력, 그리고 브랜드 이미지 등이 모두 세계 최고 수준에 올라서야 합니다. 우리가 추진하고 있는 구조조정의 마지막 목표는 경쟁력 향상에 있고 경쟁력의 요체는 바로 1등 제품을 만들어가는 것임을 분명히 깨달아야 하겠습니다. 또한 일류 기술과 일류 제품은 일류 인재가 만든다는 평범한 진리를 되새겨 뛰어난 인재를 확보하고 육성하는 데 더 많은 관심을 기울여야 합니다. 창의력과 지식이 더 소중해지는 21세기에는 인재야말로 기업의 가장 중요한 자산이 될 것이며…….[56]

일등주의는 삼성의 철학이다. 일등을 지향하지만 일등을 넘어선 초일류가 삼성의 지향점이다. 이런 철학은 직원들에게 자긍심을 심어주며 최선을 다하도록 만든다. 이것이 바로 삼성이 가지고 있는 경쟁력의 핵심이다.

그리고 일등주의 전략은 필연적으로 제품의 디자인에 대한 강조로 나아간다.

디자인이 1등을 결정한다

이건희 회장이 폐암 치료를 끝낸 직후인 2002년 2월 20일, 그는 미국 오스틴의 삼성전자 공장에서 열린 디지털 전략회의에 참석해 디자인의 중요성을 이야기하면서 "세계 1등이 아니면 공장 문을 닫아야 한다."고 말했다. 세계 1등이 되기 위해서는 품질 1등뿐만 아니라 디자인도 1등이어야 한다는 말이었다. 이 공장이 건립 2년 만에 흑자를 기록하며 시장 진입에 성공한 일을 축하하기보다 먼저 다음과 같이 과제와 충고부터 던졌다.

"빛의 속도로 변화하는 디지털 시대에 발 빠르게 대응하지 못하면 차질을 빚는 정도가 아니라 아예 망할 수도 있다는 사실을 명심해야 합니다."[57]

이건희는 이미 1996년 신년사에서 디자인의 중요성을 강요했다.

| 5장 | 삼   성   왕   국

다가올 21세기는 '문화의 시대'이자 '지적 자산'이 기업의 가치를 결정짓는 시대입니다. 기업도 단순히 제품을 파는 시대를 지나 기업의 철학과 문화를 팔아야만 하는 시대라는 뜻입니다. 디자인과 같은 소프트한 창의력이 기업의 소중한 자산이자 21세기 기업경영의 최후의 승부처가 될 것이라고 확신하고 있습니다. 96년 올해를 그룹 전제품에 대한 '디자인 혁명의 해'로 정하고, 우리의 철학과 혼이 깃든 삼성 고유의 디자인 개발에 그룹의 역량을 총집결해 나가도록 합시다.[58]

그러자 삼성전자의 디자인 경영센터에 이른바 '123자 메시지'라는 게 벽에 붙었다. 이건희 회장이 신년사에서 디자인의 중요성을 강조한 글자가 모두 123자였기 때문에 붙은 이름이었다.[59]

그리고 2005년 4월 13, 이건희는 사장단을 이끌고 이탈리아 예술의 중심지인 밀라노에서 열린 가구 박람회에 참석한 뒤, 밀라노 포시즌 호텔의 회의실에서 디자인 전략회의를 가졌다.

왜 하필이면 이탈리아 밀라노였을까? 가전제품 박람회도 아닌 가구 박람회가 열리는 밀라노였을까?

이탈리아 장인의 솜씨는 가구와 패션 분야에서 독보적이다. 그리고 한때 레오나르도 다빈치나 브라멘테와 같은 예술가들이 모여들어 황금시대를 연 역사가 있는 밀라노는 경제적으로 번성한 도시였다. 그러다 보니 자연히 밀라노는 유행과 패션에 민감했으며, 현재는 파리, 뉴욕과 더불어 세계의 패션산업을 선도하고 있다.

이런 전통과 예술과 패션의 역사가 살아 숨 쉬는 도시에서 이건희는 디자인이 가지는 중요성을 강조하고자 했던 것이다. 1993년 신경영 선언 당시 변화의 중심지였던 프랑크푸르트를 선택했던 것처럼 말이다.

이날 이건희는 '제2의 디자인 혁명'을 선언했다.

"삼성의 디자인 기술은 아직 부족하다. 애니콜만 빼면 나머지는 모두 1.5류이다. 이제부터 경영의 핵심은 품질이 아니라 디자인이다."[60]

디자인이 일등을 좌우한다는 사실을 다시 한 번 확인하며, 삼성만의 독창적인 디자인의 정체성을 확립할 것이라고 다짐한 것이다. 그의 판단은 옳았다. 삼성 제품의 디자인 수준은 질적으로 비약했으며, 특히 삼성전자의 휴대폰이 세계적인 베스트셀러로 올라서는 데 결정적인 기여를 했다. 예를 들어 2004년 11월에 유럽 시장에 출시된 블루블랙폰은 프랑스의 패션 전문지 《스터프(Stuff)》로부터 '아름답고 세련된 검은 드레스를 걸친 완벽한 몸매를 연상시키는 휴대폰'이라는 격찬을 받았다.[61]

홍보는 삼성의 힘

이건희 회장은 홍보의 중요성을 그 누구보다도 잘 알고 있으며 또 실제로 그렇게 경영에 적용했다. 다음은 1993년 신년사에서 그가 했던 말이다.

| 5 장 | 삼   성   왕   국

> 첨단경영의 승리자가 되기 위해서는 남보다 앞서는 정보력과 '기업 안보' 차원의 홍보력 강화가 필수 요건이다. 이를 위한 비용은 지출이 아니라 선행투자이다.[62]

그리고 사실 그해에, '은둔의 황태자'로 불렸던 예전과 달리 LA 회의에 이어 대중 앞에 자주 모습을 드러내고 강연을 하며 군불을 지핀 것도 그 뒤에 이어질 일련의 해외 회의를 부각해 자기가 추진하는 개혁의 정당성을 국민에게 홍보함으로써, 구체제를 무너뜨리고 자기 체제를 확립하기 위한 치밀한 전술의 일환이었던 점은 익히 알려진 사실이다. 그것은 홍보적인 차원의 전술이었다. 모든 게 삼성 임직원 그리고 나아가 국민을 상대로 한 잘 짜인 각본이었던 것이다.

이건희가 홍보의 중요성을 오래전부터 파악했었다는 사실은 다음 일화를 통해서도 알 수 있다.

1981년 봄, 이건희가 이병철 회장으로부터 후계자 지명을 받은 지 2년이 채 되지 않은 시점이었다. 용인에 있는 연수원에서 삼성그룹 홍보담당 직원을 대상으로 교육 프로그램이 진행되었다. 그런데 이 교육에 이건희 부회장이 직접 참석해서 특강을 할 것이라는 말이 나왔다. 하지만 연수원 관계자들은 설마 이건희가 오리라고는 생각도 하지 않았다. 당시만 해도 홍보에 대한 인식은 지금과 달리 낮았으며, 홍보 부서는 중요 부서로 대접받지 못했기 때문이다.

하지만 이건희 부회장은 이 교육에 아들 재용까지 데리고 참석했다.

이건희 스토리

그리고 '홍보는 기업 활동을 표현하는 예술'이라는 자기 견해를 밝히며, '일반 상식이나 좀 갖고 서류를 작성하고 물건이나 팔아서 실적을 내는' 시대는 갔으며 10년 혹은 20년을 내다보며 기업의 이미지를 선전해야 한다면서 코카콜라의 광고 사례를 들었다. 코카콜라의 주요 광고 대상은 다섯 살 내외의 어린이들인데, 이들이 10년이나 20년 뒤에 주요 고객이 된다는 점에 착안한 전략이라는 것이었다. 당시 프로야구가 출범했을 때 삼성 라이온스의 캐치프레이즈가 '어린이에게 꿈을 심어주는 삼성 라이온스'였던 것도 바로 이런 배경에서 비롯되었다.[63]

1993년 프랑크푸르트 선언 당시에 해외에서 잇달아 회의를 소집해서 회장과 경영진이 고뇌하는 모습을 보임으로써 개혁의 깃발을 들고 삼성그룹을 자기 체제로 재편하는 데 국민 여론 및 임직원 특히 하급 간부와 평사원의 여론을 자기 쪽으로 돌려놓은 일도 바로 홍보에 대한 탁월한 감각을 가지고 있었기 때문에 가능했다.

이건희 회장의 홍보 철학을 확인할 수 있는 문건이 2007년 2월 〈미디어오늘〉에 의해 공개되었다. 삼성전자 신입사원 교육 자료 가운데 하나로, 홍보 전략을 따로 기술한 문건이었다.

'전 임직원=홍보맨'으로 설정하는 이 문건은, 이건희 회장의 홍보철학으로 '홍보란 윗사람의 말을 아래로 12시간 내로, 또 말단의 정보를 24시간 내지 48시간까지 회장에게 전달되게 시스템을 구축하는 것'으로 규정하며, '홍보의 효과'에 대해서는 '뉴욕타임즈 및 워싱턴 포스트 기사의 60퍼센트, 월스트리트 저널 기사의 70퍼센트가 홍보 활동의

| 5장 | 삼 성 왕 국

결과'이며 '나머지 30퍼센트도 보도자료+새로운 사실 첨가'라고 기술해, 기업이 홍보 활동을 통해서 언론보도를 좌우할 수 있다고 바라본다.[64] 대단한 위세다. 그리고 또 실제로 어느 정도는 그렇게 진행되고 있다. 2005년 7월 25일에 참여연대가 엑스파일에 등장하는 인사 20여 명을 검찰에 고발한 다음 날 중앙 일간지들이 일제히 이에 대한 기사를 1면 머리기사로 보도했는데, 이때 8개 중앙 일간지는 약속이나 한 듯이 이건희 회장을 언급하지 않았다.[65]

하지만 무엇보다 충격적으로 언론을 대하는 삼성, 아니 이건희의 태도를 적나라하게 볼 수 있는 사례는, 2007년 11월에 김용철 변호사가 공개한 문건 가운데 하나인 "이건희 회장 지시 사항"이다.

> 〈한겨레〉 신문이 삼성에 대해 악감정을 가지고 쓴 기사를 전부 스크랩해서 다른 신문이 보도한 것과 비교해 보고 이것을 〈한겨레〉 측에 보여주고 설명해 줄 것. 이런 것을 근거로 광고도 조정하는 것을 검토해 볼 것.[2003년 10. 18(토) 동경][66]

신문사의 비판적인 논조를 '악감정' 때문이라고 바라보는 인식도 놀랍거니와, 광고비를 미끼로 해서 기사 내용을 바꾸려 하는 발상이 놀랍다. 하지만 이런 인식과 발상은 대담한 게 아니다. 대담하다, 그렇지 않다, 하는 차원으로 말할 수 없다.

이건희는 숱하게 많은 말을 어록으로 남겼지만 '민주주의'나 '민주

사회' 혹은 '민주 시민'에 대해서는 언급한 적이 없다. '공화국의 대통령'이 아닌 '왕국의 군주'이기 때문이다. 군주이기 때문에, 군주의 성(城) 안에 살며 그 성을 지배하고 또 그 성을 통해 세상을 바라보기 때문에, 자신에 대한 비판을 자기 영토를 침범하는 (따라서, 용인할 수 없는) 공격 행위라고 여긴다. (어린 시절에 경험했던 사회성 결핍, 그에 따른 민주주의 교육의 결핍에 원인이 있다고 하면 비약일까?)

삼성 왕국의 지배력은 자기 성(城)을 넘어서까지 막강하다. 이 막강한 힘은 언론계뿐만 아니라 관계와 법조계에서 영입하거나 관리하는 인력들을 매개로 해서, 사회 권력의 상층부까지 뿌리를 깊이 박고 있음은 김용철 변호사의 주장을 통해서 알 수 있다.*

왕국의 계승자, 이재용

1984년 봄, 서울 경복고등학교에서는 갑자기 대대적인 공사가 벌어졌다. 오래된 건물이 헐리고 초현대식 새 건물이 들어섰다. 교내 방송국도 새로 생겼는데, 당시로는 최첨단이라고 할 수 있는 설비들이 이

---

* 조돈문 외, 《한국사회, 삼성을 묻는다》, 후마니타스, 2008년, 73쪽의 내용에 따르면, 삼성은 자동차 산업에 진출한 직후인 1995년부터 불과 1년 사이에 4명의 고위 관료를 영입했지만, 자동차 사업을 정리한 뒤로는 산업자원부 관료를 단 1명 사외이사로 영입했을 뿐이다. 또 참여연대가 이재용의 탈세를 조사하기 시작한 2000년 이후 8명의 국세청 전직 관료를 사외이사로 영입했다.

| 5장 | 삼   성   왕   국

 방송국에 갖추어졌다. 학급마다 큼지막한 삼성 컬러TV가 한 대씩 걸렸고, 아침마다 첨단 텔레비전 수업이 진행되었다. 이건희 회장의 아들 재용이 그 학교에 입학했기 때문이었다. 하지만 그 학교 학생 가운데 삼성그룹의 회장 아들이 자기와 같은 학교에 다닌다는 사실을 아는 사람은 많지 않았다고 한다. 한 동창생의 증언에 따르면, 재용은 이건희 회장의 아들이라는 티를 내지 않았고, 공부를 잘했으며 얌전한 학생이었다.[67]

 1968년 6월 23일에 태어난 재용은, 또래집단에 따돌림을 받으며 외롭게 자랐던 아버지 이건희 회장과 달리 평범하게 성장했다. 경복고등학교를 거쳐서 서울대학교 동양사학과를 졸업하는 동안 공부도 잘하고 쾌활하며 매사에 적극적인 전형적인 모범생이었다.* 대학교를 졸업한 뒤에는 '미국을 먼저 보고 나중에 일본에 가보면 일본 사회의 특성이나 섬세한 문화 등을 제대로 느끼지 못한다. [그러니] 유학을 가려면 먼저 일본을 가라.'는 아버지의 권유에 따라서 먼저 일본 게이오대학교 경영대학원에 진학했다.[68] 그리고 1995년에 MBA를 취득한 다음, 미국 하버드대학교 케네디스쿨로 유학을 하고 거기에서 비즈니스스쿨로 옮겨 컴퓨터 분야를 공부했다. 그리고 5년 동안 미국에서 공부하며 박사 과정을 수료했다

 1998년, 서른 살의 미국 유학생이던 재용은 결혼을 했다. 신부는 연

---

* 이런 진술은 얼마 되지 않은 그에 관한 언론 자료를 근거로 한 것이다.

세대학교에 재학 중이던 아홉 살 아래의 임세령. 세령은 대상그룹 임창욱 회장의 장녀였다. 대상그룹은 조미료 미원을 만들던 회사인데, 1956년에 설립되었으며 1997년 현대미원그룹에서 현재의 이름으로 회사명을 바꾸었다.

"세상에서 내 맘대로 안 되는 것은 세 가지 있는데 자식과 골프, 미원이다."

이병철 회장이 했던 말이다. 그랬을 정도로 미원은 거대 재벌 삼성과 맞서서 싸우며 지지 않았던 기업이다. 1960년대부터 1970년대까지 미원과 제일제당 사이에서 벌여졌던 '미원'과 '미풍'의 전쟁은 우리나라 기업사에서 유례가 없을 정도로 치열했다.

……75년 3월에는 미원 상표가 인쇄된 포장지를 몰래 제일제당 공장에 반입, 재품을 포장하다 들통이 났다. 그 저의를 묻는 미원 측의 해명 요구에 대해 미풍은 포장재 시험을 위한 것이라는 해답과 함께 정식 사과를 함으로써 사건은 일단락됐으나 미원 측은 '우리 포장지에 조악품을 넣어 시중에 돌리려고 했던 것'이라고 주장하고 있다. (…) 현재 양사의 시장점유율은 미원이 70퍼센트, 미풍이 30퍼센트이다. (…) 제일제당의 사장이 바뀔 때마다 열전을 빚곤 한다. 아마 신임 사장의 공명심이 작용하기 때문인 것 같다. 제일제당의 경우 조미료가 부분 상품인 데 비해 미원은 주종 상품이기 때문에 접전 때마다 미원은 결사의 방어전을 펴지 않을 수 없다고 한다. 그래서 혈전이 벌어지고 결국 소비자만 손해를 보

| 5장 | 삼   성   왕   국

는 싸움은 지양되어야 할 때가 온 것 같다.[69]

그랬기 때문에 재용과 세령의 결혼은 특히 사람들의 관심을 많이 끌었다. 사람들이 두 사람의 결혼에 관심을 기울인 까닭은 미풍과 미원이라는 구원(舊怨)이, 결혼이라는 이 세상 그 무엇보다도 아름다운 행사를 통해서 풀렸다는 데만 있지 않았다. 〈로미오와 줄리엣〉이나 〈웨스트사이드 스토리〉에서처럼 서로 앙숙이던 집안의 청춘남녀가 사랑을 하고 결혼을 하며 두 집안이 화해를 한다는 이야기도 충분히 감동적이었지만, 그런 감동적인 이야기보다 사람들의 관심을 더 크게 끌었던 사실은 이재용이 삼성그룹의 후계자, 삼성왕국의 계승자라는 점이었다.

법률적인 승계 작업은 그해 12월에 완료된다.

*

1995년, 이건희는 일본에서 유학중이던 이재용에게 61억 원을 증여했다. 이재용은 세금 16억 원을 뺀 45억 원으로 삼성 계열사의 주식을 싸게 사서 비싸게 파는 방식으로 2년이 채 못 되는 기간 동안에 536억 원으로 불렸다. 그리고 이 돈으로 삼성 계열사의 신주인수권부사채(BW)와 전환사채(CB)를 헐값에 샀다. 1996년 12월에 96억 2000만 원에 산 삼성에버랜드 전환사채도 그중 일부이다.

1996년 10월 삼성에버랜드 이사회는 전환사채 발행을 결의하고 두 달 뒤 전환사채 125만 4,000여 주를 이재용 등 이건희 회장의 자녀 네 명에게 우선 배정했다. 당시 에버랜드 이사회는 한 주당 세법상 평가액은 127,750원이고 어떻게 계산을 하더라도 최소 14,825원이던 에버랜드 전환사채를 7,700원이라는 헐값에 넘겼다. 그런데 이런 파격적인 조건에도 불구하고 어쩐 일인지 기존의 삼성에버랜드 주주들은 거의 모두 인수를 포기했고, 이 전환사채 대부분을 이재용을 비롯한 삼성 일가가 인수함으로써 에버랜드의 최대주주가 되었다.[70]

그리고 2년 뒤이자 재용과 세령이 결혼을 한 1998년 12월, 이건희 회장은 삼성생명 주식 299만 5,200주를 취득하고, 같은 날 이재용이 최대주주로 있는 에버랜드도 삼성생명 344만 주를 (한 주당 9,000원에) 전격 매입했다. 삼성 계열사의 전·현직 임원들이 보유하고 있던 삼성생명 주식을 사들인 것이다. 이날 거래로 이건희 회장과 에버랜드의 삼성생명 지분은 각각 20퍼센트에서 26퍼센트, 그리고 2.25퍼센트에서 20.67퍼센트로 증가했다. 그런데 삼성생명은 삼성전자의 지배주주다. 그리고 삼성전자는 삼성카드의 지배주주이고, 삼성카드는 삼성에버랜드의 지배주주다. 이것으로 이재용—삼성에버랜드—삼성생명—삼성전자—삼성카드—삼성에버랜드로 이어지는 순환출자 구조가 완성되었다.[71] 이것으로 법률적인 승계 작업이 끝났다.

하지만 그걸로 모두 다 끝난 건 아니었다.

이재용 혹은 이건희가 낸 세금은 증여세 16억 원이었다. 삼성그룹

| 5장 | 삼   성   왕   국

상속에 대한 세금으로는 너무 적은 금액이었다. 법률적인 문제에 '법률적인 문제'가 남아 있었기 때문이다.

2000년 6월 곽노현 방송통신대 교수 등 법학교수 43명이 1996년에 있었던 에버랜드의 전환사채 배정이 이재용의 경영권 승계를 위해 편법으로 이뤄졌다는 이유를 들어서, 이건희 회장 등 33명을 검찰에 고발했다. 그 무렵 에버랜드에서는 100억 원의 자금을 긴급히 조달해야 할 급박한 자금 수요가 없었고, 또 전환사채 방식을 동원하지 않고는 그 돈을 조달할 수 없을 정도로 신용상태가 나쁘지도 않았다는 게 고발 이유였다. 이로써 2009년에나 종결이 되는 길고 긴 소송이 시작되었다.

그런데 당시 에버랜드 경영진이 무리하면서까지 이렇게 했던 데는 이유가 있었다. 1996년 10월 초, 세법상 평가액의 6퍼센트 세금만 내면 되는 전환사채를 매매하는 방식을 통해서 실질적으로 증여가 이루어질 경우에 실질적인 상속이나 증여로 보고 세금을 부과하는 상속 및 증여세법 개정안이 입법 예고되었기 때문이다. 그래서 경영진이 이 개정안의 효력을 피하기 위해서, 일반 주주들에게 손해를 입히는 배임죄를 저지르면서까지 그런 방식을 선택했던 것이다.

검찰은 고발장이 접수된 지 3년 만인 2003년 4월 수사를 시작해, 그해 12월 초 공소시효 만료를 하루 앞두고 허태학과 박노빈이라는 두 전·현직 에버랜드 사장을 특정경제가중처벌법상 배임 혐의로 불구속 기소했다.

그리고 이 문제는 왕국의 핵심 문제인 왕위 계승과 맞물려서 (그 이후 2009년 5월 29일까지) 삼성이라는 성(城)을 불안하게 흔든다. 이미 지옥의 가시밭길로 이어지는 여행이 시작되었지만, 그런 사실을 깨달은 사람은 많지 않았다.

적어도 아직은 모든 게 순조로웠다. 아이들 일도 그랬다.

우선 첫째 딸 부진은 대원외고와 연세대 아동학과를 졸업하고 1995년에 삼성복지재단에 입사했으며 2001년에 신라호텔 기획팀 부장을 거쳐 2005년에는 경영전략 담당 상무로 승진한다. 결혼은 계열사의 평범한 사원이던 임우재와 1999년에 한다. 둘째딸 서현은 미국 파슨스디자인스쿨을 졸업한 뒤에 2002년에 제일모직 패션연구소에 부장으로 입사하며 2005년에 제일모직 패션부문 기획 담당 상무로 승진한다. 결혼은 2000년에 동아일보 사주 김병관의 차남인 김재열과 한다. 막내딸 윤형은 이화여대 불문과를 졸업하고 미국 뉴욕대학교로 유학을 간다. 윤형은 막내라 그런지 특별히 마음이 쓰이고 걱정이 되지만 성격이 쾌활하고 밝아서 다행이었다.

이건희의 처가, 즉 홍라희의 친정 동생들도 다들 훌륭하게 되어서 특히 홍라희로서는 맏이로서 자랑스럽고 뿌듯했다.

우선 아버지 홍진기의 장남이자 라희의 첫째 동생인 석현은 서울대 전자공학과를 졸업한 후 미국 스탠퍼드대학교에서 산업공학 석사와 경제학 박사 학위를 받은 뒤 세계은행(IBRD)에서 근무했으며, 그 뒤에 재경부와 청와대(비서실장 보좌관), 한국개발연구원(KDI—연구위원) 등

| 5 장 | 삼   성   왕   국

에서 일하다 삼성코닝 상무, 중앙일보 부사장을 거쳐 2005년에는 주미 대사로 임명된다. 둘째 동생 석조는 서울대 법학과를 졸업하고 사법고시에 합격한 뒤 서울지검 남부지청장, 법무부 검찰국장, 인천지검장 등 요직을 두루 거치며 광주고검장으로 간다. 셋째 동생 석중은 서울대 사회학과 출신으로 1986년에 미국 노스웨스턴대학교 경영학 석사를 마친 뒤 삼성코닝 이사로 입사했다. 95년 삼성전관(현 삼성SDI)으로 옮긴 후 2002년에 부사장으로 승진한다. 넷째 동생 석규는 서울대 외교학과 출신으로 79년에 외무고시에 합격한 후 외무부와 주미 대사관, 청와대 등에서 근무하다 보광그룹 회장이 된다. 그리고 막내인 보영은 이화여대 불문과, 미국 뉴욕대학교 예술경영학 석사 출신으로 노신영 전 국무총리의 둘째아들인 노철수와 결혼하고, 1995년에 삼성문화재단 기획실에 입사한 뒤 리움미술관 수석부관장이자 삼성미술관 부관장이 된다.

    모든 게 아무런 문제가 없었다.

*

    애니메이션 만화에서 흔히 나오는 장면이 있다. 어떤 캐릭터가 빠른 속도로 달린다. 그는 달리는 속도 그대로 평지가 끝나는 낭떠러지를 지나는데, 그의 발은 허공에서도 계속 달리지만 자기가 허공에 떠 있다는 사실을 한동안 알지 못한다. 그러다 어느 한순간 아래를 내려다

보고 그 사실을 깨닫는다. 그리고는 아래로 떨어진다, 비명을 지르면서. 비명은 점점 멀어지고…… 마침내, 쿵!

이 캐릭터의 어리석은 모습이 자기 모습이 아니라고 자신 있게 말할 수 있는 사람이 얼마나 있을까? 삶은 언제나 뒤돌아볼 때만 알 수 있는 것이다. 하지만 늘 앞으로만 바라보아야 하는 게 또한 삶이다. 그 누구도 자기가 어리석다는 사실을 깨달을 만큼 똑똑하지는 못하다. 그렇게 이건희와 홍라희 그리고 삼성에 아직은 아무런 문제가 없었다.

6장 가시밭길

삶은 언제나 뒤돌아볼 때만 알 수 있는 것, 하지만 늘 앞으로만 바라보아야 하는 것.

―키에르케고르

| 6장 | 가   시   밭   길

●
　　《신곡》에서 단테는 베르길리우스의 안내를 받아
지옥으로 향한다. 지옥으로 들어가는 문이 두 사람 앞에 나타난다. 지
옥문이다. 이 문 위에는 검은 글씨로 이렇게 씌어 있다.

　　나를 지나가는 자, 비탄의 도시로 가리라
　　나를 지나가는 자, 영원의 고통으로 가리라
　　　　　　　(…)
　　여기로 들어오는 자, 희망을 버려라¹

　희망이 없는 삶이 지옥이듯이, 거꾸로 두려움이 없는 지옥은 그저
장터처럼 온갖 볼거리들이 풍성하고 와자지껄하게 펼쳐지는 곳일 뿐
이다. 그런데 문제는 두려움을 버릴 수 없다는 사실이다. 공포와 욕망
은 한 몸이며 동전의 양면이다. 두려움을 버릴 수 없는 이유는 바로 욕
망을 버릴 수 없기 때문이다. 욕망이 있는 한 공포는 사라지지 않는 법,

온 세상이 다 가시밭길의 지옥이다.

서울특별시 중구 태평로 2가 삼성생명 본관에 있는 서울의 로댕갤러리. 반투명 유리로 마감하여 자연광을 받도록 꾸며놓은 이곳의 상설 전시장인 글래스 파빌리온에 로댕의 조각 작품 〈지옥문〉이 서 있다. 비탄과 고통과 절망을 상징하는 세 망령이 문 위에 둥그렇게 서 있고, 그 아래 단테일 수도 있고 또 그 문을 바라보는 모든 사람일 수도 있는 〈생각하는 사람〉이 지옥을 내려다보고 있으며, 지옥에서는 온갖 형상의 사람과 괴물들이 신음하고 또 울부짖는다.

로댕갤러리는 1999년 5월에 문을 열었고, 관장은 홍라희다. 이재용의 법률적 승계 작업이 한창 진행되던 와중에 개관 준비를 해서 1999년에 문을 열었다. 그리고 다음 해인 2000년에 재용이 유학을 마치고 귀국했다. 그의 나이 서른세 살이었다.

불안한 계승자

2000년에 귀국한 재용은 그해 5월부터 7월까지 e삼성을 비롯한 인터넷 기업 14개의 회사를 설립해서 대주주로서 인터넷사업을 시작했다.•

재용이 벌인 인터넷 사업에는 삼성구조조정본부를 주축으로 한 그룹 차원의 전폭적 지원이 동원되었다. e삼성 대표이사로 신웅환 당시

| 6장 | 가   시   밭   길

삼성구조조정본부 이사가 선임된 것을 비롯해서 구조본과 삼성 금융 계열사 출신이 재용의 인터넷 회사 임직원으로 대거 이동한 점 등이 이런 사실을 뒷받침한다. 재용이 인터넷 사업을 벌인 건 삼성그룹의 경영권 승계 과정이었던 것이다.[2]

하지만 1년 뒤 벤처 거품이 꺼지면서 이 인터넷 사업체들은 급격히 부실화되었다. 그러자 삼성은 2001년 7월에 제일기획과 삼성SDI 등 8개 계열사가 재용이 소유한 인터넷 회사 지분을 사들여 재용의 사회적인 명성이 더 심각하게 훼손되는 걸 막고, 아울러 경제적인 손실까지도 막음으로써 실패를 마무리를 했다.[3]

참담한 실패…….

아들의 실패를 바라보는 아버지는 과거 한국반도체를 인수했다가 결국 자본금을 다 까먹었던 일이 생각났다. 그때 아버지 이병철도 나처럼 참담한 심정이었을까?

그때 선대 회장은 삼성전자로 한국반도체를 인수했었다. 이번에도 아버지가 그랬던 것처럼 아들의 부실한 사업체들을 인수했지만, 사업 실패에 따른 손실이 문제가 아니었다. 아들이 세상에 특히 삼성 임직원들에게 상당한 수준의 경영 능력을 보여주지 못한 점이 안타까웠다. 이건희가 회장으로 취임하던 1987년의 매출액과 총자산은 각각 17조

---

* e삼성을 제외한 나머지 회사는 다음과 같다. 오픈타이드(웹 에이전시), 가치네트(금융), FN가이드(증권), 웰시아닷컴(금융), 뱅크풀(인터넷 대출), 이니즈(자동차 매매), 인스벨리(생명보험), 크레듀(교육), 엔포에버(게임), 트랜스메타(CPU 제조), 배틀탑(게임), 시큐아이닷컴(보안), 올앳(인터넷 카드).

3957억 원과 11조 5872억 원이었던 데 비해서 2000년에는 각각 132조 원과 143조 원으로 늘어났다.[4] 삼성은 그때와 비교할 수 없을 정도로 커져 있었던 것이다. 이 거대한 조직을 이어가려면 계열사의 보유 지분 확보를 통해서 법률적인 후계자 자격을 얻는 것보다 어쩌면 더 중요한 게, 임직원들에게 후계자로서의 능력을 보여주고 인정을 받는 것이었다. 비록 작은 걸음이긴 하지만 여기에서 일단 실패를 했다. 그랬기 때문에 아들의 경영권 승계 과정은 지난한 과정이 될 것 같았다.

하지만 그 과정이 아무리 힘들고 어렵다 해도, 아버지가 자기에게 책임지고 완수했듯이 자기 역시 아들에게 책임지고 완수해야 했다. 성을 지켜야 했다.

그리고 4년이 지난 뒤…….

2005년 10월 13일, 참여연대는 자기 사무실 2층에서 기자회견을 연다. 재용이 인터넷 사업을 벌이고 또 철수하는 과정에서 이 사업에 관여했던 삼성 계열사들이 3년 만에 380억 원대 이상의 손실을 입었다는 이유를 들어서, 관련된 계열사의 이사들이 '수익성이 없는 사업을 단지 지배주주 일가의 손실 회피와 사회적 신용의 저하를 막기 위해 충분한 검토를 하지 않은 채 이재용 씨의 인터넷 기업의 지분을 인수하여 회사에 손해를 끼치고 이재용 씨에 경제적 이득을 안겨다 주는 업무상 배임의 범죄'를 저질렀다고 고발한다. 또한 이재용 역시 이 과정에 책임이 있다며 함께 고발한다.

하지만 참여연대가 4년이나 전에 있었던 일을 새삼스럽게 끄집어내

| 6 장 | 가   시   밭   길

고 또 사람들이 이들의 행동에 관심을 기울인 데는 이유가 있었다. 그로부터 석 달 전인 2005년 7월에 드러난 과거의 어떤 충격적인 사건 때문이었다. 그러나 2001년 시점에서는 이런 일이 일어나리라고는 아직은 아무도 상상하지 못했다.

*

2003년 5월, 이건희 회장은 레슬링 10단 증서를 받고 레슬링 한국 최고수의 자리에 올랐다. 레슬링협회는 앞서 숙원이던 승단제도를 도입한 뒤, 서울사대부고 시절 잠시 매트와 인연을 맺었던 이건희가 1982년부터 1997년까지 협회 회장으로 재임하는 동안 올림픽 7개, 아시안게임 29개, 세계선수권 4개 등 모두 40개의 금메달을 수확하는 등 황금기를 이끈 공로를 높이 평가해 그에게 10단 증서를 발급한 것이다. 한편 이건희 10단은 2004년 기준으로 1년 예산이 17~18억 원인 레슬링협회에 1년에 6억 원 가량을 분기별로 나눠 레슬링협회에 지원하고 있었다.

*

2004년 12월, 《아시아 월스트리트 저널》은 삼성을 세계 200대 기업 가운데 11위로 선정했으며, 삼성생명은 국가고객만족지수(NSCI) 대상을 수상했고 제2금융권 최초로 자산 90조 원을 돌파했다. 그리고 노무현 정부는 한승주 주미 대사의 후임으로 중앙일보의 홍석현 부사장을 내정했다. 그리고 2004년의 삼성 매출액은 전년도의 121조 2천억 원에 비해서 15퍼센트 성장한 139조 5천억 원을 기록했으며, 순수익은 전년도의 6조 7천억 원보다 무려 두 배 가까이 늘어난 13조 6천억 원을 기록했다.[5]

삼성은 이건희의 일등주의 리더십 아래 그가 꿈꾸었던 대로 초일류 기업으로 성장해 나가고 있었다. 하지만 그의 성이 높고 견고해질수록 거기에 비례해서 그는 성 밖의 사람들이 자기를 어떻게 생각하는지 알 필요가 점점 없어졌다. 그가 아는 것은 전체 가운데 일부분이었다. 일반적으로 이런 인식 상태를 편견이라고 한다.

고려대학교 명예철학박사 수여식과 '삼성 신화'

2005년 5월 2일, 이건희 회장이 서울 안암동 고려대학교의 인촌기념관에 도착한 시각은 오후 다섯 시 십오 분이었다. 다섯 시로 예정되었던 명예철학박사 학위 수여식보다 조금 늦었다. 그런데 이건희가 막 행사장 안으로 들어가려 할 때, 학생 60여 명이 그를 가로막고 나서며 구호를 외쳤다. '다함께 고려대모임' 소속 학생들이었다.

"노동탄압 자행하는 삼성재벌 반대한다!"
"학위수여 철회하라!"

| 6 장 |　　가　　　시　　　밭　　　길

"돈 받고 학위 주는 학교 당국 규탄한다!"
"노동 탄압 재벌 총수 이건희에게 철학 학위 줄 수 없다!"

이들은 학교 당국이, 삼성SDI의 노조 설립을 철저하게 방해하는 삼성그룹으로부터 400억 원을 지원받아 사흘 뒤인 5월 5일에 완공되는 '고대 100주년 기념 삼성관'을 건립하고 그 대가로 이건희 회장에게 박사 학위를 주는 학교 처사를 인정할 수 없다고 주장했다.

영접을 나왔던 어윤대 고려대 총장과 삼성 직원들이 이건희를 에워쌌고, 이들은 학생들의 기세에 이리저리 밀린 끝에 가까스로 기념식장 안으로 들어갔다.

그 뒤 학교 측은 곧바로 인촌기념관의 정문 서터를 비롯해 모든 문을 잠갔고, 뒤늦게 입장하려던 삼성그룹 임원들과 취재진은 출입이 봉쇄되었다. 이재용 삼성전자 상무도 건물 주변을 20여 분 서성인 끝에 지하주차장을 통해 간신히 건물 안으로 들어갔다. 한편 학생들은 인촌기념관 정문 앞에 연좌해서 구호를 계속 외쳐댔다.

이런 소동이 이어진 뒤에 오후 여섯 시 사십 분경에 인촌기념관 3층 이사장실에서 약식으로 학위수여식이 진행됐다. 참석자는 김병관 고려중앙학원 이사장과 이건희 회장, 윤종용 삼성전자 부회장, 이회장 가족 등 20여 명이었고, 이건희는 오후 일곱 시 오 분경에 학생들을 피해 인촌기념관 옆 쪽문을 통해 학교를 빠져나갔다.

한편 이날 행사에는 강신호 전국경제인연합회 회장, 박용성 대한상공회의소 회장, 김재철 한국무역협회 회장 등을 비롯해 700여 명이 초청됐지만, 정식 학위수여식이 치러지지 못하는 바람에 두 시간 가까이 시간을 허비한 뒤에 허탈한 표정으로 식장을 빠져나갔다. 그리고 파행으로 진행된 학위 수여식 후에는 '100주년 기념관'에서 만찬이 열렸다. 이 만찬은 애초에 이건희 회장이 주재할 예정이었지만, 홍라희가 남편 대신 나섰다.

다음 날인 5월 3일, 고려대는 긴급 처장단회의를 열고 전날의 사태에 책임을 지고 모두 사퇴하기로 결정했다. 또 어윤대 총장은 사과문을 발표하고 이 사과문을 이건희 회장에게 전달했다.

> 어제 오후 이건희 삼성 회장님의 명예철학박사 학위 수여식장에서 발생한 불상사에 대하여 매우 부끄럽게 생각하며 고려대학교를 대표하여 충심으로 사과를 드립니다. (…) 비록 극소수에 의한 돌발적 사태이었다지만, 이들의 시위가 학생 신분으로는 도저히 용납될 수 없는 선을 넘어선 비민주적이고 폭력적인 행위였기에 그들의 스승으로서 또 총장으로서 저의 책임을 통감하는 바입니다. (…) 고려대학교 구성원의 절대다수는 평소 이건희 회장님의 한국 사회와 경제에 대한 공로를 아주 높게 평가하고 있으며, 세계가 존경하는 리더이며 또 우리 대학에 대한 큰 공헌들을 매우 감사하게 여기고 있습니다. (…) 앞으로 바른 교육을 통하여 학생들이 균형 잡힌 시각과 절제된 행동양식을 갖추도록 가르치겠습니다. (…)

| 6 장 | 가   시   밭   길

이건희로서는 억울한 일이었다. 그 학위를 받겠다고 한 것도 아닌데 굳이 받으라고 해서 갔다가 괜히 봉변을 당했기 때문이다. 게다가 고려대학교의 처장단 전원이 사표를 내고, 총장이 사과문을 발표하고 또 굳이 그걸 전달하러 온 것도 쓸데없이 부담스러웠다. 2000년 10월에 김영삼 전 대통령이 특강을 하러 고려대학교를 찾았다가 학생들의 저지로 돌아간 적이 있었지만, 그때는 학교 측에서 집단 사표를 내는 일 같은 건 없었다. 김영삼에게 사과문을 전달하러 가지도 않았다. 이건희로서는 부담스러울 만도 했다.

하지만 부담스러워 할 이유는 전혀 없었다. 충분히 그런 대접을 받을 자격이 있었다. 이건희는 살아 있는 권력이었고, 김영삼은 끈 떨어진 권력이었으니까.

그 소동이 있은 지 두 주 뒤인 5월 16일에 노무현 대통령은 청와대에서 가진 "대기업-중소기업 상생 대책회의"라는 제목으로 이건희를 비롯한 4대 재벌 총수들과 중소기업인들을 모아놓고 가진 간담회에서 "이미 권력은 시장으로 넘어간 것 같다."고 털어놓을 정도였으니까……

> [대기업과 중소기업의] 상생 협력의 이미지가 구축되면 재벌과 대기업에 대한 국민의 인식도 바뀌게 될 것이고 정부도 이러한 방향으로 노력해 나가겠다. (…) 우리 대기업에 대한 긍정적 측면을 최대한 살려서 우리 기업에 대한 긍정적인 평가를 북돋워 나가야 한다. (…) 우리 사회를

움직이는 힘의 원천이 시장에서 비롯되고 있으며 시장에서의 경쟁과 협상에 의해 결정되는 것 같다. (…) 이미 권력은 시장으로 넘어간 것 같다.[6]

대기업과 중소기업이 함께 가는 대책이 있어야 하는데 이것도 기본적으로 시장에서 이루어져야지 정부의 정책적 간섭은 바람직하지 않다는 인식을 전제로 해서, 시장에서 기업 간의 상호 협력을 강조하는 자리에서 한 말이었다.

물론 노무현 정부가 이런 태도를 보인 것은 삼성이라는 조직이 가지고 있는 시스템과 능력을 믿었기 때문이다. 그리고 정부 부처, 특히 경제 부처는 이 시스템과 능력을 벤치마킹하려고 나서서, 재경부는 5월 26~27일 이틀 동안 용인의 삼성인력개발원에서 "간부 혁신 프로그램"을 진행했다. 이 교육을 받은 정부의 경제 분야 엘리트들은 혁신이 왜 필요한지 깨달았다고 털어놓았다.[7] 이들로서는 10여 년 전 이건희가 '정치는 4류, 행정은 3류, 기업은 2류'라고 했던 지적을 생생하게 체험하는 현장인 셈이었다. 이것은 그야말로 이른바 '삼성 신화'의 정점이었고, 마침내 삼성 왕국의 성이 대한민국이라는 국가로까지 영역을 확장해서 포괄하는 순간이었다.[*]

군사독재 시절 철권의 통치자로부터 노래도 하나 제대로 못한다고

---

[*] 또한 동시에 노무현 정부의 개혁 주체들로서는 삼성을 '활용'하겠다는 발상이 얼마나 무모한 것이었는지 깨달을 수 있는 현장이었다. 하지만 이 깨달음은 시간이 더 지나 엑스파일 사건이 터지고 나서야 이루어진다.

| 6장 | 가　　시　　밭　　길

편잔을 받아가면서 그 무식한 사람들이 기업별 주력업종이다 뭐다 하며 정해주는 대로 사업을 해야 했던 시절과 비교하면 많이 달라졌다. 그 생각을 하면 이건희로서는 흐뭇한 마음이 들지 않는 것도 아니었겠지만, 그렇다고 해서 그때보다 반드시 좋아졌다고만은 할 수도 없었다. 차마 입에 올리지도 못할 말로 감히 자기를 코앞에서 모욕하는 일이 일어나고 있으니 말이다.

하지만 이건희에게 그 정도 사건은 서막에 지나지 않았다. 본격적인 고난과 (어쩌면 지옥이라고도 부를 수 있는) 시련의 가시밭길들이 그의 앞에 하나씩 펼쳐지기 시작했다.

'엑스파일'의 충격

2005년 7월 22일, MBC 방송국의 이상호 기자가 이른바 '안기부 엑스파일'의 녹음 내용을 보도했다. 이것은 안기부의 한 부서가 1997년에 홍석현 중앙일보 사장과 이학수 삼성 구조조정본부장이 신라호텔의 일식집에서 나눈 대화를 도청한 내용이었다.

사건의 전말은 이랬다. 옆방에서 두 사람의 대화를 도청했던 안기부의 '미림'이라는 팀이 김대중 대통령이 당선되면서 해체되었다. 그리고 이 팀의 직원들은 해고되었다. 그런데 이 팀에 속해 있던 인물이 이 녹음테이프를 파기하지 않고 따로 보관하고 있다가 이상호 기자에게 이런 녹음테이프가 있으니 보도할 수 있는지 의사를 타진하면서, 이 테이프의 존재가 세상에 드러나기 시작했고, 우여곡절 끝에 이 녹음 내용이 방송된 것이었다.

두 사람이 나눈 대화에는, 중앙일보가 신문을 통해 이회창 당시 한 나라당 대통령 후보의 장점을 최대한 부각해서 지원하기로 하는 것은 물론이고 이회창 후보에게 삼성이 수백억 원대의 불법 정치자금을 제공하고, 심지어 이회창 후보의 광고비도 삼성이 대신 지불하자는 내용이 들어 있었다. 그리고 혹시 모르니까 김대중 후보에게도 보험을 드는 의미에서 소액 전달하자는 내용도 있었다.

또 삼성과 홍석현이 고위급 검찰 간부들에게 명절 때마다 '떡값' 명목으로 500~1000만 원의 금품을 제공하며 검찰 소속 인사들을 관리한다는 사실을 구체적으로 암시하는 내용도 들어 있었다. (하지만 이 보도는 대화록에 나오는 전·현직 검찰 고위 간부들의 실명을 가리고 이니셜로만 처리했다.)

그리고 또 삼성그룹이 기아자동차를 고의로 부도내 삼성그룹으로 끌어 들이려는 계획을 논의하는 내용도 들어 있었다. 실제로 기아자동차는 부도가 났었고 이것이 도화선이 되어서 외환 위기가 터졌던 사실을 기억하는 국민은 분노했다. 외환위기로 인해 빚어졌던 모든 비극과 고통이 오로지 삼성 때문인 것처럼 국민 여론은 분노로 들끓었다.

그리고 엑스파일 사건의 주인공인 홍석현이, 당시 대통령 선거의 승자인 김대중 대통령이 이끈 '국민의 정부'를 계승한 노무현 대통령의

| 6장 |　　가　　시　　밭　　길

'참여정부'에서 주미 대사라는 중요한 직책을 맡고 있다는 사실 때문에, 음모와 배신과 위장과 뒷거래라는 몰염치한 행위가 '안기부'와 '도청'이라는 군사독재 시절의 폭압적인 이미지와 상승 작용을 일으키며 국민의 분노는 더욱 폭발적으로 확산되었다.

이 분노는 10여 년 전 변화와 개혁이라는 거대한 소용돌이가 세계를 덮치던 와중에서, 군사독재라는 정치 체제를 무너뜨리기 위해서 그리고 제도의 민주화를 위해 일시적이고 무의식적으로 손을 잡았던 '자본'과 '민중'이 갈라서는 과정의 파열음이었다. 외환위기를 맞았을 때도 둘은 외국 자본의 지배에서 벗어나자는 하나의 목표로 손을 잡았었다. 하지만 2001년 3월에 외환위기를 벗어났음을 공식적으로 선언한 뒤, 사정은 달라졌다. '자본'은 여전히 승승장구했지만 '민중'의 살림살이는 나아지지 않았다. 이 시점에 터진 것이 바로 엑스파일 사건이었고, 이 사건 이후로 양자는 분배의 문제를 놓고 첨예하게 대립한다. 외환위기 이후 양극화 문제가 서서히 심각한 문제로 대두되기 시작하던 바로 그 시점이었다.

삼성은 '삼성 고위급 임원과 중앙일간지 최고위층 간의 불법선거자금 도청 건은 사실이 아니기 때문'에 대국민 사과를 할 계획이 없다는 주장을 고수하며, 테이프나 녹취록이 사실이 아닌 만큼 삼성이 오히려 피해자라고 주장했다. 하지만 7월 24일까지도 유지했던 이런 입장을 접고 7월 25일에 전격적으로 사과문을 발표했다.

저희 삼성은 지난 '97년 국가기관의 불법적인 도청 테이프와 시중에 유포되고 있는 녹취록 문건을 근거로 한 최근의 언론보도 사태에 대해 내용의 사실 여부를 떠나 사회적 물의를 빚은 데 대해 진심으로 사과드립니다. (…) 앞으로 삼성은 과거의 잘못된 관행과 구습을 단절하고 올바르고 투명한 경영으로 국민 여러분의 기대와 사랑에 보답하는 기업이 될 것을 약속드립니다. 삼성그룹 임직원 일동.[8]

노무현 대통령도 이 사건에 대한 의견을 피력함으로써 검찰이 수사 방향을 정하는 데 결정적인 계기를 제공했다. 8월 8일에 있었던 한 기자간담회에서 '도청은 정격유착보다 심각한 인권 침해고, 그것이 국가 권력에 의해 국민에 대해 가해지는 범죄 행위여서 더 심각하다. 그렇기 때문에 이 문제에 대해 철저히 진상을 규명하고 재발이 없도록 조치해야 한다.'[9]고 밝혔던 것이다. 이른바 '대연정'을 한나라당에 제안해 놓고 있던 상황이기 때문이었다.

대통령은 이미 6월 24일에 있었던 당정청 11인 회의에서 '정부와 여당이 비상한 사태를 맞고 있다. 야당과 연정이라도 해야 하는 것 아니냐?'라고 발언한 이후로 연합정부 구성에 관한 제안을 한나라당에 계속 하고 있었다. 7월 6일, 대국민 서신 "우리 정치, 진지한 토론이 필요하다"에서 '취임 후 첫 국회 연설에서 국회가 지역구도 문제의 해결에 동의한다면 대통령이 가진 권한의 절반 이상을 내놓을 용의가 있다.'고 했으며, 7월 7일, 중앙언론사 편집국장 및 보도국장 간담회에서는

| 6 장 | 가   시   밭   길

'우리 정치의 구조적 문제를 해결한다면 대통령 권력을 내놓겠다. 내각제 수준으로 대통령의 권한을 이양할 용의가 있다.'고 했다. 또 7월 29일 기자간담회에서는 '정권을 내놓더라도 선거제도를 고치고 싶다.'고 말했다.

하지만 한나라당이 대연정 제안을 받아들일 리 없었다. 경제는 바닥을 치고 정권의 지지율도 떨어질 대로 떨어진 마당에 굳이 그 제안을 받아들여서 득이 될 게 없었다. 대연정을 받아들여서 경제가 살아나면 노무현 대통령은 그야말로 지역주의를 타파하는 동시에 경제까지 살린 위대한 대통령이 되는 것이고, 실패하면 그 책임을 공동으로 져야 하기 때문이었다.

노무현의 대연정 제안은 어쩌면, 그로부터 10여 년 전에 유효했던 제안, 즉 군사독재라는 정치 체제를 무너뜨리기 위해서 그리고 제도의 민주화를 위해서 일시적으로 잡았던 손을 다시 한 번 더 잡아보자는 시대착오적인 전술이었는지도 모른다.

여론의 관심은 대연정보다는 엑스파일이었고, 불법 정치자금 제공이었고, 또 에버랜드 전환사채 변칙 증여 등의 문제였다. 이런 것들을 둘러싸고 논란이 계속 확산되고 또 여기에 대한 수사를 검찰이 하지 않음에 따라서 국민들 사이에 '안티 삼성 운동'은 더욱 거세졌다.

8월 18일, 민주노동당 소속의 노회찬 의원은 엑스파일 대화록에 등장하는 전·현직 고위 검사들의 실명을 공개하며 검찰에 적극적인 수사를 촉구하고 나섰다. 하지만 검찰은 증거 자료 자체가 불법 도청에 의해 작성된 것이라서 증거 능력이 없으며 또 공소시효가 만료되었기 때문이라는 이유를 들어 수사를 하지 않았다.

그렇게 끝이 나는 게 얼마나 다행인지 모른다, 라고 이건희는 생각했다. 지옥 같은 긴 터널을 빠져나온 것 같았다. 하지만 착각이었다. 겨우 시작이 끝났을 뿐이었다.

12월에 검찰은 엑스파일 전문을 보도한 이상호 기자와 《월간조선》의 김연광 기자를 통신비밀보호법 위반 혐의로 기소하고, 엑스파일에서 거론된 '떡값 검사'들 및 대화 대상자인 이건희나 이학수 그리고 홍석현은 모두 무혐의 처리했다. 대선 자금 출처가 '이건희 회장의 개인 돈'이라는 주장을 깰 만한 증거를 찾지 못해 특정경제범죄가중처벌에 관한 법률상 횡령 혐의로 처벌하기 어렵다는 게 이유였다. 다행이었다. 하지만 그때는 이미 커다란 불행 하나가 이건희 일가를 덮치고 지나간 뒤였다.

*

한편 엑스파일의 목소리 주인공 두 사람 가운데 한 명이었던 홍석현은 7월 26일에 주미 대사직에서 사임했다. 부임 5개월 만이었다. 그리고 이 사례는 한국 외교사의 극히 이례적인 일로 기록된다.

노무현 정부가 임명한 주미 대사가 사실은 이전에 불법적인 공작을 통해서 보수 세력의 집권 연장을 기도했던 핵심 인물임이(사실, 본

| 6장 | 가   시   밭   길

인들은 다 알고 있었겠지만) 매우 폭력적인 방식으로 국민은 물론이고 전 세계에 알려짐에 따라서, '활용'이라는 제스처가 사실은 얼마나 덧없고 가치 없는 것인지 드러났다. '활용'을 매개로 손을 잡았던 개혁 주체와 개혁 대상은 피차 서로에게 무척이나 민망했다. 불륜이 들통 난 것만 해도 세상 사람들에게 민망하기 짝이 없는데, 불륜의 대상이 세상에 또다시 없는 추녀였던 셈이다. 개혁 대상이나 개혁 주체나 다 서로를 그렇게 바라보았다. 불륜은 세상에 드러나기 전까지는 불륜이 아니다. 몰래 하는 뜨거운(때로 애틋하기도 한) 사랑이다. 하지만 세상에 드러나는 순간 추해진다. 그리고 세상의 시선 속에서 사랑은 빠르게 식고 서로에게서 발견할 수 있는 건 추함뿐이다. 참여정부와 홍석현, 나아가 보수 언론, 그리고 또 더 나아가 재벌 사이의 관계가 그랬다. 홍석현은 다음 해 12월 27일에 중앙일보 회장으로 복귀했다.

잔인한 11월

11월은 잔인한 달이었다. 아버지 이병철 회장이 세상을 떠난 게 11월이었다. 그리고 2005년 11월 18일 금요일, 막내 윤형이가 뉴욕의 아파트에서 목을 맸으며 친구가 새벽에 아파트에서 시신을 발견했다고 했다.•

윤형은 네 명의 자식 가운데 특히 자유롭고 활달하며 예술을 사랑했다. 그 나이 또래의 다른 아이들이 그러는 것처럼 개인 블로그를 만들어서 자기 주변에서 일어나는 소소한 일상을 담아 친구들과 함께 나누었다. 남자친구와 함께 찍은 사진을 올리기도 했고, 가족과 함께 스키장에 놀러간 이야기며 치아 교정을 시작해 고생한 이야기며 또 집에서 김장을 시작한 이야기를 올리기도 했다. 그런 아이였다.[10]

이건희 회장에게는 아버지의 롤모델은 자상함이나 따뜻함과는 거리가 멀었다.

이병철은 누구보다 훌륭한 스승이긴 했지만 건희에게 자상하고 따뜻한 아버지는 아니었다. 건희는 평범한 다른 아이들처럼 어린 시절에 자상한 부모의 사랑을 충분히 받지 못해 늘 애정에 목이 말랐던 터라, 자기 아이들에게만은 그런 박탈감을 느끼지 않게 해주려고 노력했었다. 다른 사람들이 쓴 육아일기도 누구 못지않게 열심히 읽었다. 하지만 그런 것들만으로는 부족했다. 자기도 모르게 아버지가 자기에게 했던 방식 그대로 아이들에게 했다. 아버지가 자식들에게 마땅히 해줘야 하는 것으로 알고 있는 것이라고는 아버지 이병철에게 배운 게 다였다. 논에 풀어놓은 미꾸라지들을 강하고 튼튼하게 그리고 보

---

* 영국 신문 《더 타임스》의 2005년 11월 28일자 인터넷판 〈타임스 온라인(Times Online)〉은 "그녀는 젊고 모든 것을 가진 듯했다. 하지만 사랑을 잃은 그녀는 외로운 자살을 택했다"는 제목 아래 '뉴욕의 아파트에서 전깃줄에 목을 매 자살한 것으로 밝혀졌다.'고 전하며 아파트 관리인과 친구들의 말을 빌어 '이윤형이 길게는 일주일 동안 아파트를 떠나지 않고 칩거하기도 했으며' 또 '부모의 반대로 결혼을 이루지 못하고 뉴욕으로 온 뒤에는 외로워하고 의기소침해 했다.'고 보도했다.

| 6장 | 가시밭길

다 통통하게 살이 오르게 하려고 메기를 풀어놓는 게 가장 좋은 줄로만 알고 그렇게 했다. 위의 세 아이들은 모두 훌륭하게 자라주었다. 언제 봐도 대견한 아이들이었다. 막내 윤형이도 그럴 줄로만 알았다. 그런데…….

사람이 살다 보면 누구나 예상치 못한 불행을 맞을 수 있다. 그리고 그런 일을 당하기 전까지는 자기가 그 불행의 당사자가 될 줄은 꿈에도 상상하지 않는다. 그런 일들은 다른 사람들에게서나 일어나는 걸로 생각한다. 그러나 불행은 무작위로 사람들을 덮친다. 그 불행이 이건희 회장을 찾아온 것이다.

이건희 회장은, 자식을 앞세운 모든 부모가 다 그렇듯이, 윤형이 그렇게 된 게 모두 자기 때문이라고 생각했다. 이성적으로 생각을 하면, 누군가의 죽음은 또 다른 누군가에게 지워지는 벌이 아니라 그저 자연의 법칙일 뿐이다. 하지만 그의 머릿속에 또렷하게 떠오르는 나쁜 생각은, 붉은 띠를 머리에 두르고 팔을 쭉쭉 뻗으며 고함을 지르던 사람들의 모습과 함께 좀처럼 지워지지 않았다. 지워지기는커녕 머릿속을 둥둥 떠다니며 끊임없이 괴롭혔다. 내 탓이다, 모든 게 내 탓이다……. 그는 가슴을 치며 오열했다.

*

언제부터인가 이건희는 아버지의 어록을 다시 찾고 있었다. 예전에는 아버지를 깨고 넘어서기 위해서 읽었지만 요즘에는 다시 아버지를 배우려고 노력하고 있었다. 책상에 호암재단에서 펴낸《기업은 사람이다》가 놓여 있었다. 그 책을 집어 책장을 주르르 넘기다가 아무 곳이나 펼쳤다. 거기에 맨 먼저 들어오는 굵은 글자가 보였다. **'부실 경영은 범죄 행위.'** 이건희는 그 아래의 글을 읽었다.

> 만약에 삼성의 경영이 잘못되어 공장이 몇 개만이라도 조업을 단축하거나 중단하게 된다면 그만큼 많은 사람들로부터 취업의 기회를 빼앗고 그들의 생계를 위협하는 것이나 다름없다. 또한 삼성이 국민경제 속에서 차지하고 있던 비율이 낮아진다는 것은 국가에 대한 사보타주와도 같다. 그런 의미에서 경영을 잘못한다는 것은 바로 범죄행위나 다름없다고 해도 과언은 아닐 것이다.[11]

다시 그 위의 단락에 있는 굵은 글자 **'진정한 기업가정신'**이 보였다.

> 사람이 기업을 하는 동기에는 여러 가지가 있다. 그 중에는 금전욕을 뛰어넘는 창조적 의욕에 의한 것이 가장 바람직하다. 이러한 의욕과 사회적 책임감이 잘 화합될 때 진정한 의미의 기업가정신이 우러나오는 것이다.

아버지의 힘은 거기에서 나왔다. 그 힘으로 삼성을 키웠고, 또 세 아들을 놓고 치열한 경쟁을 시킨 뒤에 가장 삼성을 잘 지키고 또 더 키워

| 6장 | 가시밭길

나갈 적임자로 건희를 선택했다. 건희를 선택한 다음에는 건희를 흔들려는 두 아들의 모든 시도를 단호하게 쳐냈다. 심지어 자식들과 인연을 끊기도 했다. 피는 물보다 진했지만, 기업가정신은 피보다 더 진했다. 그걸 실천하고, 또 그 속에서 자기를 가르친 아버지가 원망스러웠다. 아들이 마이더스의 황금손을 가지게 가르친 아버지가 원망스러웠다.

하지만 이런 일이 일어날 줄 이병철 회장은 예상했을까? 아버지는 《호암자전》을 통해서 아들에게 이렇게 말한다.

"'創業보다 守成'이라고 한다. 사업을 일으키는 것은 결코 쉽지 않다. 그러나 이미 이룩해놓은 사업을 지켜간다는 것은 그 이상으로 어렵다."[12]

힘내라고 했다. 성(城)이 무너지지 않도록 하려면, 눈물을 털고 일어나 다시 머리를 꼿꼿이 세우라고 했다. 도쿠가와 이에야스처럼 마지막까지 강하게 살아남으라고 했다.

상생의 길, "전적으로 책임은 나에게 있다"

2006년 1월, 이건희 회장은 폐암 수술 경과의 정밀 진단을 위해 미국에 가 있었고, 이수빈 회장이 이건희 회장을 대신해 사내 방송으로 신년사를 읽었다. 다른 해의 신년사에 비해 유난히 짧았고 또 특히 상생을 강조하는 내용으로 채워졌지만, 일등주의 전략은 여전히 놓치지 않았다.

나라 전체적으로는 새 시대로 가는 전환기의 변화 속에서 제몫 찾기의 진통을 겪었고, 계층과 세대를 아우르는 관용과 화합이 아쉬운 한 해였습니다. 우리 역시 치열한 국제 경쟁에서 살아남기 위해 그동안 앞만 보고 달려오면서 이웃 사회와 함께 상생의 길을 걷는 데 소홀하지는 않았는지 돌이켜 보아야 할 것입니다. (…) 올해에는 해외 곳곳에 제2의 삼성을 건설하고 세계 1등 제품을 더 많이 늘려서 진정한 글로벌 기업으로 자리 잡아야 할 것입니다.[13]

2005년 12월 29일에 개봉한 이준익 감독의 영화 〈왕의 남자〉가 흥행 돌풍을 일으키고 있었다. 연산(정진영 분)의 욕망과 분노, 광대 장생(감우성 분)과 공길(이준기 분)의 사랑과 질투 등이 어우러진 이 영화는, '징한 놈의 이 세상, 한판 신나게 놀다 가면 그뿐.'이라는 장생의 대사로 압축되는, 세상을 향해 던지는 독설의 풍자로 관객들에게 대리만족의 즐거움을 선사하며 2006년 2월 4일, 관객 동원 900만 명을 돌파했다.

바로 이날 이건희 회장은 오후 8시 20분 회사 전용기인 보잉비즈니스제트(BBJ)를 타고 김포공항을 통해 입국했다. 엑스파일 논란으로 삼성그룹 관계자들에 대한 소환 조사가 이뤄지고 국회 청문회 중인 채택이 거론되는 등 급박한 상황에서 건강 정밀 진단을 목적으로 출국했던 지난해 9월 4일 이후 꼭 다섯 달 만이었다. 그동안 여러 차례 귀국 시점이 언론을 통해 보도되었지만 결국 신문사들이 쉬는 주말 늦은 시간을 택해 사전 예고도 없이 급작스럽게 귀국한 것은, 시민단체들의 공항

| 6장 | 가시밭길

시위를 피하기 위한 선택이었다.

그런데 공교롭게도 바로 이날 에버랜드의 캐러비안베이에서 천장이 무너지는 사고가 일어났다. 이건희가 입국하기 몇 시간 전이었다. 이 사고로 어린이 세 명을 포함해서 다섯 명이 다치고 백여 명이 대피하는 소동이 벌어졌다. 그래서 텔레비전 방송국에서는 이건희 회장의 귀국과 에버랜드 사고소식을 머리기사로 다루었다. 에버랜드 전환사채 편법 증여로 검찰에 고발된 상태였기 때문에 그의 귀국은 언론, 특히 만평의 좋은 소재가 되었다. 《경향신문》 만평은 왕의 복장을 한 이건희가 '왕의 남자들'로 묘사된 남사당 차림의 검찰에게 넙죽 엎드리며 '전적으로 책임이 나에게 있다.'라고 말하자 검찰이 화들짝 놀라는 모습으로 묘사했다.

이건희는 베이지색 재킷에 베이지색 바지를 입었으며 목도리를 반듯하게 여몄다. 다리에 깁스를 한 채 휠체어를 타고 기자들 앞에 섰다.

―꼭 5개월 만의 귀국인데 소감 한 말씀…….

"한국이 좋네요."

―건강은 어떻습니까?

"건강은 좋은데 산책을 하다 미끄러져 발을 다쳤습니다."

―그동안 뭘 하셨습니까?

"건강 치료도 하고 작년에 약속한 사람들과 만나고 요양도 했습니다."

―지난해 삼성이 매우 시끄러웠는데, 여기에 대해서 한 말씀 해주십

시오."

"작년 일 년 동안 소란을 피워 죄송하게 생각합니다. 전적으로 책임은 나 개인에게 있다고 생각합니다. 국제 경쟁이 하도 심해서 상품 1등 하는 데만 신경을 썼습니다. 그런데 국내에서는 삼성이 비대해서 느슨해졌다는 걸 느끼지 못했습니다. 그나마 지금이라도 이걸 느끼게 되어서 다행입니다."

―삼성에버랜드 전환사채(CB) 편법배정에 대해서는 어떻게 생각하십니까?"

"검찰과 판사 양쪽에서 다 연구해서 결정할 것으로 본다. 거기에 따르겠습니다."[14]

그리고 이틀 뒤인 2006년 2월 7일, 삼성은 서울 태평로 삼성 본관에서 기자간담회를 갖고 "삼성의 현안과 관련하여 국민 여러분께 드리는 말씀"을 발표했다.

이 자리에서 이학수 구조조정본부장은 "이건희 회장이 1996년에 자녀들이 취득한 에버랜드 전환사채 등의 증여와 안기부 엑스파일 문제 등으로 사회적 논란을 일으키고 국민들께 심려를 끼친 데 대해 깊이 사과하고, 사회기금을 헌납하기로 했다"고 말했다. 삼성이 '조건 없이' 내놓겠다고 한 기금은 8000억 원이었다. 이 금액은 2002년에 조성한 4500억 원 규모의 이건희장학재단에다 이회장 일가의 사재 3500억 원을 더한 금액인데, 이 3500억 원은 재용, 부진, 서현 남매의 에버랜드 지분 취득 과정에서 발생한 부당이득 1300억 원과 윤형이 가지고

| 6장 | 가　시　밭　길

있었던 재산 2200억 원을 합친 금액이었다. 이 8000억 원의 기금* 가운데 일부로 2006년 10월에 민간 장학재단으로는 최대 규모인 삼성고른기회장학재단(http://www.eopportunity.or.kr)이 출범했다. 저소득층 청소년을 대상으로 한 이 재단의 출범 당시 삼성은 재단 운영에 일절 관여하지 않겠다고 약속했으며, 이 약속에 따라 재단은 그 뒤 몇 년 동안 순수 민간 장학재단의 성격을 유지하며 경제적으로 어려운 학생과 단체를 지원했다.

또 삼성은 '황제식 경영'의 핵심으로 지목되었던 구조조정본부의 기능도 축소해서 전략기획실로 재편하겠다고 약속했다. 그러면서 '지난 인사 개편에서 이미 인원을 150명에서 98명으로 축소했고 또 구조조정본부 소속의 법무실을 계열사로 분리했다'고 강조했다.

하지만 전략기획실로의 개편 내용은 알맹이가 없었다. 오히려, 사장협의회 소속으로 바뀐 법무실의 책임자 이종왕 고문은 삼성의 최고위급 간부 9명으로 이루어진 전략기획위원회의 멤버가 되어 위상이 더욱 높아졌다. IMF 당시 비서실을 구조조정본부로 바꿀 때와 마찬가지로 이름만 바뀌었을 뿐 조직의 규모와 역할은, 삼성이 위기에 처할수록 더욱 커졌다.

거세게 부는 삼성 반대의 불길을 막기 위한 어색한 몸짓이었다.

---

* 이 기금은 현금이 아니라 주식으로 조성되었다.

이　건　희　스　토　리

이상한 나라의 워런 버핏과 이건희

여왕이 지배하는 이상한 나라에는 이상한 규칙이 하나 있었다. 어제와 내일은 잼을 얼마든지 많이 먹어도 되지만 오늘만은 잼을 먹으면 안 된다는 규칙이었다. 오늘 잼이 먹고 싶어도 내일이 올 때까지 참아야 했다. 그런데 내일이 오면 그 내일은 오늘이 되고, 결국 사람들은 잼이 먹고 싶어도 다시 내일이 올 때까지 참고 기다려야 했다. 그렇다면 그 잼은 도대체 언제 먹을 수 있을까?

이 이상한 나라의 규칙이 워런 버핏의 세상을 지배하고 있었다. 병뚜껑 수집에 집착하던 소년 워런 버핏*은 성장해서 결혼을 하고 아이들을 낳고 잘 살았다. 또 무엇보다 간절하게 원했던 대로, 해마다 세계 5대 부자 안에는 꼭 꼽힐 정도로 돈을 많이 벌었다. 하지만 아내 수지 때문에 늘 머리가 아팠다. 수지는 가난하고 힘들게 사는 이웃, 소외받는 사회적 약자를 돕고 돈을 나눠주는 걸 좋아했다. 그래서 수지에게는 늘 돈이 모자랐고, 남편에게서 돈을 조금이라도 더 많이 받아내려고 했다. 이 일로 워런과 수지는 늘 다투었다. 하지만 그때마다 워런은 수지에게 졌다. 그리고 그때마다 돈이 아까워서 머리카락을 쥐어뜯었다.

워런 입장에서는 그렇게 나가는 돈이 아까워 미칠 지경이었다. 오늘 수지가 사람들에게 나누어주는 돈 100달러는 내일 자기가 나누어줄

---
* 본문 63~64쪽 참조

| 6장 | 가   시   밭   길

수 있는 돈 10,000달러였다. 그 100달러를 오늘 나누어주지 않는다면 내일은 10,000달러로 불어난다. (워런 버핏은 그렇게 돈을 불릴 자신이 있었다. 실제로, 또 그렇게 불리기도 했다.) 그러면 한 사람에게 줄 수 있는 돈으로 백 사람을 행복하게 해줄 수 있었기 때문이다. 워런이 다 헤진 스웨터를 입는 것도, 스웨터 한 벌이 그에게는 100달러가 아니라 10,000달러였기 때문이다.

하지만 기부를 죽을 때까지 미룬다는 것은 이상한 나라에 간 앨리스에게 여왕이 내일 먹을 잼은 얼마든지 있지만 오늘 먹을 잼은 없다고 했던 것과 다르지 않았다. 결코 지킬 수 없는 약속인 셈이었다. 수지와 결혼을 한 뒤로 수십 년 동안 이 문제로 고민을 하던 그는 결국 아내가 죽은 뒤에 재산을 내놓기로 결심했다. 일흔여섯 살이 되던 2006년 6월에 버핏은 자기가 가지고 있는 버크셔 해서웨이 주식의 85퍼센트를 몇년에 걸쳐서 다른 여러 재단들에게 양도할 것이라고 발표했다. 당시 시가로 370억 달러나 되는 어마어마한 자산이었다. 그리고 전체 희사금 가운데 6분의 5는 이미 세계 최대의 자선 재단이던 빌 앤 멜린다 게이츠 재단(http://www.gatesfoundation.org)으로 넘어가 있었다. 나머지 6분의 1은 아내가 운영하던 자선 재단과 세 자녀가 각각 운영하던 자선 재단에 나누어서 희사했다. (그래도 수지 버핏 재단의 규모는 세계에서 열 번째 안에 든다.)

워런 버핏은 자기 이름의 재단을 따로 만들지 않고 빌 앤 멜린다 게이츠 재단을 선택한 이유를 이렇게 말했다.

나는 나보다 돈을 더 잘 쓸 사람이 누구인지 생각했습니다. (…) 자선과 관련된 재능을 가진 사람을 찾는 일은 투자 재능을 가진 사람을 찾는 것보다 훨씬 더 중요합니다. 사실 자선은 투자보다 훨씬 어려우니까요. (…) 그동안 살아오면서 나는 재산은 모름지기 사회로 환원되어야 하는 보관증 같은 거라고 생각했습니다. 나는 왕조 시대에서처럼 대를 이어 재산을 물리는 걸 좋아하지 않습니다. 특히나 우리보다 훨씬 열악한 삶을 사는 60억 인류를 생각하면 더욱 그렇습니다. 이 점에 관해서는 아내도 동의를 했습니다. (…) 빌 게이츠가 올바른 목표와 훌륭한 철학을 가지고서 성별과 종교, 피부색, 지역을 따지지 않고 전 세계 인류의 삶을 개선하고자 온 열정을 다해서 집중한다는 사실은 아무리 봐도 틀림없었습니다. 그러니 이제 돈을 누구에게 맡겨야 할지 결정을 내려야 할 시간이 다가왔을 때, 이 결정을 내리기란 너무도 쉬웠습니다.[15]

지하철 입구 계단에 엎드려서 구걸하는 사람들이 있다. 행인들은 대부분 이 사람들을 지나칠 때마다 그런 사람들에게 크든 작든 연민을 느낀다. 이건희 역시 (지하철은 타보지 않았겠지만) 그랬다. 1993년 7월 17일 오사카 회의를 할 때, 개혁의 배경이 무엇이냐는 질문에 이렇게 대답했다.

여러분이 불쌍해서다. 안 도와주면 죽을 것 같아서다. 나 자신을 위한 게 아니다. 나는 내 재산의 이자의 이자의 이자만 갖고도 3~5대까지 먹

| 6 장 | 가   시   밭   길

고 살 수 있다. 나 하나 위해 이 야단이 아니다. (…) 삼성만 잘 먹고 잘 살자는 게 아니다.[16]

이 발언에 담긴 그의 진정성을 의심할 이유나 근거는 없다. 그의 아버지 이병철 역시 마찬가지였다. 이병철은 삼성문화재단을 만들면서 '이제 영구히 본인 소유를 떠나 다시는 본인에게 돌아오지 않을 이 재산'[17]을 내놓았다. 하지만 결과를 놓고 보자면, 그 재산은 삼성그룹 지배의 순환출자 구조 속에 존재하면서 여전히 '내일의 잼'으로만 남아 있다.

이건희 회장은(그리고 재용, 부진, 서현은) 2006년 2월 7일에 했던 8000억 원 희사 약속에 따라 삼성에버랜드 지분 4.12퍼센트를 비롯한 계열사 주식을 삼성고른기회장학재단에 신규 출연했고, 교육부에 별도로 삼성에버랜드 주식 106,149주(4.25퍼센트)를 기부했다.

그런데 에버랜드 주식 전부를 삼성고른기회장학재단에 출연하지 않고 교육부에 나눠서 기부한 것은 상속 및 증여세법(상증세법) 제48조 1항 때문이었다. 이 법에 따르면, 지배 주주가 공익재단 출연을 통해 증여세를 회피하면서 계열사에 대한 지배력을 계속 유지하는 것을 방지하기 위해 계열사 주식의 공익법인 출연에 대한 세금 감면 혜택을 지분율 5퍼센트까지로 제한했다. 따라서 삼성은 삼성문화재단이 이미 보유 중인 삼성에버랜드 지분 0.88퍼센트를 감안해 4.12퍼센트만 삼성고른기회장학재단에 출연하고 나머지를 교육부에 기부한 것이다.

에버랜드 주식 4.25퍼센트를 기부 받은 교육부는 2007년 8월에서 10

월까지 공개 매각 방식으로 매각하고 매각대금 관리를 학술진흥재단에 위탁하겠다는 방침을 밝혔지만, 이 일은 진행되지 않았다. 개정된 상증세법의 입법 예고 사흘 전인 2007년 7월 25일 교육부가 에버랜드 주식 매각을 중단하라고 학술진흥재단에 요구했기 때문이다.

이에 대해 경제개혁연대는, 교육부에 기증된 삼성에버랜드 주식 4.25퍼센트는 삼성의 지배구조 및 이재용의 승계 구도에서 핵심적 위치를 차지하기 때문에 교육부가 그 주식 매각 작업을 중단시킨 것은 이건희 전 일가의 이해관계를 감안한 결정이라고 볼 수밖에 없다고 주장했다. 상증세법 개정 이후 해당 주식의 관리 주체를 학술진흥재단에서 삼성고른기회장학재단으로 변경하거나 심지어 해당 주식을 아예 삼성고른기회장학재단에 다시 출연할 것을 염두에 두고 있었다고 볼 수밖에 없다는 것이었다.[18]

이런 의혹은 몇 년 뒤인 2009년에도 제기되었다.

정부가 삼성고른기회장학재단을 해체해서 국가 기관인 한국장학재단으로 편입하려는 시도를 했다가 무산된 일이 있었다.*

그런데 이런 해체 편입 시도가 무산된 뒤에 이명박 대통령의 측근으로 알려진 KBS 이사장인 손병두가 기존 이사장의 임기 만료 이전에 삼성고른기회장학재단의 신임 이사장으로 임명되었으며, 그 뒤 실무 책임자인

---

* 한국장학재단은 이명박 정부의 대표적인 친서민 정책 가운데 하나인 '취업 후 학자금 상환제'라는 대학생 학자금 융자제도의 담당 기관이며, 이 장학재단의 이사장은 이명박 대통령 당선 뒤에 대통령직인수위원회 위원장 활동을 했었던 이경숙으로 이건희와는 서울사대부고 13회 동기이다.

| 6 장 |　　　가　　　시　　　밭　　　길

사무총장으로는 삼성생명 자회사인 STS커뮤니케이션에서 경영지원실장으로 있었던 우진중이 임명되었다. 이에 대해 김상조 한성대 교수는 '정부는 장학재단이 정부 측 서민 행보의 한 역할을 해주길 바랄 것이고 (…) 삼성은 장학재단에 투입된 에버랜드와 SDS주식이 (…) 언젠가 매각되더라도 삼성의 영향력 아래 있는 제3자에게 넘어가길 바랄 것'이라면서, 삼성과 정부로서는 누이 좋고 매부 좋은 일이라고 평가했다.[19]

*

2001년 초, 미국에서 부시 행정부가 상속세 폐지 움직임을 보일 때 폴 뉴먼, 빌 게이츠 시니어, 조지 소로스, CNN 창업자 테드 터너, 인텔 명예회장 고든 무어, 록펠러 가문의 몇몇 인사들, 그리고 이들 외의 약 200명에 가까운, 부자이면서 영향력이 높은 사람들이 '책임 있는 부자(Responsible Wealth)'*의 이름으로, 부시의 이 계획에 반대하는 청원서를 발표했다. 한편 이 기구의 회원인 워런 버핏은, 이들의 청원 내용이 너무 소극적이라면서 여기에는 참가하지 않고, 별도로 상속세를 폐지하는 것은 과거에 올림픽 대회에 참가해서 메달을 땄던 사람들의 자손들만 대상으로 해서 올림픽 선수단을 구성하는 것이나 다름없다며 목

* '부자들이 계속 욕심을 부리면 미국 자본주의와 민주주의는 망한다. 부자를 없애자는 것이 아니라 부자가 계속 이어지도록 하는 게 중요하다.'는 신념으로 1997년 미국에서 창설된 기구이며, 미국 내에서 연봉이나 순자산 기준으로 상위 5퍼센트에 들어야 회원 자격이 주어진다.

소리를 높였다. 그리고 부자는 운이 좋고 사회로부터 도움을 받아서 돈을 많이 모은 만큼 당연히 세금을 더 내어야 마땅하다고 주장했다. 그리고 한 상원의원에게 보낸 편지에서 이렇게 썼다.

"왕조적인 부의 세습은 능력주의 사회의 근간을 무너뜨리고 맙니다. 그것을 인정한다는 것은 사실상, 이 나라의 자원을 할당해야 하는 주체는 아주 오래전에 여러 자원들을 가장 많이 모은 사람들의 후손이 되어야 한다고 말하는 것이나 다름없습니다."

워런 버핏이 저지른 이런 '계급적 배신'에 다른 백만장자들은 분통을 터뜨렸다.[20]

기업 혹은 기업가가 사회에 책임을 다한다는 것은 단지 이런 유산 상속에 대한 세금 납부의 의무를 다하는 것만이 아니다. 기업의 사회적 책임(Corporate Social Responsibility, CSR)이란, 기업이 생산 및 영업 활동을 하면서 노동자를 비롯한 지역사회 등 사회 전체의 이익을 동시에 추구하며, 그에 따라 의사 결정 및 활동을 하는 것을 말한다. 기업의 존재 목적은 이윤 추구이지만, 기업이 존재할 수 있는 기반은 바로 사회이기 때문에 그 사회와 운명을 같이할 수밖에 없다는 인식에서 비롯된 개념이다.

이것은 기부나 협찬 혹은 자선과 같은 행위를 의미하는 게 아니다. '사회적인 책임을 지고 투자를 하는 것(Socially Responsible Investments, SRI)'을 의미한다. 이런 투자를 통해서 보다 큰 이익을 추구하는 게 진정으로 사회적 책임을 다하는 기업이라는 말이다. 이런 관점에서 보자

| 6장 | 가시밭길

면, CSR 활동은 기업의 이윤을 깎아먹고 막대한 비용을 소요하게 만드는 게 아니라, 기업의 장기적인 생존 전략이 된다.

같은 맥락에서, 하버드대학교 중퇴생이던 빌 게이츠는 2007년 하버드대학교 졸업식에 참석해서 명예 학위를 받을 때 했던 연설에서, 그리고 또 다음 해 1월의 세계경제포럼(다보스포럼)에서 했던 연설 "21세기 자본주의의 새로운 접근(A New Approach to Capitalism in the 21st Century)"에서 '창조적 자본주의(Creative Capitalism)'라는 개념을 주창했다.

(…) 저는 낙관론자입니다. 하지만, 참을성이 부족한 낙관론자입니다. 세상은 점점 더 좋아지고 있지만, 충분히 빠르게 좋아지지 않고, 또 모든 사람들에게 좋아지지는 않습니다. 대부분의 혜택은 개선이 필요 없는 사람들에게 돌아가며, 하루 1달러 미만으로 생계를 유지하는 대부분의 사람들에게는 혜택이 별로 돌아가지 않고 있습니다. (…) 우리는 더 부유한 사람에게 도움이 되는 자본주의가 더 가난한 사람에게도 도움이 되는 방안을 찾아야 합니다. (…) [창조적 자본주의라는] 이 시스템은 두 가지의 쌍둥이 과제를 수행하게 될 것입니다. 하나는 시장에서 수익을 올리는 것이고, 또 하나는 시장에서 충분한 혜택을 받지 못하는 사람들의 삶을 개선하는 것입니다. (…) 우리는 시장이 가난한 사람들에게 보다 적극적으로 역할을 하도록 만들 수 있습니다.[21]

내일의 잼을 오늘 다 함께 먹을 수 있도록 하자는 제안이었다.

*

이상한 나라의 여왕은, 자기에게 옷을 입혀주는 하녀로 일해 달라며 앨리스에게 한 주에 2펜스 그리고 이틀에 한 번씩 어제 먹을 잼과 내일 먹을 잼을 주겠다고 했다. 앨리스는 그 제안을 거절했지만, 현실에서는 이런 제안이 거부할 수 없이 매력적이고 근엄한 장식을 달고 있어서(예를 들면 '국가의 장래를 위해서', '경제가 되살아날 수 있도록 하기 위해서' 혹은 '파이를 키우기 위해서'와 같은 장식) 쉽게 본질이 간파되지 않는다. 하지만 분명한 건, 내일 먹을 잼은 존재하지 않는다는 사실이다. 이런 사실을 이건희는 언제 깨달을까? 아니, 언제 실천할까?

3세 승계를 위하여

일등주의 전략은 많은 것을 희생시켰다. '핵심 인재'로 분류되지 한, 나머지 직원들이 받는 상대적인 박탈감이 삼성 직원의 특성이라고 할 수 있는 충성심의 강도를 훼손하는 현상이 일어난 것이다. 또한 단기적인 성과로 판단하는 일등주의는 장기적인 관점의 창의성이 발휘되는 데 장애물로 작용했다.

| 6장 | 가　　시　　밭　　길

이런 문제점은 삼성에서도 파악했다. 그래서 이건희는 2007년 신년사를 통해서 삼성이 위기를 맞고 있다고 강조했다.

> 지난해 세계 각국은 전쟁과 테러가 그치지 않는 와중에도 성장을 멈추지 않았습니다. 특히 기술 강국 일본은 활력을 되찾아 더 앞서 나가고 있고 생산대국 중국은 뒤를 바짝 쫓아오고 있습니다. (…) 안팎에서 밀려오는 도전과 변화의 파고는 더욱 높아지고 그 속에서 영원한 1등은 존재하지 않습니다. 이제까지 1등이던 기업이 경쟁력을 잃는 순간 일류의 대열에서 사라지고 새로운 시장과 고객을 창출한 후발 주자가 순식간에 정상에 올라서는 시대가 된 것입니다.[22]

2006년의 순이익이 전해의 9조 7천억 원에서 12조 3천억 원으로 큰 폭으로 뛰었으며 매출액도 2006년에 150조 원대를 처음으로 돌파해서 151조 8천억 원을 기록한 엄청난 성과를 놓고 보면 엄살로 보일 수도 있다. 일부러 위기의식을 불어넣으려고 달리는 말에 채찍을 가하는 것일 수도 있다.

하지만 순전히 그런 이유만이 아님은 같은 해 1월에 삼성의 사내방송이 언급한 내용을 확인하면 알 수 있다.

> 삼성의 조직 문화는 호흡이 가쁘고 긴장감이 강하지만 창조와 관련된 느슨함이나 여유로움과는 상당한 배치가 될 수 있다. (…) 삼성의 일등주

의와 치밀한 관리, 일사불란한 조직력이 일류 기업 삼성을 견인한 원동력이지만 경영환경의 변화는 창조를 위한 새로운 도전을 요구하고 있다.'고 언급했다.[23]

'경영환경의 변화'란 물론 엑스파일과 에버랜드 전환사채 배정과 관련된 적법성 문제에 대한 사회적인 논란을 가리킨다. 아무튼 일등주의 전략에 대한 변화의 조짐을 뚜렷하게 드러냈다.

어쩌면, 외형적으로 성장을 하고 있음에도 불구하고 왕국을 지켜주는 성벽에는 이미 굵은 균열이 가고 있다는 사실을 깨달았을 수 있다. 예상하지 못했던 그 놀라운 발견에 이건희 회장의 등줄기로 식은땀이 흘렀을 수도 있다. 그 공포에 이건희가 본능적으로 몸을 움츠렸을 수도 있다. 2006년에는 엑스파일, 불법 정치자금, 에버랜드 전환사채를 이용한 변칙 증여,《시사저널》에서 "이학수 부회장 권력, 너무 비대해졌다"라는 제목의 기사가 삼성그룹의 로비로 삭제된 채 발행된 사건 등이 보태져서, 이른바 '안티 삼성 운동'이 무서운 기세로 전개되었기 때문이다.

이건희 회장은 마음이 급해졌다. 자꾸만 불안한 생각이 들었다.

그해 1월에 이재용은 삼성전자 상무에서 전무로 승진했다. 후계자 수업이 2003년에 상무로 승진하면서 본격적으로 진행되고 있었다. 그는 전무로 승진하면서 최고고객총괄책임자(CCO) 역할도 함께 맡았다. 이때 이건희는 아들에게 '전문성을 갖춘 현장 중시형 경영자'가 되라

| 6장 | 가시밭길

고 권고하면서 '주말에 삼성전자 임원들과 골프를 칠 것, 임원들에 대한 사항을 꼼꼼히 파악할 것, 그리고 삼성전자 해외법인을 모두 돌아볼 것'을 지시하였다.[24]

이건희는 아버지 이병철 회장에게 물려받았던 휘호인 '경청'과 함께 따로 '삼고초려'라는 휘호를 아들에게 주었다. 필요한 인재를 맞아들일 때는 참을성을 가지고서 대하라는 뜻이었다. 선대로부터 내려오던 인재 중시의 경영관을 정리한 것이었다.

그런데 이건희 회장은 후계자를 키우는 방식에서는 자기 아버지와 달랐다. 자신을 후계자로 정하고도 실질적인 경영에는 관여하지 못하도록 했던 이병철 회장과 달리 아들에게 자기 경험을 가능하면 많이 전하려고 애를 썼다. 후계자 교육은 그룹 차원에서 체계적으로 진행되었다.

이건희 회장은 2007년 신년사에서 일본은 앞서 나가고 중국은 뒤를 바싹 추격하고 있다며 위기를 강조했다. 이른바 '샌드위치론'이다. 또 3월에는 '삼성뿐 아니라 우리나라 전체가 정신을 차리지 않으면 5~6년 뒤에는 큰 혼란을 맞을 것'[25]이라고 말해서 재계뿐만 아니라 정치계에까지 파장을 일으켰다.

그리고 8월에 삼성전자 기흥 공장에서 사상 유례가 없는 정전 사태가 발생했다.* 피해 규모는, 삼성전자 측에서는 피해액을 400억 원으

---

* 당시 긴급 출동을 한 용인 소방서 관계자는 '기흥공장에서 연기가 발생했다는 연락이 들어와 이를 확인하기 위해 차량들이 나갔다'면서 '삼성전자 쪽에서 배전관 쪽에서 불꽃이 일어나 연기가 났다고 했다'고 밝혔지만, 삼성전자 쪽은 단순 정전사고였으며 화재는 아니었다고 부인했다.

로 추정해서 발표하였으나, 웨이퍼의 전량 폐기 및 정상 가동을 위한 생산차질을 고려할 때 수천억 원(많게는 5천억 원 이상)의 피해가 있을 것으로 증권가는 추정했다. 그렇잖아도 이건희 회장의 예언도 있었던 터라, 그 사건은 마치 종말을 예고하는 섬뜩한 징조 같았다.

하지만 이건희가 2007년에 했던 일련의 위기 발언이 사실은 재용의 승계 과정을 매끄럽게 하기 위한 포석이라고 볼 수도 있다. 이건희 자신 역시 1993년에 삼성그룹의 실질적인 총수로 자리를 잡는 과정에서 마누라와 자식 빼고 다 바꾸지 않으면 모두 망한다는 위기를 강조했었기 때문이다.

그리고 이어 4월, 윤형이 죽은 뒤에 두 번째로 주인 없이 돌아온 생일이던 4월 26일, 울산에서는 "삼성SDI 구조조정 저지, 하청노동자 생존권 쟁취를 위한 울산노동자대회"가 열렸다. 그리고 그 달에, 삼성에서 과장급을 대상으로 한 구조조정이 본격적으로 진행되었다.

되살아난 반(反) 삼성의 불씨

엑스파일의 망령은 여전히 이어지고 있었다.

2007년 5월 21일, 서울중앙지검은 노회찬 의원을 기소했다. 전 서울지검장 안강민이, 노회찬이 엑스파일에 거론됐던 '떡값 검사'의 실명을 공개함으로써 자신의 명예가 훼손되었다며 노회찬을 고소하며 민

| 6장 | 가   시   밭   길

  사상 손해배상 청구소송을 제기한 데 따른 조치였고, 노희찬의 기소 죄목은 명예훼손 및 통신비밀보호법 위반이었다.

  2009년 2월 9일, 1심 선고 공판에서 노희찬은 징역 6월에 자격정지 1년 그리고 집행유예 2년을 선고받는다. 재판부는 문제가 된 녹취록 내용이 "1997년 추석 무렵 떡값을 건넬 '예정'에 관한 것임에도 노희찬이 이미 떡값이 수수됐음을 암시하는 식으로 자료를 내 위법성이 인정된다."며 공소 사실을 유죄로 판단한 것이다. 이에 불복한 노희찬은 항소하고, 2009년 12월 4일 항소심 선고 공판에서 재판부는 "녹취록에 등장하는 삼성그룹 고위 임원들의 대화에서 거론된 '검사장'이 당시 서울중앙지검 검사장이었던 안강민 변호사임은 명백해 보인다."면서 "노희찬이 알린 내용(녹취록에 등장하는 사람 중 한 명이 안 당시 서울중앙지검 검사장이라는 점)을 허위사실로 볼 수 없으며" 또 "녹취록을 들은 사람으로서는 실제로 돈이 오갔을 것이라는 강한 추정을 갖는 게 가능해 보인다."며 무죄를 선고한다.[26]

  또 한 번의 잔인한 11월이 다가오고 있었다.

  11월을 코앞에 둔 10월 29일 월요일 오전 11시, 서울 동대문구의 제기동성당. 천주교정의구현사제단이 기자회견을 열었다. 사제단은 삼성그룹 구조조정본부에서 법무팀장을 지냈던 김용철 변호사가 양심선언을 했다고 밝히며, 삼성이 전직 구조조정본부 간부 명의의 차명계좌를 이용해 거액의 비자금을 조성해서 관리해 왔고, 2002년 대선 자금도 비자금에서 제공했다고 주장했으며, 또한 삼성은 현직 검찰 주요 간부 40여 명에게 명절 '떡값' 등의 명목으로 직급에 따라서 한 번에 500~1000만 원씩 정기적으로 건넸다고 주장했다. 그리고 그 증거로 김용철 명의의 차명 계좌 입증 단서인 2004~2006년 이자소득 명세서를 공개했다. 이날 김용철은 기자회견장에 참석하지 않았다.

이어 11월 1일에는 천주교정의구현사제단이 떡값 리스트에 고법 판사와 현직 대법관도 있다고 밝혔다. 또 11월 1일과 3일에는 금품을 전달하는 구체적인 방식을 제시하는 이른바 '회장 지시 사항' 문건 전문이 언론에 공개되었다.

11월 5일에는 김용철 변호사가 직접 나서서 기자회견을 하며 양심고백문을 낭독하고 에버랜드 불법 증여의 증거를 제시한다. 그리고 이날 삼성은 김용철의 양심선언 내용을 전면 부정하는 최초의 공식 반박 자료를 발표했다.

11월 6일 참여연대와 민주사회를위한변호사모임은 이건희 회장과 이학수 부회장, 김인주 사장 등 5명을 대검찰청에 고발하며 대(對) 삼성전(戰)에 뛰어들었다.

11월 12일에 김용철 변호사와 사제단은 임채진 검찰총장 내정자와 전·현직 검찰수뇌부 3인이 삼성의 로비를 받았다는 의혹을 제기했고, 이튿날인 11월 13일에는 떡값 전달책으로 지목된 제진훈 제일모직 사장과 이우희 전 에스원사장이 김용철 변호사를 명예훼손 혐의로 고소하며 맞불을 놓았다. 한편 이날 천주교정의구현사제단이 삼성의 로비 대상 검찰 간부 명단을 공개했는데, 여기에는 임채진 검찰총장 내

| 6 장 | 가   시   밭   길

정자를 포함해서 전·현직 최고위층 간부들이 포함되어 있었다.

11월 19일에는 이용철 전 청와대 비서관이 참연연대와 함께 기자회견을 열어 "삼성에서 500만 원을 받은 뒤 돌려줬다."고 폭로했다.

그리고 11월 23일에 이른바 '삼성 특검법'이 우여곡절 끝에 국회를 통과했다.

사흘 뒤인 11월 26일에는 김용철 변호사가 3차 기자회견을 가지고, 삼성의 구조조정본부가 여러 계열사를 통해 조성한 거액의 비자금으로 이건희 회장의 부인인 홍라희 리움미술관 관장이 값비싼 미술품을 샀다고 주장했다. 이재용과 이건희에 이어 이제 홍라희에게까지 불똥이 튄 것이다.

김용철 변호사의 이 폭로는 사회에 엄청난 충격과 파장을 몰고 왔다.

이 와중에 또 하나의 재앙이 삼성과 서해 바다를 강타했다. 충남 태안 앞바다 원유 유출 사고였다.

12월 7일, 삼성 예인선단 2척이 인천대교 건설공사에 투입되었던 삼성중공업의 해상크레인을 쇠줄에 묶어 경상남도 거제로 예인하던 도중에 한 척의 쇠줄이 끊어지면서, 해상크레인이 전날부터 태안군 만리포 북서쪽 10킬로미터 지점에 정박해 있던 유조선 허베이스피리트 호(號)와 세 차례 충돌을 일으켜서 원유가 유출된 사건이었다.*

---

* 이 사건의 명칭은, '한국비료사건'이 아니라 '사카린 밀수 사건'이었듯이 '삼성중공업 원유 유출 사고'가 아니라 '태안 원유 유출 사고'였다.

이때 유출된 원유는 12,547킬로리터나 되는데, 이는 종전까지 한국 해상의 기름 유출 사고 가운데 최대 규모로 알려진 시프린스 호(號) 사건보다 2.5배나 많을 뿐 아니라, 1997년 이후 10년 동안 발생한 3,915건의 사고로 바다에 유출된 기름을 합친 10,234킬로리터보다 훨씬 많다. 이 사고로 기름띠는 천수만을 넘어 안면도까지 유입되었다. 또 기름이 덩어리져 굳어버린 '타르 볼'도 광범위하게 확산되어 2008년 1월 초에 전라남도 진도와 해남 그리고 제주도의 추자도 해안까지 퍼졌다.

이 사건은 예인선이 기상악화 예보를 무시한 데다가 지역 해양청의 충돌위험 무선 경고까지 무시하고 무리하게 운항하다가 빚어진 인재(人災)였으며, 사고가 난 뒤에 예인선 측은 무선 경고를 받은 적이 없는 것으로 항해 일지를 조작하기까지 하였다.[27]

한편, 엄청난 해양오염 재앙을 함께 극복하고자 서해안으로 향하는 자원봉사자들의 발길이 끊이지 않았다. 사고가 발생한 지 한 달 사이에 50만 명이 넘는 자원봉사자들이 차가운 겨울바람 속에서 기름덩이를 제거하는 데 동참하였고, 재난 극복을 도우려는 성금도 끊이지 않았다. 하지만 그에 비례해서 삼성에 대한 반감도 겨울의 바닷바람처럼 매섭게 일었다.*

---

* 2009년 12월 서울고등법원은 삼성중공업의 책임 제한액을 56억 원밖에 산정하지 않았다. 그리고 2010년 2월 현재 이 보상금은 주민에게 집행되지 않았다.

| 6장 | 가   시   밭   길

*

 2003년 신년사에서 이건희는 '이 자리에서 저는 삼성 가족 여러분에게 앞으로 5년 후, 우리 삼성을 세계 초일류기업의 대열에 올려놓을 것'을 제안했었다. 그리고 약속했던 그 5년이 지난 뒤인 2008년, 그룹 창립 70주년이자 신경영 선언 20주년을 맞는 해에 이건희는 별도의 시무식도 없이 사내방송을 통해서 이수빈 삼성생명 회장이 대독한 신년사를 통해 '지난해 삼성은 많은 성장을 했고 국가경제 기여도도 증가했습니다. (…) 지난해 뜻하지 않은 일로 마음의 상처를 받았지만 지금까지 정도 경영을 해왔으므로 잘 마무리될 것입니다.'라고 말했다.
 그러나 2007년의 성과는 나쁘지 않았다. 순수익은 전년도에 비해 5천억 달러가 증가된 12조 8천억 달러였고 매출액도 2003년 이후 계속된 성장세를 꾸준히 이어가 161조 8천억 달러를 기록했다. 임직원의 수도 처음으로 26만 명을 넘어섰다.[28]
 잘 마무리될 것이라는 이건희 회장의 바람대로 모든 것이 순조롭게 마무리될 수 있을까?
 2008년 1월 10일에 삼성 특별검사팀이 출범했다. 나흘 뒤인 1월 14일과 15일에 회장 집무실 승지원과 이학수 등의 핵심 임직원 7명의 집과 별장 그리고 이건희 회장의 자택 삼성본관 등 5곳을 각각 압수 수색했다. 그리고 21일에는 용인 에버랜드 미술품 창고를 압수 수색해서 값비싼 미술품을 무더기로 발견했다.

미술계의 대통령

월간 미술지 《아트프라이스》는 2008년에 작가, 평론가, 화상(畵商), 큐레이터, 관람객 등 15,573명을 대상으로 조사한 결과 홍라희가 리움미술관 관장직에서 물러났음에도 불구하고 여전히 미술계에서 가장 영향력이 큰 인물로 꼽혔다고 밝혔다. 2005년 첫 조사부터 4년 동안 연속 1위를 지켰다. 1990년대 말에 국내에 미니멀리즘 바람이 일어났을 때, 미술계 인사들이 서구에서 70년대에 유행했던 미니멀리즘이 이제 와서 국내에 유행하는 것은 순전히 홍라희 관장이 미니멀리즘을 좋아하기 때문이라고 분석했을 정도이고 보면, 국내 미술계에서 그녀의 위상이 어느 정도일지 짐작할 수 있다.

홍라희는 1995년에 국내 최대의 사립 미술관인 호암미술관의 관장으로 취임했다. 그리고 1999년 5월에 개관한 로댕갤러리의 관장직을 맡고 있으며, 또한 2004년에 문을 연 리움미술관의 관장직을 2008년까지 맡았다.

특히, 이 회장 일가를 뜻하는 'Lee'와 '미술관(museum)'을 합쳐서 이름을 붙인 '리움(Leeum)미술관'은 2004년 10월 개관 당시에 엄청난 규모와 소장품들로 언론의 큰 관심을 끌었다. 이병철 회장과 이건희 회장이 모은 국보급 문화재와 홍 관장이 수집한 현대 회화와 조각 등 15,000여 점의 방대한 미술품이 소장되어 있는 것으로 알려졌기 때문이다. 금동미륵반가상 등 국보급 문화재가 24점이나 되며, 보물급 문

| 6장 | 가시밭길

화재 수십 점도 소장목록에 포함되어 있다.

2005년 3월 13일 오후, 노무현 대통령 부부와 아들 노건양 부부과 딸 노정연 부부 등 대통령 일가족 여섯 명이 3월 1일에 정식으로 운영을 시작한 리움미술관을 찾았다. 노무현 대통령은 전시실을 둘러본 후 방명록에 '문화 한국, 선진한국, 리움미술관의 개관을 축하합니다.'라고 썼으며, 대통령 부부와 이건희 회장 부부가 환담을 나누는 훈훈한 장면을 연출했다.

하지만 사회 일각에서는 재벌가의 공익 재단을 고운 눈으로만 보지 않았다. 상속세나 증여세 부담이 없는 공익재단을 이용해서 세금을 내지 않고 상속을 하는 사례가 있기 때문이었다. 미술관을 세우고 소장작품을 미술관 자료로 관련당국에 등록할 경우 이들에 대해서는 매각할 때까지 상속세나 증여세 징수가 유예된다. 막대한 세금을 물지 않고도 후손들에게 수집품을 물려줄 수 있다는 뜻이다. 또한 미술품 경매 거래에서는 구입자의 신분 비밀이 보장된다. 이런 여러 이유로 해서 미술품 거래가 비자금 조성창구가 될 가능성이 오래전부터 거론돼 왔다.

그리고 2007년 11월 26일 김용철 변호사는 3차 기자회견을 통해서 '홍라희 관장과 이건희 회장 여동생 이명희 신세계 회장, 이재용 전무의 장모 박현주 씨, 홍석현 중앙일보 회장 부인 신연균 씨 등이 회사의 비자금으로 수백억 원대의 미술품을 구입했다.'고 주장하고 또 2008년 2월 1일에는 '2003년 불법 대선자금 수사 때 검찰은, 삼성이 사용한 채권 가운데 7억 원이 홍관장의 그림 구입 자금으로 사용되었다는 사실을 확인했다.'고 주장했다. 그녀가 샀다는 의혹을 받은 그림 가운데 하나가 로이 리히텐슈타인의 〈행복한 눈물〉이었다.

2008년 4월 2일, 홍라희 관장은 검찰에 출두했다. 삼성 계열사들의 분식회계로 조성된 비자금으로 값비싼 미술품을 사들였다는 의혹과 관련해서 조사를 받아야 했기 때문이었다. 포토라인에 선 그녀의 옷차림은 단아했다. 짙은 회색의 롱코트에 베이지색 계열의 흰색 목도리를 길게 늘어뜨리고 검은색 가방을 오른손에 든 차림이었다. 이른바 '특검 룩'이라는 명칭으로 사람들 입에서 회자된 스타일이었다. 터지는 플래시 세례를 받으면서 과연 그녀는 무슨 생각을 했을까?

청년 건희와 혼담이 오갈 당시 전문직업인의 길을 걷겠다며 반발했을 정도로 사회활동 욕구가 강했던 라희는, 그때 건희와 결혼을 하지 않고 바람대로 유학을 떠났더라면 어떻게 되었을까 하는 부질없는 생각을 잠깐이나마 했을지 모른다. 어쩌면 또, 수의(囚衣) 차림의 아버지 홍진기를 면회하던 47년 전의 자기 모습 위로 아들과 두 딸의 모습을 겹쳐보았을지도 모른다. 하지만 〈대부〉에서 돈 꼴레오네의 막내아들 마이클(알 파치노 분)처럼 가족과 조직을 지키기 위해서 개인적으로 소중한 모든 것을 희생하면서까지, 평생을 함께해 온 남편을 생각하며 힘을 내야 했을 것이다. 그녀가 마음속으로 흘렸을 눈물은 결코 행복한 눈물이 아니었을 것이다.

| 6장 | 가   시   밭   길

〈깔레의 시민〉과 노블레스 오블리주

  1337년부터 1453년에 이르기까지 영국과 프랑스는 치열한 전쟁을 벌였다. 그 유명한 백년전쟁이다. 전쟁 초 프랑스의 북부 항구도시 깔레는 영국군의 공격을 받지만 완강하게 저항했다. 그래서 영국군은 깔레를 우회해서 프랑스 본토를 공격했다. 그리고 전쟁의 막바지, 영국군은 다시 깔레를 공격했다. 깔레의 시민들은 영국 국왕 에드워드 3세가 이끄는 정규군을 맞이하여 이번에도 용감하게 대항하였다. 그러자 에드워드 3세는 깔레를 봉쇄하는 작전을 펼쳤다.
  깔레에는 식량이 바닥났고, 결국 1년 만에 깔레는 백기를 들었다. 깔레 시민군의 사자는 백기를 들고 영국 국왕 앞에 나아가 항복할 테니 시민들의 목숨만은 살려 달라고 애원했다. 하지만 에드워드 3세는 해변도시 하나 때문에 1년 동안이나 발이 묶였었다는 사실에 자존심이 많이 상했던 터라 잔인한 항복 조건을 내세웠다. 시민을 대표해서 여섯 명이 목숨을 내놓으면 다른 시민은 살려주겠다는 것이었다. 이 여섯 명은 홑옷 이외에는 아무것도 걸치지 말고 맨발과 맨머리를 하고 교수형에 쓸 밧줄을 목에 걸고서 자기 앞으로 걸어와야 한다고 했다. 그러면 이들을 공개처형하고 나머지 시민은 살려주겠다는 것이었다. 에드워드 3세가 이런 조건을 내건 데는 깔레 시민들 사이에 분열을 조장하겠다는 속셈이 담겨 있었다.
  누가 십자가를 질 것인가, 깔레 시민들은 성문 앞에 모여 웅성거리기 시작했다. 어떤 사람은 끝까지 저항하다가 함께 죽자고 외치기도 했고, 어떤 사람은 비무장인 채 모두 여기서 함께 굶으면서 영국 국왕에게 자비를 구하자고 했다.

이때 한 사람이 앞으로 나섰다. 깔레 시에서 가장 부유한 유스타슈 드 생 피에르가 일어나 말했다.

"그럴 수는 없습니다. 제가 먼저 이 한 목숨을 바쳐 영국 국왕에게 용서와 자비를 구하겠습니다. 기꺼이 홑옷과 맨발에 맨머리로 목에 밧줄을 두르고 나가겠습니다."

그러자 또 다른 시민이 나섰다. 역시 부유하고 존경받는 사람이던 장 데르가 나서며 자기도 기꺼이 죽음의 길을 함께 가겠다고 말했다. 세 번째로 나선 사람은 사업가 자크 드 위쌍이었다. 자크 역시 상속받은 재산뿐 아니라 사업으로 벌어들인 재산이 상당한 자였다. 그의 사촌 피에르 드 위쌍도 선뜻 따라 나섰다. 그리고 또 다른 사람들이 나섰다. 그런데 마지막에 두 사람이 동시에 자원을 하는 바람에 모두 일곱 명이 되었다.

자원자가 한 명을 초과하자 이번에는 누구를 뺄 것인가가 문제였다. 누군가 제비뽑기로 결정하자고 제안했다. 하지만 최초의 자원자인 생 피에르가 반대했다. 요행을 바라기 시작하면 용기가 식을 것이라면서. 그러면서 영국 국왕이 기다리는 형장으로 가는 다음 날 아침에 가장 늦게 나오는 사람을 빼자고 제안했다.

다음 날 아침, 늦게까지 한 사람이 나오지 않았다. 생 피에르였다. 아

| 6장 | 　가　　　시　　　밭　　　길

무도 예상하지 못했다. 생 피에르가 목숨에 미련을 가지다니…… 사람들은 허탈해하기도 하고 분노하기도 했다. 그런데 곧 생 피에르의 소식이 들려왔다. 집에서 스스로 목숨을 끊었다는 것이었다. 그가 남긴 유언은 이랬다.

"가거라, 빛을 향하여."

여섯 명은 목에 밧줄을 걸고 맨발에 맨머리에 홑옷만을 걸친 채 죽음의 교수대가 있는 영국 국왕 앞으로 걸어갔다. 이들 뒤로 수많은 깔레의 시민들이 따르고…….

한데 당시 에드워드 3세의 아내 필라파 드 에노는 임신 중이었는데, 이들의 용기에 감복한 나머지 이들을 교수형에 처하면 태아에게 불행한 일이 생길지 모른다며 왕을 설득해서 이들을 모두 용서하게 했다.

그리고 500년 가까운 세월이 흐른 뒤, 깔레 시청은 이 여섯 명의 영웅적인 모습을 기념할 조각상을 로댕에게 의뢰했다. 그런데 로댕이 완성한 작품은 깔레 시민들이 기대했던 모습이 아니었다. 영웅적이고 이상적인 인물들이 아니라, 오랜 포위 기간 동안 배고픔을 겪어 뼈와 가죽밖에 남지 않은 사람들이었다. 결연한 의지로 운명에 맞서는 표정의 사람도 있었지만, 죽음의 공포에 떠는 사람도 있었고, 되돌릴 수 없는 선택을 후회하고 고뇌하는 듯한 사람도 있었다. 결국 이 동상은 깔레 시민들로부터 외면당하고 시청 광장이 아닌 한적한 해변에 세워졌다.

하지만 곧 〈깔레의 시민〉이 담고 있는 진정한 가치를 사람들은 알아보았다. 희생적인 행동 뒤에 감추어져 있는 두려움에 초점을 맞춤으로

이 건 희 스 토 리

써, 노블레스 오블리주 즉 높은 사회적 신분에 상응하는 도덕적 의무를 다한 사람들의 진정한 용기가 더욱 빛나게 드러났기 때문이다. 로댕은 또 이들의 노블레스 오블리주가 깔레 시민의 생활 속의 일상으로 자리 잡을 수 있도록 하려고 이 작품에 좌대를 설치하지 않으려 했다. 그들이 마을을 떠나 왕의 막사로 떠나는 순간처럼 보이도록 하려고 이 조각 작품을 깔레 시청 광장의 평평한 바닥에 고정시키려고 했던 것이다. 이럴 때 그들은 지나다니는 사람들과 팔꿈치를 나란히 하며 당대의 일상생활 속에 섞여들 것이라 보았기 때문이다. 그렇게 함으로써 누구든, 깔레의 시민들 속에 살아 있는 과거의 감동, 노블레스 오블리주의 감동을 맛볼 수 있을 것이라고 보았던 것이다.[29]

현재 〈깔레의 시민〉은 모두 열두 개가 제작되어, 깔레 시청 광장과 런던 국회의사당 정원 등 전 세계 열두 군데에 전시되어 있다. 이 열두 개 작품 가운데 하나가 서울에 있는데, 로댕갤러리의 상설전시장인 글래스 파빌리온에 〈지옥문〉과 함께 전시되어 있다.

*

로댕갤러리가 개관을 하기까지는 3년이라는 짧지 않은 준비 기간이 필요했다. 1996년부터 준비를 했다는 말이다. 1996년은 재용을 비롯한 네 명의 자녀에게 삼성에버랜드의 전환사채가 '헐값'에 배정되어 삼성 일가가 에버랜드의 최대 주주가 되었으며, 재용이 삼성그룹의 후계자

| 6장 |　　가　　시　　밭　　길

가 되기 위한 법률적인 과정을 본격적으로 준비하던 바로 그 시점이었다. 그리고 1998년 12월에는 재용이 최대 주주로 있는 삼성에버랜드가 삼성생명 344만 주를 전격 매입했다. 이로써 재용이 삼성에버랜드를 매개로 해서 삼성그룹을 실질적으로 지배할 수 있는 순환출자 구조를 완성했다. 로댕갤러리가 문을 열고 〈깔레의 시민〉이 서울 시민을 포함한 전 국민에게 공개되기 5개월 전이었다.

　로댕갤러리를 준비하는 동안 홍라희는 〈깔레의 시민〉을 수없이 많이 봤을 것이고 또 이 작품이 담고 있는 노블레스 오블리주의 주제를 모르지 않았을 것이다. 본인이 누구보다 안목이 높은 미술인이었기 때문이다.

　그렇다면 여기에서 의문이 하나 생긴다.

　과연 홍라희는 재용의 승계 계획과 과정을 모두 알고 있으면서도 이걸 감추려고 노블레스 오블리주를 실천한 깔레의 위대한 시민들을 담은 조각상을 삼성의 얼굴로 내세우려고 준비했던 것일까? 아니면, 거기에 대해서는 아무것도 모른 채 예술을 사랑하는 마음으로, 그리고 삼성이 노블레스 오블리주를 실천하기를 진심으로 바라는 마음에 자기와 남편, 나아가 삼성의 등을 노블레스 오블리주의 길로 떠밀고자, 그리고 로댕이라는 거장의 이 위대한 작품을 한국 국민에게도 보여주고자 로댕갤러리를 준비했던 것일까?

　이 의문에 대해서 홍라희는 2008년 4월 2일에 있었던 여섯 시간 동안의 특검 조사에서 분명하게 대답했다. 1996년 삼성에버랜드 전환사채 발행 및 배정 당시 그녀가 이사장으로 있던 삼성문화재단이 자기에게 배정된 주식을 포기함으로써 이재용이 그걸 살 수 있도록 한 배경에 대해서는, '실무자들이 처리해 에버랜드 사건에 대해 전혀 알지 못했다.'고…….[30]

13년 만의 검찰 조사

홍라희가 검찰 조사를 받고 이틀 뒤인 4월 4일, 이건희 회장 부부의 자택에서 500미터쯤 떨어진 삼성 특검 사무소.

삼성 특검 사무소 건물 안과 밖은 온통 북새통이었다. 사무소 안의 로비에서는 이건희 회장을 화면에 잡으려는 카메라 기자들의 치열한 경쟁으로 소환 예정 시각인 두 시가 가까워 올수록 기자들의 목소리가 더욱 높아졌다.

"머리 치워라!"

"포토라인을 지켜라!"

"저리 비켜!"

한편 건물 바깥에서도 사무소 앞 도로변과 도로변 위 고가다리에도 출두하는 이건희 회장을 보려고 수백 명의 기자들과 시민들이 포진해 있었다. 경찰도 3개 중대가 배치되어 있었다. 특검을 반대하는 단체들과 특검의 정확한 조사를 촉구하는 단체들이 제각기 플래카드와 피켓

| 6장 | 가　　　시　　　밭　　　길

어깨띠 등을 동원해서 목소리를 높이고 있었다.
"이건희를 구속하라, 구속하라!"
"한국대표기업 삼성 특검 국가 경제 파탄난다!"
"삼성 특검 똑바로 하면 경제 부패 척결!"
"배신 규탄! 110억 반납! 특검 종료!"

정확히 1시 55분, 이건희 회장이 탄 검은 벤츠가 도착했고, 이 회장은 피켓을 흔들며 고함을 지르는 사람들에게 아무런 반응을 보이지 않고 사무소 안으로 들어가 포토라인에 섰다. 피의자 신분으로 포토라인에 선 건 1995년에 전두환과 노태우 두 전직 대통령의 비자금 사건 이후 13년 만이었다. 에버랜드 전환사채 변칙 발행 사건과 관련해 고발당한 2000년 6월로부터 치면 7년 10개월 만이었다. 카메라 플래시가 터지고 기자들의 질문이 마구 쏟아졌다. 이건희는 짧은 대답으로 일관했다.

─에버랜드 전환사채 발행을 지시했습니까?
"그런 기억 없습니다. 그런 기억 없어요."
같은 말을 두 번이나 반복하며 강조했다.
─비자금 조성을 지시하셨습니까?
"한 적 없어요."
─경영권 승계 과정을 보고받으셨습니까?
"아니오."
그때 한 기자가 큰 소리로 물었다.

―글로벌기업 삼성이 사회적으로 범죄 집단으로 인식되고 있는데, 누구에게 책임이 있다고 보십니까?

그 순간 이 회장의 미간이 살짝 찌푸려졌다. 그는 매우 불쾌하다는 표정으로 기자를 쏘아보았다.

"범죄 집단이라고 생각해 본 적도 없습니다. 그것을 옮긴 여러분들(언론)이 잘못입니다."

다시 어떤 기자의 요청.

―국민에게 한마디 해주십시오.

"소란을 끼쳐서 죄송하고, 진실이든 아니든 이런 일이 없어야 된다고 생각합니다."

이어 이 회장은 수행비서 및 변호인과 함께 엘리베이터를 타고 7층 조사실로 올라갔다.

*

그리고 두 주쯤 뒤인 4월 17일, 특별검사 수사팀은 99일 동안의 수사 결과를 발표했다. 수사 기간 동안 225명이 소환되었으며, 14,713개의 계좌 추적을 통해서 4조 5천억 원의 차명 재산이 밝혀졌다. 하지만 조준웅 특별검사는 분식회계나 비자금, 정관계 로비 의혹 등은 모두 무혐의 처리했고, 경영권 불법 승계 의혹에 대해서는 이건희 회장을 구속할 경우 '기업 경영에 차질이 빚어져서 국내 경제에 부정적인 영향을 미

| 6장 | 가 시 밭 길

칠 것'이라는 이유를 들어서 불구속 수사를 하기로 했다고 밝혔다.³¹

이건희, 퇴진하다

특검의 수사 발표가 있은 지 닷새 뒤인 4월 22일, 삼성은 기자회견을 가졌다. 먼저 이건희 회장이 마이크 앞으로 나서서 돋보기안경을 썼다. 그리고 다음 내용의 사과문을 특유의 어눌한 말투로 읽어나갔다.

저는 오늘 삼성 회장직에서 물러나기로 했습니다. 아직 갈 길이 멀고 할 일도 많아 아쉬움이 크지만 지난날의 허물은 모두 제가 떠안고 가겠습니다. 그동안 저로부터 비롯된 특검 문제로 국민 여러분께 많은 걱정을 끼쳐 드렸습니다. 진심으로 사과드리면서 이에 따른 법적, 도의적 책임을 다하겠습니다. 삼성가족 여러분, 20년 전 저는 삼성이 초일류 기업으로 인정받는 날, 모든 영광과 결실은 여러분의 것이라고 약속했습니다. 그 약속을 지키지 못하게 되어 정말 미안합니다. 국민 여러분께 간곡히 호소합니다. 오늘날의 삼성이 있기까지는 무엇보다 국민 여러분과 사회의 도움이 컸습니다. 앞으로 더 아끼고 도와 주셔서 삼성을 세계 일류 기업으로 키워 주시기 바랍니다.³²

1987년 12월 1일에 취임해 20년 5개월 동안 지켰던 삼성그룹 회장

자리에서 물러나는 이건희의 얼굴은 늘 그랬듯이 무표정했다. 말을 마친 이건희가 자리를 뜨자, 이어서 이학수 전략기획실장이 앞으로 나서서 마이크를 잡고 이른바 '경영쇄신안'을 발표했다.

"이학수입니다. 저는 매우 참담한 심정입니다. 무엇보다 사회에 물의를 일으켜 죄송하고 회장을 제대로 보필하지 못한 책임이 큽니다. (…) 이 회장은 그동안 기업경영에 온 힘을 다해 왔지만 국민의 기대와 뜻에 부응하지 못했다며, 지난 몇 달간 고심 끝에 퇴진한다고 하였습니다. (…) 이재용 전무는 삼성전자의 CCO를 사임한 후 주로 여건이 열악한 해외 사업장에서 임직원들과 함께 현장을 체험하고 시장개척 업무를 하게 될 것입니다."

이 밖에도 홍라희 관장의 리움미술관 관장직과 삼성문화재단 이사직 사임, 전략기획실 해체, 이학수와 김인주의 경영 퇴진, 이건희의 차명계좌 실명 전환, 금융사업 투명화, 삼성카드가 보유한 에버랜드 주식을 4~5년 안에 매각하는 등의 방식으로 순환출자 문제 정리 등이 핵심 내용이었다. 그리고 대외적으로 삼성을 대표할 일이 있을 경우 삼성생명의 이수빈 회장이 그 역할을 맡게 될 것이라고 했고, 또한 사장단 회의를 실무 지원하고 또 사장단협의회가 대외적으로 삼성그룹의 창구와 대변인 역할을 할 수 있도록 행정 서비스를 전담하는 업무지원실을 임원 두세 명 정도의 소규모 조직으로 사장단협의회 산하에 설치하겠다고 했다.

이로써 이건희 체제는 막을 내렸다. 적어도 형식적으로는 그렇게 보

| 6 장 | 가   시   밭   길

였다.

 그런데 정말로 이건희는 삼성 왕국의 왕좌에서 물러날까? 아버지 이병철 회장도 한국비료 사건(혹은, 사카린 밀수 사건) 때 경영 일선에서 물러난다고 했다가 다시 말을 뒤집었는데……. 사실 그의 경영 일선 퇴진을 곧이곧대로 믿지 않아도 될 이유는 믿어야 할 이유보다 더 많았다. 그리고 그걸 믿지 않는 사람의 수도 믿는 사람의 수보다 더 많았다. 또 그렇게 되길 기대하는 사람의 수도 많았다. '만일 삼성이 앞으로 어려워지기라도 하면 국가를 위해서나 경제를 위해서 아무래도 이건희 회장이 다시 전면에 나서야 하지 않겠어?'라는 식으로 말이다.

 그러나 아무리 도쿠가와 이에야스처럼 오랜 산다 하더라도 영원히 살며 삼성을 지킬 수는 없다. 누구든 영원히 살 수는 없다는 게 자연의 이치이고, 이건희도 이 이치를 거스를 수는 없다. 경영권 승계는 이루어져야 했다. 줄곧 생각해 왔던 대로, 아들에게…….

 문제는 그 길이 앞으로 또 얼마나 더 험난할까 하는 것뿐이었다. 지금 당장 걸려 있는 여러 가지 법률적인 문제들이 있고, 또 어디에서 어떤 돌발적인 문제가 생길지도 모를 일이다.

 하지만 지금으로서 이건희가 할 수 있는 건 일단 설거지뿐이었다.

*

 이건희 회장이 경영 일선에서 물러나겠다고 발표한 다음 날인 4월

23일 수요일 오전, 수요일이면 삼성그룹 사장단 회의인 '수요회의'에 참석하는 사장들의 승용차들이 즐비하던 삼성 본관 후문 주차장이 텅 비었다. 이건희 회장이 일부 사장단과 해외출장을 갔을 때도 그랬고 엑스파일 사태나 비자금 논란이 거셀 때도 한 번도 쉰 적이 없었던 이 회의가, 이건희 회장의 퇴진 선언 후 처음 맞는 수요일에 열리지 않은 것이다.

다시, 아버지와 아들

2008년 7월 1일 화요일, 서울 서초동 서울중앙지방법원에서 가장 큰 법정인 417호 법정. 4월부터 시작됐던 삼성특검 재판의 여섯 번째 공판이 열리는 날이었다. 200여 석이나 되는 방청석은 기자들이 차지한 앞 두 줄을 제외하고는 삼성의 내로라는 사장단 인사부터 고위 임원들이 차지하고 있었다.

이날 아버지와 아들은 피고인과 증인의 신분으로 법정에서 만났다. 재용이 오후 1시 15분쯤에 법정에 들어섰고, 5분 뒤에 이건희 전 회장이 변호인의 부축을 받으며 피고인석에 앉았다.

오후 2시 55분, 재판부가 재용에게 증인석에 앉으라고 지시했다. 이 때 변호인단은 재판부에 이 전 회장의 잠시 퇴정을 요청했다. 재판부가 이 요청을 받아들였지만 이건희는 그대로 있겠다며 자리를 지켰다.

| 6 장 | 가 시 밭 길

그리고 그 뒤 한 시간이 조금 넘는 시간 동안 피의자 신분의 아버지는 증인석에서 아들이 검사의 신문을 받는 모습을 지켜보았다.

특검은 재용을 상대로 삼성의 사실상 지주회사격인 에버랜드를 통한 재산증식 과정과 그룹 차원의 공모 여부 등에 대해 집중적으로 캐물었고, 재용은 시종일관 '당시에는 몰랐다,' '기억에 없다,' '나중에 알았다,' '나중에 들었다.'라는 대답으로 일관했다.[33]

증인석에 앉아서 검사의 껄끄러운 질문을 받고 있는 청문회장 같은 데서 익히 보고 또 들었던 답변을 하는 아들을 지켜보면서 아버지는 무슨 생각을 했을까?

20여 년 전, 이건희는 나무 위에 올라가 있었다. 줄기는 가늘었고 발 하나 제대로 디딜 만한 가지도 없는 나무였다. 이런 그를 온갖 소문들이 뒤흔들어댔었다. 교통사고 때 입은 부상의 고통 때문에 처음 손을 댔던 진통제의 유혹을 뿌리치지 못하고 마약중독자가 되고 말았다, 데리고 노는 여자가 한두 명이 아니고 자식만 해도 수십 명이다, 애초에 삼성그룹의 회장이 될 싹이 보이지 않는다, 홍 씨 부녀에게 휘둘려서 그들의 꼭두각시 노릇을 한다……. 물론 아버지 이병철은 이런 소문을 믿지 않았을 것이다. 하지만 그렇다고 해서 아버지가 직접 나서서 그런 소문을 잠재우려고 애를 쓰지는 않았다.

시련과 굴욕을 이겨내는 일은 온전히 아들 건희의 몫이었다. 그렇게 흔들어대는 사람들을 고분고분한 아랫사람으로 다스리는 일은 아들이 알아서 해야 했다. 다스릴 수 없으면 쳐내야 했고, 쳐낼 수 없으면 입이라도 다물게 해야 했다. 도와주지 않는 아버지가 원망스럽기도 했지만, 그 일을 해내지 못하면 아버지의 뒤를 잇는 후계자가 될 수 없다는 건, 아버지가 말하지 않아도 알고 있었다. 그리고 결국은 그 일을 해냈다. 마침내 아버지의 뒤를 이어 삼성그룹의 회장이 되었다. 재용 역시 그래야 했다.

위기는 기회이며, 시련과 굴욕이 너를 단련시켜 줄 것이다.

너의 성(城)은 네 손으로 직접 쌓아야 한다.

삼성을 이끌어갈 총수의 그릇이 충분히 된다는 사실을 법정에 있는 삼성의 최고위 임직원들에게 보여라. 그들은 과연 네가 주군의 자격을 가지고 있는지 지켜보고 있다.

벌거벗은 임금님이 되어라. 그리고 그들의 얼굴을 정면으로 바라보아라. 과연 누가 네 말에 토를 달며 너더러 벌거벗었다고 말하는지 지켜보아라. 그 말을 하는 사람이 너를 배신할 것이다. 몰랐다, 기억에 없다, 나중에 알았다, 나중에 들었다, 내가 입은 옷은 무능한 인물이나 바보에게는 보이지 않는 옷이다, 그렇게 말해라.

부자(父子)가 피고와 증인으로 만난 그 자리는 부끄러운 자리가 아니었다. 어쩌면 가신들 앞에서 부자의 왕위 승계를 확인하는 가장 엄숙하고도 감동적인 자리였을 수도 있다.

하지만 그게 착각이었을까? 바람이 너무도 간절했던 탓에 헛것을 보았을까?

아들 부부가 갈라선다고 했다.

| 6 장 |　가　시　밭　길

세령이 2009년 2월 11일에 이혼청구소송을 서울가정법원에 냈고, 다음 날인 2월 12일에 이건희는 입원했다. 외부로 발표된 입원 목적은 정기검진이었지만, 그걸 곧이곧대로 믿을 사람은 많지 않았다.

그리고 2월 18일, 이혼 소송은 합의로 막을 내렸다. 언론에 발표한 내용은 '양측이 재산분할과 위자료, 양육권 등에 원만히 합의해 조정신청을 냈다. (…) 친권자는 이재용 전무로 지정하지만 양육과 양육비, 위자료, 재산 분할에 관해서는 별도 합의한 내용에 따르며 합의 내용은 외부에 일절 공개하지 않기로 했다.'였다.[34]

여덟 살과 다섯 살인 손주 남매를 데리고 산책하는 노년의 재미가 위태로워진다는 게 문제가 아니었다.

아버지 이병철은 최고경영자의 조건으로 '첫째 덕을 갖춘 훌륭한 인격자이어야 하고, 둘째 탁월한 지도력을 구비하고, 셋째 신망을 받는 인물이어야 하며, 넷째 창조성이 풍부해야 하고, 다섯째 분명한 판단력을 갖추고, 여섯째 추진력이 있어야 하고, 끝으로 책임을 질 줄 알 것'[35]을 꼽았다.

이 기준으로 보자면 재용은 상당한 결격사유를 가지고 있다. 처신을 제대로 하지 못해 사실이든 오해이든 간에 가장 가까운 사람인 아내에게서 가장의 자격이 없다는 비난을 받았기에 훌륭한 인격을 갖추었다고 할 수 없었고, 또 이혼이라는 방식을 택했다는 것에서 분명한 판단력을 갖추고 있다고 할 수 없었다. 그건 한 가정의 가장으로서 그리고 삼성그룹의 후계자로서 책임 있는 행동이 아니었다. 수신제가치국평

이 건 희 스 토 리

천하(修身齊家治國平天下)를 가풍으로 삼고 자녀들에게 유교적인 교육을 시켜왔던 이병철 회장[36]과 크게 다르지 않은 세계관의 소유자였던 이건희 회장으로서는 도저히 상상도 할 수 없었을 것이다. 아무리 시대가 바뀌었다고는 해도, 그런 일이 자기 집에서 그것도 후계자로 삼고 있는 아들에게 일어나리라고는 생각도 하지 못했을 것이다. 그리고 또 재용은 2000년부터 2001년까지 했던 인터넷 사업에서 실패함으로써 탁월한 지도력을 보여주지도 못했다.

과연 재용이 앞으로 얼마나 많이 만회할 수 있을까?

물론 건희는 자기가 할 수 있는 건 뭐든 다 해서 힘껏 밀어줄 생각이었다. 하지만 재용을 생각하면 걱정도 걱정이지만 화가 앞섰다. 그렇다고 해서 화를 내고 말 일이 아니었다. 문제는 대안이었다.

이건희는 장녀 부진에게로 눈을 돌렸다. 부진은 재용보다 두 살 아래였다.

2001년 호텔신라 기획팀 부장으로 입사한 부진은 2005년 경영전략담당 임원이 되면서 호텔신라의 사업 포트폴리오를 바꾸기 시작했고, 불과 2007년까지만 해도 4000억 원대였던 호텔신라 매출을 2008년에 8848억 원 그리고 2009년 들어 불과 10개월 만에 1조 원으로 끌어올렸기 때문이다. 부진은 사업의 중심을 호텔에서 면세점으로 옮겼고, 지금의 전체 매출 비중은 면세점이 80퍼센트로 절대적이며 호텔이 14퍼센트, 그 나머지를 피트니스센터와 외식 등 생활 및 레저 부문이 차지하고 있다. 특히 인천공항 면세점 사업을 2008년부터 시작한 것이 매

| 6장 | 가   시   밭   길

출 증대에 결정적인 영향을 미쳤다. 또한 호텔의 서비스 품질 향상에도 힘을 쏟아, 호텔의 대표적인 저수익 사업인 식음·연회 부문에서 호텔신라는 24개월 연속 업계 시장점유율 1위, 효율 1위라는 기록을 세우기도 했다.

부진은 2009년 9월에 삼성에버랜드의 경영전략담당 전무직을 겸임했다. 에버랜드는 호텔신라에서 익힌 서비스 분야의 전문성과 경영 노하우를 접목시키겠다는 의도라고 설명했지만, 삼성그룹의 순환출자 구조에서 에버랜드의 위치를 감안하자면, 이 인사에는 그룹 차원의(혹은 이건희의) 또 다른 의도, 자식들에게 후계자 경쟁을 시키려는 의도를 엿볼 수 있다.

재용이 이 경쟁에서 자극을 받아 잘해내면 좋은 거고, 그게 아니라 부진이 재용보다 훨씬 더 나은 자질을 보인다면 아버지가 자기에게 그랬듯이 자기도 장남 승계 원칙을 포기할 수도 있다는 뜻이 아닐까? 이 점에 대해서 이건희는 2008년 7월 1일에 있었던 공판에서 '이재용 본인의 능력이 닿아야 하고, 그 능력이 후계자로서 적당하지 않으면 절대 [그룹을] 이어받지 못한다.'고 강조했었다.[37]

아마 이 싸움도, (맹희와 창희 그리고 건희 셋을 포함한 형제자매들이 그랬듯이) 이건희가 앞에서든 뒤에서든 더는 영향력을 행사하지 못하는 순간까지 이어질 것이다.

　　　　　　＊

　7월 1일의 1심 재판 마지막 심리는 계속되었다. 정해진 순서에 따라 이재용 전무 등에 대한 증인신문, 그리고 이건희 회장 등에 대한 피고인신문이 진행되었고, 마지막으로 양형 증인들의 증언 차례가 시작되었다. 첫 번째 증인인 경제개혁연대의 김상조 교수가 나섰다. 그는 프로젝터를 이용해서 파워포인트 자료를 넘기며 레이저 포인터로 설명하기 시작했다. 그런데 법정 구조상 증인이 증인석에 앉아 증언하면 프로젝터의 레이저 광선이 이건희 회장 머리 위로 지나갈 상황이라, 재판장의 허가를 얻어 피고석 앞으로 나가서 증언을 했다.[38]
　"……이제 총수의 부당한 지배권으로부터 재벌을 해방시킬 때가 되었습니다. 물론 '기업가정신'으로 충만한 대주주가 긍정적인 역할을 하는 경우가 많다는 점을 부인하지 않습니다. 하지만 불법을 저지르면서까지 기업 지배에 연연하는 경우라면 누가 보기에도 해악이 더 크다고 볼 수 있습니다."[39]
　이건희는 증인의 얼굴을 빤히 바라보았다. '처음에는 호기심 어린 눈빛이더니 나중에는 세상에 뭐 이런 미친×이 다 있나 하는 기색이 역력했다. 하긴 그럴 만도 하다. 이건희 회장으로서는 평생토록 자신의 면전에서 그렇게 떠드는 미친×을 본 적이 없었을 것이다.'[40]
　증인의 증언은 계속되었다.
　"삼성은 국내에서보다 해외에서 더 높은 평가를 받는 기업입니다.

| 6장 | 가   시   밭   길

이런 기업을 창업주 가문의 그늘 안에만 가둬두어야 한다는 논리는 잘못된 겁니다. 오히려 이건희 부자가 삼성의 발전에 걸림돌이 되고 있는 측면이 분명히 있습니다. (…) 삼성이 지난 10년 동안 법을 어겨 가면서까지 무리한 로비를 벌인 이유는 경영권 승계 때문입니다. 배타적인 기업 지배권을 총수 가족에게 물려주려다 기업 경쟁력에 부담만 지워준 꼴이라는 말입니다."[41]

증인은 벌써 한 시간이 넘도록 계속 떠들고 있었다. 이건희는 경청을 해보려고 애를 썼지만 쉽지 않았다. 아무리 봐도 남이 잘되면 그게 못마땅해서 뒷다리를 잡는 오그라진 이야기였다. 그런 이야기라면 신물이 날 정도로 잘 알고 있었다. 도대체 얼마나 더 떠들어 대려나…….

그때 문득, 그 생각이 났다.

까까머리 고등학생 때였다. 1학년 때였던가 아니면 2학년 때였던가, 학교 도서관 뒤였다. 이름은 생각나지 않지만 녀석은 성격이 급하고 깡이 좋았다. 싸움도 학교에서 제일 잘한다고 소문이 나 있었다. 건희는 그런 녀석과 한판 붙기로 했고, 건희와 녀석은 사람들의 발길이 없는 도서관 뒤에서 마주보고 섰다. 심판은 홍사덕이었다. 사덕이가 자기 가방까지 포함해서 가방 세 개를 도서관 벽에다 나란히 세워놓은 뒤, 마주 선 두 사람을 바라보았다.

"너거들, 정말로 한판 뜰끼가?"

경상도 영주 출신이던 사덕이는 사투리가 지독하게 억셌는데, 아마도 그 사투리 때문에 건희는 사덕이에게 동질감을 느끼고 또 쉽게 친해졌는지도 모른다.

한판 붙자고 먼저 결투를 신청한 건 건희였다. 왜 그랬는지 이유는 잘 생각이 나지 않지만, 아마도 녀석이 놀렸던 것 같다. 놀렸다면, 놀림거리는 하나밖에 없었다. '너, 쪽발이 아니니? 쪽발이 같구나……'

"정말로 한판 뜨겠다면, 좋다, 떠라. 대신, 심판 말 복종해라. 내가 끝이라고 하면 끝이다. 알았제?"

건희는 고개를 끄덕이면서도 상대를 노려보는 시선을 거두지 않았다. 녀석은 얼굴에 미소를 띠고 있었다. 녀석은 애초부터 건희를 자기 상대로 여기지 않았다. 건희가 두꺼비처럼 커다란 상체를 가지고 있었고 키도 평균보다 컸지만, 녀석은 건희보다 훨씬 더 크고 또 몸집이 탄탄하며 동작도 빨랐으니까. 게다가 녀석은 싸움을 잘하기로 자타가 공인하는 인물이었다.

"준비이~ 떠라!"

녀석의 주먹이 어느새 휙 건희의 얼굴로 날아들었다. 퍽, 퍽! 발길도 복부와 얼굴로 마구 날아들었다. 퍽, 퍽, 퍽!

"항복이가? 건희 항복이가?"

몇 대나 맞았는지 몰랐다. 몇 번이나 바닥을 뒹굴었다. 세상이 빙글빙글 도는 것 같았다. 어느 순간엔가 녀석의 허리춤이 건희의 손에 잡혔다. 건희가 녀석을 두 손으로 끌어안고 번쩍 들어올렸다. 그리고 옆으로 내동댕이치며 녀석의 팔을 잡고 꺾었다. 녀석은 빠져나오려고 안간힘을 썼다. 건희는 힘을 늦추지 않았다. 녀석이 비명을 질렀다.

| 6장 | 가   시   밭   길

"항복이가? 항복이가?"

까마득한 기억 속에 묻혀 있던 장면이었다.⁴²

이건희 피고인은 자기도 모르게 미소를 지었다. 증인은 이건희가 자기를 비웃는다고 생각했는지 목에 핏대를 세우며 더욱 목소리를 높였다. 증언이 시작된 지 벌써 한 시간 삼십 분이 다 되어가고 있는데도 여전히 증언은 계속되고 있었다.

다시 한참의 시간이 지난 뒤, 이건희 피고인은 자리에서 일어나 최후진술을 했다. 그는 메모지에 적어온 내용을 또박또박 읽어 내려갔다.

존경하는 재판장님, 판사님들께 사과의 말씀 드립니다. 그간 특검수사와 재판을 받으면서 느낀 점 많았습니다. 삼성을 사랑하고 아끼는 분들도 많았지만, 꾸짖고 걱정하는 소리도 적지 않았습니다. 새삼 많은 생각을 하게 됐습니다. 그간 앞만 보고 멀리 보고 해외기업들과의 경쟁에만 신경 쓰느라 제 주변의 문제에 대해선 소홀했습니다. 사회와의 소통도 부족했습니다. 모두 제 불찰입니다. 국민들에게 송구스럽고 삼성 임직원들에게 미안합니다. 경위야 어찌됐건 회사 주식이 자식에게 넘어가는 문제로 세상을 시끄럽게 만든 것은 제 잘못입니다. 차명으로 된 주식을 관리하면서 세금을 안 낸 것 부끄럽게 생각합니다. 법적으로 문제된 것 바로 잡고 가겠습니다. 법적이든 도의적이든 책임은 제가 지는 게 마땅합니다. 아랫사람들에 대해선 선처해 주실 것을 간곡히 부탁드립니다. 20년간 제 정성과 혼을 바친 삼성 임직원들이 용기를 잃지 않게 격려해

주십시오. 재판장님의 판결을 겸허히 기다리겠습니다.[43]

이어서 이학수와 김인주도 최후진술을 하면서 두 사람 다 잘못을 깊이 반성한다고 하고 모두 자기에게 책임이 있으니 다른 사람들은 용서해 달라고 빌었다.

그리고 보름 뒤인 2008년 7월 16일, 장맛비가 질척질척 내리는 가운데 이건희는 다시 그 법정에 서서 재판장의 판결문을 들었다. 삼성에버랜드 전환사채 편법 발행 건은 무죄, 삼성SDS 신주인수권부사채(BW) 저가발행 건은 공소시효 지나 면소, 조세포탈 건은 일부 유죄······.

그렇게 2008년이 가고 있었다.

2008년에도 삼성은 눈부신 성과를 거두었다.

순이익은 작년보다 1조 적은 11조 8천억 원이었지만, 이건 순전히 환율 때문이었다. 매출액은 전년도의 161조 8천억 원에서 18퍼센트나 증가한 191조 1천억 원이었고 총자산도 처음으로 317조를 돌파했으며 임직원은 277,000명으로 늘어났다.[44]

또한 삼성의 브랜드 가치는 175억 달러로, 순위는 전년도의 21위에서 19위로 애플보다 한 계단 위였고 펩시보다는 네 계단 위였으며 또 나이키보다는 일곱 계단 위였다.[45]

그리고 이수빈 회장이 대신 읽은 2009년 신년사는 여전히 위기를 강조하며 험난한 여정에 함께 동참하길 강조한다.

| 6장 | 가   시   밭   길

이제 제로베이스에서 다시 출발해야 합니다. 우리가 견뎌 내야 할 압박과 고통이 적지 않을 것입니다. (…) 올해 우리는 다시 한 번 변화와 개혁을 요구받고 있습니다. (…) 대나무는 마디를 맺으며 더 강해지고 연은 바람이 거셀수록 더 높이 난다고 하였습니다. 지금 우리에게 필요한 것은 반드시 위기를 이겨내겠다는 결연한 각오와 헌신, 그리고 위기를 기회로 불황을 도약의 디딤돌로 삼을 수 있는 지혜와 자신감입니다.[46]

13년이라는 긴 터널의 끝

2009년 4월 30일, 이건희의 모습이 오랜만에 일간지 기자에게 포착되었다.

장소는 놀이동산 에버랜드 정문 앞에 있는 자동차 경주장 '스피드웨이'. 에버랜드가 4월 17일에 안전상의 이유를 들어 공사를 할 예정이라고 밝히며 폐쇄한 공간이었다. 이날 오전에 길이 2,125미터의 경주로에서 메르세데스 벤츠의 검은색 2인승 로드스터 SL63-AMG가 봄바람을 가르며 미끄러지듯 달렸다. 450미터 직선주로에 들어서서는 굉음과 함께 폭발적으로 가속했다. 얼마 뒤, 시속 200킬로미터가 넘는 속도로 달리던 검은색 로드스터는 피트로 천천히 들어와 멈춰 섰다. 운전석 문이 열리고 땅에 발을 내딛는 사람은 이건희였다. 흰색 바지와 분홍색 폴라셔츠에 갈색 패딩을 입고 검은색 선글라스를 낀 이건희는 대기하고 있던 직원들의 시중으로 받으며 포르셰, 페라리, 람보르기니 등 10여 대의 최고급 스포츠카를 바꿔가며 서킷을 질주했다.[47]

이건희가 스피드의 짜릿한 전율 속에서 잊으려 했던 혹은 달래려 했던 것은 무료함이었을까? 분노였을까? 아니면 그저 스피드 그 자체를 즐기고 싶었을까? 자기에게는 아직도 활활 불태울 정력이 누구 못지않게 남아 있다는 것을 확인하고 싶었을까, 아니 과시하고 싶었을까? 혹시, 잊혀지고 싶지 않아서, 과시하고 싶어서 일부러 그런 장면을 기자에게 노출시킨 건 아닐까? 영화 〈타락천사〉에서 첫사랑의 여자에게 망각의 존재가 되고 마는 외톨이 청년(금성무 분)은 '나는 고독이 두렵다. 그러나 홀로 남겨지는 것보다 두려운 것은 잊혀지는 것이다.'라고 말했는데…….

그로부터 한 달 뒤인 2009년 5월 29일, 서울시청 앞 광장.

노무현 전 대통령의 죽음을 애도하는 노제가 열리고 있었다. 퇴임해서 살던 봉하마을 뒤편 부엉이바위에서 몸을 던져 자살한 죽음이었다. 뙤약볕이 내리쬐는 광장에는 노란 물결이 넘실넘실 춤을 추고, 그 광장 하늘로는 고인이 생전에 즐겨 불렀던 노래 '상록수'가 흩어져 날리고 있었다.

저들에 푸르른 솔잎을 보라, 돌보는 사람도 하나 없는데, 비바람 맞고 눈보라쳐도 온 누리 끝까지 맘껏 푸르다. 서럽고 쓰리던 지난날들도…….

| 6장 | 가   시   밭   길

　노제를 중계하는 텔레비전 화면은, 조문 인파가 시청 앞 광장을 노란색으로 빼곡하게 메운 모습을 하늘에서 내려다보고 있었다. 바로 그 장면에서 갑자기 '뉴스속보' 하나가 화면에 자막으로 떴다.

　[뉴스속보] 대법원, 삼성 경영권 승계 무죄

　대법원이 이건희가 무죄라고 확인했다는 것이다. 대법관 열한 명 가운데 여섯 명이 무죄 판결을 내렸다고 했다. 다시 말하면, 삼성그룹 경영권 승계를 위해 1996년에 에버랜드 전환사채를 적정가보다 훨씬 낮은 가격으로 발행해 이재용 등 자녀가 최대 지분을 확보하도록 함으로써 회사에 970억 원의 손해를 끼친 혐의(특정경제범죄가중처벌법상 배임)로 기소된 이건희가 무죄라고 대법원이 확정 판결을 내렸다는 뜻이었다. 마침내 지난 13년 동안 이어졌던 삼성그룹의 경영권 편법 승계 논란은 사실상 종지부를 찍었다. 이로써 이건희는 조세포탈 혐의에 대해서만 유죄가 인정되어 징역 3년 집행유예 5년 그리고 벌금 1100억 원이 확정되었다. (그 뒤인 2009년 8월14일, 파기환송심을 담당한 서울고법이 '삼성SDS BW 헐값 발행'을 한 배임 혐의로 이건희에게 유죄를 인정하고 집행유예를 선고했다. 그 뒤 특검은 재상고를 포기했고 이건희 역시 2009년 8월 21일 기한의 재상고를 포기함으로써 이날로 '삼성사건' 논란은 완전히 마무리된다.)
　어떤 사람들은 하필이면 노제를 중계하던 그 시각에 그런 자막이 나

461

오다니 방송사고인 줄 알았다고 했다. 또 장례위원 신분이던 대법관이 하필이면 그날에 모여 회의를 가지고 그런 결정을 내려야 했느냐고 했다. 또 어떤 사람들은 국가와 경제를 생각하면 사필귀정이라고 무릎을 치며 좋아했다.

2003년 6월 이건희 회장이 프랑크푸르트 신경영 10주년을 기념하던 자리에서 '당장의 제몫 찾기보다 파이를 키워야 한다.'며 '국민소득 2만 달러'를 강조했을 때, 한 달 뒤인 7월에 노무현 대통령이 국민소득 2만 달러를 국정 목표로 삼자고 화답했었다. 또 2005년 3월 13일 오후에 리움미술관에서 변화와 개혁의 환담을 나누며 훈훈한 장면을 연출했었다. 이랬던 두 거인의 운명은 그렇게 갈렸다.

……서럽고 쓰리던 지난날들도 다시는 다시는 오지 말라고, 땀 흘리리라 깨우치리라, 거칠은 들판에 솔잎되리라, 우리들 가진 것 비록 적어도 손에 손 맞잡고 눈물 흘리니 우리 나갈 길 멀고 험해도 깨치고 나가 끝내 이기리라…….

뙤약볕 아래 조곡(弔哭)이 흘렀고, 석 달 뒤인 8월에는 김대중 전 대통령이 지병으로 사망했다.

2009년도 한국의 무역 수지는 430억 달러의 흑자를 기록했다. 2008년 10월에 발생한 리먼 브라더스 사태 이후 추락하던 한국 경제가 회

| 6장 | 가   시   밭   길

복세로 전환했으며 2010년의 성장률은 4퍼센트가 넘을 것이라는 전망이 여기저기서 나왔다.[48] 삼성 역시, 삼성전자 하나만 하더라도 2009년에 11조 원에 가까운 영업이익을 내며 일본 10대 전자업체의 이익을 합한 것보다 더 많은 이익을 냈다.[49]

하지만 가계부채는 2009년 3분기에 사상 처음으로 700조 원을 넘어섰고, 가계부채 상환 능력은 최악의 수준이다. 고용 없는 성장 탓에 가계소득이 제자리에 머물러 있기 때문이었다.[50] 또 국가부채도 400조에 육박했다. 또한 통계청의 공식적인 실업통계에 들어가지는 않지만 실업과 다름없는 상태에 있는 사람까지 포함한 '사실상 실업자'는, 2009년 11월 말 현재 329만 9천 명으로 전년도 같은 시기의 293만 2천 명보다 12.5퍼센트 늘었다.[51]•

그런데 2009년 4월 1일에 공정거래위원회가 발표한 도표 "2009년 상호출자제한기업집단 지정 현황"을 보면, 자산총액 기준으로 공기업 다섯 곳을 포함한 한국의 상위 18위까지의 재벌은 하나같이 전년도에 비해서 자산 규모 및 계열사의 수를 불리며 덩치를 키웠다. (다섯 개 공기업의 계열사 수는 변하지 않았다.)[52]

신종인플루엔자의 공포가 휩쓸던 2009년은 그렇게 대한민국에 양극화의 골을 깊고 가파르게 후벼 파며 지나가고 있었다.

• 인용한 기사에 따르면, '사실상 실업자'는 통계청 분류상 공식 실업자 81만 9천 명, 고시학원이나 직업훈련 기관 등 통학 취업 준비생 23만 8천 명, 비통학 취업준비생 32만 3천 명, 주당 18시간 미만 취업자 92만 명, 59세 이하 '쉬었음'에 해당되는 비경제활동 인구 99만 9천 명 등이었다.

제왕의 복귀

2009년 9월 10일, 용인의 한 아파트에서 삼성전자의 2006년형 지펠 냉장고가 폭발했고 그 바람에 창문이 깨지는 작지 않은 사고가 일어났다. 삼성전자의 냉장고 폭발 사고는 해외에서 먼저 일어났다. 2008년 7월에 남아프리카공화국에서 한 가정집의 삼성전자 양문형 냉장고가 폭발하면서 냉장고가 크게 파손되고 주방 천장이 무너져 내리는 사고가 발생했으며, 2009년 5월엔 영국에서도 이와 유사한 사고가 있었다.

이 사건으로 이건희 전 회장이 (여러 매체의 표현을 빌자면) '대로(大怒)'했고, 2009년 10월 29일에 삼성전자가 지펠 냉장고의 일부 모델에서 '전선 연결 부위의 절연체 일부에서 문제가 있어서' 해당 모델의 제품을 전격 리콜한다는 소식이 거의 모든 언론 매체를 통해서 보도되었다.

이건희로서는 충분히 크게 화를 낼 수 있다. 어떻게 쌓아올린 품질경영의 명성인데, 자기가 경영 일선에서 물러나겠다고 한 지 1년 6개월도 되지 않아서 그 명성이 무너지려 하고 있었으니, 그걸 지켜보고 얼마나 화가 났을까? 충분히 이해할 수 있다. 하지만 회장이라는 지위에서 물러나 있으며 이제는 2퍼센트 조금 넘는 지분을 가진 개인 대주주일 뿐인 그가 '대로'했다고 해서, 그때까지 가만히 있던 삼성전자의 경영진이 서둘러서 대규모 리콜이라는 결정을 내리는 건 분명 어딘가 이상하다. 이건희 회장은 분명 경영 일선에서 손을 떼고 물러난다고 했었다. 경영 일선에서 물러난 사람이 화를 내자, 그동안 꿈쩍도 않던

| 6 장 |　　가　　　시　　　밭　　　길

경영진이 바쁘게 움직여 리콜이라는 중대한 결정을 내렸다? 이상한 일이다.

이상한 일, 그러나 충분히 이해할 수 있는 일은 또 있다. 분명 제품에 문제가 있어서 소비자로부터 원성을 샀었는데, 그 리콜 결정 덕분에 삼성전자라는 기업의 이미지는 예전보다 더 좋아졌다. 또한 개인 이건희에 대한 평판과 이미지는 그보다 훨씬 더 높은 폭으로 좋아졌다. 이건희가 표방했던 '품질 경영'이나 '정도 경영'을 사람들은 떠올렸을 것이다. '역시 이건희'라는 말이 나오고, 이어서 이건희가 일선에 나서야 한다는 이야기도 여기저기서 나온다. 적어도, 죄는 미워도 인간의 능력을 미워하고 묻어서는 안 된다는 실용적인 차원에서 호의적인 정서는 확실하게 등에 업었다.

그리고 정말 타이밍이 절묘하다. 20년 5개월 동안 지켰던 회장 자리에서 물러난 지 정확하게 1년 6개월 1주 뒤이자, 또 13년 동안 발목을 잡았던 소송이 최종적으로 마무리된 2009년 8월 21일로부터 50일쯤 뒤이며, 조세포탈 혐의 유죄 판결에 따른 벌금 1100억 원을 납부한 지 41일 뒤인 2009년 10월 29일에 리콜 결정이 난 것이다. 한 가지 더 덧붙이자면, 이날은 또 천주교정의구현사제단이 기자회견이 열고 김용철 변호사의 양심선언 내용을 밝혔던 2007년 10월 29일로부터 정확하게 2년 뒤였다. 이런 절묘한 타이밍은 우연일까, 아니면 철저하게 계산된 것일까?

이건희 전 회장 혹은 삼성그룹 핵심 집단은 (한국비료사건으로 경영 일선에서 물러났던 이병철 회장이 예전에 그랬듯이) 경영 일선 복귀의 수순을 밟고 있었다. 그렇지 않다면, '이건희 대로(大怒) → 리콜 결정'이라는 정보가 언론에 흘러나오지 않았을 것이다. 언론에 일절 노출되고 있지 않던 이건희가 크게 화를 냈다는 사실이 어떻게 언론에 알려질 수 있느냐는 말이다. 이 말을 뒤집으면, 이건희 복귀 계획에 따라서 누군가에 의해 의도적으로 그런 정보가 언론에 알려졌다는 말이다.

이런 복귀의 수순 가운데 결정적인 것이 대통령의 사면이었다.

정치인으로서 맨 처음 이건희를 사면해야 한다는 이야기를 꺼낸 사람은 김문수 경기도지사였다. 그는 2009년 2월 5일 《헤럴드경제》와 인터뷰를 하면서 '이건희 전 회장의 복귀만으로 경제성장률이 1~2퍼센트포인트 오른다.'며 그의 조기 복귀 필요성을 역설했다. 또 2018년 평창동계올림픽 유치위원회의 공동유치위원장인 김진선 강원도지사와 조양호 한진그룹 회장이 각각 2009년 11월 17일과 19일에, 이건희가 국제올림픽위원회(IOC) 위원으로 복귀할 수 있도록 대통령에 사면을 공식적으로 요청하고 나섰다. 이어서 2009년 12월 7일에는 대한체육회 회장을 맡고 있는 박용성 두산그룹 회장도 거들고 나섰다. 그리고 최경환 지식경제부 장관도 11월 24일에 비록 사건임을 전제로 했지만 사면을 긍정적으로 검토해야 한다고 했다. 또 12월 11일에는 국회 예산결산위원회에 참석한 이귀남 법무부 장관이 사면은 대통령의 전속적 권한이지만 법무부가 소관 부처로 돼 있어서 사면 건의를 검토하고 있고 신속히 검토를 마치겠다고 말했으며, 또 이날 장광근 한나라당

| 6장 | 가   시   밭   길

사무총장도 한 라디오 프로그램에 출연해서 '사회적 공감대만 형성되고 국민들이 관대한 마음으로 선처를 베푼다면 이건희 특별사면이 국익을 위해 나쁘지 않을 것'이라고 거들었다.[53]

여기저기 군불을 지피는 소리가 요란했고, 이제 곧 제왕의 복귀가 멀지 않았다.

그리고 제왕의 복귀를 기념하는 선물은 이미 마련되어 있었다.

2009년 7월 22일, 금융지주회사법이 미디어법과 함께 날치기 논란 속에 의회를 통과했으며, 이로써 삼성의 이재용 승계 작업의 합법성이 최종적으로 보장되었다. 아울러 삼성이 은행업에 진출하는 걸 막았던 빗장도 풀렸다. 이미 증권, 보험, 카드 등 비은행금융 분야에서 업계 1위의 자회사를 갖추고 있던 터라서 은행만 추가될 경우 곧 세계적인 수준의 종합금융그룹을 건설할 수 있게 되었다.

삼성은 2008년 이건희 회장 퇴진 때 경영 쇄신안을 발표하면서, 국내 경제에 대한 삼성의 지나친 지배력 강화를 경계하는 여론에 따라서 은행업 진출은 하지 않을 것이라고 약속했었다. 하지만 약속의 사회심리적인 유효기간은 늘 있게 마련이다. 이 약속의 사회심리적인 유효기간이 끝나는 시점이 은행업 진출의 적기라고 삼성이 판단하는 시기와 일치할 때, 말은 얼마든지 바뀔 수 있으니……. 게다가 '어차피 점점 약육강식의 밀림으로 변하고 있는 글로벌 환경에서 기업의 대형화는 선택이 아닌 필수이다. 번번이 외국의 큰손에 의해 흔들리고 있는 한국의 현실을 감안해 볼 때, 이에 맞서 싸울 수 있는 메가뱅크의 필요성은 점점 커지고 있다.'는 인식도 이명박 '실용 정부'가 들어설 때부터 이미 대세로 자리를 잡고 있었으니까 말이다.[54]

그리고 드디어 그날이 왔다.

12월 29일, 이귀남 법무부 장관은 국제올림픽위원회(IOC) 위원 자격을 회복할 수 있는 여건을 마련해 주고자 대통령이 12월 31일자로 이건희에 대한 특별사면 조치를 취할 것이라고 밝혔다. 그리고 그렇게 사면이 이루어졌다. 유죄가 최종적으로 확정된 날인 8월 21일부터 따지자면 불과 넉 달 만에 이루어진 사면조치였다.

그리고 또 하나 걸림돌로 남아 있던 문제도 (우연인지 필연인지) 이날 함께 정리되었다. 이른바 '용산 참사'라 불리던 사태를 둘러싼 분쟁이, 이건희가 특별사면을 받은 날이자 2009년을 하루 앞둔 날인 12월 30일에 극적으로 해소된 것이다. 삼성물산(건설 부문)이 주관사가 되어 대림건설 및 포스코건설과 함께 시공사로 참가했던 용산4구역 재개발 사업* 중, 농성하던 재개발 철거민을 강제로 진압하는 과정에서 철거민 다섯 명과 진압경찰 한 명이 숨진 사건이 발생했다. 이 사건을 둘러싸고 진압의 적법성, 책임자 처벌, 피해 보상 등을 놓고 유가족 측이 340일 동안 농성을 했고, 마침 이날 유가족과 재개발조합 사이에서 협상이 타결되었던 것이다.**

---

* 서울시 도시정비사업의 일환이며 한강로 3가 63~70번지 일대 53,442m²를 도시환경정비 차원에서 재개발하는 사업으로 40층 규모 주상복합아파트 6개동(493가구)이 들어서게 된다.
** 협상 내용은 쌍방의 합의에 따라 공개되지 않았다.

| 6장 |　　가　　시　　밭　　길

　퇴임 선언 후 이건희가 처음으로 공식적으로 사람들 앞에 나선 곳은 미국 라스베이거스에서 열리던 세계 최대의 국제전자제품박람회인 CES 행사장이었다. 2010년 1월 9일이었다. 마침 이날은 그의 예순여덟 번째 생일이기도 했다. 이 행사장에는 아내 홍라희와 삼성전자 부사장인 이재용, 신라호텔 및 에버랜드 전무인 이부진, 제일모직 및 제일기획 전무인 이서현도 동행했다.

　퇴임 선언 1년 9개월 만에 공식적인 자리에 나타난 이건희는 국민에게 한마디 하고 싶은 말이 없느냐고 묻자 이렇게 대답했다.

　"한국은 국내에서나 국제적으로 기업뿐만 아니라 교육·문화 모든 분야에서 항상 자기 위치를 쥐고 가야 변화무쌍한 21세기를 견뎌낼 수 있다고 생각합니다. (…) 그러려면 각 분야가 정신을 차려야 합니다."

　─중국의 맹추격에 대해서는 어떻습니까?

　"중국은 조금 시간이 걸릴 거예요."

　─일본의 소니와 파나소닉을 돌아보시니 어떻습니까?

　"겁은 안 나요, 나는. 그래도 신경은 써야죠."

　─기초기술이 강해서 그런가요?

　"기초와 디자인에서 우리가 앞섰으니……. 한번 앞선 걸 뒤쫓아 오려면 참 힘들어요."[55]

　2007년 신년사에서 '중국은 쫓아오고 일본은 앞서가는 상황에서 한국 경제는 샌드위치 신세'라고 말했던 그가 이처럼 자신만만한 발언을 한 데는 이유가 있었다. 새해 들어 삼성이 미국의 디지털TV 시장에서 4

년째 1위를 차지했으며, 2009년에 시장 점유율 25.4퍼센트를 차지하며 독주체제를 굳혔다는 소식을 이미 받아보고 있었기 때문이다. 또 휴대전화도 노키아의 1위 자리를 넘보고 있었다. 이제 삼성전자는 그가 바라던 대로 초일류기업이 되어 있었다. 그리고 서울에 강설 관측이 시작된 1937년 이후 가장 많은 눈이 내렸던 1월 4일에는 거의 모든 신문이 삼성물산 건설부문이 주요 시공사로 참가해서 지은 높이 800미터가 넘는 세계 최고층 건물 버즈 두바이가 개장한다는 소식을 전했다.

어떤 기자가 이건희에게 경영 복귀는 언제 할 것인지 물었다.

"아직 멀었습니다."

우문현답, 그건 복귀를 하겠다는 말이었다. 그것으로써, 지난날의 허물은 모두 자기가 떠안고 가겠다고 했던 1년 9개월 전의 선언은 무효가 되고, 이건희의 경영 복귀는 기정사실이 되었다. 아니, 그 순간 이건희는 이미 이미지적으로 경영 일선에 복귀했다.

이날 이건희는 '우리 딸들 광고 좀 해야겠다.'면서 부진과 서현이 언론의 스포트라이트를 받을 수 있도록 두 딸을 자기 양 옆에 나란히 세우고 이들의 손을 잡고 함께 다녔다. 재용이 그 뒤를 따랐다. 기시감을 불러일으키는 모습이었다. 각자 이런저런 흠이 없는 건 아니지만, 그래도 아들은 아들대로 늠름했고 또 딸들은 딸들대로 다부졌다. 이건희는, 이병철 회장이 세 아들에게 대권 경쟁을 시켰던 것처럼, 이 세 자식에게 메기와 미꾸라지 게임을 시키고 있었다. 그렇게 이건희는 다시 삼성을 진두에서 지휘하고 있었다. 그 곁에는 삼성그룹 전략기획실장

| 6장 |　가　시　밭　길

으로 이건희의 최측근이었던 이학수 고문도 함께 있었다.
　또 한 기자가 이건희에게 물었다.
　─평창 동계올림픽 유치에 대한 국민적 기대가 뜨거운데 국민께 한 말씀 하신다면?
　"저 개인도 그렇고 국민과 정부 다 힘을 합쳐서 한쪽을 보고 열심히 뛰어야죠."
　평창 동계올림픽 유치는 평창군민이나 강원도민만의 염원이 아니었다. 올림픽을 유치하면 대한민국이라는 브랜드 가치가 높아지고, 또한 고용 효과나 경제적인 이득도 막대하다. 그랬기 때문에 이명박 정부가 내린 이건희의 사면에 국민은 고개를 끄덕였던 것이다.
　그런데, CES가 개막하고 보름 뒤인 1월 25일 스위스 로잔에서 열린 IOC 윤리위원회가 이런 국민의 염원에 찬물을 끼얹는 결정을 내렸다. 'IOC 위원 이건희 씨가 올림픽헌장과 IOC 윤리강령에서 정한 윤리 원칙을 저버렸고, 올림픽운동의 명성을 더럽혔으며, 그 결과 올림픽헌장과 IOC 윤리강령을 위반했다고 결정'할 것과 이에 따라 견책 및 'IOC의 산하위원회에 참가할 권리를 5년 동안 중지하는 처벌을 부과'할 것을 IOC 집행위원회에 권고하는 결의문을 채택했고,[56] 집행위원회는 2월 8일에 윤리위원회의 이 권고를 승인한다고 결정한 것이다.
　이명박 정부가 평창 동계올림픽 유치를 명분으로 내세워 단행한 사면을 IOC로서는 도덕적으로 인정할 수 없다는 뜻이었다. 하지만 이것이 '사건'이 될 수는 없었다. 그야말로 지나가는 하나의 에피소드일 뿐, 달라지는 건 아무것도 없었다.

  2009년 4월 1일 기준으로 삼성그룹 계열회사의 수는 63개로 한국에서 제일 많고 자산총액도 174.9조 원으로 전년도의 144.4조 원에 비해서 약 21퍼센트 늘어났다. 삼성의 자산규모는, 공기업인 한국전력공사를 제외하면 각각 2위와 3위인 현대자동차(87.0조)와 SK(85.9조)의 두 배가 넘는다.[57] 또 삼성그룹은 2009년에 200조 원을 상회하는 매출을 기록했다. 한국의 1년 국내총생산(GDP)의 대략 20퍼센트나 되는 규모이다.[58] 시련의 가시밭길을 통과한 이건희는 건재했고, 삼성 왕국은 변함없이 더욱 크고 강하게 성장하고 있었다.

● 에필로그

　경남 의령군이 2010년을 '호암 생가 방문의 해'로 선포했고, 의령군 정곡면에 위치한 호암의 생가를 찾는 사람들이 2010년 2월 들어 눈에 띄게 늘었다. 마을 입구에서 생가까지 가는 도로도 새로 단장을 했고 공동주차장도 만들어졌다.
　2010년 2월 12일은 이병철 회장이 경상남도 의령군 정곡면 중교리에서 4남매의 막내로 태어난 지 딱 100년이 되는 날이었다. 하지만 호암 탄생 100주년 기념식은 이날 열리지 않았다. 이건희 회장은 2월 8일 오후에 전용기를 타고 캐나다로 날아갔기 때문이었다. 그는 2월 10일 밴쿠버의 퀸엘리자베스 극장에서 열린 총회 개막 리셉션에 참가한 뒤, 다음 날인 11일에는 밴쿠버의 웨스틴 베이 쇼어 호텔에서 개막한 제122차 IOC 총회에 참석했다. 2007년 7월 5일 과테말라시티 총회 이후 947일 만에 참석하는 IOC 총회 자리였다.
　이런 일정 때문이었는지 삼성그룹이 주관하는 호암 탄생 100주년 기념식은 한 주 앞당긴 2월 5일 서소문의 호암아트홀에서 열렸다. 이병철 회장의 영결식장이었으며 또한 이건희 회장의 취임식장이기도 했던 바로 그 장소였다.

오후 2시 45분경, 이건희와 홍라희 부부는 각각 짙은 줄무늬 정장과 보랏빛이 감도는 그레이 색상의 H라인 코트 차림으로 재용, 부진, 서현 세 남매와 함께 입장했다. 이건희는 거동이 다소 불편했지만 건강해 보였다. 기자들이 이건희 앞으로 몰려들어 질문을 던졌다.

―호암의 경영 철학 가운데서 지금 꼭 필요한 것이 무엇이라고 생각하십니까?

"모든 국민이 정직했으면 좋겠습니다. 거짓말이 없는 세상이 되어야 되겠습니다."

―한국 경제가 한 단계 더 도약하려면 무엇을 해야 한다고 보십니까?

"참 어려운 질문인데…… 솔선수범이 필요합니다. 전부 투자하고 전부 열심히 일해야 합니다. 싸우면 절대 안 됩니다."

―삼성이 구심점이 없다는 얘기들이 있는데 예전의 전략기획실 같은 기능이 필요하다고 생각하지 않습니까?

"계열사마다 전략기획실 역할을 하면 됩니다. 각 사별로 컨트롤해야 하지 않겠습니까."

―경영 복귀는?

"아직 생각 중입니다."

―언제쯤?

"회사가 약해지면 해야죠. 참여하는 게 아니고 도와줘야죠."

―삼성이 강하다고 생각하십니까?

에필로그

"그렇습니다."[1]

이날 행사에는 유족들과 정·관계, 학계, 재계의 저명인사 500여 명이 참석했다. 하지만 호암의 장남인 이맹희는 이 자리에 함께하지 않았다.

박태준의 축사에 이어, 2004년에 호암예술상을 받았던 황병기가 가야금 독주곡을 연주했다.

소년 건희는 자기가 어른이 되면 아버지는 노인이 되고 그러면 자기가 아버지를 이길 수 있을 줄 알았다. 하지만 아버지는 죽는 순간까지 아들에게는 거인이었다. 그리고 죽은 뒤에도 여전히 아들이 쉽게 넘을 수 없는 산이었다. 1993년에 아들은 프랑크푸르트에서 신경영 선언을 하면서 기존의 체제를 부수고 자기 체제를 확립하고 나서야 비로소 아버지의 그림자에서 벗어났다. 그리고 이제 아버지와의 긴 싸움이 끝났다고 생각했다. 하지만 그게 아니었다. 아버지는 죽은 지 이십여 년이 지나서도 여전히 건재했다. 눈물을 삼키며 경영 일선에서 물러났다 권토중래 다시 일어선 아들의 든든한 후광이 되어주고 있었다.

연주가 끝나고, 이건희가 단상에 올라가 유족 대표로 인사를 했다.

"선친의 탄신 100년이 경술국치 100년과 일치하는 것은 그저 우연이 아니라는 생각이 듭니다. (…) 근대화의 물결 속에서 시련을 딛고 꿋꿋이 나아가신 선친의 발걸음은 오욕의 역사를 되풀이해서는 안 된다는 준엄한 가르침을 일깨워주는 듯합니다. (…) 선친의 유지를 변함없이 지켜나갈 수 있도록 따뜻한 애정과 관심을 베풀어 주시기 바랍니다."

기념식은 한 시간가량 진행되었고, 기념식이 끝난 뒤 로비에서 다과회가 열렸다. 이 자리에서 이건희는 여동생인 이명희 신세계 회장을 만나 손을 반갑게 잡고는 오열할 듯 얼굴을 일그러뜨리는 모습을 공동 기자단의 카메라에 잠시 노출했다. 하지만 곧 감정을 추스르고, 기자들에게 동생과 잡은 손을 들어 올리며 미소를 지었다.

언제부터인가, 화가 난 듯하기만 하던 그의 얼굴은 밝은 표정으로 바뀌었다. 지난 10여 년 동안 쉴 새 없이 이어진 시련의 터널을 이제 완전히 빠져나왔다는 안도감 때문인지도 몰랐다. 사실, 이처럼 마음이 홀가분한 적이 예전에는 없었던 것 같았다.

희망이 없는 삶이 지옥이라면, 거꾸로 두려움이 없는 지옥은 그저 장터처럼 온갖 볼거리들이 풍성하고 왁자지껄하게 펼쳐지는 곳일 뿐이라고 했다. 두려움만 버리면 되었다. 욕망이 있는 한 공포는 사라지지 않고 온 세상이 다 가시밭길 지옥이니 욕망만 버리면 되었다. 그렇게 욕망을 버렸다고 생각했다. 그랬기 때문에 정직하자고 했고, 싸우지 말자고 했고, 함께 열심히 일을 하자고 했다. 하지만 세상은 그를 그렇게만 바라보지 않았고, 구설(口舌)은 여전히 그를 따라다녔다. 바로 그날 저녁부터 그랬다. 과연 '정직'을 입에 올릴 자격이 있느냐고 했고, 또 사흘 뒤인 2월 8일에 나온 IOC 집행위원회의 결정사항을 놓고 수군거리며 손가락질을 했다. 과거의 허물이 여전히 뒷다리를 잡았다. 언제쯤 이런 구설에서 자유로울 수 있을까? 언제쯤 자기를 바라보는 세상 모든 사람의 눈이 그가 바라는 대로 인정과 존경으로만 가득 찰 수

에   필   로   그

있을까?

호암아트홀에서 빠져나온 이건희는 승용차에 타고 나서야 긴 한숨을 쉬었다. 다시 예전처럼 무척 바쁜 나날이 이어질 것 같았다. 마음을 단단히 먹어야 할 것 같았다. 그때 나직한 목소리 하나가 귓전에 울렸다. 아버지의 목소리였다.

"거니야, 단디 해래이."

형제간의 재산 다툼

2012년 2월 14일, 한때 삼성의 후계자로 불렸으며 그 뒤에는 '비운의 황태자'로 불렸던 이맹희가 차명주식에 대한 상속권을 내세워 동생 이건희를 상대로 반환청구 소송을 냈다. 81세의 이병철 장남이 70세의 삼남을 상대로 제기한 소송이었다.

"이병철 회장이 생전에 제3자 명의로 신탁해 소유한 재산은 그의 타계와 동시에 상속인들에게 법정 상속분대로 상속된 것이다. (…) 이건희 회장이 명의신탁 사실을 알리지 않고 명의를 변경해 상속권을 침해했으므로 이를 반환해야 한다."

이맹희가 요구한 금액은 삼성생명 주식 824만여 주 등 4조 원대의 어마어마한 금액이었다.

두 달 뒤 이건희는 기자들에게 불편한 심경을 노골적으로 드러내었다.

"고소를 하면 끝까지 맞고소하고, 대법원이 아니라 헌법재판소까지 갈 것이다. 나는 한 푼도 내줄 생각이 없다."

그러자 형은 한 푼도 안주겠다는 탐욕이 소송을 초래했다고 동생을 비난했다.

"건희가 어린애 같은 발언을 하는 것을 듣고 몹시 당황했습니다. 건희는 현재까지 형제지간에 불화만 가중시켜왔습니다."

그러자 다시 동생이 모질게 받아쳤다.

"우리집에서 퇴출당한 양반이에요. 맹희는 '완전히 내 자식이 아니다' 하고 제낀 자식이란 말이요."

형은 변호인이 대독한 최후 진술에서 이렇게 말했다.

"내가 진정으로 원하는 것은 건희와 만나 손잡고 마음으로 응어리를 푸는 것입니다. 나는 건희와 피를 나눈 형제입니다."

하지만 재판부는 결국 이건희의 손을 들어주었다. 2013년 2월 1일이었다. 이맹희는 불복하고 항소했다. 하지만 2심 재판부도 이건희의 손을 들어 주었다. 2014년 2월 6일이었다.

"이병철 회장이 생전에 이건희 회장을 후계자로 일찌감치 결정하고 '나눠먹기식 재산 분배를 하지 않는다는 원칙'을 자녀들에게 천명해왔기 때문에 공동 상속인들은 이건희 회장이 해당 주식을 보유하는 것을 양해·묵인했다고 볼 수 있다. (…) 상속 개시 당시 주식과 현재 주식의 동일성을 인정할 증거가 부족하고, 원고 측 법률적 권리 행사 기간인 10년이 이미 지났다."

에 필 로 그

　일본에서 폐암 투병을 하며 소송을 진행했던 이맹희는 상고를 포기했다.
　한편, 이맹희의 장남이자 CJ그룹의 회장 이재현은 고난의 가시밭길을 걸어야 했다. 2013년 7월에 비자금 조성과 횡령·배임 등의 혐의로 구속 수감되어 강도 높은 조사를 받았고, 이 과정에서 건강이 악화되어 신장이식수술을 받아야 했다. 하지만 아버지인 이맹희가 항소심에서 패배를 한 지 일주일이 지난 뒤인 2014년 2월 14일, 이재현은 1심에서 징역 4년과 벌금 260억 원의 실형을 선고받았다. 세금포탈, 횡령, 배임 등 대부분의 혐의가 유죄로 인정받은 것이다. 그런데 재판부는 실형을 선고받은 이재현 CJ그룹 회장의 건강 상태를 고려해 '도주의 우려가 없다'며 법정 구속은 하지 않았다. 하지만 이 결정도 곧 뒤집어졌다. 수술로 인한 건강상 이유로 8개월 동안 구속집행이 정지됐던 이재현은 2014년 4월 30일 다시 초췌한 모습으로 구치소에 수감되었고, 이 상태로 2심을 진행해야 했다. 이건희가 하와이 및 일본 등지에 머물면서 건강을 챙기고 경영 구상을 하다가 석 달여 만에 귀국한 4월 17일로부터 두 주가 지난 시점이었다.
　세상 사람들은 그랬다, 돈이 뭐길래 형제간에 저렇게까지 싸워야 하느냐고.
　그러나 이건희가 이맹희의 요구에 단호하게 대처한 것은 돈 때문만은 아니었다. 삼성이라는 성(城)의 정통성을 지키기 위해서였다. 삼남으로서 두 형을 제치고 삼성을 물려받았다는 원초적인 부담감은 이건희를 더욱 투지에 불타게 만들었다. 자신의 정통성을 흔들거나 훼손하려는 시도는 삼성이라는 견고한 성에 균열을 꾀하는 용서할 수 없는 시도였기 때문이다. 다시 한 번 더, 자본은 피보다 진했다, 일흔두 살의 이건희에게…

삼성전자와 백혈병

이건희-이맹희 2심 선고일이던 2014년 2월 6일, 실화를 다룬 상업영화 한 편이 개봉되었다. 삼성전자 반도체 기흥 공장에서 근무하다 2007년 백혈병에 걸려 숨진 황유미(당시 22세)의 아버지인 택시기사 황상기가 산재 인정 법적 투쟁을 벌였던 실제 사건을 소재로 한 영화 〈또 하나의 약속〉이었다. IMF 사태 이후 삼성의 광고 슬로건으로 전 국민의 뇌리에 가족애적인 호의 속에 깊이 각인되었던 '또 하나의 가족, 삼성'을 패러디한 게 분명한 제목이었다.

속초, 택시 운전사 가장 그리고 아내와 딸과 아들… 딸은 동생의 학비를 대주고 또 아버지의 차를 바꿔주기 위해서 대학교 진학을 포기하고 반도체를 만드는 대기업 진성반도체에 취직한다. 생산 부서에서 일하던 딸은 입사한 지 2년도 되지 않아 백혈병 진단을 받고 집으로 돌아온다. 그리고 회사 직원이 집으로 찾아와서 합의를 하자고 한다. 합의 조건은 회

에 필 로 그

사에 산재보험을 신청하지 말란 것. 딸은 아버지에게 그 합의금을 절대로 받지 말라고 한다. 자기 이외에도 백혈병에 걸린 사람이 여럿 있다는 것이었다. 딸은 결국 숨을 거두고 아버지는 신문사와 방송사에 전화를 하고 찾아가기도 하지만 아무도 도움을 주지 않는다. 하지만 아버지는 진실을 파헤치고자…

상업영화로는 쉽지 않은 경로를 거쳐서 제작되었다. 대한민국에서 삼성이라는 거대한 울타리 안에서 벌어진 일을, 그것도 비판적으로 다루는 상업영화에 투자하겠다는 투자자가 없었고, 결국 시민 모금 형태의 크라우드 펀딩 방식으로 국내외 1만여 명이 돈을 모아서 제작비를 마련했다. 배급도 쉽지 않았다.

"전국 영화극장 개봉관수를 줄이려는 외압이 너무 심하다. 시내 중심지에 있는 스크린은 주지 않고 변두리관들만 열어주는 시늉을 하며 3대 체인 중 하나는 전국 7개관만 준다고 한다. 저번 주 공중파 3사 영화 소개프로그램에는 소개조차 되지 않았는데 어떤 프로그램에서는 소개 확정까지 받았고 프로그램도 만들어졌는데, 마지막에 고위관계자가 잘라버렸다고 한다."

이 영화의 프로듀서 윤기호가 제작두레 회원들에게 보낸 메일의 일부이다. 그러나 이런 행위 자체가 음모론을 내세운 침소봉대의 노이즈 마케팅의 일환이라는 비판도 함께 제기되었다.

"(…) (내가) 20년 동안 자랑스럽게 일해 온 회사가 영화에서는 진실을 숨기기 위해 돈으로 유가족을 회유하고 심지어 증인을 바꿔치기해 재판의 결과를 조작하려 하는 나쁜 집단으로 묘사됩니다. (…) 제가 기흥사업장에 근무하면서 경험을 통해 알고 있는 한 그런 일은 일어날 수 없습니다. 고인과 유가족을 만나 아픔을 위로하고자 했던 인사 담당자를 알고 있습니다. 영화에서는 그가 직원의 불행 앞에서도 차갑게 미소 짓는 절대악으로 묘사됐지만, 제가 아는 그분은 영화 속 아버지처럼 평범한 가장이고 직장인일 뿐입니다. (…)"[2]

노이즈마케팅이 성공했든 아니면 삼성전자 백혈병 문제가 심각했든 간에, 바야흐로 '한국 최고의 기업' 삼성전자를 둘러싼 이 갈등이 사회 전면에 본격적으로 대두되었다.

〈또 하나의 약속〉이 개봉된 지 딱 한 달이 되던 2014년 3월 6일에는 마찬가지로 삼성전자의 백혈병 문제를 다룬 다큐멘터리 영화 〈탐욕의 제국〉이 개봉되었다.

* * *

삼성 백혈병 논란은 2007년 3월 황유미(당시 22세)의 죽음으로 세상에 처음 알려졌다. 그녀의 죽음 이후 2007년 11월 '삼성반도체 집단 백혈병 진상 규명과 노동기본권 확보를 위한 대책위원회(반올림, 이후 '반도체 노동자의 건강과 인권 지킴이'로 개칭)'가 발족했다. 반올림은 황유미 사망 이후 삼성전자 반도체 부문과 전자·전기 계열에서 백혈

에 필 로 그

병, 뇌종양, 유방암, 자궁경부암, 피부암 등을 호소하며 반올림에 신고한 피해자 수는 160명에 달하며 이 중 약 60명은 사망했다며 삼성의 사과와 대책 마련을 요구했다.

하지만 삼성 측은 그간 백혈병은 직업병이 아니라고 주장해 왔다. 양측이 팽팽하게 맞선 가운데 2011년 6월 서울행정법원은 백혈병으로 숨진 황유미와 이숙영의 산업재해를 처음으로 인정했다. 그러나 기쁨도 잠시뿐이었다. 삼성의 의뢰를 받은 인바이론 사가 7월에 '삼성 반도체 노동자의 발암물질 노출 수준은 국제기준보다 낮고, 노동자의 발암물질 노출과 백혈병 발병의 상관관계는 찾지 못했다'고 발표했고, 이를 근거로 근로복지공단은 판결에 불복한 채 항소했다.

그러자 전 세계에서 노동·환경·보건·인권·여성·이주·소비자 운동과 학계 등 총 39개국 176개 단체의 197명이 삼성전자 직업병 피해자들에 대한 산재 불승인에 대한 깊은 유감을 표시하면서 특히 백혈병 산재인정 판결에 대한 근로복지공단의 항소를 취하해야 한다는 입장을 담아 공동으로 연명한 서한을 10월 3일자로 이재필 고용노동부 장관에게 보냈다.

"(…) 근로복지공단(이하 공단)이 전자산업 직업병 피해자 140여 명 중 산재보상을 청구한 20명에 대해 단 한 명도 산재로 인정하지 않았다는 사실은 충격적인 일입니다. (…) 지난 6월 23일 서울행정법원은 두 명의 백혈병 사례에 대해 산재인정을 거부한 공단의 판단이 잘못되었다고 판결했는데, 공단이 이에 대해 항소를 제기하고 심지어 이미 검찰에 항소 의견을 제출한 뒤임에도 피해자들에게 항소 여부를 재검토하고 그 결과를 미리 알려주겠다고 기만한 것은 불명예스러운 일이며 공단 스스로 표방하고 있는 사명이나 한국 정부의 규범에도 맞지 않는다고 봅니다. (…) 따라서 고용노동부는 두 명의 삼성 직업병 피해자들에 대한 항소를 취하하고 공단은 그 불명예스러운 행위에 대해 책임져야 합니다. 또한 앞으로 노동자의 삶의 질 향상이라는 관점에서 공단의 행태를 철저히 조사해야 합니다 (…)"

삼성전자의 백혈병 문제는 외국 언론과 학자들의 관심사로 떠오르는 등 국제적 이슈가 됐다. 초일류 글로벌 기업을 지향하는 삼성전자로서는 부담이 될 수밖에 없는 사안이었고 어떻게든 문제를 매듭지어야만 했다. 하지만 협상은 지지부진했다.

마침내 그 계기가 나타났다. 2014년 4월 9일에 심상정 의원이 '삼성 반도체 직업병 피해자 구제결의안' 추진 기자회견을 하고 이틀 뒤에는 이 내용을 삼성전자에 공식적으로 전달한 것이다. 여기에 대해서 4월 14일에 김준식 삼성전자 커뮤니케이션팀 부사장이 공식적인 답변을 내놓았다.

"산업재해로 의심되는 질환으로 투병 중이거나 사망한 직원의 가족과 반올림, 심상정 의원 측이 삼성전자의 공식사과와 제3의 중재기관을 통한 보상안 마련 등에 관한 제안을 했다. (…) 진지하게 검토하고

에   필   로   그

있다."

 그러나 피해가족들과 반올림은 '제3의 중재기관을 통한 보상안'은 심상정 의원의 제안이지 자기들 공식적인 제안이 아니라고 바로잡았다. 그러자 4월 16일, 삼성그룹 고위 관계자는 서울 서초동 삼성전자 본사에서 마련한 브리핑에서 '제안서를 내놓은 심상정 의원, 피해자 가족, 반올림 측 제안을 적극 검토하고 있는 상황에서 반올림 측 입장에 변화가 왔다. (…) 혼란스러운 상황으로, 일단 현 상황을 지켜봐야 될 것 같다.'라고 밝히며, 다음날로 잡혀 있던 교섭 일정을 무기한 연기했다. 삼성으로서는 반올림의 입장이 무엇인지는 처음부터 너무도 잘 알고 있던 터였기에 이런 일방적인 조치는 뜬금없는 어깃장이었다.

 그 다음날인 4월 17일, 이건희 회장인 석 달 동안의 외유를 마치고 전용기편으로 김포공항을 통해 입국했다. 항간에서는 귀국하는 이건희 회장과 백혈병 교섭 내용이 겹쳐져서 이건희 회장 및 삼성그룹 전체의 이미지가 나빠질 것을 우려한 조치였다는 뒷말이 나돌았다.

 그리고 이건희 회장이 심근경색으로 심폐소생술을 받고 가까스로 생명을 유지하는 일이 일어난 지 닷새 뒤인 5월 14일, 삼성전자 권오현 대표이사 부회장은 서울 서초동 사옥에서 기자회견을 열고 백혈병 문제에 대해서 사과했다. 백혈병 문제가 제기된 지 7년 만의 일이었다.

 "가족의 아픔과 어려움에 대해 저희가 소홀한 부분이 있었다. 진작 이 문제를 해결했어야 하는데 그렇지 못한 점 마음 아프게 생각하며, 이 자리를 빌어 진심으로 사과드린다. (…) 지난달 9일 기자회견을 통

해 반올림이 제안한 내용을 전향적으로 수용하고, 당사자와 가족에게 합당한 보상을 하도록 하겠다. (…) 삼성은 관련 소송에서도 손을 떼고, 시민단체와 정치권의 중재 제안을 수용해, 재발방지책도 마련하겠다."

그러나 반도체 제조 공정과 백혈병 발병의 인과 관계를 인정하는 것은 아니라고 선을 그었다.

그리고 그 뒤로 몇 차례 회신과 답신이 오간 끝에 5월 28일에 첫 교섭이 이루어졌다. 그리고 이 교섭은 공전을 거듭하며 이어졌다.

7월 30일 서울 논현동 건설회관의 5차 협상, 회담에 임하는 양측의 입장.

백수현(삼성 측 대표, 삼성전자 전무) : 우리가 한 사과에 대한 피해자 가족들의 입장을 충분히 이해하고 문제 해결 노력을 성실하게 설명하려 한다. 반올림 측도 전향적으로 임해서 협상에 진전이 있었으면 한다.

황상기(반올림 측 대표) : 재발 방지 부분이 상당히 시급하다. 작업장에서 화학 약품을 어떻게 쓰는지, 관리 방안은 어떻게 세우는지 등이 궁금한데 지금까지 삼성은 보상 문제만 들고 나왔을 뿐 여기에 대해선 얘기한 적 없다.

결국 이 날도 서로간의 이견만 확인했을 뿐이다.

그리고 이틀 뒤인 8월 1일, 또 한 명의 삼성전자 백혈병 환자가 사망했다. 한 달 전에 급성 골수성 백혈병 진단을 받고 항암치료를 받았으나 불과 한 달 만에 세상을 떠난 것이다. 사망자는 1986년 삼성반도체 부천공장에 입사해서 일하다가 1991년 온양공장으로 근무지를 옮겨 23년간 일했으며, 2005년부터는 공장이 아닌 사무실에서 근무했다고 한다.

영화 〈또 하나의 약속〉에서 반도체 공장 직원 한 명은 이렇게 말했다.

"우리가 왜 방진복을 입는지 알아? 사람을 보호하려고 입는 게 아니라 반도체를 보호하기 위해서 입는 거야."

그래도 사람들은 삼성의 역사에서 이건희 시대가 막 끝났고 바야흐로 이재용 시대가 시작된다는 사실에 기대를 걸었다. 아닌 게 아니라 확실히 변화의 조짐은 희미하지만 분명히 보였다.

4월은 잔인한 달

4월은 잔인할 달이라고, 영국 시인 T. S. 엘리엇이 장편시 "황무지"의 1장 첫 행에서 노래했다.

> 사월은 가장 잔인한 달
> 죽은 땅에서 라일락을 키워 내고
> 추억과 욕정을 뒤섞고

> 잠든 뿌리를 봄비로 깨운다.
> 겨울은 오히려 따뜻했다.
> 모든 걸 잘 잊게 해주는 눈으로 대지를 덮고
> 마른 구근으로 약간의 목숨을 대어 주었다.(…)

4월이 잔인한 건, 망각에서 깨어나야 하는 새출발의 시련이 만만치 않기 때문이다. 하지만 대한민국의 2014년 4월 역시 그러했다. 잔인하기 짝이 없었다. 진도 앞바다에서 세월호가 침몰했고, 2014년 8월 7일 기준으로 294명이 사망했고 10명이 실종되었다. 부실하고 부패한 여객선 관리 체계 때문에 세월호는 침몰했고 무능하고 역시 부패한 구조 체계 때문에 살아날 수도 있었던 수많은 목숨이 떼죽음을 당했기에 더욱 안타까웠다. 그 일로 해서, 오랜 기간 동안 계속될 집단 우울증이 대한민국을 뒤덮었다. 얼마나 대단한 새출발을 하려고 그토록 잔인한 일이 일어나야 했던지…

3세 승계

2013년 2월 25일, 새누리당의 박근혜가 대한민국의 제18대 대통령으로 취임했다.

"나는 헌법을 준수하고 국가를 보위하며…"

에 필 로 그

취임사에서 경제 부흥과 국민 행복 그리고 문화 융성을 3대 국정방향으로 제시한 박근혜는 아버지 박정희 대통령이 피살되고 청와대에서 나온 지 33년 3개월 만에 다시 청와대의 주인이 되어 들어갔다.

자유무역협정으로 대변되는 신자유주의의 전 세계적 확산과 융성 속에서 어느 곳이나 할 것 없이 양극화는 가파르게 진행되었고, 한국도 이런 세계적인 흐름 속에서 예외가 아니었으며, 그만큼 치열해진 기업의 경쟁 그리고 또 그만큼 팍팍해진 가계의 살림살이 때문에, 기업이나 가계 모두 지쳤다. 그리고 획기적으로 나아질 것 같은 조짐도 보이지 않았다. 이런 상황에서 개발의 영웅으로 기억되는 아버지 박정희의 향수를 등에 업은 딸 박근혜가 등장했고, 아버지의 옛날 방식 즉 '불통의 카리스마'를 내세워 국정을 독려했다. 하지만 대통령의 권위는 예전의 아버지 때와 같지 않았고, 대기업의 영향력과 노하우는 이미 정부와 관료의 능력을 넘어선 지 오래였다.

* * *

마르크스는 〈루이 보나파르트의 브뤼메르 18일〉 서두에서 이렇게 썼다.

"헤겔이 어딘가에서 언급한 것처럼, 모든 위대한 세계적·역사적 사건들 및 인물들은 두 번 등장한다. 그러나 헤겔은 다음과 같은 말을 덧붙이는 것을 잊었다. 처음의 등장은 장엄하게 비극적이지만 두 번째의 등장은 우스꽝스럽기 짝이 없다고…"

그가 다루는 역사적 사건은 루이 보나파르트의 쿠데타였다.

1789년에 프랑스의 구체제는 몰락했다. 시민혁명이 시작된 것이었다. 그러나 과정은 간단하지 않았고 왕당파를 중심으로 구체제로의 복귀 시도가 있었다. 그러자 마침내 나폴레옹이 1799년 11월에 쿠데타를 일으켜 총재정부(總裁政府)를 뒤엎고 독재체제를 구축하고 '혁명은 끝났다'고 선언했다. 이른바 '브뤼메르 18일의 쿠데타'였다. 그런데 그의 조카인 루이 나폴레옹 보나파르트(나폴레옹 3세)가 1848년에 프랑스 제2공화국 초대 대통령으로 선출되었다가 3년 뒤에 쿠데타를 일으켜서 공화제를 폐지하고 스스로 황제가 되어 군주제로 되돌렸다. 나폴레옹의 전설에 여전히 넋을 놓고 취해 있던 사람들이 루이 보나파르트 황제를 만들어낸 것이었다. 사람들은 유럽의 군주제를 차례로 격파하던 나폴레옹의 추억과 향수에 젖어 루이 보나파르트를 선택했지만, 시민혁명의 이념은 이미 그 어디에도 없었다. 그래서 역사에서 흔히 나타나듯이, 우스꽝스러운 역사의 한 장면이 연출되고 말았다는 것이었다.

* * *

삼성도 승계 과정에서 이런 우스꽝스러운 역사의 반복이 나타날까? 그럴 수도 있지만, 그래서는 안 되었다.

적어도 이 점에 관한 한 기업인은 정치인에 비해서 현실 인식이 예리하다. 현실의 시장 속에서 끊임없이 경쟁해야 하므로 현실을 직시할 수밖에 없다. ('불통'의 카리스마 즉 독재는 경쟁을 배제하므로 현실을 직시할 필요가 없다. 그저 자기가 나아가고자 하는 방향만 있으면 된다, 될수록 선명하고 장밋빛으로.) 대한민국에서 정치와 경제의 역전은 이른바 '세계화'가 화두가 되었던 김영삼 문민정부 때 이미 시작되었고 IMF 사태를 기점으로 확실히 실현되었었다. 그리고 이런 사실을 기업인들은 잘 알고 있었고, 정치권에서도 적어도 기민한 사람들은 이미 알고 있었다. 박근혜가 후보자 시절에 공약으로 내걸었던 경제민주화가 경제민주화의 전도사로 불리던 김종인 새누리당 국민행복추진위원장과 함께 박근혜 정부 초기에 내쳐진 것도 이런 맥락에서였다.

이건희가 선대 회장으로부터 경영권을 물려받아 자기 세대의 전략으로 삼성을 새롭게 만들었듯이, 후대 회장 역시 자기 세대에 맞는 전략을 삼성을 새롭게 만들어야 했다. 새로운 세대의 새로운 시장, 새로운 경쟁 체제에 맞는 조직을 만들어야 했다. 그건 이건희가 해줄 수 있는 문제가 아니었다. 다만 그렇게 나아갈 길을 닦아줄 수 있을 뿐이었다. 그것까지가 이건희의 몫이었다, 선대 이병철 회장이 그랬듯이…

그런데 수상한 일들이 삼성이라는 조직 안에서 자꾸만 일어나고 있었다.

2013년 1월과 5월에 삼성전자 화성공장에서 불산 누출 사고가 발생해서 협력업체 직원 한 명이 숨지고 일곱 명이 다쳤다. 같은 해 7월에는 암모니아 누출로 추정되는 사고가 발생해 노동자 다섯 명이 병원으로 후송되는 일도 있었다. 또 2014년 3월 27일 새벽, 삼성전자 수원 공장 생산기술연구소 지하에서 소화용 이산화탄소가 누출되어 협력업체 직원 한 명이 질식사했다. 그리고 그로부터 한 달도 되지 않은 4월 20일, 이건희 회장에 귀국하고 사흘 뒤에는 삼성SDS 데이터센터에서 화재가 발생해서 삼성카드의 온라인·모바일 결제 등의 서비스가 최대 8일 동안 중단되었다. 삼성카드가 비용을 아끼기 위해 온라인 결제에 대한 복구시스템을 구축하지 않았던 것으로 드러났다.

좋지 않은 조짐이었다.

이건희가 경험했던 장엄한 대관식이 이재용에게는 우스꽝스러운 대관식이 될 수도 있었다.

* * *

세월호 사건이 일어난 다음날인 4월 17일 오후 이건희 회장은 외유를 마치고 김포공항으로 입국했다. 폐암 이력이 있는 이건희 회장은 해마다 겨울이면 해외에 체류하면서 건강을 챙겼다. 최지성 부회장은 이건희 회장이 입국장을 통과하자 다가가서 세월호 사고와 관련해 보고했다. 이 회장은 보고를 듣고 나서 '안타깝다'고 말했다. 이어 건강상태를 묻는 취재진의 질문에 '보시다시피 괜찮다'고 답했지만, 건장한 직원의 부축을 받는 그는 전혀 괜찮아 보이지 않았다. 이 회장의 왼쪽 이마에는 작은 사각형 반창고가 붙어 있었다.

에필로그

　이건희가 겨울을 보내고 입국할 때 새로운 경영 방침을 내놓을 때가 많았다. 그러니 삼성 안팎에서는 이번에는 어떤 구상을 내놓을지 바짝 긴장했다. 아닌 게 아니라 1월에 출국하기 전에 이른바 '마하 경영'을 화두로 던진 만큼, 이것을 실행하기 위한 방안이 구체화될 것이라는 전망이 유력하게 나돌았다. '마하 경영'은 비행기가 음속을 돌파할 수 있으려면 설계도는 물론이고 엔진·소재·부품 등 모든 것을 바꿔야 하는 것처럼, 삼성도 세계 초일류 기업이 되려면 체질과 구조를 근본적으로 개선해야 한다는 뜻이었다. 조만간에 계열사 간 사업 재편과 구조조정 작업에 속도가 붙을 전망이었다.

　하지만 무엇보다 중요한 것은 3세 승계였다. 3세 승계의 경로를 분명하고 확실하게 해놓지 않을 경우, 이건희 본인이 위로 두 형과 겪었던 형제 갈등이 재용·부진·서진 삼남매 사이에 벌어지지 않으리라는 보장도 없었다. 아니, 자기가 겪고 또 보아온 대로 치자면 그런 일은 필연적으로 일어날 수밖에 없었다. 그럴 경우 자기가 삼성의 경영권을 물려받은 뒤로 굳건하게 쌓아올린 삼성이라는 거대한 성은 밖에서부터의 공격뿐만 아니라 안에서의 내분으로 허물어질 테기 때문이었다. 사실 외부의 공격보다 더 무서운 것이 내부의 갈등이었다.

　이건희가 해외에 체류하는 동안 삼성SDI가 제일모직을 흡수합병키로 했고 삼성종합화학과 삼성석유화학도 합병을 의결했으며, 삼성증권 삼성생명 등 금융 계열사들은 이례적인 대규모 구조조정에 나선 것도 다른 이런 포석의 일환이었다.

그리고 5월 8일, 삼성은 놀라운 한 수를 던졌다. 삼성SDS가 상장을 추진하겠다는 발표를 한 것이었다.

"삼성SDS는 이번 상장을 계기로 글로벌 ICT서비스 선도기업으로 도약하고자 한다. 특히 클라우드, 빅데이터, IoT 등 신성장 기술을 확보해 통신, 헬스케어, 리테일 및 호스피탈리티 등 분야의 솔루션 및 서비스를 중심으로 해외사업을 적극 전개해 나가겠다."

삼성SDS의 전동수 사장이 한 말이지만, 너무도 뜻밖이었다. 지난 3월 주주총회 때만 하더라도 상장은 전혀 고려하지 않고 있다고 했었는데, 불과 두 달 만에 연내에 상장을 추진하겠다고 한 것이니 그럴 수밖에 없었다. 구체적인 계획은 물론이고 상장을 위한 대표 주관회사조차 선정하지 않은 상태에서 부랴부랴 SDS 상장 발표를 한 것은 타이밍 상으로도 어딘가 이상했다. 3세 승계와 관련해서 무언가 급박한 일이 진행되고 있다는 뜻이었다.

굳이 왜 이 시점에 삼성SDS 상장을 서두를까? 그 이유가 뭘까?

5월 7일 장외가 종가인 149,500원을 기준으로 했을 때 삼성SDS의 시가총액은 11조 5,600억 원 수준이었고 이재용의 삼성SDS 지분 보유 가치는 1조 3,000억 원이었다. 이부진과 이서현도 각각 이재용의 3분의 1 규모의 지분을 가지고 있다. 그런데 주가는 7월 말에 이미 20만 원대에 진입했고, 상장이 될 경우 더 많은 프리미엄이 붙을 수 있었다. 물론 삼성SDS 상장으로 얻게 되는 시세차익은 쉽게 현금화할 수 있는 자산이었다. 이건희 회장의 재산이 약 13조 원이므로 이 재산이 상속될 경우

에필로그

6조 원이 넘는 상속세를 내어야 했다. (재벌닷컴 발표에 따르면, 2014년 7월 말 기준으로 이건희 재산은 상장사와 비상장사 주식, 부동산 등 등기자산만 계산해도 13조 원이 넘었다.) 그래야 승계가 매끄럽게 진행될 수 있었다. 삼성SDS 상장은 3세 승계에 필요한 '실탄' 마련 차원이었던 것이다.

이렇게 3세 승계를 위한 작업이 갑작스러울 정도로 바쁘게 진행된 까닭은 머지않아서 밝혀졌다. 삼성SDS 상장 발표가 있은 지 불과 이틀 뒤에…

2014년 5월 10일

밤 10시가 훨씬 넘은 시각이었다. 이건희는 한남동 자택에서 호흡곤란을 느끼며 쓰러졌다. 곧바로 인근의 순천향대학병원으로 옮겨져 심폐소생술을 받았고, 한 시간쯤 뒤인 자정 무렵에 삼성서울병원으로 옮겨졌다. 병원 측에서는 급성심근경색(심장에 혈액을 공급하는 혈관이 갑자기 막혀 심장 근육의 조직이나 세포가 괴사하는 증상)으로 진단된다며 현재 안정된 상태라고 설명했고, 삼성 측은 이 회장의 증상이 그리 심각하지 않다고 전했다. 아닌 게 아니라 작년 8월에도 감기가 폐렴 증상으로 발전하면서 열흘 정도 삼성서울병원에 입원했었고, 또 2009년 3월에는 기관지염으로 삼성서울병원에 입원해 나흘간 치료받고 퇴원하기도 했었는데, 그때마다 이회장이 곧 사망할 것이라는 소문이 돌곤 했었다, 결국 사실이 아닌 것으로 밝혀지긴 했지만…

하지만 병원 측 및 삼성 측의 발표를 곧이곧대로 믿을 수 없는 상황이었다. 온갖 소문이 무성했다. 의식을 잃고 심장이 멈춘 상태에서 심폐소생술을 받았을 정도이면 얼마나 위중한 상태인지 누구나 쉽게 짐작할 수 있었기 때문이다. 순천향대학병원에서 삼성서울병원으로 이송될 때는 기도를 확보하기 위해 기관지 삽관을 했으며, 삼성서울병원에서 추가로 심장시술(스텐트 삽입술)이 이루어졌다는 사실도 확인되었다. 해외 출장 중이던 이재용이 급히 귀국해 병원에 도착했다고 했고, 삼성그룹의 수뇌부가 병원에 집결해서 대기중이라는 말도 돌았다.

국내외의 언론은 온갖 소문과 추측을 무성하게 내놓는 가운데 5월 11일 오후 두 시, 병원 측은 "Q&A"라고 제목을 붙인 A4 용지를 기자들에게 배포했고 질문을 따로 받지는 않았다. 영상기자들에게는 관련 자료를 웹하드에 올렸으니 알아서 편집해서 쓰라고 했다.

심장마비 시간이 얼마나 됐나?

순천향대병원 응급실 도착 직후 심장마비 발생. 즉시 심폐소생술 시행하여 심장기능 회복하였음. 초기에 적절한 치료를 성공적으로 잘 해준 순천향대병원에 감사를 드림

현재 의식상태는?

시술 후 안정된 상태로 회복 중

에필로그

심근경색 발생 징후를 사전에 알 수 없었나?

징후 없었음

과거에도 관련 질환에 노출된 적이 있었나?

개인 병력에 관한 것으로 이 자리에서 말씀드리는 것이 적절치 않아 보임

예상되는 후유증은?

아직 말씀드리기에는 이르지만 순천향대병원에서 초기 응급치료를 매우 잘했고, 삼성서울병원에서 시행한 관련 시술도 성공적이었으므로 큰 문제가 없을 것으로 본다.

(…)

뇌손상 여부는?

초기 조치를 적절하고 신속하게 잘했기 때문에 큰 영향이 없을 것으로 판단한다.

하지만 그 뒤로 오랫동안 삼성과 병원의 공식적인 발표는 나오지 않았다. 분명한 것은 건강하게 털고 일어나기는커녕 깊은 수면 상태에 빠져들었다는 사실이었다. 환자는 스텐트 시술을 마친 직후부터 저체온 치료를 받은 사실이 추가로 알려졌다. 저체온 치료는 인체 조직에 혈류 공급이 원활하지 못하다가 혈류 공급이 재개되면 활성화 산소 등 조직에 해로운 물질이 생성될 수 있기 때문에 체온을 낮춰 세포 대사를 떨어지게 함으로써 조직 손상을 최소화하기 위한 것이었다. 저체

온 치료를 받는 동안 환자는 깊은 수면 상태를 유지하며 통상 24시간이 지난 뒤에 정상 체온을 회복하면서 수면 상태에서 깨어난다. 하지만 이건희 환자는 깨어나지 않았다. 깨어났다면 삼성에서 곧바로 보도했겠지만 그런 보도는 오랫동안 나오지 않았다.

그리고 5월 20일, 삼성서울병원은 '이건희 회장의 상태가 매우 안정적이고, 병세가 많이 호전돼 19일 일반 VIP 병실로 옮겼다.'는 발표를 했다. 입원 9일 만에 중환자실에서 일반 병실로 옮겼지만, 그 동안 계속 저체온 치료를 받았지만 의식을 회복하지 못했다는 말이었다. 그리고 다시 일주일쯤이 지나서, 삼성 라이온즈의 이승엽 선수가 홈런을 쳤다는 소식에 눈을 한 번 크게 떴다가 감았다면서 의식 회복의 징조를 보였다는 병원 측의 발표가 나왔다. 하지만 그것은 징조일 뿐이었다. 그리고 다시 두 주쯤 지난 6월 10일에는 '이건희 회장이 손발을 조금씩 움직이고 있다 (…) 하루에 눈을 뜨고 있는 시간도 7~8시간가량 된다.'고 밝혔다. 삼성 측의 발표에서 이건희는 여전히 '환자'가 아니었고 '회장'이었다. 그리고 다시 또 열흘쯤 지난 7월 9일에는 '이건희 회장이 서서히 나아지고 있다.'고 발표했다.

삼성의 성주(城主) 이건희는 서서히 죽어가고 있었다. 이재용 체제로의 원활한 승계를 위해서 이미 죽은 사람을 억지로 붙들어두고 있다는 소문도 세상 사람들 사이에서는 그다지 놀랍지 않게 받아들여지고 있었다.

그리고 이건희가 입원해 있는 동안에 3세 승계를 위한 작업은 착착 진행되었다. 삼성종합화학이 삼성석유화학을 합병 완료했고, 삼성SDI가 제일모직을 합병했다. 사실 이런 시나리오는 이미 오래 전에 설정되어 있었고, 그 시나리오에 따라서 모든 일이 착착 진행되고 있었다. 다만 그 시기가 예상보다 갑작스럽게 다가왔을 뿐이다.

* * *

이건희는 1987년 12월 1일에 삼성그룹 회장으로 취임한 뒤 5년여 동안 삼성 호를 이끌어나갈 조직적인 준비를 했고, 1993년 1월에 마침내 명실상부한 1인자의 자리에 올라서기 위해서 삼성을 변화의 거대한 회오리 속으로 몰아넣었다.

"당장 집어치우고 나가시오!"

그리고 20여 년 동안 그 자리를 지켜왔다.

1인자라는 것은 자기 행동을 자기가 결정한다는 뜻이다. 그 누구의 뜻을 따르지 않고 오로지 자기 의지에 따라서 자기 행동을 비롯한 모든 것을 결정한다는 뜻이다. 하지만 이제 이건희는 자기 의지를 가지고 있지 않았다. 자기 의지를 가지고 있다 하더라도 그 의지대로 자기 자신을 결정할 수 없었다. 그렇게 이건희는 20여 년 만에 자기 행동을 자기 스스로 결정하지 못한 상태로 전락했다. 회장 이건희가 죽은 것이다.

인지 활동이 중단된 육체가 힘들게 붙잡고 있는 생명의 끈을 툭 놓

이 건 희 스 토 리

아버리고 싶은 마음이 왜 들지 않을까마는, 환자 이건희는 자기 의지와 상관없이 그렇게 할 수 없었다. 최고의 최첨단 의료 기술이 식물인간 상태로나마 그를 붙잡아두고 있었다. 그렇게 살아 있는 것이 아직은 3세 승계 작업에 도움이 되었다. 아직은 좀 더 시간이 필요했고, 환자는 그런 상태로 더 버텨야 했다. 환자 이건희로서는 알지 못하겠지만 혹은 알아도 손사래를 치면서 거부하고 싶겠지만, 이것 역시 회장 이건희가 장차 자기에게 닥쳐올 운명을 놓고 미리 안배해놓은 설정이었을 것이다.

그렇게, 세상 사람들이 알고 있던 삼성의 이건희 회장은 죽었다, 이미. 아직 할 얘기가 더 남았다면 이제 회장 이건희가 아닌 인간 이건희뿐이었다.

어떤 철학자가 그랬다. 인간은 자기 자신의 역사를 만들어 나가지만 자기가 원하는 대로 역사를 만들지는 않는다고. 자기가 선택한 환경 아래서가 아니라 과거로부터 주어져서 현실에 존재하는 환경 아래에서 역사를 만들 뿐이라고. 이건희 회장도 그렇게 살았다. 아버지가 내어준 길을 따라서 오롯이 아버지의 뜻대로 성공한 기업가의 일생을 살았다. 초등학교 시절부터 해야 했던 유학 생활, 외로움, 사람 공부, 경영권 승계를 놓고 벌였던 형제 사이의 갈등, 범법자라는 손가락질… 하지만 그는 이 모든 것을 숙명으로 받아들이고, 아버지의 가르침대로 목계(木鷄)가 되어 아버지에게서 물려받은 삼성이라는 성(城)을 수십 배 더 키웠다. 삼성을 세계 일류의 기업으로 키워놓았다.

에　　　　　필　　　　　로　　　　　그

　그리고 다행히, 아들 역시 자기가 그랬던 것처럼 아버지의 그늘에서 벗어나려고 애를 쓴다. 자기가 예전에 아버지 사람들을 몰아내고 온전하게 자기 사람들로 자기 전략을 가지고서 '신경영'을 선언하며 자기의 왕국을 만들려고 했던 것처럼, 아들 역시 아버지가 병상에 누워 의식을 회복하지 못하고 있는 두 달 남짓한 짧은 기간이긴 하지만 그사이에 벌써, 해묵은 갈등이던 삼성전자 백혈병 문제와 삼성전자서비스 협력사 노사의 대립을 전향적으로 대하는 등 새로운 패러다임을 본격적으로 갖추어나가고 있다. 적어도 현상적으로는 그렇다.
　만일 이재용이 이건희가 그랬던 것처럼 대를 이어 삼성의 무소불위 '불통'의 성주를 자처한다면, 세계적인 초일류 기업을 꿈꾸는 삼성을 바라보는 전 세계는 '역사는 반복된다, 한 번은 비극으로 또 한 번은 희극으로.'라는 명제가 21세기에 또 한 번 실현되는 드문 장면을 목격할 수 있겠지만, 아마도 이런 일은 일어나지 않을 것이다. 적어도 기업인은 정치인보다 현실 인식이 빠르기 때문이다. 그리고 이재용은 일제강점기에 태어나 일제강점기의 영향을 고스란히 받았던 아버지 이건희에 비해서 그런 과거로부터 한 세대나 더 멀리 떨어져 있기 때문이다.
　병상에서 하루에 7~8시간씩 눈을 뜨며 '서서히 회복되고 있다'는 이건희 회장이 이 모든 것을 안다면, 아마도 좋아하지 않을까?
　'아들딸들아, 삼성의 영원한 미래를 위해서 모든 아픔과 비난은 내가 가지고 가마. 선대 회장께서 삼성을 위해서라면 어쩔 수 없이, 그토록 아끼던 장남을 내치고 자식들 간의 우애가 갈라지는 것까지 감내하며

평범한 아버지의 마음을 배반했던 것처럼… 그렇게 나는 죽어도 좋다.'

* * *

2014년 1월 2일 오전 11시 서울 신라호텔, 삼성그룹의 신년하례식, 이건희 회장이 읽어내려가는 신년 메시지가 사내 매체인 미디어삼성을 통해 한국어, 중국어, 일본어 그리고 영어로 전 세계 임직원에게 생중계됐다.

삼성 가족 여러분,
2014年을 여는 새 아침이 밝았습니다. 국내외 임직원 여러분과 여러분의 가정에 건강과 행복이 가득하기를 바랍니다. (…) 신경영 20년간 글로벌 1등이 된 사업도 있고, 제자리걸음인 사업도 있습니다. 선두 사업은 끊임없이 추격을 받고 있고 부진한 사업은 시간이 없습니다. 다시 한번 바꿔야 합니다. (…) 한 치 앞을 내다보기 어려운 불확실성 속에서 변화의 주도권을 잡기 위해서는 시장과 기술의 한계를 돌파해야 합니다. (…) 지난 20년간 양에서 질로 대전환을 이루었듯이 이제부터는 질을 넘어 제품과 서비스, 사업의 품격과 가치를 높여 나갑시다. 우리의 더 높은 목표와 이상을 향해 힘차게 나아갑시다. 감사합니다.[3]

그가 공식적인 자리에서 보여준 마지막 모습이었다.

에필로그

    그로부터 6년 10개월 가까운 세월 동안 그는 병상에 누워 있었다. 그리고 2020년 10월 25일, 그는 마침내 생명유지장치의 고통에서 영원히 해방되었다. 장례는 가족장으로 '간소하게' 치러졌고, 장지는 경기도 용인시 에버랜드 내 삼성가 선영이었다.

    굿바이 회장님, 굿바이 목계(木鷄)!

● 저자 후기

해피엔딩을 위하여

1

　성공한 기업가인 자신만만한 아버지 곁에서 겁먹은 눈으로 미래를 응시하던 흑백사진 속의 소년 건희는 그로부터 60년쯤 지나 세계적인 기업가가 되어, 한국에서 가장 영향력이 있는 인물로 (구체적이고 산술적인 자료는 없지만) 적어도 다섯 손가락 안에는 꼽히는 거인으로 우뚝 섰다. 그가 키운 삼성그룹의 2009년 매출액은 200조 원이 넘는다. 2010년 한국 정부 예산의 3분의 2나 되는 규모이다. 또 277,000명인 삼성 임직원만 하더라도 국내 경제활동인구 2400만 명의 1퍼센트가 넘는다.[1] 뿐만 아니라 그의 인맥은 재계는 말할 것도 없고 정계, 관계, 언론계, 문화계 그리고 학계에 촘촘하게 구축되어 있다. 그러니 감히 그 누구도 공식적인 자리에서 부정적인 맥락으로 그의 이름을 함부로 입에 올리기 어렵다. 어떤 종류의 글을 쓰더라도 마찬가지다. 앞뒤를 재야 하고 오른쪽과 왼쪽을 둘러봐야 한다. 이런 점에 대한 학습 효과는 숱한 '신화'를 통해서 오랜 세월 확실하고도 충분하게 발휘되었다.

　이처럼 그는 아버지 호암의 기대대로 마침내 세상을 호령하는 목계

저자 후기

(木鷄)가 되었다. 상대 닭이 아무리 소리를 지르고 덤벼도 동요하지 않고, 덕이 충만하여 그 모습만 보아도 상대 닭은 지레 겁을 먹고 등을 돌려 걸음아 나 살려라 하고 도망치고 만다. 스스로 추구한 대로 닭 중의 닭, 그 누구도 범접할 수 없는 최고의 닭이 되었다.

그런데 목계는 닭의 형상을 하고 있으며 다른 닭들이 닭이라고 생각하니 닭이라고 할 수도 있겠지만, 또 닭의 피와 깃털과 숨결을 가지고 있지 않으니 그저 깎아놓은 나무토막일 뿐이라고 할 수도 있다.

과연 이건희의 목계는 닭일까, 나무일까?

2

한 사람을 놓고 그 사람의 인생 이야기를 쓸 때면 사실을 바탕으로 하고 객관적인 시각과 거리를 충분히 유지해야 하지만, 누구나 그리고 언제나 그렇듯이 글을 쓰다 보면 그 대상에 점점 더 많은 애정을 느끼고 또 거기에 빠져들어 객관적인 사실 그 자체에 집중하기보다는 그 사실을 그 사람 입장에서 해석하게 된다. 나아가, 때로는 그 사람 편에서 변명을 하게 되기도 한다. 또 때로는 그 사람을 맹목적으로 사랑하게 되어 결국 객관성의 냉정함을 놓치고 주관적인 편견에 사로잡히고 만다. 특히 그 사람이 '드라마틱한 서사 속의 매력적인 주인공'일 때는 더욱더 그렇다.

이때 균형을 올바르게 잡는 게 일류작가의 능력과 소양이지만 삼류의 솜씨로는 여간 어려운 일이 아니었다. 기존에 나온 노래와 차별성이 없는 또 한 곡의 용비어천가를 보태는 건 아무런 의미가 없는 행위가 아닌가? 그렇다고 해서 삼성의 경영 기법과 전략 혹은 이건희의 경영 철학을 경제·경영학적으로 혹은 사상사적으로 분석하고 비판하며 대안을 제시하기에는 역부족이었고, 또 재미도 없을 터였다.

그런데, 소년 건희가 아버지와 함께 찍은 사진 한 장을 보다가 문득, 세상과 미래에 잔뜩 겁을 먹고 있던 이 소년이 60년 가까운 세월을 거치며 세계적인 기업가로 성장하는 동안 잃은 것은 무엇이고 얻은 것은 무엇일까, 과연 이건희의 목계는 닭일까 아니면 나무일까, 하는 질문이 떠올랐다. 닭이라고 대답한다면 최상의 위치에 도달했다는 사실에 초점을 맞춘 판단이고, 나무라고 대답한다면 닭의 피와 깃털과 숨결을 잃어 버렸다는 데 초점을 맞춘 판단이다.

나는 후자를 선택했다. 희노애락애오욕(喜怒哀樂愛惡慾)이 교차하는 인생의 굽이길을 걸어온 이건희라는 한 인간, 평범한 사람으로 살았더라면 누릴 수 있었던 많은 것을 누리지 못했고 당하지 않았을 온갖 구설에 시달렸으며, 또 삼성그룹의 후계자로서 또 최고경영자로서 져야 했던 책임에 짓눌렸던 한 개인을 가깝게 들여다보고 싶었기 때문이다. 그가 처음 가지고 있었던 인간적인 '피와 깃털과 숨결'을 만지고 느껴 확인하고 또 이것이 어떻게 그리고 왜 실종되어, 결국 '인간'을 잃어 버리고 마침내 온기가 없는 딱딱한 나무가 되고 말았는지 알고 싶었기

저　　　자　　　후　　　기

때문이다. 한마디로 '인간 이건희'를 알고 싶었기 때문이다. 또 가능하다면, 성리학자였던 할아버지와 삼성이라는 기업을 일군 아버지 호암의 가계(家系)에서 이어져 삼성을 글로벌기업으로 성장시킨, 한국 근현대사 속에서 생성된 그의 성공 DNA의 실체도 조금이나마 더듬어보고 싶었기 때문이다.

3

미천한 신분으로 태어났던 덴마크의 작가 한스 크리스티안 안데르센은 열등감과 분노와 복수심을 평생 지겹도록 가슴에 품고 살았다. 평론가들은 그를 무시했고 귀족들은 그를 업신여겼다. 하지만, 어떤 평자가 지적했듯이, 안데르센은 결국 가슴 속에 들끓는 분노와 복수심을 문학적으로 승화했다. 그리고 당대 최고의 시인이자 소설가로 우뚝 서서 국민적인 칭송을 받았다. 말년에 안데르센은 고향인 오덴세를 방문하고 떠나는 순간, 자기가 평생 온몸과 영혼을 던져 그토록 얻고자 했던 것, 그때까지 미처 알지 못했던 그것의 실체가 무엇인지 감동적으로 깨닫는다.

오덴세를 떠나는 날이 왔다. 10월 11일이었다. 사람들이 몰려와 기차역이 북적거렸다. 여성 친구들이 꽃다발을 안겼다. 내가 탈 기차가 플랫

폼으로 들어왔다. 시장인 헤르 무리에르가 작별인사를 했다. 나도 잘 있으라고 말했다. 요란한 만세소리가 몇 번이나 반복되었다. 기차가 움직이면서 그들의 모습이 뒤로 멀어져갔다. 또 한 무리의 사람들이 기다리고 있다가 만세를 외쳤다. 이윽고 그들도 멀어져 보이지 않게 되었다. 드디어 온전히 나 혼자만 남게 되자, 비로소 내가 태어난 곳에서 신이 내게 내렸던 모든 명예와 기쁨과 영광의 의미를 깨달았다.

결국, 내가 얻을 수 있었던 가장 크고 위대한 축복은 나 자신이었던 것이다. 나는 생애 처음으로 영혼을 바쳐 신에게 감사하고, 이렇게 기도했다.

"장차 시련의 날이 닥쳐올 때 제 곁을 떠나지 마시옵소서."[2]

안데르센은 인생의 가장 크고 위대한 축복이 지위도 아니고 명성도 아니고 바로 자기 자신임을 깨달았다. 그때 그의 나이 예순네 살이었고, 그런 깨달음 속에서 육 년을 더 평온하게 살다가 세상을 떠났다.

그는 7년 가까운 시간 동안 병상에 누워 있었다. 사람들은 그의 의식이 돌아오지 않았다고 했다. 그러나, 혹시라도 자기가 살아온 인생의 모든 사건을 또렷하게 기억하지 않았을까? 의식이 또렷하게 살아 있었다면, 자기가 인생을 살면서 얻은 가장 크고 위대한 축복으로 과연 무엇을 꼽을까? 혹시, 끝내 딱딱한 목계(木鷄)의 모습을 벗어던지지 못한 일이나 자신이 세운 성벽을 허물고 성 바깥 사람들과 함께 스스럼없이 어울리지 않은 일 또 혹은 성공한 기업가로서는 존경받았지만 가슴이 따뜻한 한 사람의 인간으로서는 존경받지 못한 일을 아쉬워하기나 했

저 자 후 기

을까?

  이 책을 처음 쓸 때는 이건희라는 인물이 결국에는 목계의 형상을 벗어던지고 가슴이 따뜻한 인간의 모습으로 돌아올지도 모른다는 해피엔딩을 기대했었다. 하지만 그 바람을 끝내 접어야 했다. 그래도 한 가지 위안으로 삼을 수 있는 것은, 이건희라는 인물이 우리 역사 속에서 (기업계의 역사뿐만 아니라 문화사를 통틀어서) 매우 독특하고 특별한 인물로 남을 것이라는 점이다.

2020년 10월의 끝자락에

이경식

주(註)

프롤로그

1. 다음 인터넷 웹페이지에서 사진을 찾아볼 수 있다. http://blog.naver.com/ahddnwhtpqzl?Redirect=Log&logNo=120062628665

1장 아버지와 아들

1. 오효진, "삼성 뉴리더 이건희 회장", 《월간조선》, 1989년 12월, 339쪽
2. 이병철, 《호암자전》, 중앙일보사, 1986년, 54쪽
3. 홍하상, 《이건희》, 한국경제신문, 2003년, 44~45쪽
4. 오효진, 앞의 글, 350쪽
5. 위의 글, 341쪽
6. 삼성재단의 호암 이병철 소개 웹페이지에서, http://www.samsungfoundation.org/html/foundation/hoam_LBC.asp
7. 이건희, 《이건희 에세이 : 생각 좀 하며 세상을 보자》, 동아일보사, 1997년, 189쪽
8. 위의 책, 189쪽
9. 이인길, "나는 그동안 속아 살았다", 《신동아》, 1993년 9월, 458쪽
10. 오효진, 앞의 글, 350쪽
11. 이어령, "내가 만나본 이건희 회장", 이건희, 앞의 책, 65쪽
12. 박경리, "내가 만나본 이건희 회장", 위의 책, 128쪽
13. 민병문, "이병철 삼성의 이미지를 바꾸겠다", 《신동아》, 1988년 5월, 434쪽
14. 이철현, "삼성 구조본 '매직 파워'의 비밀", 《시사저널》, 2005년 5월 10일, 19면
15. 임승환, 《5대그룹 총수의 성격 분석 보고서》, 중앙M&B, 1998년, 114쪽
16. 고승철, 《최고경영자의 책읽기》, 책만드는집, 1996년, 267쪽

17. 이맹희,《묻어둔 이야기》, 청산, 1993년, 273쪽
18. 위의 책, 186쪽
19. 오효진, 앞의 글, 342쪽
20. 이건희, 앞의 책, 65쪽
21. 박원배,《삼성 이건희 회장의 신경영 어록─마누라 자식 빼고 다 바꿔라》, 청맥, 1993년, 300쪽
22. 한유림,《재벌 총수들의 젊은 시절, 세계는 꿈꾸는 자의 것이다》, 유정, 1993년, 93쪽
23. http://hl1tp.karl.or.kr/bbs/zboard.php?id=hamnews&no=69
24. 한유림, 앞의 책, 94쪽
25. 오효진, 앞의 글, 343쪽
26. 이기홍 외,《인재 포석의 명인 : 글로벌 CEO 이건희부터 신세대 CEO까지》, 동아일보사, 2005년, 40쪽
27. 오효진, 앞의 글, 340쪽
28. 이건희, 앞의 책, 237쪽
29. 위의 책, 32쪽
30. 오효진, 앞의 글, 351
31. 위의 글, 342쪽
32. 이맹희, 앞의 책, 32쪽.
33. 오효진, 앞의 글, 341~342쪽
34. 이건희, 앞의 책, 39쪽
35. 박후건,《유일체제 리더십》, 선인, 1998년, 137쪽
36. 이병철, 앞의 책, 34쪽
37. 위의 책, 34쪽
38. 이맹희, 앞의 책, 37~38쪽
39. 오효진, 앞의 글, 340쪽
40.《삼성 60년사》, 1998년, 41쪽
41. 이병철, 앞의 책, 59쪽
42. 박상하,《이병철과의 대화》, 이룸미디어, 2007년, 30쪽

43. 위의 책, 29쪽

44. 이인길, 앞의 글, 468쪽

45. 오효진, 앞의 글, 344쪽

46. 홍하상, 앞의 책, 2003년, 92~93쪽

47. 이인길, 앞의 글, 459쪽

48. 권터 뷔르테레, 《21세기의 도전과 전략 : 세계 정치·경제 지도자 26인의 미래 예측과 그 대안》, 밀알, 1996년, 242~243쪽

49. 오효진, 앞의 글, 348쪽

50. 위의 글, 336쪽

51. 최홍섭, "듣기, 관찰, 사색 즐기는 '정중동 리더' : 이건희 삼성그룹 회장", 《주간조선》, 2005년 1월 17일, 37면

52. 이채윤, 《삼성처럼 경영하라》, 열매출판사, 2004년, 128쪽

53. 김성홍과 우인호, 《이건희 개혁 10년》, 김영사, 2003년, 158쪽

54. 강인규, "문화맹 정부 아래 사는 슬픔", 《오마이뉴스》, 2006년 3월 6일. http://www.ohmynews.com/NWS_Web/View/at_pg.aspx?CNTN_CD=A0000314851

55. 오효진, 앞의 글, 346쪽

56. 한유림, 앞의 책, 94쪽

57. 《조선일보》, 1966년 9월 16일

58. 이상의 한국비료사건 관련 주요 내용은 이맹희, 앞의 책, 128~164쪽에서 발췌

59. 《조선일보》, 1966년 9월 23일

60. 이맹희, 앞의 책, 183~185쪽

61. 《삼성 60년사》, 81쪽

62. 위의 책, 80쪽

63. 이맹희, 앞의 책, 144~145쪽

64. "비화 제1공화국 535회", 《동아일보》 1975년 6월 9일, 4면

65. 오효진, 앞의 글, 348쪽

66. 위의 글, 348~349쪽

부 록

67. 한유림, 앞의 책, 97쪽

2장 메기와 미꾸라지

1. 오효진, 앞의 글, 350쪽

2. 이맹희, 앞의 책, 187~188쪽

3. 위의 책, 189쪽

4. "거탑의 내막, 삼성의 전자발진 1", 《경향신문》, 1982년 8월 3일, 2면

5. 이병철, 앞의 책, 182쪽

6. 위의 책, 183쪽

7. 위의 책, 188쪽

8. 위의 책, 182쪽

9. 이맹희, 앞의 책, 156쪽

10. 방우영, 《나는 아침이 두려웠다》, 김영사, 2008년, 53~54쪽

11. 이병철, 앞의 책, 182쪽

12. 이맹희, 앞의 책, 180~182쪽

13. 이병철, 앞의 책, 182쪽

14. 위의 책, 250쪽

15. 전진우, "이건희 '삼성호' 순항할 것인가", 《월간조선》, 1988년 1월, 346쪽

16. 이병철, 앞의 책, 249~250쪽

17. 오효진, 앞의 글, 351쪽

18. 위의 글, 352쪽

19. 이맹희, 앞의 책, 52쪽

20. 오효진, 앞의 글, 352쪽

21. 전진우, 앞의 글, 347쪽

22. 이상의 탄원서 관련 내용은 다음 책을 기초로 했다. 이맹희, 앞의 책, 259~264쪽

23. 박원배, 앞의 책 307쪽

24. 이맹희, 앞의 책, 195쪽

25. "거탑의 내막, 삼성의 전자 발진(發進 1)", 《경향신문》
26. 박상하, 앞의 책, 147쪽
27. "거탑의 내막, 삼성의 전자 발진(發進 1)", 《경향신문》
28. 이병철, 앞의 책, 206쪽
29. 《삼성 60년사》, 96쪽
30. 이맹희, 앞의 책, 266~267쪽
31. 위의 책, 267~268쪽
32. 위의 책, 196쪽
33. 이채윤, 《이건희, 21세기 신경영노트》, 행복한마음, 2006년, 35~36쪽
34. 《삼성 60년사》, 112쪽
35. 이채윤, 앞의 책, 2006년, 39~40쪽
36. 이건희, 앞의 책, 12쪽
37. 이맹희, 앞의 책, 271~272쪽
38. 위의 책, 275쪽
39. 위의 책, 279~281쪽
40. 이인길, 앞의 책, 468~469쪽
41. 박상하, 앞의 책, 44~45쪽
42. 홍하상, 앞의 책, 2003년, 79쪽
43. 김문순, "삼성과 현대의 후계자 이건희와 정세영", 《월간조선》, 1987년 2월, 408쪽
44. "사재 150억 원 처리", 《동아일보》, 1971년, 2월 27일, 3면
45. 이맹희, 앞의 책, 284쪽
46. 박상하, 앞의 책, 232쪽
47. 《경향신문》, 1979년 2월 28일, 2면

3장 목계가 되어라

1. 위키백과, http://ko.wikipedia.org/wiki/GM_%EB%8C%80%EC%9A%B0
2. 박후건, 앞의 책, 111쪽

3. 오효진, 앞의 글, 350쪽

4. 위의 글, 352쪽

5. 위의 글, 349쪽

6. 정혜신, 《남자 vs 남자》, 개마고원, 2001년, 55쪽

7. 위의 책, 48쪽

8. 한유림, 앞의 책, 97쪽

9. 오효진, 앞의 글, 351쪽

10. 위의 글, 348쪽

11. 민병문, 앞의 글, 434쪽

12. 이영래, "'자랑스러운 서울대인상' 수상한 삼성가 홍라희 여사 인터뷰", 《여성동아》, 2003년 11월호, http://woman.donga.com/docs/magazine/woman/2003/10/31/200310310500004/200310310500004_1.html

13. 호암재단, 《기업은 사람이다》, 을지서적, 1997년, 273쪽

14. "인상 열풍, 지혜로 산다 5 – '기름 따름틀' 등장", 《동아일보》, 1979년 7월 17일, 7면

15. 홍하상, 앞의 책, 2003년, 96쪽

16. "유공을 선경에 넘겨 민영화", 《동아일보》, 1980년 11월 29일, 3면

17. 엄지도, "이건희의 삼성 관리직 대숙청 비화", 《월간조선》, 1994년 1월, 279쪽

18. 홍하상, 앞의 책, 2003년, 97쪽

19. 엄지도, 앞의 글, 279쪽

20. 위의 글, 281쪽

21. 엄지도, 앞의 글, 1994년, 283쪽

22. 강승구, 《이제는 바꿔야 산다, 이건희 이야기》, 미래미디어, 1993년, 26쪽

23. 이인길, 앞의 글, 458쪽

24. 위의 글, 458쪽

25. 위의 글, 469쪽

26. 홍하상, 앞의 책, 2003년, 98쪽

27. 이맹희, 앞의 책, 314~315쪽

28. 위의 책, 318~321쪽

29. 위의 책, 311~332쪽 발췌 정리

30. 이병철, 앞의 책, 72쪽

31. 위의 책, 72쪽

32. 제리 멀러, 《자본주의의 매혹》, 휴먼앤북스, 2006년, 430~431쪽

33. 1974년 4월 《서울경제신문》의 "재계 회고" 가운데서. 다음에서 재인용, 호암재단, 앞의 책, 40쪽

34. 한유림, 앞의 책, 101쪽

35. 오효진, 앞의 글, 349쪽

36. 위의 글, 358쪽

37. 민병문, 앞의 글, 436쪽

38. 오효진, 앞의 글, 358쪽

39. 이맹희, 앞의 책, 226쪽

40. 오효진, 앞의 글, 358쪽

41. 위의 글, 358쪽

42. "신군부가 빼앗아간 TBC는", 《중앙일보》, 2009년 12월 1일, 8면

43. "삼성 이건희 회장, 군사 문화 비판", 《경향신문》, 1994년 6월 4일, 9면

44. 박원배, 앞의 책, 254쪽

45. 이맹희, 앞의 책, 167쪽

46. 위의 책, 222쪽

47. 위의 책, 336쪽

48. 《삼성 60년사》, 199쪽

49. 위의 책, 194쪽

50. 이맹희, 앞의 책, 293쪽

51. 이병철, 앞의 책, 198쪽

52. 오효진, 앞의 글, 353쪽

53. 전진우, 앞의 글, 341쪽

54. 《삼성 60년사》, 212쪽

55. http://www.leekunhee.com/chairman_memorial_03.jsp

56. 홍하상, 앞의 책, 2003년, 108쪽

57. 오효진, 앞의 글, 350쪽

58. http://www.leekunhee.com/chairman_memorial.jsp

59. 박후건, 앞의 책, 125쪽

60. 이건희, 앞의 책, 57쪽

61. 민병문, 앞의 글, 430~431쪽

62. 위의 글, 431쪽

63. 위의 글, 431쪽

64. 박후건, 앞의 책, 111쪽

65. 민병문, 앞의 글, 432쪽

66. 신현만, 《이건희의 인재공장》, 새빛, 2007년, 201쪽

67. 엄지도, "삼성의 인간 개조 전략 연구", 《월간조선》, 1993년 8월, 168쪽

68. 박원배, 앞의 책, 199쪽.

69. 엄지도, 앞의 글, 1994년 284쪽

70. 박원배, 앞의 책, 39쪽

71. 엄지도, 앞의 글, 1994년, 284쪽

72. 박원배, 앞의 책, 307쪽

73. 이건희, 앞의 책, 37쪽

74. 김성홍과 우인호, 앞의 책, 176~177쪽

75. 박후건, 앞의 책, 130쪽

76. 한국 정부와 IMF 사이의 의향서, 1997년 12월 3일. http://imf.org/external/np/loe/120397.htm. 힐턴 루트, 《자본과 공모》, 휴먼앤북스, 2008년, 418쪽의 주-14에서 재인용

77. 위의 책, 359쪽

78. 《삼성 60년사》, 224쪽

79. 박원배, 앞의 책, 310쪽

80. 이인길, 앞의 글, 466쪽

81. 박원배, 앞의 책, 69쪽
82. 오효진, 앞의 글, 354쪽
83. 박후건, 앞의 책, 130쪽
84. 프랑크푸르트 회의에서, 박원배, 앞의 책, 307쪽
85. 오사카 회의에서, 위의 책, 157쪽, 307쪽
86. 유영을, "수줍은 황제 이건희 회장의 분노", 《신동아》, 1993년 5월, 485쪽
87. 이맹희, 앞의 책, 318~319쪽
88. 박후건, 앞의 책, 128~129쪽
89. 박원배, 앞의 책, 306쪽
90. 박후건, 앞의 책, 122쪽
91. 엄지도, 앞의 글, 1994년, 286쪽
92. 위의 글, 285쪽
93. 홍하상, 앞의 책, 2003년, 136쪽; 《삼성 60년사》, 481쪽
94. 이 일화는 다음 웹페이지에 있는 중앙일보 구희령 기자의 기사를 바탕으로 재구성. http://hl1tp.karl.or.kr/bbs/zboard.php?id=hamnews&no=69

4장 이건희 시대

1. 《삼성 60년사》, 220쪽
2. 박원배, 앞의 책, 37쪽
3. 추창근, "이건희, 세기로 가는 도약 변신 2년", 《신동아》, 1995년 2월, 348쪽
4. 이채윤, 앞의 책, 2006년, 81쪽
5. 유영을, 앞의 글, 1993년, 481쪽
6. 박원배, 앞의 책, 289~292쪽
7. 홍하상, 앞의 책, 2003년, 151쪽
8. 박원배, 앞의 책, 109쪽
9. 위의 책, 42~43쪽
10. 추창근, 앞의 글, 348쪽

11. '제2창업 5주년 기념사' 전문. http://www.leekunhee.com/chairman_memorial_02.jsp

12. http://www.leekunhee.com/chairman_keynote_1993.jsp

13. http://www.leekunhee.com/chairman_memorial_03.jsp

14. http://www.leekunhee.com/chairman_memorial.jsp

15. 《삼성 60년사》, 218~219쪽

16. 박원배, 앞의 책, 42쪽

17. http://www.leekunhee.com/chairman_keynote_1993.jsp

18. 유영을, 앞의 글, 1993년, 490쪽

19. http://www.samsun-eng.co.kr/archi-japan-01.htm

20. 다음에서 재인용. 이보아, "문화재 반환은 역사의 자존심",《월간미술》, 1998년 10월

21. 히피칸, "두 오쿠라와 동경의 한국문화재", http://cafe.naver.com/walkingdaegu.cafe

22. 이채윤, 앞의 책, 2006년, 83쪽

23. 이인길, 앞의 글, 461쪽; 박원배, 앞의 책, 129쪽

24. 오효진, 앞의 책, 345쪽

25. 박원배, 앞의 책, 130쪽

26. 홍하상, 앞의 책, 193쪽

27. 이상의 후쿠다 보고서 관련 내용은 다음 책에서 발췌, 구성했다. 김성홍과 우인호, 앞의 책, 18~20쪽

28. 《삼성 60년사》, 221쪽

29. 김성홍과 우인호, 앞의 책, 31쪽

30. 이인길, 앞의 글, 460쪽

31. 박원배, 앞의 책, 121쪽

32. 이인길, 앞의 글, 464쪽

33. 박후건, 앞의 책, 138쪽; 박원배, 앞의 책, 298쪽, 300쪽

34. 박원배, 앞의 책, 296~297쪽

35. 위의 책, 124쪽

36. 《삼성 60년사》, 223쪽

37. 박원배, 앞의 책, 36쪽

38. 김성홍과 우인호, 앞의 책, 37쪽

39. 위의 책, 37쪽

40. 박원배, 앞의 책, 159쪽

41. 이용우,《이건희》, 건강다이제스트, 2006년, 158쪽

42. 박원배, 앞의 책, 95쪽

43. 엄지도, 앞의 글, 1994년 282쪽

44. 박원배, 앞의 책, 29쪽

45. 추창근, 앞의 글, 350쪽

46. 위의 책, 355쪽

47. 엄지도, 앞의 글, 1994년, 277쪽

48.《삼성 60년사》, 233쪽

49. 위의 책, 233쪽

50. 홍하상, 앞의 책, 2003년, 161쪽

51. 엄지도, 앞의 글, 1994년 281쪽

52. http://www.heraldbiz.com/SITE/special/200305270002/2003/05/28/200305280127.asp

53.《삼성 60년사》, 234쪽

54. 추창근, 앞의 글, 350쪽

55. 이인길, 앞의 글, 461쪽

56. 박원배, 앞의 책, 301쪽

57. 이상 삼성의 영토 확장에 대해서는, 추창근, 앞의 책, 351~354쪽

58. 이병철은《호암자전》에서 제3편 7장의 제목을 "유니언 잭 고지에 태극기를"이라고 붙이고, 제일모직의 골덴텍스가 일제와 영국제를 모두 몰아냈을 뿐만 아니라 거꾸로 런던에 상륙해서 인기를 끌게 된 사실을 기술한다. 이용우, 앞의 책, 126쪽

59. 유영을, "삼성차 몰락의 드라마",《신동아》, 1999년 8월, http://www2.donga.com/docs/magazine/new_donga/9908/nd99080020.html

60. 유영을, 앞의 글, 1993년, 488쪽

61. 이건희, 앞의 책, 91~92쪽
62. 박원배, 앞의 책, 311~312쪽. 이 내용은 한국 경제 및 삼성자동차가 아이엠에프의 진창에 발을 들여놓은 시점인 1997년 11월에 발간된《이건희 에세이》의 "자동차는 전자제품"이라는 제목의 글 속에서도 재현된다.
63. 강유원, "이건희, 개혁을 강조하는 한 재벌 총수의 보수적 숙명",《보수주의자들》, 삼인, 1997년, 190~191쪽
64. 유영을, 앞의 글, 1999년
65.《삼성 60년사》, 304쪽
66. 추창근, 앞의 글, 352쪽
67.《삼성 60년사》, 305쪽
68. 김성홍과 우인호, 앞의 책, 142쪽;《삼성 60년사》, 255~256쪽
69. 이재규,《한 권으로 읽는 피터 드러커 명저 39권》, 21세기북스, 2009년, 116쪽
70. 피터 드러커,《기업가정신》, 한국경제신문, 2004년, 412~413쪽
71.《삼성 60년사》, 480~488쪽
72. 1995년 신년사에서. http://www.leekunhee.com/chairman_keynote_1995.jsp
73. 홍하상, 앞의 책, 2003년, 227쪽; 이거산, 김영수, 이지훈, "이건희 회장 북경 폭탄발언",《조선일보》, 1995년, 4월 15일, 9면. http://news.chosun.com/svc/content_view/content_view.html?contid=1995041570901
74. 다음에서 재인용. 이거산, 김영수, 이지훈, "이건희 회장 북경 폭탄발언",《조선일보》
75. 위의 글
76. 박원배, 앞의 책, 29쪽
77. 이상의 인터뷰 내용은, 서교, "잘못된 제도 지적했을 뿐/북경발언 소란 피워 죄송",《조선일보》, 1995년 4월 19일. http://news.chosun.com/svc/content_view/content_view.html?contid=1995041970205
78. 홍하상, 앞의 책, 2003년, 229쪽
79. 이건희, 앞의 책, 62쪽
80. 1996년 신년사에서. http://www.leekunhee.com/chairman_keynote_1995.jsp

81. 《동아일보》, 1996년 1월 30일, 8면
82. 참여연대, 〈삼성보고서-④〉《삼성 전략기획실과 이건희 회장의 거짓말 보고서》, 2008년 5월 21일, 13~14쪽
83. 윤영호, "삼성 신경영 3년 시샘 받는 개혁, 눈총 받는 성장", 《신동아》, 1996년 6월, 389쪽
84. 위의 글, 390쪽
85. http://www.sportopic.com/395
86. http://www.mydaily.co.kr/news/read.html?newsid=200912080927522277&ext=na
87. 채경옥, "삼성 '불패신화' 깨지는가", 《신동아》, 1998년 2월, 229쪽
88. 《삼성 60년사》, 437쪽
89. 유영을, 앞의 글, 1999년
90. 이상의 내용은 위의 글을 토대로 하였다.
91. 강준만, 《이건희 시대》, 인물과사상사, 2005년, 311쪽
92. 이정희, "삼성차 직원 5천명, 서울역서 빅딜철회 결의대회", 《매일노동뉴스》, 1998년 12월 20일
93. 김기현, "삼성차 청산이라니, 부산 시민 화났다", 《문화일보》, 1999년 7월 2일. http://www.munhwa.com/news/view.html?no=1999070231000401
94. 박성우, "삼성자동차 채권단에 2조 3338억 원 물어줘라", 《중앙일보》, 2008년 2월 1일. http://article.joins.com/article/article.asp?Total_ID=3029843
95. 이종배, "외환위기 그후 10년 〈1부-2〉 97년 겨울, 아무도 몰랐다?", 《서울경제》, 2006년 12월 19일. http://economy.hankooki.com/lpage/economy/200612/e2006121918552570100.htm
96. 이용우, 앞의 책, 67~68쪽
97. 유영을, 앞의 글, 1999년
98. 1998년 신년사에서. http://www.leekunhee.com/chairman_keynote_1998.jsp
99. 장세진, 《삼성과 소니》, 살림Biz, 2008년, 192~193쪽
100. 신현만, 앞의 책, 158쪽
101. 이채윤, 앞의 책, 2006년, 94~95쪽
102. 장세진, 앞의 책, 17쪽
103. 2003년 신년사에서. http://www.leekunhee.com/chairman_keynote_2003.jsp

5장 삼성 왕국

1. 민병문, 앞의 글, 440쪽
2. 서울특별시사편집위원회, 《동명연혁고(洞名沿革攷-5:용산구 편)》, 1980년, 173~181쪽
3. 강준만, 앞의 책, 56~57쪽
4. 이주헌, "고고하여라, 삼성미술관!", 《한겨레 21》, 2004년 9월 23일, 70면
5. 안희, "'농심-삼성家 조망권 다툼' 이번엔 行訴", 《한국일보》, 2005년 3월 3일. http://news.hankooki.com/lpage/society/200503/h2005030313181721950.htm
6. 강준만, 앞의 책, 57~58쪽
7. 이철현, 앞의 글, 2005년
8. 박원배, 앞의 책, 64쪽
9. 위의 책, 143쪽
10. 위의 책, 101~102쪽
11. 이철현, 앞의 글, 2005년
12. 삼성, 《삼성 신경영-나부터 변해야 한다》, 1994년, 171쪽
13. 홍하상, 앞의 책, 2003년, 157~158쪽
14. 김필규, "도곡동 주민들 '차라리 102층 짓게 놔둘 걸'", 《중앙일보》, 2002년 8월 23일. http://article.joins.com/article/article.asp?Total_ID=1215647
15. 네이버 백과사전. http://100.naver.com/100.nhn?docid=784845
16. 김성홍과 우인호, 앞의 책, 159쪽
17. 위의 책, 95쪽
18. 박원배, 앞의 책, 198~212쪽
19. 이건희, 앞의 책, 27쪽
20. 《삼성 60년사》, 249쪽
21. 1976년 《서울경제신문》의 "재계회고"에서. 박상하, 앞의 책, 255쪽에서 재인용
22. 정혜신, 앞의 책, 51~53쪽
23. 엄지도, 앞의 글, 1994년, 280쪽
24. 박원배, 앞의 책, 108~109쪽

25. 엄지도, 앞의 글, 1994년, 282쪽

26. 정혜신, 앞의 책, 53쪽

27. 이인길, 앞의 글, 469쪽

28. 호암재단, 앞의 책, 93쪽

29. 유순하, 《삼성의 새로운 위기》, 계몽사, 1996년, 63쪽

30. 이건희, 앞의 책, 281쪽

31. 신현만, 앞의 책, 218쪽

32. 홍하상, 앞의 책, 2003년, 197쪽

33. 오효진, 앞의 글, 337쪽

34. 유순하, 《삼성 신화는 없다》, 고려원, 1995년, 105쪽

35. 박원배, 앞의 책, 198쪽

36. 신현만, 앞의 책, 220쪽

37. 박상하, 앞의 책, 256쪽

38. 이병철, 앞의 책, 251쪽

39. 박상하, 앞의 책, 201쪽

40. 신현만, 앞의 책, 164~165쪽

41. 이건희, 앞의 책, 273쪽

42. 김용철, 《삼성을 생각한다》, 사회평론, 2010년, 259쪽

43. 2000년 신년사에서. http://www.leekunhee.com/chairman_keynote_2000.jsp

44. 2002년 11월 5일, 인재전략사장단 워크숍에서

45. http://www.samsung.co.kr/samsung/result/value.do

46. 신현만, 앞의 책, 142쪽

47. 위의 책, 169쪽

48. 위의 책, 221쪽

49. 이채윤, 앞의 책, 2006년, 128쪽

50. 박상하, 앞의 책, 196쪽

51. 위의 책, 45쪽

52. 호암재단, 앞의 책, 252쪽
53. 위의 책, 308쪽
54. 박상하, 앞의 책, 252쪽
55. 《삼성 60년사》, 49쪽
56. 2001년 신년사에서. http://www.leekunhee.com/chairman_keynote_2000.jsp
57. 홍하상, 《이건희, 세계의 인재를 구하다》, 북폴리오, 2006년, 189~190쪽
58. 1996년 신년사에서. http://www.leekunhee.com/chairman_keynote_1996.jsp
59. 홍하상, 앞의 책, 2006년, 218쪽
60. 위의 책, 178쪽
61. 위의 책, 225쪽
62. 1993년 신년사에서. http://www.leekunhee.com/chairman_keynote_1993.jsp
63. 유영을, 앞의 글, 489~490쪽
64. http://www.mediatoday.co.kr/news/articleView.html?idxno=54790
65. 조돈문 외, 《한국사회, 삼성을 묻는다》, 후마니타스, 2008년, 144쪽
66. 김용철 외, 《삼성왕국의 게릴라들》, 프레시안북, 2008년, 240쪽
67. 김태열, "티내지 않는 얌전한 학창시절 보내", 《위클리경향》, 2007년 9월 6일. http://newsmaker.khan.co.kr/khnm.html?mode=view&code=115&artid=20047&pt=nv
68. 성화용, "삼성 차기총수 조용한 한걸음.. 이재용은 누구?", 《머니투데이》, 2007년 1월 17일. http://www.mt.co.kr/view/mtview.php?type=1&no=2007011714500717852&outlink=1
69. 이현락, "'조미료 전쟁' 8년 천태만태-끝없는 술책", 《동아일보》, 1977년 4월 21일, 5면
70. 김용철 외, 앞의 책, 124~125쪽
71. 위의 책, 115~117쪽

6장 가시밭길

1. 단테, 《신곡-지옥 편》 3곡 1, 2, 9행
2. 이런 사실 및 이 과정을 책임진 인물이 구조본의 김인주 사장이었던 사실은 김용철도 증언한다. 김용철, 앞의 책, 201~204쪽

3. 참여연대 경제개혁센터 보도자료문, "삼성에버랜드 전환사채 판결 이후 참여연대 후속 대응 기자회견", 2005년 10월 13일, 14~15쪽
4. 《삼성 60년사》, 558쪽, 564쪽; 삼성 홈페이지〉삼성〉경영성과〉경영실적〉매출액; 총자산. http://www.samsung.co.kr/samsung/result/actual.do
5. 삼성 홈페이지〉삼성〉경영성과〉경영실적〉순이익; 매출액. http://www.samsung.co.kr/samsung/result/actual.do
6. 한종호, "中企를 경제정책 중심에",《문화일보》, 2005년 5월 17일
7. 조돈문 외, 앞의 책, 65쪽
8. "국민 여러분께 사과드립니다" 전문. http://www.chosun.com/economy/news/200507/200507250256.html
9. 김용철 외, 앞의 책, 262쪽
10. 이경은, "이건희 회장 딸 홈페이지 인기 몰자 폐쇄",《조선일보》, 2004년 1월 3일. http://www.chosun.com/svc/content_view/content_view.html?contid=2004010270274
11. 1974년 4월《서울경제신문》의 "재계 회고" 가운데서. 다음에서 재인용, 호암재단, 앞의 책, 40쪽
12. 이병철, 앞의 책, 248쪽
13. 2006년 신년사에서. http://www.leekunhee.com/chairman_keynote_2006.jsp
14. 노컷뉴스에서. http://www.cbs.co.kr/Nocut/Show.asp?IDX=158622
15. 앨리스 슈뢰더,《스노볼》2권, 랜덤하우스코리아, 2009년, 664~665쪽
16. 박원배, 앞의 책, 114쪽
17. 1965년 삼성문화재단 설립 취지서에서. 이병철, 앞의 책, 171쪽
18. 전홍기혜, "교육부가 이건희 '절세 도우미'인가?",《프레시안》, 2008년 11월 10일, http://www.pressian.com/article/article.asp?article_num=60081109170650&Section=
19. 김정훈, "이건희 전회장의 환원재산, 결국 삼성맨이 관리",《노컷뉴스》, 2009년 11월 3일. http://www.sportsseoul.com/news2/life/social/2009/1103/20091103101050100 000000_7601691317.html
20. 앨리스 슈뢰더, 앞의 책, 2권, 489~491쪽
21. http://www.gatesfoundation.org/speeches-commentary/Pages/bill-gates-2008-world-econo

mic-forum-creative-capitalism.aspx
22. 2007년 신년사에서. http://www.leekunhee.com/chairman_keynote_2007.jsp
23. 고세욱, "일등주의와 자만에 발목잡힌 삼성",《쿠키뉴스》, 2007년 7월 17일. http://news.kukinews.com/article/view.asp?page=1&gCode=eco&arcid=0920600262&cp=nv
24. 특별취재팀, "미래의 삼성을 짊어질 준비된 후계자 이재용",《한국경제21》, 2007년 2월 14일
25. 김병수, "삼성 5~6년 뒤 위기론, 해법은?",《매일경제》, 2007년 7월 7일
26. http://www.asiae.co.kr/news/view.htm?idxno=2009120417484772636
27. 이상 네이버 백과사전에서 발췌. http://100.naver.com/100.nhn?docid=839144
28. 삼성 홈페이지〉삼성〉경영성과〉경영실적〉순수익; 매출액. http://www.samsung.co.kr/samsung/result/actual.do
29. 이상〈칼레의 시민〉에 대해서는 로댕갤러리, 개인 블로그 그리고 '로댕사이버하우스'를 참조했다. http://rodin.samsungfoundation.org/rodingallery/rodin/05permaexhibit/01_01.html; http://blog.naver.com/go1388/90064285305; http://user.chollian.net/~rodin87/cales_citizen.htm
30. 임준선, "특검 출두한 '미술계 대통령' 홍라희",《일요신문》, 2008년 4월 13일. http://www.ilyo.co.kr/article/sub.asp?ca=8&seq=898
31. 김지환, "김용철 폭로부터 이건희 사퇴까지 — 삼성사태 177일",《노컷뉴스》, 2008년 4월 22일. http://www.cbs.co.kr/nocut/show.asp?idx=808453
32. 2008년 4월 22일의 대국민사과문 전문
33. 김종철. "이건희 회장 퇴진 1년 삼성은 ③삼성의 차기 총수 이재용을 둘러싼 과제들",《오마이뉴스》, 2009년 4월 22일. http://www.ohmynews.com/nws_web/view/at_pg.aspx?CNTN_CD=A0001116057
34. 《스포츠서울》, 2009년 3월 7일. http://www.sportsseoul.com/news2/life/social/2009/0307/20090307101050100000000_6690477852.html
35. 이병철, 앞의 책, 246쪽
36. 이채윤, 앞의 책, 2006년, 118쪽
37. 김종철, 앞의 글, 2009년 4월 22일

38. 김상조, "이건희 회장 퇴진 1년 삼성은 ①-경영혁신안 정착에 1년, 짧을지 모르지만…",《오마이뉴스》, 2009년 4월 17일. http://www.ohmynews.com/NWS_Web/view/at_pg.aspx?CNTN_CD=A0001112504
39. 김용철 외, 앞의 책, 133쪽
40. 김상조, 앞의 글, 2009년 4월 17일
41. 김용철 외, 앞의 책, 133쪽, 135쪽. 이상의 증인 발언 인용은 재판 당시의 실제 발언이 아니라 재구성한 것임을 밝혀둔다.
42. 서울사대부고 13회 동기회 카페에 실린, 케이블 TV M-NET의 '김무일, 김용언, 홍사덕의 대담 내용을 바탕으로 구성했다. http://bbs.freechal.com/ComService/Activity/BBS/CsBBS Content.asp?GrpId=2213934&ObjSeq=49&PageNo=1&DocId=878312
43. 최후진술 전문. 이의철, "이건희, 삼성경영 영욕의 20년",《타이쿤》, 2008년 8월. http://itycoon.kr/110052476379
44. 삼성 홈페이지〉삼성〉경영성과〉경영실적〉순수익; 매출액; 임직원수. http://www.samsung.co.kr/samsung/result/actual.do
45. 삼성 홈페이지〉삼성〉경영성과〉브랜드가치. http://www.samsung.co.kr/samsung/result/value.do
46. 2009년 신년사에서. http://www.newspim.com/sub_view.php?y=6&searchkey=&cate1=6&cate2=1&ecate=&news_id=199779
47. 이태희와 전종휘, "단독 취재한 회장님의 '단독 드라이브'",《한겨레 21》, 2009년 5월 8일. http://h21.hani.co.kr/arti/society/society_general/24875.html
48. 이규성, "2010년 경제대전망",《아시아경제》, 2010년 1월 5일. http://www.asiae.co.kr/news/view.htm?idxno=2010010414141579471
49. 김창우, "이건희 전 회장 '자기 위치 쥐고 가야 변화무쌍한 21세기 견뎌'",《중앙일보》, 2010년 1월 11일. http://article.joins.com/article/article.asp?ctg=11&Total_ID=3961606
50. "정초부터 우려 낳는 가계 부채와 이자 부담",《세계일보》, 2010년, 1월 5일. http://www.segye.com/Articles/News/Opinion/Article.asp?aid=20100104002839&subctg1=02&subctg2=01
51. 윤근영, 최현석, 홍정규, "'사실상 실업자' 330만 명 수준",《연합뉴스》, 2010년, 1월 6일.

http://news.naver.com/main/read.nhn?mode=LPOD&mid=sec&oid=001&aid=0003058727&isYeonhapFlash=Y

52. 공정거래위원회의 도표, "2009년 상호출자제한기업집단 지정 현황", http://www.ftc.go.kr/news/ftc/competeView.jsp
53. 정혁준, "이건희 사면, 결단만 남았다?", 《한겨레 21》, 2009년 12월 18일. http://h21.hani.co.kr/arti/economy/economy_general/26303.html
54. 안재성, "금융지주회사법 개정안 통과-업계에 새바람 일으킬까?", 《한국보험신문》, 2009년 8월 10일
55. 김창우, "평창 올림픽 유치, 나도 국민도 정부도 뛰어야", 《중앙일보》, 2010년 1월 11일. http://article.joins.com/article/article.asp?ctg=11&Total_ID=3961607
56. http://www.olympic.org/en/content/Media/?articleNewsGroup=-1&articleId=76796
57. 공정거래위원회의 도표, "2009년 상호출자제한기업집단 지정 현황", 앞의 사이트
58. 이두걸, 강아연, "호암 탄생 100주년", 《서울신문》, 2월 10일. http://www.seoul.co.kr/news/newsView.php?id=20100208010012

에필로그

1. "모두가 정직했으면 좋겠다", 2010년 2월 5일 입력, [연합] 기사, http://article.joins.com/article/article.asp?total_id=4001586
2. http://samsungtomorrow.com/%EC%98%81%ED%99%94%EA%B0%80-%EB%A7%8C%EB%93%A4%EC%96%B4-%EB%82%B8-%EC%98%A4%ED%95%B4%EA%B0%80-%EC%95%88%ED%8 3%80%EA%B9%9D%EC%8A%B5%EB%8B%88%EB%8B%A4)
3. http://www.newscj.com/news/articleView.html?idxno=220916

저자 후기

1. 이두걸, 강아연, 앞의 글
2. 한스 크리스티안 안데르센, 《안데르센 자서전 – 내 인생의 동화》, 휴먼앤북스, 2003년, 876~877쪽

참고문헌 및 웹사이트

도서 및 기사

강승구,《이제는 바꿔야 산다, 이건희 이야기》, 미래미디어, 1993년
강유원, "이건희, 개혁을 강조하는 한 재벌 총수의 보수적 숙명",《보수주의자들》, 삼인, 1997년
강인규, "문화맹 정부 아래 사는 슬픔",《오마이뉴스》, 2006년 3월 6일. http://www.ohmynews.com/NWS_Web/View/at_pg.aspx?CNTN_CD=A0000314851
강준만,《이건희 시대》, 인물과사상사, 2005년
고승철,《최고경영자의 책읽기》, 책만드는집, 1996년
권터 뷔르테레,《21세기의 도전과 전략: 세계 정치·경제 지도자 26인의 미래 예측과 그 대안》, 밀알, 1996년
김기현, "삼성차 청산이라니, 부산 시민 화났다",《문화일보》, 1999년 7월 2일. http://www.munhwa.com/news/view.html?no=1999070231000401
김문순, "삼성과 현대의 후계자 이건희와 정세영",《월간조선》, 1987년 2월
김병수, "삼성 5~6년 뒤 위기론, 해법은?",《매일경제》, 2007년 7월 7일
김상조, "이건희 회장 퇴진 1년 삼성은 ①-경영혁신안 정착에 1년, 짧을지 모르지만…",《오마이뉴스》, 2009년 4월 17일. http://www.ohmynews.com/NWS_Web/view/at_pg.aspx?CNTN_CD=A0001112504
김성홍과 우인호,《이건희 개혁 10년》, 김영사, 2003년
김용철 외,《삼성왕국의 게릴라들》, 프레시안북, 2008년
김용철,《삼성을 생각한다》, 사회평론, 2010년
김정훈, "이건희 전회장의 환원재산, 결국 삼성맨이 관리",《노컷뉴스》, 2009년 11월 3일. http://www.sportsseoul.com/news2/life/social/2009/1103/20091103101050100000000_7601691317.

html

김종철, "이건희 회장 퇴진 1년 삼성은 ③삼성의 차기 총수 이재용을 둘러싼 과제들",《오마이뉴스》, 2009년 4월 22일. http://www.ohmynews.com/nws_web/view/at_pg.aspx?CNTN_CD=A0001116057

김지환, "김용철 폭로부터 이건희 사퇴까지-삼성사태 177일",《노컷뉴스》, 2008년 4월 22일. http://www.cbs.co.kr/nocut/show.asp?idx=808453

김창우, "이건희 전 회장 '자기 위치 쥐고 가야 변화무쌍한 21세기 견뎌'",《중앙일보》, 2010년 1월 11일. http://article.joins.com/article/article.asp?ctg=11&Total_ID=3961606

김창우, "평창 올림픽 유치, 나도 국민도 정부도 뛰어야",《중앙일보》, 2010년 1월 11일. http://article.joins.com/article/article.asp?ctg=11&Total_ID=3961607

김태열, "티내지 않는 얌전한 학창시절 보내",《위클리경향》, 2007년 9월 6일. http://newsmaker.khan.co.kr/khnm.html?mode=view&code=115&artid=20047&pt=nv

김필규, "도곡동 주민들 차라리 102층 짓게 놔둘 걸",《중앙일보》, 2002년 8월 23일. http://article.joins.com/article/article.asp?Total_ID=1215647

돈 허조그,《컨닝, 교활함의 매혹》, 황소자리, 2007년

마티아스 반 복셀,《어리석음에 관한 백과사전》, 휴먼앤북스, 2005년

민병문, "이병철 삼성의 이미지를 바꾸겠다",《신동아》, 1988년 5월

박기태, "'장남 이혼 합의 후⋯' 이건희 회장 근황 엿보기",《스포츠서울》, 2009년 3월 7일. http://www.sportsseoul.com/news2/life/social/2009/0307/20090307101050100000000_6690477852.html

박상하,《이병철과의 대화》, 이룸미디어, 2007년

박성우, "삼성자동차 채권단에 2조 3,338억 원 물어줘라",《중앙일보》, 2008년 2월 1일. http://article.joins.com/article/article.asp?Total_ID=3029843

박원배,《삼성 이건희 회장의 신경영 어록—마누라 자식 빼고 다 바꿔라》, 청맥, 1993년

박후건,《유일체제 리더십》, 선인, 1998년

방우영,《나는 아침이 두려웠다》, 김영사, 2008년

삼성,《삼성 신경영-나부터 변해야 한다》, 1994년

삼성,《삼성60년사》, 1998년

서교, "잘못된 제도 지적했을 뿐/북경발언 소란 피워 죄송",《조선일보》, 1995년 4월 19일. http://news.chosun.com/svc/content_view/content_view.html?contid=1995041970205

서울특별시사편집위원회,《동명연혁고(洞名沿革攷)-5:용산구 편》, 1980년

성화용, "삼성 차기총수 조용한 한걸음…이재용은 누구?",《머니투데이》, 2007년 1월 17일. http://www.mt.co.kr/view/mtview.php?type=1&no=2007011714500717852&outlink=1

신현만,《이건희의 인재공장》, 새빛, 2007년

안재성, "금융지주회사법 개정안 통과-업계에 새바람 일으킬까?",《한국보험신문》, 2009년 8월 10일

안희, "'농심-삼성家 조망권 다툼' 이번엔 行訴",《한국일보》, 2005년 3월 3일. http://news.hankooki.com/lpage/society/200503/h2005030313181721950.htm

앨리스 슈뢰더,《스노볼》, 랜덤하우스, 2009년

엄지도, "삼성의 인간 개조 전략 연구",《월간조선》, 1993년 8월

엄지도, "이건희의 삼성 관리직 대숙청 비화",《월간조선》, 1994년 1월

오효진, "삼성 뉴리더 이건희 회장",《월간조선》, 1989년 12월

유순하,《삼성 신화는 없다》, 고려원, 1995년

유순하,《삼성의 새로운 위기》, 계몽사, 1996년

유영을, "수줍은 황제 이건희 회장의 분노",《신동아》 1993년 5월

유영을, "삼성차 몰락의 드라마",《신동아》, 1999년 8월, http://www2.donga.com/docs/magazine/new_donga/9908/nd99080020.html

윤영호, "삼성 신경영 3년 시샘 받는 개혁, 눈총 받는 성장",《신동아》, 1996년 6월

윤근영, 최현석, 홍정규, "'사실상 실업자' 330만 명 수준",《연합뉴스》, 2010년, 1월 6일. http://news.naver.com/main/read.nhn?mode=LPOD&mid=sec&oid=001&aid=0003058727&isYeonhapFlash=Y

이거산·김영수, "이건희 회장 북경 폭탄발언",《조선일보》, 1995년, 4월 15일. http://news.chosun.com/svc/content_view/content_view.html?contid=1995041570901

이건희,《이건희 에세이 : 생각 좀 하며 세상을 보자》, 동아일보사, 1997년

이경은, "이건희 회장 딸 홈페이지 인기 몰자 폐쇄", 《조선일보》, 2004년 1월 3일. http://www.chosun.com/svc/content_view/content_view.html?contid=2004010270274

이규성, "2010년 경제대전망", 《아시아경제》, 2010년 1월 5일, http://www.asiae.co.kr/news/view.htm?idxno=2010010414141579471

이기홍 외, 《인재 포석의 명인 : 글로벌 CEO 이건희부터 신세대 CEO까지》, 동아일보사, 2005년

이두걸, 강아연, "호암 탄생 100주년", 《서울신문》, 2010년 2월 10일. http://www.seoul.co.kr/news/newsView.php?id=20100208010012

이맹희, 《묻어둔 이야기》, 청산, 1993년

이병철, 《호암자전》, 중앙일보사, 1986년

이보아, "문화재 반환은 역사의 자존심", 《월간미술》, 1998년 10월

이영래, "'자랑스러운 서울대인상' 수상한 삼성가 홍라희 여사 인터뷰", 《여성동아》, 2003년 11월. http://woman.donga.com/docs/magazine/woman/2003/10/31/200310310500004/200310310500004_1.html

이용우, 《이건희》, 건강다이제스트, 2006년

이의철, "이건희, 삼성경영 영욕의 20년", 《타이쿤》, 2008년 8월. http://itycoon.co.kr/110052476379

이인길, "나는 그동안 속아 살았다", 《신동아》, 1993년 9월

이재규, 《한 권으로 읽는 피터 드러커 명저 39권》, 21세기북스, 2009년

이정희, "삼성차 직원 5천명, 서울역서 빅딜철회 결의대회", 《매일노동뉴스》, 1998년 12월 20일

이종배, "외환위기 그후 10년〈1부-2〉 97년 겨울, 아무도 몰랐다?", 《서울경제》, 2006년 12월 19일. http://economy.hankooki.com/lpage/economy/200612/e2006121918552570100.htm

이주현, "고고하여라, 삼성미술관", 《한겨레 21》, 2004년 9월 23일

이철현, "삼성 구조본 '매직 파워'의 비밀", 《시사저널》, 2005년 5월 10일

이채윤, 《삼성처럼 경영하라》, 열매출판사, 2004년

이채윤, 《이건희, 21세기 신경영노트》, 행복한마음, 2006년

이태희와 전종휘, "단독 취재한 회장님의 '단독 드라이브'", 《한겨레 21》, 2009년 5월 8일. http://h21.hani.co.kr/arti/society/society_general/24875.html

이현락, "'조미료 전쟁' 8년 천태만태-끝없는 술책", 《동아일보》, 1977년 4월 21일

임승환, 《5대그룹 총수의 성격 분석 보고서》, 중앙M&B, 1998년

임준선, "특검 출두한 '미술계 대통령' 홍라희", 《일요신문》, 2008년 4월 13일 http://www.ilyo.co.kr/article/sub.asp?ca=8&seq=898

장세진, 《삼성과 소니》, 살림Biz, 2008년

전진우, "이건희 '삼성호' 순항할 것인가", 《월간조선》, 1988년 1월

전홍기혜, "교육부가 이건희 '절세 도우미'인가?", 《프레시안》, 2008년 11월 10일. http://www.pressian.com/article/article.asp?article_num=60081109170650&Section=

정혁준, "이건희 사면, 결단만 남았다?", 《한겨레21》, 2009년 12월 18일. http://h21.hani.co.kr/arti/economy/economy_general/26303.html

정혜신, 《남자 vs 남자》, 개마고원, 2001년

제리 멀러, 《자본주의의 매혹》, 휴먼앤북스, 2006년

조돈문 외, 《한국사회, 삼성을 묻는다》, 후마니타스, 2008년

참여연대 경제개혁센터 보도자료문, "삼성에버랜드 전환사채 판결 이후 참여연대 후속 대응 기자회견", 2005년 10월 13일

참여연대, (삼성보고서④)《삼성 전략기획실과 이건희 회장의 거짓말 보고서》, 2008년 5월 21일

채경옥, "삼성 '불패신화' 깨지는가", 《신동아》, 1998년 2월

최흥섭, "듣기, 관찰, 사색 즐기는 '정중동 리더' : 이건희 삼성그룹 회장", 《주간조선》, 2005년 1월 17일

추창근, "이건희, 세기로 가는 도약 변신 2년", 《신동아》, 1995년 2월

특별취재팀, "미래의 삼성을 짊어질 준비된 후계자 이재용", 《한국경제21》, 2007년 2월 14일

한스 크리스티안 안데르센, 《안데르센 자서전 - 내 인생의 동화》, 휴먼앤북스, 2003년

한유림, 《재벌 총수들의 젊은 시절, 세계는 꿈꾸는 자의 것이다》, 유정, 1993년

한종호, "中企를 경제정책 중심에", 《문화일보》, 2005년 5월 17일

호암재단, 《기업은 사람이다》, 을지서적, 1997년

홍하상, 《이건희》, 한국경제신문, 2003년

홍하상, 《이건희, 세계의 인재를 구하다》, 북폴리오, 2006년

히피칸, "두 오쿠라와 동경의 한국문화재", http://cafe.naver.com/walkingdaegu.cafe

힐턴 루트,《자본과 공모》, 휴먼앤북스, 2008년

"거탑의 내막, 삼성의 전자발진 1",《경향신문》, 1982년 8월 3일

(도표) "2009년 상호출자제한기업집단 지정 현황", 공정거래위원회, 2009년 4월 1일. http://www.ftc.go.kr/news/ftc/competeView.jsp

(도표) "국내 100대 민간기업 랭킹",《매일경제신문》, 1979년 2월 28일

"모두가 정직했으면 좋겠다", 2010년 2월 5일 입력, [연합] 기사, http://article.joins.com/article/article.asp?total_id=4001586

"비화 제1공화국 535회",《동아일보》1975년 6월 9일

"사재 150억 원 처리",《동아일보》, 1971년, 2월 27일

"삼성 이건희 회장, 군사 문화 비판",《경향신문》, 1994년 6월 4일

"신군부가 빼앗아간 TBC는",《중앙일보》, 2009년 12월 1일

"유공을 선경에 넘겨 민영화",《동아일보》, 1980년 11월 29일

"이건희 개혁 10년",《헤럴드경제》, 2003년 5월 28일. http://www.heraldbiz.com/SITE/special/ 200305270002/2003/05/28/200305280127.asp

"인상 열풍, 지혜로 산다 5-'기름 따름틀 등장'",《동아일보》, 1979년 7월 17일

"정초부터 우려 낳는 가계 부채와 이자 부담",《세계일보》, 2010년, 1월 5일. http://www.segye.com/Articles/News/Opinion/Article.asp?aid=20100104002839&subctg1=02&subctg2=01

"한국 정부와 IMF 사이의 의향서", 1997년 12월 3일. http://imf.org/external/np/loe/120397.htm

IOC 윤리위원회 결정문, 2010년 1월 25일. http://www.olympic.org/en/content/Media/?articleNewsGroup=-1&articleId=76796

웹사이트

SK사이버경영관 http://www.skms.or.kr

국가기록원 http://contents.archives.go.kr

이 건 희 스 토 리

네이버 백과사전 http://100.naver.com
로댕갤러리 http://rodin.samsungfoundation.org/rodingallery
로댕사이버하우스 http://user.chollian.net/~rodin87
빌앤멜린다게이츠재단 http://www.gatesfoundation.org
삼성고른기회장학재단 http://www.eopportunity.or.kr
삼성전자 홈페이지 www.samsung.com
삼성그룹 홈페이지 www.samsung.co.kr
위키백과 http://ko.wikipedia.org
이건희 홈페이지 http://www.leekunhee.com
호암재단 http://hoamprize.samsungfoundation.org